Beck-Wirtschaftsberater

Medienmanagement

W0056966

Beck-Wirtschaftsberater

Medienmanagement

Grundlagen und Praxis
für Film, Hörfunk, Internet,
Multimedia und Print

von Alfred-Joachim Hermanni

Deutscher Taschenbuch Verlag

Im Internet:

dtv.de

beck.de

Originalausgabe
Deutscher Taschenbuch Verlag GmbH & Co. KG,
Friedrichstraße 1a, 80801 München
© 2007. Redaktionelle Verantwortung: Verlag C.H. Beck oHG
Druck und Bindung: Druckerei C.H. Beck, Nördlingen
(Adresse der Druckerei: Wilhelmstraße 9, 80801 München)
Satz und Grafiküberarbeitung:
Hoffmann's Text Office, München
Umschlaggestaltung: Agentur 42 (Fuhr & Partner), Mainz
ISBN (10): 3-423-50902-3 (dtv)
ISBN (10): 3-406-54616-1 (C.H. Beck)
ISBN (13): 978-3-423-50902-2 (dtv)
ISBN (13): 978-3-406-54616-7 (C.H. Beck)

Vorwort

Wem dient dieses Buch?

Das Buch richtet sich hauptsächlich an Studierende und Lehrkräfte an Hochschulen und Bildungseinrichtungen, die die Bereiche **Medienmanagement/Medienwirtschaft** bzw. **Medienökonomie** in den Lehrplänen führen (z. B. Journalistik, Publizistik, Kommunikationswissenschaft, Film, Medien), sowie an Praktiker in den Medienunternehmen. Allein der Hochschulkompass der Hochschulrektorenkonferenz weist mehr als zweihundert Studiengänge im Medienbereich aus.

Gerade in der Medienbranche werden schnell wechselnde Anforderungen gestellt, die äußerst pragmatische Lösungen verlangen. Die berufliche Aus- und Weiterbildung ist gefragter denn je, der Seminarmarkt boomt. Als Producer, Kreativer oder Techniker bei Film, Fernsehen, Hörfunk, Print oder Multimedia sind Sie täglich mit Ihren Projekten auf dem Prüfstand. Ihr Erfolg definiert sich heutzutage zunehmend über betriebswirtschaftliche Aspekte, die insbesondere mit der Finanzierung der Projekte und dem unternehmerischen Ergebnis zu tun haben.

Um einen guten Ausgangspunkt für den Einstieg in die Praxis zu liefern, beschäftigt sich dieses Buch vorrangig mit betriebswirtschaftlichen und projektbezogenen Fragestellungen aus der Sicht einer Filmproduktion, einer Kreativ-Agentur, einer Internet-Agentur, einer Agentur für Neue Medien sowie eines Verlages. Dabei werden Fallbeispiele aus einer langjährigen Produktionspraxis erörtert, um managementgesteuerte Zusammenhänge einschließlich Problemstellungen aufzuzeigen. Allerdings wurden bei der Darstellung von facts und figures gewisse Freiheiten bei der Beschreibung von lebenden Personen und Handlungsabläufen genommen, um insbesondere Persönlichkeitsrechte nicht zu verletzen. Ähnliches gilt bei gelegentlichen Verallgemeinerungen, wobei es immer Ausnahmen von der Regel gibt, doch kann allein aus Platzgründen nicht jedes Mal differenziert werden.

Der Schwerpunkt des Buches wird auf eine praxisbezogene Vorgehensweise gelegt, wobei der Aufbau von konkreten Produktionen für Film/Fernsehen, Hörfunk, Internet, Multimedia und Print schrittweise in fünf Kapiteln erläutert wird. Die hierbei aufgezeigten Beispiele werden Sie in die Lage versetzen, Herstellungs- und Geschäftsprozesse übersichtlicher zu organisieren und effektiver zu gestalten. In einem weiteren Kapitel folgt das Leistungsspektrum Medienökonomie mit seinen Grundlagen und Gemeinsamkeiten einschließlich eines „Leitfadens Medienökonomie" als Fundament eines Produktionsnetzwerkes. Am Schluss steht ein Glossar für zentrale Stichwörter des Medienmanagements, Marketings und der Medienökonomie.

Die Reihenfolge der Kapitel wurde alphabetisch gewählt, um allen Medien gerecht zu werden. In diesem Zusammenhang können einzelne Kapitel nicht losgelöst voneinander betrachtet werden, da sich manche Thematiken überschneiden (z. B. „Preisfindung" oder „Beratungsleistung"). So ist es auch zu erklären, weshalb das erste Kapitel sehr umfangreich ist, weil hier erstmals Aspekte aufgegriffen werden. Es empfiehlt sich, das umfangreiche Stichwortverzeichnis zu nutzen, um entsprechende Querverbindungen sinnvoll einzusetzen.

Nicht zuletzt richtet sich das Buch an Existenzgründer, die sich in der Medienbranche selbständig machen wollen. Deshalb wurde eingangs ein Kapitel „Unternehmensführung" aufgenommen, um Nachwuchskräften einen Einstieg in die komplexe Thematik der Unabhängigkeit und Selbstverantwortlichkeit anzubieten.

Ich hoffe, dass Ihnen meine Ausführungen helfen werden, eine eigene berufliche Standortposition zu finden oder zu festigen.

München, im September 2006   *Alfred-Joachim Hermanni*

Über Ihre Anregungen und sachdienlichen Hinweise zur ersten Auflage würde ich mich unter folgender eMail-Anschrift freuen: AJHermanni@aol.com

Inhaltsverzeichnis

Vorwort.   V

1. Medienmanagement und Medienökonomie   1
1.1 Medienökonomie – eine zentrale Funktion des Medien-
    managements.   1
1.2 Perspektiven für Lehre, Forschung und Praxis.   5

2. Unternehmensführung   9
2.1 Welche Erwartungen werden an Führungskräfte gestellt?. .   9
2.2 Ressourcen, Qualität und Wertschöpfung. 12
2.3 Persönlichkeitstest „Unternehmertypus". 16
2.4 Das Unternehmenskonzept 19

3. Film 23
3.1 Entwicklung und Gegenwartsbeschreibung der deutschen
    Film- und Fernsehindustrie 23
3.2 Filmforschung in Deutschland. 29
3.3 Einsatzmöglichkeiten von Filmproduktionen. 33
3.4 **Fallbeispiel:** Herstellung eines Imagefilms
    (Kunde: Logistikunternehmen „Global Player") 39
3.4.1 Beratungsleistungen für den Kunden durch eine Film-
      produktion 39
3.4.2 Budgetkalkulation/Preisfindung. 43
3.4.3 Entwicklung einer Dienstleistung (Stoffidee/Exposé/
      Drehbuch). 55
3.4.4 Aufgabenverteilung innerhalb eines Produktionsunter-
      nehmens 59
3.4.5 Motivsuche. 64
3.4.6 Personaleinsatz/Arbeitsrecht 68
3.4.7 Vertragsgestaltung (bei Fremdleistungen) 77
3.4.8 Produktionsabläufe/Programming/Drehplan 79
3.4.9 Ergebniskontrolle (Budgetkontrolle/Cash flow) 87

4. Hörfunk. 95
4.1 Entwicklung und Gegenwartsbeschreibung der Hörfunk-
    branche in Deutschland 95
4.2 Einsatzmöglichkeiten von deutschsprachigen Hörfunk-
    produktionen (Werbung) 98

4.3 **Fallbeispiel:** Herstellung eines Hörfunk-Spots
(Kunde: nationale Dienstleistungsmarke aus der Tele-
kommunikationsbranche) 100
4.3.1 Aufgabenstellung durch Kunden an eine Kreativ-
Agentur.. 100
4.3.2 Budgetkalkulation/Preisfindung.................... 101
4.3.3 Gestaltung der Spots und Sprecherauswahl (Casting) .. 102
4.3.4 Personaleinsatz/Arbeitsrecht 106
4.3.5 Vertragsgestaltung (bei Fremdleistungen) 106
4.3.6 Produktionsabläufe 107
4.3.7 Mediaplanung/Mediastrategie (Werbebudgetplanung) 108
4.3.8 Werbebotschaften und Werbewirkungen 113
4.3.9 Ergebniskontrolle (Mediaanalyse) 116

5. Internet 123
5.1 Entwicklung und Gegenwartsbeschreibung der Internet-
Economy 123
5.2 Online-Nutzerforschung in Deutschland 128
5.3 Einsatzmöglichkeiten von Internet-Dienstleistungen 132
5.4 **Fallbeispiel:** Relaunch eines Internetauftrittes
(Kunde: Behörde des Freistaates Bayern).............. 137
5.4.1 Beratungsleistungen für den Kunden durch eine Internet-Agentur..................................... 137
5.4.2 Budgetkalkulation/Preisfindung.................... 140
5.4.3 Entwicklung einer Dienstleistung (Konzept/Layout) ... 144
5.4.4 Aufgabenverteilung innerhalb eines Produktionsunternehmens.. 151
5.4.5 Personaleinsatz/Arbeitsrecht 155
5.4.6 Vertragsgestaltung (bei Fremdleistungen)/Rechts-
fragen 158
5.4.7 Produktionsabläufe/Programming 162
5.4.8 Ergebniskontrolle............................... 163

6. Multimedia 171
6.1 Entwicklung und Gegenwartsbeschreibung des Multimedia-Marktes................................... 171
6.2 Einsatzmöglichkeiten von Multimedia-Anwendungen ... 173
6.3 **Fallbeispiel:** Herstellung einer interaktiven DVD
zur Information von Besuchern eines Unternehmens
(Kunde: Pharmakonzern)........................... 175

6.3.1 Konzeptionelle Beratung durch eine Agentur für Neue Medien 175
6.3.2 Budgetkalkulation 176
6.3.3 Entwicklung einer Dienstleistung. 178
6.3.4 Aufgabenverteilung innerhalb eines Produktionsunternehmens 178
6.3.5 Personaleinsatz/Arbeitsrecht 179
6.3.6 Vertragsgestaltung (bei Fremdleistungen und Auftragsproduktion) 179
6.3.7 Produktionsabläufe 180
6.3.8 Ergebniskontrolle. 183

7. Print 187
7.1 Entwicklung und Gegenwartsbeschreibung des Buchmarktes. 187
7.2 Einsatzmöglichkeiten von anzeigengestützten Formaten wie Tageszeitungen und Anzeigenblätter ., ... 188
7.3 Fallbeispiel: Produktion einer Broschüre auf eigenes unternehmerisches Risiko (Projekt: Reiseführer) 193
7.3.1 Von der Idee zur Marktanalyse. 193
7.3.2 Produktionsvorgaben und Haushaltsplan eines Verlages. 203
7.3.3 Aufgabenverteilung innerhalb eines Produktionsunternehmens/Vertragsgestaltung 209
7.3.4 Anzeigen- und Vertriebsmarketing. 212
7.3.5 Redaktionelles Marketing 217
7.3.6 Produktionsabläufe/Publizistische Umsetzung 222
7.3.7 Positionierung am Markt. 225
7.3.8 Ergebniskontrolle. 228

8. Leistungsspektrum Medienökonomie – Grundlagen und Gemeinsamkeiten 231
8.1 Medienökonomie als Fundament eines Produktionsnetzwerkes: „Leitfaden Medienökonomie" 231
8.2 Konvergenzen bei Medienproduktionen (inkl. „Kreis-Konvergenz-Modell des Medienmanagements") 241
8.3 Die „Positionierungs-Pyramide des Medienmanagements" (inkl. Kommunikationsinstrumente) 256
8.4 Produktlebenszyklus. 263
8.5 Internationale Medienökonomie. 265
8.5.1 Historie. 265

8.5.2 Internationalisierung/Europäische Union 266
8.6 Zukunftsmodell der Medienbranche: „Schnittstelle Multimedialer Operationspool" 270
8.7 Ausblick 275

Glossar 279
Literaturverzeichnis 293
Sachverzeichnis 303

1. Medienmanagement und Medienökonomie

1.1 Medienökonomie – eine zentrale Funktion des Medienmanagements

Im Allgemeinen umfasst die Wortbedeutung **Management** alle Leitungsfunktionen eines Unternehmens einschließlich der Geschäftsführung (vgl. Kap. 2 „Unternehmensführung"), wobei sich der Begriff „Management" vor allem auf den Führungsebenen bei Presseinstitutionen oder bei Rundfunkveranstaltern etabliert.

Um den dynamischen, sich stetig wandelnden Medienmarkt erfolgreich mitzugestalten, bedarf es insbesondere der Medienmanager, denn nach der vorherrschenden Definition ihres Berufsbildes sind sie für den administrativen und gestalterisch zweckdienlichen Einsatz der Produktions- und Finanzmittel innerhalb eines Unternehmens verantwortlich: „Medienmanager sind Generalisten. Wir finden sie beim Radio, in Werbeagenturen, bei Fernsehsendern, in Verlagshäusern oder im Multimedia-Bereich. Wer heute Medien produziert, der arbeitet für den Markt – Umsätze und die ‚Quote' entscheiden über den Erfolg einzelner Produkte und letztlich das Überleben des Unternehmens".[1] Wie im Zuge der Ausbildung von Nachwuchskräften anerkannte Standards für Medienmanager und Medientechniker gelehrt werden, beweist etwa das erfolgreiche „Mittweidaer Modell" der gleichnamigen Fachhochschule in Sachsen:

- interdisziplinär mit eindeutig produktionstechnischer und publizistischer Ausrichtung,
- starker Praxisbezug in den Lehrveranstaltungen und in den Medienprojekten,
- begleitet von Hochschullehrern und Mitarbeitern aus Mittweida sowie Lehrbeauftragten aus internationalen Medienunternehmen.

Speziell für angehende künstlerische und wissenschaftliche Medienschaffende der Fachrichtung „Film und Fernsehen" bieten sich die Studiengänge an der Hochschule für Film und Fernsehen „Konrad Wolff" in Potsdam an. Dort werden an der ältesten und größten Medienhochschule Deutschlands (gegründet 1954) neben den klassischen Disziplinen wie Film- und Fernsehproduktion, Dramaturgie, Kamera und Medienwissenschaft auch Zukunftsthemen wie Digital Cinema, Nonlinear Media oder High-Definition-Produktion und Postproduktion mit modernster digitaler Studiotechnik gelehrt.[2]

Der Begriff **Medienwirtschaft**, eine zentrale Funktion des Medienmanagements, wird innerhalb der Medienwissenschaft, Publizistikforschung und Kommunikationswissenschaft zunehmend durch **Medienökonomie** ersetzt, wobei es sich bei letzterem um einen Begriff der achtziger Jahre handelt. Eine weit reichende Definition bietet Faulstich an, indem er Medienökonomie auf alle wirtschaftlichen Aspekte, Daten und insbesondere Strukturen sowohl einzelner Medienunternehmen als auch der verschiedenen Medienbranchen und letztlich aller Medien als eines spezifischen, eigenständigen gesellschaftlichen Systems bezieht.[3] Es haben sich bei einer engeren Betrachtungsweise mehrere Positionen herauskristallisiert, wobei die konkretesten an betriebswirtschaftliche Gesichtspunkte im traditionellen Sinn anknüpfen. Dazu zählen aus der Sicht des Medienmanagements etwa die Programmplanung und -beschaffung, Organisations- und Strukturfragen, Kostenrechnung und Controlling, Personalführung und Marketing. Nach Heinrich „ist die Medienökonomie ein Teilbereich der Ökonomie und ihr Gegenstandbereich ist die Produktion, die Distribution und der Konsum massenmedial erstellter Informationen einschließlich der davon ausgehenden Wirkungen".[4] Dass die Medien ein bedeutender wirtschaftlicher Faktor des Bruttosozialproduktes sind, ist unbestritten. Eine entsprechende kommerzielle Einstufung nahm McQuail schon Mitte der 80er Jahre vor.[5]

In der Kommunikationswissenschaft spielt der Begriff **Medium** zwar unbestritten eine zentrale Rolle, das bedeutet aber nicht, dass er eindeutig definiert wäre.[6] Für Kiefer könnte dies mit der Komplexität der Phänomene zusammenhängen, die unter den Begriff „Medium" subsumiert werden. Im Wesentlichen unterscheidet sie zwischen Medien als Wirtschaftsunternehmen, also Organisationen, die erwerbswirtschaftliche Zwecke verfolgen, und Medien als gesellschaftlichen Institutionen, also sozialen Beziehungsregeln zur Erfüllung bestimmter gesellschaftlicher, öffentlicher, aber auch privater Zwecke. Nach dem gegenwärtigen Verständnis „sind Medien komplexe institutionalisierte Systeme um organisierte Kommunikationskanäle von spezifischem Leistungsvermögen".[7] Eine wissenschaftlich weitgehend akzeptierte, aber techniklastig geprägte Definition liefert Pürer, wonach der Begriff „Medium" alle jene technischen Instrumente und Apparaturen umfasst, mit deren Hilfe publizistische Aussagen an die Öffentlichkeit weitergeleitet und somit potenziell jedermann öffentlich zugänglich gemacht werden.[8]

Das Interesse der Medienbranche an der Disziplin Medienökonomie und dessen professionell ausgebildeten Medienmanagern ist in den letzten Jahren gewaltig gestiegen und vor allem durch folgende Sachverhalte zu erklären:

• Veränderte Medienrezeptionsmuster bedürfen zukunftsgerichteter Konzepte, die sowohl technische Errungenschaften auf dem Gebiet der Informations- und Kommunikationstechnologien (z. B. Digitalisierung der Medien, Internet) als auch die Integrationsmöglichkeiten von Multimediaanwendungen sowie die laufenden Softwareentwicklungen berücksichtigen.

• Notwendige Standortprofilierungsmaßnahmen (lokale, regionale, nationale, internationale) bedürfen einer intensiven Vorbereitung und einer routinierten Umsetzung.

• Immer schneller anstehende Entwicklungen wie gewaltige Sparmaßnahmen innerhalb der Branche oder Expansionen bzw. Fusionen zahlreicher Medienunternehmen müssen fachkundig vorbereitet und abgewickelt werden.

Medienökonomie fordert ein wirtschaftliches Handeln, um im Interesse eines Unternehmens eine Dienstleistung effizient herzustellen und am Markt zu verkaufen. Naheliegend erscheinen dabei aus dem Berufsalltag für Medienunternehmen Fragestellungen wie z. B. die folgenden:

• Welche strukturellen Änderungen innerhalb eines Unternehmens sind erforderlich, um Produktionen unter dem Gesichtspunkt „sparsamer Haushaltsführung" herzustellen?

• Welche zusätzlichen Geschäftsfelder können für das Unternehmen erschlossen oder welche innovativen Angebote (wie Software oder Stoffe) für zukünftige Märkte neu entwickelt werden?

• Wie können interessante Geschäftsideen oder Best Practice-Beispiele aus dem Ausland für das Unternehmen nutzbar gemacht werden?

• Sollen Mitarbeiter an dem Erfolg eines Fernsehsenders beteiligt werden?

• Wie können strategische Kooperationen mit branchenfremden Unternehmen aussehen?

• Ist es aus wirtschaftlicher Betrachtungsweise sinnvoll (Kosten-/Nutzen-Verhältnis), einen am Zeitungsmarkt konkurrierenden Titel einschließlich Verlag zu kaufen?

• Wie sollte sich die Vertriebsstruktur eines Buchgeschäfts ändern, damit dieses am Markt mittelfristig bestehen kann?

• Besteht möglicherweise ein Bedarf für einen alternativen Hörfunksender in der Region, und wie sollte dessen Programmstruktur aussehen?

• Zu welchen Kosten könnte ein Relaunch des Internetauftritts des Kunden erfolgen?

Ein Medienunternehmen gewinnbringend zu führen, sollte die Zielsetzung jedes Unternehmers und seines Managements sein. Als ich mich zum ersten Mal auf meine Lehrtätigkeit vorbereitete, dachte ich über eine solide Grundlage für die wichtigste Fertigkeit der Medienökonomie nach. Mein Credo lautet: „Wirtschaften lernt man durch wirtschaften."

Damit will ich dreierlei sagen:

(1) Medienökonomie ist zugänglich und basiert auf praxisbezogenen Herstellungsprozessen innerhalb eines Marktes für Auftraggeber. Als Auftragnehmer müssen Sie zwischen den betriebswirtschaftlichen Vorgaben Ihres Medienunternehmens einerseits (insbesondere Gewinne zu erzielen) und den zu bewältigenden Aufgabenstellungen (Vorgaben des Auf-

traggebers an das zu erstellende Werk) andererseits einen Konsens erzielen.

(2) Learning by doing – Übung macht den Meister. Sammeln Sie prozessuale Planungs- sowie Kontrollsystematiken und praktische Umsetzungsdirektiven z. B. von erfolgreichen Herstellungs- und Produktionsleitern. Und probieren Sie diese aus, denn nur die Praxis gibt Ihnen letztlich das Feedback, um am Markt bestehen zu können.

(3) Und vergessen Sie nie: Medienökonomie ist ein Teil eines Herstellungsnetzwerkes und alle Teile stehen in einem Zusammenhang. Denken Sie multifaktoriell, denn innerhalb des Medienmarktes fließen Aufträge (und daraus resultierend notwendige Erlöse) nicht ohne Manpower sowie Ideen, und die Produktionstechnik funktioniert nicht, wenn dafür zuvor keine Hard- und Software entwickelt wurde.

1.2 Perspektiven für Lehre, Forschung und Praxis

Medienunternehmen sind bekanntlich definiert als wirtschaftliche Einheiten, die überwiegend geistig-kreative Inhalte herstellen und ihre Endprodukte dem Markt nahezu ausnahmslos gegen ein Entgelt anbieten. Dabei dienen alle ineinander greifenden Herstellungsabläufe einer gemeinsamen Bestimmung: einen Output zu erzielen. Den Output – sprich: Produkte – erwerben im Allgemeinen die Haushalte entweder direkt käuflich von den Unternehmen oder sie beziehen diese über Kunden des Unternehmens (wie Groß- und Einzelhandel); ansonsten erwerben Werbekunden von Medienunternehmen auftragsabhängig gestaltete Werbemittel. Haushalte sind wirtschaftliche Einheiten, die einzig konsumieren und keinerlei Produkte herstellen.

In der deutschsprachigen wissenschaftlichen Literatur überwiegt die These, dass keine anerkannte Theorie der Medienproduktion existiert, sondern nur Fragmente von Produktionsempfehlungen. Hierzu zählen z. B. Redaktionsvereinbarungen und Programmrichtlinien, die bei Print, Hörfunk, Film und Fernsehen sowie bei Multimedia Anwendung finden, wobei es sich um vornehmlich pragmatische Orientierungsstränge handelt. Zweifelsohne lassen sich Medienproduktionen nicht betriebswirtschaftlich steuern wie Herstellungsprozesse etwa in der Fahrzeug- oder Getränkeindustrie, wo die Vorgänge sozusagen per Fließband automatisch-standardisiert ablaufen. Rein rationale Kriterien würden der Medienbranche keinen kreativen Gestaltungsraum lassen.

Vor diesem Hintergrund habe ich innerhalb des Buchs untersucht, inwieweit Konvergenzen bei Medienproduktionen bestehen, die Medienmanager in die Lage versetzen, Herstellungs- und Geschäftsprozesse medienwirtschaftlich übersichtlicher zu organisieren, egal welcher Art die Medienproduktionen sein mögen. Dabei wird die Medienökonomie als unverzichtbares Fundament eines Produktionsnetzwerkes verstanden.

Anhand von Fallstudien, die als konkrete Projekte von dem Autor realisiert wurden, wurde erforscht, wie sich die Konvergenzen äußern. Als Einstieg dienten die Einsatzmöglichkeiten des jeweiligen Mediums, vorliegende Forschungsresultate sowie die Beurteilungen der Herstellungsverfahren und Ablaufprozesse. Das Untersuchungsfeld wurde zum einen dadurch abgegrenzt, dass der Fokus auf den praxisbezogenen medienwirtschaftlichen Aspekten lag und weniger auf „allgemeinen traditionellen" Ansätzen aus der Betriebswirtschaftslehre/Wirtschaftsinformatik und „theoretischen" aus der Publizistik und Kommunikationswissenschaft.

Zum anderen fanden schwerpunktmäßig zeitgemäße Anforderungsprofile für Medienmanager wie berufliche Handlungskompetenz, medienwirtschaftlich fundiertes Übersichtswissen und Organisation von Geschäftsprozessen Berücksichtigung. Im Mittelpunkt der Arbeit standen insoweit auch inhaltliche und konzeptionelle Fragen, um dem Untersuchungsziel gerecht zu werden.

Eine besondere Erkenntnis ging von den Fallstudien als Forschungsmethode aus, um Kausalzusammenhänge aufzuzeigen, da die Literatur nahezu ausschließlich „theoretische" Ansätze anbietet und (soweit dem Autor bekannt) keine für eine praxisorientierte Anwendung. Yin empfiehlt Fallstudien ausdrücklich als

Forschungsmethode, wenn Antworten auf die Fragen „Wie?" und „Warum?" gesucht werden.[9] Die gewonnenen Ergebnisse lassen sich an weiteren Praxisbeispielen aus der Vergangenheit festmachen und werden erfolgreich bei aktuellen Medienproduktionen angewandt, was die empirische Richtigkeit der aufgestellten Forschungserkenntnisse belegt.

Ein weiterer relevanter Forschungsansatz kommt hinzu, indem die Fallstudien unterschiedlichen Mediengattungen zuzuordnen sind: Film, Hörfunk, Internet, Multimedia und Print. Somit konnten die Studien zunächst losgelöst voneinander durchgeführt werden, und zwar als jeweils eigenständiger Betrachtungsgegenstand. Letztlich geht es um die Verlässlichkeit der Untersuchung, wonach insbesondere die Nachvollziehbarkeit des Forschungsprozesses von Bedeutung ist, bei dem auch andere Forscher zu dem gleichen Ergebnis kommen können.[10] Zu diesem Zweck wurden bei den Fallstudien bewusst identische Gliederungsbezeichnungen genutzt und die ermittelten Daten in Einheiten zusammengepackt. Die Gesamtmischung aus praxisorientiertem und theoretischem Vorgehen stellt das Untersuchungsergebnis auf eine solide Basis.

Im Zuge der wissenschaftlichen Auswertung ließen die Ergebnisse eine Transparenz der Handlungsabläufe von praxisbezogener Relevanz zu und führten zu einer neuen Methodik bei Medienproduktionen. In einem **„Leitfaden Medienökonomie"** (Kap. 8.1) werden medienwirtschaftliche disziplinübergreifende Gemeinsamkeiten innerhalb der einzelnen Produktionsphasen aufgegriffen und methodisch zusammengefasst.

Im Zuge der vorliegenden Arbeit wurde gleichfalls eine praxisorientierte Theorie entwickelt, die dazu beitragen soll, Lücken zwischen der Angewandten Medienwirtschaft und hypothetischen Ansätzen zu schließen: das **„Kreis-Konvergenz-Modell des Medienmanagements"** (Kap. 8.2). Auf der Basis der Ausführungen werden ebenfalls in Kap. 8 zwei weitere Modelle vorgestellt, die das Potenzial der präsentierten Konvergenz-Theorie erkennen lassen: die **„Positionierungs-Pyramide des Medienmanagements"** und das Zukunftsmodell **„Schnittstelle Multimedialer Operationspool"**.

Anmerkungen

1 Studienführer 2003/2004, Hochschule Mittweida (FH), 276
2 Das Hauptunterscheidungsmerkmal zwischen „linearen" und „nicht linearen" ist, dass die Nutzer bei den „nicht linearen" Diensten selbst bestimmen können, ob sie diese nutzen wollen und zu welchem Zeitpunkt.
3 Vgl. Faulstich 2000, 11
4 Heinrich 2002, 47
5 Vgl. McQuail 1986, 633 ff.
6 Vgl. Kiefer 2001, 14–15
7 Saxer 1996, 20
8 Vgl. Pürer 1993
9 Vgl. Yin 1984, 18
10 Vgl. Yin 1984, 45 und Kirk/Miller 1986, 41

2. Unternehmensführung

2.1 Welche Erwartungen werden an Führungskräfte gestellt?

In Deutschland wurde bis in die 80er Jahre hinein der Begriff „Unternehmens- und Betriebsführung" mit Management gleichgesetzt und angelehnt an vorherrschende Definitionen aus der Betriebswirtschaftslehre, die daraus **sachbezogene** Aufgaben auf Leitungs- und Verwaltungsebene ableiteten. Später kam eine weitere, ergänzende Aufgabe hinzu, die **personenbezogen** ausgerichtet ist und auch mit „Führung von Menschen" identifiziert wird. Bereits in den 70er Jahren forderten Steinmann (1973), Böhm (1977) und Picot (1977) als weitere Komponente hohe ethische Standards von der Unternehmensführung, sahen aber darin keine hinreichende Bedingung zur Ordnung der Machtausübung in der Wirtschaft (vgl. Staehle 1987, 362).

Wenn von Unternehmensführung gesprochen wird, fällt dieser Begriff häufig im Zusammenhang mit einer **Strategieumsetzung**, wobei damit gemeint ist, dass der Leader Leitlinien, Ziele und Strategien entwickeln soll, die in konkrete, operative Handlungsanweisungen münden. Nach den Vorstellungen internationaler Spitzenmanager sind bestimmte Kerntätigkeiten für die Ausübung einer Unternehmensführung zwingend erforderlich (vgl. ‚Das Davoser Manifest', „European Management Forum" 1973, S. 9f.). Dazu zählen:

(1) Berufliche Aufgabe der Unternehmensführung ist es, Kunden, Mitarbeitern, Geldgebern und der Gesellschaft zu dienen und deren widerstreitende Interessen zum Ausgleich zu bringen.

(2) Die Unternehmensführung muss dem Kunden dienen. Sie muss die Bedürfnisse der Kunden bestmöglich befriedigen.

(3) Die Dienstleistung der Unternehmensführung gegenüber Kunden, Mitarbeitern, Geldgebern und der Gesellschaft ist

nur möglich, wenn die Existenz des Unternehmens langfristig gesichert ist.

Im Prinzip ist eine Unternehmung nur dann existent, wenn sie die Produktionsziele selber setzt und selbst über die zu deren Verwirklichung einzusetzenden Mittel entscheidet.[11] Einem Unternehmen vorstehen bedeutet Verantwortung übernehmen: im Außenverhältnis gegenüber den Kunden, Dienstleistungsbetrieben und freien Mitarbeitern, im Innenverhältnis gegenüber den Gesellschaftern/Geldgebern und festen Mitarbeitern.

Unbestritten ist, dass eine **Medienunternehmung** eine aktive Rolle im Markt einnimmt und dass diese im Zusammenhang des globalen Strukturwechsels von Medienökonomie, Kultur und Gesellschaft zu betrachten ist. Eine Analyse des Begriffs „Medienunternehmung" ist allerdings aus soziologischer Sicht noch nicht abgeschlossen, sie wurde bisher eher vernachlässigt.[12] Siegert registriert, dass drei Prinzipale eine Medienunternehmung beeinflussen: das Publikum, die werbetreibende Wirtschaft und der Kapitaleigner.[13]

Sollte eine übergeordnete Leitlinie zur Unternehmensführung von Medieninstitutionen erforderlich sein, die für alle Mediengattungen verbindlichen Charakter hat, könnte diese so lauten: „Hohe ethische Standards vereint mit einer vorbildlichen sozialen Kompetenz, sach- und personenbezogene Steuerungsentscheidungen unter Berücksichtigung der journalistischen und/oder medienrelevanten Programmrichtlinien und ein strategisches Denken, das in konkrete Handlungsanweisungen für das nachgeordnete Management mündet, kennzeichnen den Verantwortungsbereich eines Führers einer Medienunternehmung".[14] Ein Medienmanager in der Rolle eines Unternehmensführers wird bestrebt sein:

- die Existenz des Unternehmens unter Einsatz aller zur Verfügung stehenden Ressourcen langfristig zu sichern,
- bestehende Qualitätsstandards zu wahren und weiterzuentwickeln,
- die Kundenbedürfnisse bestmöglich zu realisieren,
- die Produkte gewinnbringend zu verkaufen und

• mögliche Interessenkonflikte zwischen den Mitarbeitern, den Kunden und den Gesellschaftern/Eigentümern des Unternehmens zu minimieren oder gar auszuräumen.

An Unternehmensführer aus der Medienbranche werden heutzutage folgende **Anforderungen** gestellt:

(1) Abgeschlossenes Studium (z. B. Medienmanagement, BWL, Jura);

(2) Juristisches Verständnis, um Gesetzestexte lesen und verstehen zu können;

(3) Kaufmännische Grundkenntnisse von betriebs- und volkswirtschaftlichen Zusammenhängen (insbesondere in den Bereichen Finanz- und Kostenmanagement zum zweckdienlichen Einsatz der Budgetmittel einschließlich des Controllings);

(4) Analytische und organisatorische Fähigkeiten, Unternehmen zu managen (insbesondere langfristige strategische Planung und Steuerung von Entwicklungsprozessen);

(5) Verhandlungsgeschick, Durchsetzungskraft. Ein Unternehmen mit dem Ziel führen zu können, Gewinne zu erzielen (von der „Informationsverarbeitung" bis zur „Prozesssteuerung" einschließlich Einschätzungsvermögen von Chancen und Risiken);

(6) Künstlerische und/oder technische Fertigkeiten bei der Herstellung von Audio-/Video-/Print-/Multimedia-Produkten;

(7) Fähigkeit, Personal sozialverträglich zu führen (ausgeprägte Teamfähigkeit);

(8) Markt-, Branchen- und Produktkenntnisse (einschließlich Marketinggrundkenntnisse);

(9) Fremdsprachenkenntnisse (mindestens Englisch in Wort und Schrift);

(10) Souveränes und verbindliches Auftreten, um Beratungsleistungen für den Kunden einschließlich Kundenpotenzial- und Zielgruppenanalyse erbringen zu können (Stichwörter: „Kontaktstärke/Beziehungspflege/Serviceorientierung").

Nach dieser Funktionsbeschreibung bleibt aus aktuellem Anlass festzuhalten, dass gerade in wirtschaftlich schwierigen Zeiten Führung ein besonders verantwortungsbewusstes ökonomisches und personelles Handeln fordert, um im Interesse eines Unternehmens eine Dienstleistung effizient herzustellen und am Markt gewinnbringend zu verkaufen. Unternehmer wissen: In letzter Konsequenz sind sie gegenüber den Kunden für die Produkte verantwortlich – und haften ganz allein für deren Herstellung. Welches Ziel Sie als Medienunternehmer auch ansteuern, immer sollte die künstlerische und technische Qualität des Produktes Ihr Handeln bestimmen. Nur ein wirklich gutes Produkt zu einem fairen Preis überzeugt und schafft Vertrauen bei den Kunden im Hinblick auf Anschlussaufträge.

2.2 Ressourcen, Qualität und Wertschöpfung

Zunehmend hängt der Erfolg eines Unternehmensführers auch davon ab, auf welche **Ressourcen** er zurückgreifen kann und wie er diese zum richtigen Zeitpunkt einsetzt. Durch die Bündelung von Ressourcen – z. B. eine Kombination verschiedenartiger Medien – kann eine „Meinungsdominanz durch Synergieeffekte" entstehen. Ein klassisches Beispiel hierfür sind die Printmedienprodukte „Spiegel", „Focus" und „Stern", deren Top-Themen wöchentlich von verlagsnahestehenden Fernsehproduktionsunternehmen nachgedreht und auf RTL („Spiegel TV", „stern tv") bzw. SAT.1 („Spiegel TV-Reportage") bzw. ProSieben („Focus TV") ausgestrahlt werden. Mittelbar entsteht so ein wertvoller Multiplikatoreneffekt für die Firmengruppe, der in vielerlei Hinsicht weiterentwickelt werden könnte. Die Wissenschaft spricht hierbei von der Ausschöpfung unternehmensinterner Erfolgspotenziale (vgl. Habann 2001, 107; Wernerfelt 1984, Rasche 1994 u. a.). Unter medienspezifische Ressourcen können fallen:
- **Immaterielle Vermögenswerte** wie Urheberrechte, Markenrechte, Patente – so genannte Schutzrechte.
- **Mediale Nutzungsrechte**, also persönliche geistige Werke der Kunst, Literatur und Wissenschaft, die durch das Urheberrecht geschützt sind. Nutzungsrechte sind übertragbar, wobei es dann erforderlich wird, dass der Urheber seine Rechte auf

einen Lizenznehmer zur Verwertung für eine beschränkte Dauer überträgt (z. B. schließt ein Buchautor mit einem Verlag einen so genannten Lizenzvertrag ab) oder verkauft.

- **Qualitätsstandards**, die ein Unternehmen pflegt. Durch die Einsetzung und Überwachung der Standards existiert eine gleich bleibende Qualität, die dem Kunden zugute kommt und die einen Wert darstellt. Nehmen Sie als Beispiel die „ARD-Tagesschau", die durch einen hohen Qualitätslevel ihre Spitzenposition unter den Nachrichtensendungen bis heute beibehalten hat.
- Die **fachliche Kompetenz einzelner Personen**, die nicht imitierbar sind. Bezogen auf die Medienbranche denken Sie bitte an diverse Leitartikler der bundesweit erscheinenden Tageszeitungen, an prominente Sprecher einzelner Hörfunksender oder an die populären Moderatoren des Fernsehens.

Die **Qualität** bei Medienproduktionen spielt eine herausragende Rolle, denn besonders in Zeiten, wo bei Herstellungsprozessen die Kassen der Auftraggeber spärlich gefüllt sind, neigt der eine oder andere Auftragnehmer dazu, an Qualität zu sparen, um den eigenen Gewinn zu vergrößern.

Wir erleben gegenwärtig in Deutschland eine Diskussion um messbare Qualität bei Medienproduktionen. Es wurden schon Stimmen laut, die eine „DIN-Norm für Medienqualität" einfordern, wobei die derzeit gültige Norm (DIN ISO 8402) nach der International Standard Organisation (ISO) wie folgt definiert wird: „Qualität ist die Gesamtheit von Eigenschaften und Merkmalen einer Einheit, bezüglich ihrer Eignung, festgelegte oder vorausgesetzte Erwartungen zu erfüllen".[15]

Konsequent betrachtet sind auch Medienmarken, die eine gleichbleibende Qualität versprechen, ein Gütesiegel, wobei jedoch je nach Konsument/Zielgruppe der Begriff „Qualität" unterschiedlich definiert wird: Eine Zeitschrift wie „Bunte" oder eine Fernsehsendung wie „Gute Zeiten, schlechte Zeiten" lassen beispielsweise je nach Warte des Konsumenten sehr unterschiedliche Deutungen zu, obwohl es sich in beiden Fällen um Unterhaltungsprodukten im herkömmlichen Sinn handelt.

Aus dem Blickwinkel der „Angewandten Medienwirtschaft"
wird folgende Vorgehensweise empfohlen, um die Qualität bei
Medienproduktionen zu verbessern:

(1) Alle Mitarbeiter, die an einem Produktionsprozess beteiligt
sind, müssen ihre **Fachkenntnisse** durch eine adäquate, pra-
xisnahe Ausbildung nachgewiesen haben.

(2) Alle Mitarbeiter sollten sich auf **berufsgültige Qualitätsstandards** verständigen (z. B. sinngemäße bzw. faktentreue Inhalte, Wahrhaftigkeit, Sorgfalt, Unabhängigkeit, Quellentrans-
parenz, umfassende Recherchen, zielgruppenorientiertes
Handeln, einen messbaren Nutzwert für den Konsumenten,
„Publizistische Grundsätze/Pressekodex",[16] visuelle Standards), die einem internationalen Vergleich standhalten.[17]

(3) Alle Mitarbeiter müssen vor Arbeitsbeginn als homogenes
Produktionsteam einen **Anforderungskatalog** formulieren,
der die inhaltlichen, personellen und technischen Leistungs-
profile (Hardware- wie Software-Programme) an das herzustellende Erzeugnis umfasst.

(4) Alle Mitarbeiter sollten die Gesamtanforderungen an die am
Arbeitsprozess beteiligten Kollegen verstehen (sie müssen
nicht sämtliche Anforderungen selbst umsetzen können), damit jederzeit **konstruktive Kritik** im Rahmen des Arbeitspro-
zesses ausgeübt werden kann.

Unternehmer wissen: In letzter Konsequenz ist nur der Produzent gegenüber dem Kunden für das Produkt verantwortlich
– und haftet ganz allein für die Herstellung der Produktion. Welches Ziel Sie auch ansteuern, immer sollte die künstlerische und
technische Qualität des Produktes Ihr Handeln bestimmen. Nur
ein wirklich gutes Produkt zu einem fairen Preis überzeugt. Und
günstig im Preis heißt selten besser in der Qualität.

Zur **Wertschöpfung**. Ursprünglich stammt der Begriff der Wertschöpfung aus der volkswirtschaftlichen Gesamtrechnung. In der
Literatur wird die Wertschöpfung begrifflich zweigeteilt: zum einen als „Wertentstehung" und zum anderen als „entstandener
Wert", wobei vom Grundsatz her der Wertgewinn für den Konsumenten das Handeln bestimmen sollte.[18] Nach Gordon ist die

Wertschöpfung der Wert, der in einer Produktionsstufe durch Arbeits- und Kapitaldienste hinzugefügt wird.[19] Trotz unterschiedlicher Analysen gilt in der Unternehmenspraxis die Maxime, dass die Profitorientierung als wichtigeres Ziel anzusiedeln ist als der Wertgewinn für den Konsumenten: „Die Erstellung und Verwertung von Medienleistungen lässt sich als Wertschöpfungskette mit einer Verknüpfung aufeinander bezogener Wertschöpfungsstufen auffassen".[20] So umfasst beispielsweise die Wertschöpfungskette von Printmedien die folgenden Wertschöpfungsaktivitäten: Inhaltsbeschaffung/Inhaltsproduktion, Redaktion/Lektorat, Layout, Druck und Vertrieb. Aus der betriebswirtschaftlichen Sichtweise eines einzelnen Unternehmens „ist die Wertkette (engl. = value chain) ein Instrument der wettbewerbsorientierten Unternehmensanalyse und dient der Entwicklung von Strategien".[21]

Bereits mit der Einführung der Digitalisierung der Datenverarbeitung und des interaktiven Fernsehens (ab 1997) hätte der Begriff „Wertschöpfungskette" m. E. vernachlässigt und durch den universalen Begriff „Multimedia-Wertschöpfungskette" abgelöst werden können (s. Abb. 19 „Multimediale Wertschöpfungskette", Kap. 5.4, S. 168).

Angesichts der crossmedial ausgerichteten **Content**bestrebungen vieler Medienunternehmen in Konvergenz mit unterschiedlichen Industriezweigen (z. B. Medien- und Informationstechnologie, Telekommunikation, Unterhaltungselektronik) erscheint es sinnvoll, diesen grundlegenden, innovativen Entwicklungen Rechnung zu tragen. Denn: Schließlich haben sich die Tätigkeitsfelder der Marktteilnehmer seit den 90er Jahren gravierend geändert:[22]

• Rundfunksender expandieren in neue Gebiete, wie z. B. Datenrundfunk, Internet-Webcasting und Telekommunikationsverkehr und -dienste.

• Netzbetreiber erbringen audiovisuelle Dienste, wie z. B. Video-on-Demand und Kabelfernsehen.

• Internet-Dienstleistungsanbieter beginnen audio-visuelles Material zu erbringen und Internet-Zugangsunternehmen bieten Sprachtelefon an.[23]

Insgesamt beziehen sich die genannten Veränderungen auf alle organisatorischen Unternehmenseinheiten und -abläufe, unter anderem:

(1) Geschäftsprozessoptimierung: Reorganisationsbedarf, neue Wertschöpfungsschritte.

(2) Strategische Orientierung: Kooperation, Beteiligung, Partnerschaften.

(3) Produktinnovation: Neue Geschäftsmodelle, Teilsubstitution von „alten" Geschäften, Beachtung verkürzter Produktlebenszyklen.

(4) Content-Management: Sammlung, Selektion, Systematisierung und Packaging von Informationen.

(5) Marketing-Management: Neue Marketing- und Vertriebswege.

(6) Kalkulations- und Kostenmanagement: Kostenbewusste Medienproduktion, Medien-Controlling.[24]

Mit diesen Neuausrichtungen innerhalb einer Wertschöpfungskette wird ein zeitgemäßer direkter oder indirekter Kundennutzen geschaffen.

2.3 Persönlichkeitstest „Unternehmertypus"

Unternehmerische Freiheit verbunden mit dem ursprünglichen Wunsch nach Selbständigkeit lässt sich nur verwirklichen, wenn man bereit ist, Verantwortung gegenüber sich selbst und anderen Mitwirkenden in einem hohen Maß zu tragen. Der alleinige Anspruch, sich eigenständig geschäftlich zu engagieren, reicht keinesfalls aus, um ein florierendes Unternehmen zu betreiben. Fakt ist, dass das zukünftige Geschäftsspektrum nicht zu unterschätzen ist und auf utopischem Denken basieren darf. Was den Erfolg eines Unternehmens ausmacht, ist insbesondere eine leistungsbezogene Mischung aus Qualitätsprodukten mit einem Steigerungspotenzial, positiven Standortfaktoren (wie ein attraktive Lage des Handelsplatzes und eine gute Infrastruktur) sowie stabile wirtschaftliche und politische Rahmenbedingungen.

Im Fokus: Bei allen Planungen muss stets das erste unternehmerisches Ziel sein, Erträge zu erwirtschaften, die mindestens den Lebensunterhalt des Unternehmers garantieren! Dabei gilt es vor einer Entscheidungsfindung in das Unternehmertum mittels des „Persönlichkeitstests" zu prüfen, ob man überhaupt die charakteristischen Eigenschaften eines Unternehmertypus mitbringt, denn die Selbständigkeit bietet nicht nur Chancen (wie relative Unabhängigkeit), sondern auch Risiken (wie etwa Einkommenseinbußen besonders in den ersten Jahren der Gründungsphase).

Persönlichkeitstest „Unternehmertypus"

- **Arbeitswille:** Sind Sie willens, auf geregelte Arbeitszeiten und eine regelmäßige Freizeit zu verzichten?

  ☐ Ja   ☐ Vielleicht   ☐ Nein

- **Ausdauer:** Haben Sie einen langen Atem, wenn eine Projektumsetzung endlos erscheint?

  ☐ Ja   ☐ Vielleicht   ☐ Nein

- **Berufausbildung:** Sind Sie fachlich ausreichend qualifiziert?

  ☐ Ja   ☐ Vielleicht   ☐ Nein

- **Familie:** Steht Ihre Familie und/oder Ihr Partner hinter Ihrem Engagement?

  ☐ Ja   ☐ Vielleicht   ☐ Nein

- **Finanzen:** Haben Sie das Startkapital gesichert?

  ☐ Ja   ☐ Vielleicht   ☐ Nein

- **Fitness:** Sind Sie körperlich fit, um Leistungsreserven mobilisieren zu können?

  ☐ Ja   ☐ Vielleicht   ☐ Nein

- **Führungseigenschaften:** Können Sie Mitarbeiter führen und organisieren?

  ☐ Ja   ☐ Vielleicht   ☐ Nein

- **Kaufmännisches Denken und Handeln:** Verfügen Sie über derartige Kenntnisse?

  ☐ Ja   ☐ Vielleicht   ☐ Nein

- **Kreativität:** Können Sie Ideen entwickeln und Chancen erkennen?

  ☐ Ja   ☐ Vielleicht   ☐ Nein

2. Unternehmensführung

- **Marktübersicht:** Sind Sie ausreichend über die Verkaufsprodukte Ihrer Branche einschließlich der Preispolitik informiert?
  - ☐ Ja ☐ Vielleicht ☐ Nein

- **Menschenkenntnis:** Können Sie sich und andere Menschen gut einschätzen?
  - ☐ Ja ☐ Vielleicht ☐ Nein

- **Mobilität:** Wollen Sie immer an dem Ort sein, wo der Kunde es verlangt?
  - ☐ Ja ☐ Vielleicht ☐ Nein

- **Motivation:** Können Sie berufliche Ziele setzen und sich selbst sowie Mitarbeiter anspornen?
  - ☐ Ja ☐ Vielleicht ☐ Nein

- **Mut:** Haben Sie den Willen, auch unpopuläre Entscheidungen zu treffen?
  - ☐ Ja ☐ Vielleicht ☐ Nein

- **Optimismus:** Sind Sie prinzipiell ein zukunftsgläubiger Mensch, auch wenn die Probleme zeitweise überwiegen?
  - ☐ Ja ☐ Vielleicht ☐ Nein

- **Qualität:** Ist Ihnen Qualität wichtiger als Quantität?
  - ☐ Ja ☐ Vielleicht ☐ Nein

- **Risikobereitschaft:** Könnten Sie notfalls auf ein regelmäßiges Einkommen und mögliche Privilegien verzichten?
  - ☐ Ja ☐ Vielleicht ☐ Nein

- **Selbstdisziplin:** Wollen Sie grundsätzlich auch in der Freizeit für Kunden erreichbar sein?
  - ☐ Ja ☐ Vielleicht ☐ Nein

- **Selbstkritik:** Wollen Sie aus eigenen Fehlern lernen?
  - ☐ Ja ☐ Vielleicht ☐ Nein

- **Stress:** Können Sie auch unter Druck Lösungen finden?
  - ☐ Ja ☐ Vielleicht ☐ Nein

- **Verkaufstalent:** Sind Sie ein Vertriebsprofi? Oder: Können Sie zukünftig Ihre Waren anpreisen?
  - ☐ Ja ☐ Vielleicht ☐ Nein

Zur Auswertung:

(1) Bei mehr als 15 Antworten mit „Ja":
Sie können Ihre beruflichen Ziele abstecken und Ihren unternehmerischen Visionen freien Lauf lassen. Eine neue Ära beginnt und Sie müssen keinem Chef mehr Rechenschaft abliefern. Und wenn Sie erst einmal mit Ihrem Unternehmen in einen gesunden Rhythmus gekommen sind, werden Sie Stufen der Anerkennung als Gewerbetreibende/r erklimmen. Dabei geht es nicht nur um die finanziellen Aspekte, sondern auch um emotionale Erfolge im Business, die einen Menschen nachhaltig glücklich machen.

(2) Bei 10 bis 15 Antworten mit „Ja" oder „Vielleicht" (davon müssen mehr als 10 Antworten mit „Ja" beantwortet sein):
Sie sind voraussichtlich auf dem richtigen Weg, wenn Ihnen auch noch die letzten unternehmerischen Einstellungen fehlen. Suchen Sie Rat, inwieweit Sie dem allgemeinen Unternehmertypus entsprechen, etwa bei einer Industrie- und Handelskammer (IHK), einer Handwerkskammer (HWK), bei erfolgreichen Jungunternehmern oder bei einem Personal Coach für Existenzgründer und Unternehmer. Falls Sie glauben, „reif" für einen Entschluss zu sein, gehen Sie ein zweites Mal die Checkliste durch und treffen je nach Ausgang der Auswertung eine Entscheidung.

(3) Bei weniger als 10 Antworten mit „Ja" oder „Vielleicht":
Sie sollten sich Ihr Vorhaben, ein Unternehmen gründen zu wollen, gewissenhaft überlegen und prüfen, ob Sie als Arbeitnehmer nicht glücklicher werden. Ein alternativer Ausweg wäre, gegebenenfalls mit einem Partner gemeinsam die Selbständigkeit anzustreben, um die Belastungen des gewerblichen Alltags miteinander zu teilen.

2.4 Das Unternehmenskonzept

Wichtigste Basis für Gespräche mit Investoren oder bei Kreditverhandlungen – z. B. die Vermittlung öffentlicher Förderprogramme – ist ein kompetentes Unternehmenskonzept. Jeder öffentliche Förderer, privater Investor oder jede Bank erwartet von einem Antragsteller, der z. B. einen Kredit oder einen Zuschuss beantragt, ein solches Konzept. Dieser sogenannte Master-Businessplan (3–5 Seiten reichen üblicherweise aus) konzentriert sich auf folgende Kernfelder:

• Unternehmung (z. B. Eigentümer, Management/Führungserfahrungen, Mitarbeiter, Gehaltsstrukturen, Geschäftsentwicklung)

- Produkte, Dienstleistung (z. B. Marktleistung, Produktionsmittel, Kapazitäten, Produktlebenszyklus, Patentschutz, Innovationen, Abhängigkeiten etwa von Lieferanten)
- Markt (Marktübersicht, Zielgruppen, Wachstumspotenzial, Umsatzziel)
- Konkurrenz (z. B. Einschätzung der Mitbewerber, Produkte und Strategien der Mitbewerber)
- Marketing (z. B. Produktpolitik, Preispolitik, Distributionspolitik, Kommunikationspolitik)
- Standort/Logistik (z. B. Geschäftssitz und Niederlassungen, Verwaltungsaufwand)
- Finanzen (z. B. Finanzierungskonzept, Sicherheiten, Eigenkapital, Beteiligungen, Risiken).

Innerhalb des Master-Businessplans liegt der Schwerpunkt auf vier zentralen Anliegen, die ein Existenzgründer unbedingt zufriedenstellend beantworten muss:

(1) Ein **Geschäftskonzept** erfordert eine klare Aussage, worin der Kosten- oder Nutzenvorteil gegenüber bereits existierenden Lösungen besteht und wie die Idee in die Tat umgesetzt werden soll. Beantworten Sie die entscheidende Frage: „Warum soll ein Kunde das Produkt kaufen?" Wichtig ist, die Geschäftsprognosen realistisch, aber nicht übertrieben optimistisch einzuschätzen, denn die Begutachter des Konzeptes lehnen häufig ganz bewusst „zu hochtrabende Phantasien" ab. Auf der Suche nach einer zündenden Geschäftsidee bieten sich diverse Wege an:

- Marktlücken entdecken/Trends aufspüren (Allerdings können sich Strukturen schnell wandeln)
- Erfolgreiche Konzepte kopieren
- Als Franchise-Unternehmer unnötige Risiken vermeiden
- Neue Produkte offerieren, wobei Sie z. B. eigene technische Entwicklungen einbringen.

Nicht jeder Einfall lohnt es, umgesetzt zu werden. Durchdenken Sie Ihr Konzept mehrfach, bevor dieses den möglichen Geldgebern präsentiert wird. In Deutschland bieten sich verschiede-

ne Gründerzirkel an, um ein Projekt in einem Entwicklungssta-
dium zu überprüfen. Das Bundesministerium für Wirtschaft und
Arbeit empfiehlt die folgenden Einrichtungen: EXZET Existenz-
gründerzentrum Stuttgart (www.exzet.de), Virtuelles Gründerzentrum der Deutschen Ausgleichsbank (www.gruenderzent-
rum.de), Forum Innovation (www.impulse.de) sowie die Arbeitsgemeinschaft Deutscher Technologie- und Gründerzentren e.V.
(www.adt-online.de). Ein lokaler Service für Existenzgründer:
In vielen Städten werden so genannte Existenzgründungsbüros
unterhalten (Auskunft darüber erteilt die jeweilige Stadtverwal-
tung/das Wirtschaftsreferat). Bei den Existenzgründungsbüros
handelt es sich in den meisten Fällen um öffentliche Einrichtungen, die angehende Unternehmer bei der beruflichen Selbständigkeit beraten.

Falls Sie eigenständig ein Unternehmenskonzept aufstellen
wollen, empfiehlt es sich, dieses wie folgt abzufassen:

- Inhaltsverzeichnis
- Persönliche Ausgangssituation einschließlich beruflichem Le-
  benslauf
- Arbeitsschwerpunkte Ihres künftigen Unternehmens
- Marktpotenzial
- Konkurrenzsituation
- Beschreibung Ihrer Vorbereitungsmaßnahmen
- Beschreibung Ihres geplanten Unternehmens (Rechtsform,
  Standort, Mitarbeiter)
- Voraussichtliche Anlaufzeit und Unternehmensentwicklung in
  den ersten drei Jahren
- Planungsunterlagen: Kostenplan, Erfolgsplan (Umsatz- und Er-
  tragsvorschau), Liquiditätsplan, Kapitalbedarfsplan

(2) Mit welchem **finanziellen Aufwand** wollen Sie die Gewinn-
schwelle erreichen? Träumen Sie nicht vom schnellen Reichtum,
sondern von einer soliden Vermögens- und Finanzlage. Gerade
seriöse Finanziers hören lieber Formulierungen wie „mein Unternehmen wird mittelfristig auf sicherem finanziellen Boden stehen" als „mein Unternehmen wird in Kürze bereits den Break-
Even-Point erreichen".

(3) Eine Vorstellung des **Managementteams**. Überzeugen Sie Ihr Gegenüber davon, dass Ihr Team perfekt für das geplante Unternehmen aufgestellt ist, kreativ-technologisches wie kaufmännisch-betriebswirtschaftliches Wissen einzubringen. Führungspersönlichkeiten mit zumindest ersten Berufserfahrungen und einem klaren Unternehmensentwicklungsplan haben Erfolgsaussichten. Ein potenzieller Finanzier will in der Regel Lebensläufe und Arbeitszeugnisse des Topmanagements sehen.

(4) Ein **Zeitrahmen zur Geschäftsentwicklung**, den Sie ins Auge gefasst haben, um am Markt erfolgreich zu sein. Lösen Sie die unvermeidliche Frage auf: Wann will Ihr Unternehmen schwarze Zahlen schreiben? Planen Sie bei Ihrem time table (Zeitplan) eine Reservezeit ein, bevor später nachverhandelt werden muss.

Anmerkungen

11 Vgl. Linde 1988, 89

12 Vgl. Heinrich 2003, 109: Buchbesprechung Medienwirtschaft und Gesellschaft I

13 Vgl. Siegert 2001. In: Heinrich 2003, 109

14 Hermanni: Nichtveröffentlichtes Manuskript im Rahmen der Vorlesungen 2002/2003, Fachhochschule Mittweida

15 Gumpp/Wallisch 1995, 22

16 Vgl. hierzu: Publizistische Grundsätze (Pressekodex), vom Deutschen Presserat in Zusammenarbeit mit den Presseverbänden beschlossen, 12.12. 1973 (in der Fassung vom 20.6.2001), Bonn. Der Autor empfiehlt seit 1988, einen „Medienrat" analog dem Modell „Deutscher Presserat" auf der Grundlage freiwilliger Kontrollmechanismen zu etablieren und dabei den Pressekodex in einen Medienkodex auszuweiten. In: Hermanni 1988, 87–94, Modell der Zukunft: „Der Medienrat".

17 Aus Sorge um nachlassende Qualitätsvoraussetzungen in der Medienbranche hat der Deutsche Journalistenverband 2005 eine „Checkliste zur Charta: Qualität im Journalismus" herausgegeben.

18 Vgl. Adams 1996

19 Vgl. Gordon 1989, 41

20 Maier 2000, 84

21 Zerdick/Picot/Schrape 2001, 31

22 Vgl. Grünbuch zur Konvergenz der Branchen Telekommunikation, Medien und Informationstechnologie und ihren ordnungspolitischen Auswirkungen

23 Vgl. Kommission der Europäischen Gemeinschaften 1997, 14

24 Vgl. Friedrichsen 2001, 132 und u. a. Picot/Freudenberg/Gaßner 1999

3. Film

3.1 Entwicklung und Gegenwartsbeschreibung der deutschen Film- und Fernsehindustrie

Die heutigen Probleme der Film- und Fernsehindustrie sind zum Teil hausgemacht und waren voraussehbar. So ging der deutsche Film- und Fernsehmarkt ab Mitte der 80er Jahre von der Selbsteinschätzung aus, dass er langfristig ein Wirtschaftssektor mit unbegrenztem Wachstum sein würde und relativ autark von anderen Industriezweigen (obwohl die Haupteinnahmequellen Werbung und Sponsoring aus externen Märkten stammen und der Werbemarkt wie kein anderer von der allgemeinen konjunkturellen Entwicklung abhängig ist). Diese Überschätzung führte vielerorts zu leichtsinnigen Investitionen (z. B. in New Economy-Unternehmen), übereilt abgeschlossenen Geschäften, die maßlos überteuert waren (z. B. beim TV-Sport-Rechtekauf von Fußball- oder Formel 1-Übertragungen) oder zum starren Festhalten an Spartensendern wider betriebswirtschaftliche Vernunft. Bei einem derartigen nicht-kaufmännischen Vorgehen musste es fast zwangsläufig zu einem ökonomisch leidvollen Erkenntnisprozess kommen: Konzerne wie „KirchMedia" und „Kinowelt Medien", diverse Kabelnetzbetreiber und renommierte Postproduktionsstätten (z. B. „Taunus Film", „Das Werk") mussten Insolvenz anmelden, rigorose Sparmaßnahmen griffen in nahezu allen Medienunternehmen. Erschwerend kam hinzu, dass die Werbeeinnahmen im Mediensektor einbrachen und diese finanziellen Einbußen automatisch zu bedeutenden Auswirkungen für die Film- und Fernsehproduktionsunternehmen führten.
Dennoch war die Nachfrage der Fernsehanstalten nach deutschen **Auftragsproduktionen** in den Jahren 2003 und 2004 anhaltend hoch, wobei aber die Herstellungsbetriebe einem starken Preisdruck ausgesetzt wurden. Nach wie vor herrscht unter den Betrieben ein hoher Konzentrationsgrad und eine starke Fluk-

tuation. Die meisten Aufträge für kostenaufwändige TV-Movies werden von den öffentlich-rechtlichen Fernsehanstalten vergeben (ca. 80 %).[25]

Auch wurden weniger **Werbespots** zur Ausstrahlung im Fernsehen und zum Einsatz in Filmtheatern produziert. Bereits zur Jahreswende 2002 hatten wichtige Werbekunden aus den Branchen Energieversorgung, Finanzen, Spezialversender und Telekommunikation ihre Werbeschaltungen gravierend reduziert und damit zum Rückgang des Werbemarktes erheblich beigetragen. Laut ACNielsen Media Research und anderen Marktforschungsinstituten sowie nach Auskunft des Zentralverbandes der deutschen Werbewirtschaft (ZAW) ist der Werbemarkt 2004 für alle Medien auf das Niveau von 1997 geschrumpft (ca. 19,5 Milliarden Euro Netto-Werbeeinnahmen). Die Netto-Umsätze des Werbefernsehens fielen im Zeitraum 2001 bis 2003 dramatisch zurück (in 2002 etwa um –11,5 % gegenüber 2001), in 2004 ist eine geringe Steigerung um +1,3 % gegenüber dem Vorjahr auszumachen. Insgesamt ist eine rückläufige negative Investitionsentwicklung auszumachen.[26] Dem in Marketingpublikationen oftmals empfohlene Leitsatz, in wirtschaftlich schlechten Zeiten antizyklisch verstärkt Werbung zu schalten, wurde nicht entsprochen.

Die **Fernsehwirtschaft** hat traditionell nach den Tageszeitungen die höchsten Werbeumsätze (2004: netto 3.860,4 Millionen Euro). Auf Rang drei liegen Publikumszeitschriften/Anzeigenblätter und verwandte wie Verzeichnis-Medien (z. B. Telefon- und Adressbücher), auf vier die Außenwerbung (Plakat- und Verkehrsmittelwerbung), gefolgt von der Radiowerbung. Seit 2001 liegen die Online-Angebote (Platz 6) vor den Filmtheatern (Platz 7).

Der **Fernsehmarkt** wird in Deutschland von der RTL-Gruppe, der ProSiebenSat.1-Gruppe[27] sowie von ARD und ZDF dominiert. Vielerorts konzentrieren sich die Fernsehanstalten aufgrund rückläufiger Einnahmen wieder auf ihr Kerngeschäft, vermeiden Zukäufe oder leichtfertige Innovationen und nutzen durch Mehrfachverwertungen von Eigenproduktionen Synergieeffekte innerhalb von Senderfamilien. Bei der Anwendung von Synergieeffekten darf keinesfalls übersehen werden, dass diese

auch kontraproduktiv zum Schaden eines Unternehmens oder
– bezogen auf die Kommunikationslandschaft – der Meinungs-
vielfalt innerhalb einer Demokratie sein kann. Jede Art von ver-
ordneter Abstimmung oder Zusammenführung führt gerade im
Medienbereich unweigerlich dazu, dass nicht mehr die Vielfalt,
sondern nur noch der Gleichklang von Informationen gefragt ist
(z. B. wenn eine Redaktion mehrere Zeitungen mit Nachrichten
und Kommentaren versorgt).

Werbeträger (Auszug)	2004 (in Millionen Euro)	2005 (in Millionen Euro)	Marktanteil 2005 (Veränderung in %)
Tageszeitungen (ohne Wochen-/Sonntagszeitungen und Supplements)	4.502,30	4.418,30	– 1,9
Fernsehen	3.860,38	3.929,55	+ 1,8
Anzeigenblätter (ohne Publikumszeitschriften und Verzeichnis-Medien)	1.836,40	1.898,00	+ 3,4
Außenwerbung	720,11	769,14	+ 6,8
Hörfunk	617,99	663,71	+ 7,4
Online-Angebote	271,00	332,00	+ 22,5
Filmtheater	146,77	132,39	– 9,8

Abb. 1: Netto-Werbeeinnahmen erfassbarer Werbeträger in Deutschland
(Quelle: Zentralverband der deutschen Werbewirtschaft [ZAW], Jahrbuch
„Werbung in Deutschland 2006")

Zudem nimmt der Trend nach **Billigproduktionen** – verbunden
mit Dumping-Preisen – zu; industrialisierte, bekannte Formate
(Stichwort „more of the same") werden von Sendern favorisiert
und kopiert, da sie geringe Risiken eines Scheiterns einschlie-
ßen. Gleichfalls müssen Serienformate wie „Daily Soaps" (z. B.
„Marienhof"/ARD oder „Gute Zeiten, schlechte Zeiten"/RTL)
und „Telenovelas" (z. B. „Bianca – Wege zum Glück"/ZDF oder
„Verliebt in Berlin"/SAT.1) immer schneller realisiert und einzelne Folgen (mindestens 30 Minuten sendefähiges Material) an einem Drehtag abgedreht werden.

Im Gegenzug klagen gerade die unabhängigen Produzenten über eine latente Unterfinanzierung der Auftragsproduktionen (die Sender allein bestimmen den Einkaufspreis, der häufig genug nicht dem marktüblichen Handelswert entspricht), eine rechtlich mangelhafte Stellung bei Urheber- und Verwertungsfragen (z. B. können bei **Buy-out**-Produktionen die Produzenten erst nach sieben Jahre frei über die Nutzungsrechte bestimmen) und hohe eigene Risiken etwa bei der Entwicklung von Piloten (sollte ein **Pilot** nicht gesendet werden, trägt der Produzent zumeist den überwiegenden Teil der Herstellungskosten). Dabei ist das größte Verdienst der Privaten um die deutsche Film- und Fernsehlandschaft sicherlich, gegenwärtig auf Einkäufe von Programmen aus den USA weitgehend zu verzichten und in Eigenproduktionen zu investieren.

Auffällig in den letzten Jahren ist die starke Konzentration der Medienbranche, wobei sich die Abhängigkeit von den Auftraggebern immer stärker herauskristallisiert. Gerade kleineren oder mittelgroßen Fernsehproduktionsunternehmen mangelt es häufig an ausreichendem Kapital zur Vor- oder Zwischenfinanzierung von Programmvorhaben und florierenden Verbindungen zu den Sendeanstalten. Beide Fundamente sind aber erforderlich, um dauerhaft Gewinne zu erzielen. Hinzu kommt, dass auf Seiten der Sender meistens nur ein einzelner Fernsehredakteur als Ansprechpartner dient, der ein Filmprojekt genehmigen oder ablehnen kann (was im Zuge einer Nichtabnahme eines Fernsehspiels oder bei verordneten nachträglichen Dreh- oder Postproduktionsarbeiten zu katastrophalen, finanziellen Auswirkungen bei den Fernsehproduktionsunternehmen führen kann).

Filmstandort Deutschland. Der deutsche Spielfilm (Ersteinsatz: Kino) wäre ohne seine unterschiedlichen Instrumente der Förderung und Wertschöpfung nicht überlebensfähig, denn die Mehrzahl aller Produktionen spielt nicht einmal seine Herstellungskosten an der Kinokasse ein. Hinzu kommt, dass die Besucherzahlen der Filmtheater stark zurückgehen: Gingen 2004 noch 36,7 Millionen Zuschauer ins Kino, waren es 2005 lediglich 21,5 Millionen. Von 100 im Jahr 2005 gestarteten deutschen Filmen (einschließlich Koproduktionen) floppten 72 Produktionen und erreichten weniger als 100.000 Besucher; allerdings lockten 10 Filme mehr als 1.000.000 Neugierige in die Kinos.

Für die Misserfolge deutscher Spielfilmproduktionen können die zahlreichen Förderinstitutionen mit ihrer **Filmförderung** nur marginal verantwortlich gemacht werden (auch wenn z. T. „minderwertige" Projekte Subventionen erhielten), denn der deutsche Film wurde in 2005 mit insgesamt 246 Millionen Euro von Bund und Ländern unterstützt. Zu den Förderinstitutionen zählen auf Bundesebene:

- Der Beauftragte der Bundesregierung für Kultur und Medien (BKM)
- Die Filmförderungsanstalt (FFA)
- Das „Kuratorium Junger Deutscher Film"

Nach dem deutsch-europäischen Rechtsverhältnis sind die Medien zugleich **Wirtschafts- und Kulturgut** (s. auch Kap. 8.5). So achtet die EU einerseits die Kulturhoheit der Länder, reguliert aber andererseits Medieninhalte, wenn diese grenzüberschreitende, binnenmarktrelevante Auswirkungen entfalten (z. B. beim Kabel- und Satellitenfernsehen oder Internet). Die Filmförderung im Nachkriegsdeutschland begann 1951 und hatte sich über viele Jahrzehnte hinweg an der Publikumsresonanz der Filme orientiert. Am 1.1.2004 ist das neue **Filmförderungsgesetz** und am 13.7.2005 die **BKM-Filmförderungsrichtlinien** in Kraft getreten. Beide Verordnungen sollen die Produktionsbedingungen des deutschen Films optimieren: in seiner kreativ-künstlerischen Dimension (um seinen Rang zu steigern) und zur Unterstützung des wirtschaftlichen Erfolges auch im Ausland. Die unterschiedlichen Förderungsmaßnahmen reichen von der Projektentwicklungsförderung über die Drehbuchförderung bis hin zum Deutschen Filmpreis.[28] Das Filmförderungsvolumen des BKM betrug im Jahr 2005 nahezu 31 Millionen Euro; das FFA hatte rd. 97 Millionen Euro Fördermittel zur Verfügung. In die Töpfe der deutschen Förderinstitutionen fließen hauptsächlich Steuergelder und z.B. bei der FFA ebenfalls Zahlungen von ARD, ZDF und den privaten Fernsehsendern. Angesichts der völkersprachlichen Wettbewerbssituation sichert auch der am 1.4.2004 in

Kraft getretene 7. Rundfunkstaatsvertrag der Länder deutsche und europäische Film- und Fernsehproduktionen als zu bewahrendes Kulturgut ab.

Bei der Finanzierung von Kinofilmen fanden bis 2005 ebenfalls **Film-, Medien- und Risikokapitalfonds** einen großen Zuspruch, weil sie als „immaterielle Wirtschaftsgüter" im Zuge einer hundertprozentigen Verlustzuweisung steuerlich voll abzugsfähig waren (Gewinne mussten selbstverständlich versteuert werden). Die Modelle zur Steuerabschreibung privaten Kapitals wurden letztjährig von politischer Seite gestrichen, weil die Kassen des Staatshaushaltes nahezu leer sind. Wie zukünftig Investorenkapital für die Filmfinanzierung gewonnen werden soll, ist noch offen, wobei gegenwärtig verschiedene Förderungsmodelle zur Diskussion stehen (z. B. Produktionskostenerstattung, Investitionszulage). Darüber hinaus will der Staat für die Dauer von drei Jahren (ab 2007) einen jährlichen 60-Millionen-Euro-„Anreizfonds" auflegen, um die Eigenkapitaldecke der deutschen Produzenten zu stärken.

Neben den Förderinstitutionen auf Bundesebene existiert im Zuge der Kulturhoheit der Bundesländer in nahezu jedem Land eine eigene Filmförderung, die angefangen von der Projektentwicklung bis hin zu Verleih und Vertrieb Darlehen und Zuschüsse gewährt. Im Jahr 2005 stellten die **Länder für eine kulturwirtschaftliche Filmförderung** eine Summe von rd. 120 Millionen Euro zur Verfügung.

Die **Filmförderungspolitik in Europa** (vgl. Kap. 8.5) lässt sich aus deutscher Sicht vor allem an drei Engagements festmachen:

- Das wichtigste Förderprogramm der Europäischen Union im audiovisuellen Sektor trägt den Namen **MEDIA Plus.** Dreistellige Euro-Millionbeträge werden dabei hauptsächlich in die Förderung für Entwicklung, Vertrieb und Öffentlichkeitsarbeit sowie in den Ausbau von Fortbildungsmaßnahmen im Filmsektor investiert.
- An dem Europäischen Koproduktionsfonds **EURIMAGES** ist die Bundesrepublik Deutschland beteiligt. Hieraus können Fördermittel für internationale Koproduktionen beantragt werden.

- **Filmwirtschaftliche Abkommen** über Gemeinschaftsproduktionen bestehen mit zahlreichen Ländern innerhalb und außerhalb Europas.

Dramatische Auswirkungen hat die **EU-Erweiterungspolitik** (vgl. Kap. 8.5 Europäische Union) für den Filmstandort Deutschland, denn deutsche Produktionsunternehmen können im aggressiven internationalen Preiswettbewerb kaum erfolgreich bestehen. Aufgrund geringerer Personalkosten werden immer häufiger Filmproduktionen in Tschechien, Bulgarien, Litauen und Polen realisiert (daneben sind Marokko und Südafrika längst als preiswerte Standortalternativen eingeführt). Im Gegensatz zu Deutschland versteht es Frankreich, seiner heimischen Filmindustrie standortfördernde Regelungen im Rahmen der EU-Binnenmarktpolitik zu gewähren; so ist die französische Filmförderung in hohem Maß an eine Mittelverwendung innerhalb des Landes geknüpft. Hinzu kommt, dass Produzenten und Autoren in den letzten Jahren durch das Internet finanzielle Einbußen erleiden mussten, da zahlreiche Filme den Konsumenten im Netz kostenlos zur Verfügung standen (z. B. über Tauschbörsen). Erst im Juli 2003 wurde durch die Neuregelung des deutschen Urheberrechtsgesetzes – in Umsetzung der EU-Richtlinie – das **Herunterladen/Privatkopieren** (Bücher, Filme, Musik) von offensichtlich illegalen Quellen verboten. Ein solcher Download ist damit entsprechend der EU-Richtlinie 2001/29/EG „zur Harmonisierung des Urheberrechts in der Informationsgesellschaft" rechtswidrig; weitere EU-Reformvorschriften folgten und haben das Urheber- und Leistungsschutzrecht weitestgehend harmonisiert, um den rechtlichen Rahmen neuen Nutzungsformen anzupassen und um Handelsschranken abzubauen.

3.2 Filmforschung in Deutschland

Aus unerklärlichen Gründen wurde die Filmstatistik des Statistischen Bundesamtes im Jahr 1983 eingestellt. Seitdem lagen nahezu 20 Jahre lang keine gesamtwirtschaftlichen Angaben zur Situation deutscher Produktionsunternehmen oder zur Produktionslandschaft insgesamt vor. Erst im Juli 2002 löste eine Studie zur „Film- und Fernsehwirtschaft in Deutschland 2000/2001", die im Auftrag der Direktorenkonferenz der Landesmedienanstalten erstellt wurde, das Problem der Unwissenheit. Aus dem Endbericht einige Fakten (eine aktuellere Version liegt nicht vor):[29]

- Die vier großen **Produktionszentren** sind (nach Rangfolge der TV-Produzenten) München, Hamburg, Köln und Berlin. (Eine Langzeitstudie des Instituts „Formatt" sieht für 2002 die Ordnungsfolge für die aktiven Produktionsbetriebe – nach Bundesländern/Unternehmenssitz zugeordnet – leicht verändert: (1) Bayern, (2) Berlin, (3) Nordrhein-Westfalen und (4) Hamburg.[30]
- Nach Angaben der **Umsatzsteuerstatistik** gab es 2000 rund 5.275 filmwirtschaftliche Produktionsunternehmen mit einem Gesamtumsatz von 12,1 Mrd. DM. (Laut der Langzeitstudie von „Formatt" werden die unabhängigen Unternehmen, die keinem Fernsehveranstalter als Tochterbetrieb zuzurechnen sind, deutlich bei Auftragsvergaben benachteiligt: abhängige Unternehmen erreichten im Zeitraum 2001/2002 ein Durchschnittsvolumen von 3.300 Minuten, während die unabhängigen nur rund 542 Minuten erzielten; dies entspricht einem Größenverhältnis von 6 : 1.[31] Die größten abhängigen Unterhaltungs- und Fiction-Produzenten sind Betriebe, die wiederum eigene Tochterunternehmen betreiben: Ufa-Gruppe/Bertelsmann, Bavaria Film/WDR, SWR, MDR, BR und Studio Hamburg/NDR.)
- Unter den **Produktionsunternehmen** waren rund 1.600 Unternehmen mit Schwerpunkt auf der TV-Produktion (30 %), 450 Kinofilmproduzenten (8 %), 240 Werbefilmproduzenten (5 %), 800 Industriefilmproduzenten (15 %) sowie 2.200 filmwirtschaftliche Produktionsunternehmen, die primär Videofilme produzierten oder als technische Dienstleister für andere Produktionsfirmen tätig waren.

In den Jahrbüchern der öffentlich-rechtlichen Fernsehanstalten und aus den Jahresabschlussberichten der privaten Sender werden Zahlen etwa zu Auftragsproduktionen, Eigenproduktionen, Koproduktionen und Kauf-Filmen publiziert. An DEGETO-Eigenproduktionen (ARD-Gesellschaft für Filmbeschaffung und Filmproduktion) hatten allein 59 Filme im Jahr 2005 Fernsehpremiere im Ersten. Die Spitzenorganisation der Filmwirtschaft (SPIO) hat u. a. in ihrem „Filmstatistischen Jahrbuch 2005" **Bilanz zur Situation der deutschen Filmwirtschaft** gezogen (nachfolgend einige Auszüge):[32]

- Die Zahl der deutschen Spielfilm-Erstaufführungen ist mit 103 (davon 43 dt./ausländische Koproduktionen) im Jahr 2005 gegenüber 87 im Jahr 2004 stark angestiegen.
- Die Zahl der 4.870 Leinwände ist gegenüber 2003 (4.868) fast gleich geblieben.
- Mittelfristig ist zu befürchten, dass die Filmtheater große Einbußen zu verzeichnen haben werden, wenn sich die Breitband-Nutzung (via DSL-Anschluss[33] und Kabel) wie prognostiziert durchsetzt. Schon heute stoßen Videofilme (und Musiktitel) auf eine rege Nachfrage im Internet.

Die Kinobranche war bisher immer von den Erfolgen einzelner Filmhits abhängig gewesen. Dazu zählen in den letzten Jahren Werke wie der Indianer-Comic „Der Schuh des Manitu", die DDR-Tragikkomödie „Good Bye, Lenin", das Fußball-Melodrama „Das Wunder von Bern", der Kinderfilm „Bibi Blocksberg", Erich Kästners Jugendklassiker „Das Fliegende Klassenzimmer" und das Drama „Die weiße Massai".[34]

Bei der Auslegung der Bilanz zur Situation der deutschen Filmwirtschaft sollte berücksichtigt werden, dass sich der weitaus überwiegende Teil der deutschen, aber auch europäischen Filme am Markt nicht refinanziert. An der Kinokasse wird nicht einmal die Hälfte eines Filmeinspielungsergebnisses erzielt; durch die Nachverwertung wie Fernsehen, Pay TV, DVD, Computerspiele, Video und Merchandising kommt der größte Anteil am Erlös. Für den **Home-Entertainment-Bereich** haben die Deutschen in 2004 mehr als 100 Mio. Bildtonträger käuflich erworben, darunter allein 90,1 Mio. DVDs mit einem Verkaufsumsatz von 1.323 Mio. Euro.[35]

Filme aus Europa können mit den US-Produkten nicht ernsthaft konkurrieren, weil die US-Produktionsbudgets ein Vielfaches von dem ausmachen, was europäischen Filmemachern zur Verfügung steht. Während in den USA Summen zwischen 50 bis 100 Millionen Euro pro Filmherstellung investiert werden, kostet ein deutscher Film durchschnittlich drei Mio. Euro. Einen ökonomischen Vorteil haben indessen Filme mit einem Produktionsbudget unterhalb von 10 Mio. Euro, da sie sich in der Nachverwertung der Rechte wesentlich zügiger amortisieren können als kostspieligere Produktionen.

Dank der hohen Budgets können die US-Produzenten wesentlich höhere Investitionen in personelle Besetzungen (z. B. Schauspieler mit Weltbekanntheit), Ausstattung, Drehzeiten, Motive, Visual Effects usw. tätigen und produzieren zudem in der Weltsprache Englisch. Überhaupt ist die US-Filmindustrie mit einem großen „Swimmingpool" vergleichbar, in dem sich unendlich viele Talente und Drehbücher tummeln. Im Jahr 2002 wurden z. B. in den Vereinigten Staaten „nur" 450 Filme produziert, im vergleichbaren Wirtschaftsraum Europa insgesamt jedoch 630; der Marktanteil US-amerikanischer Filme in Europa lag dennoch bei rund 80 %.[36] Im Klartext: Hier stehen sich der US-Film als Industrieware und der europäische Film als Kunstobjekt im Kampf um Marktanteile gegenüber. Gerade Filme bedürfen breit angelegter Marketingmaßnahmen, um als Wirtschaftsgut erfolgreich zu sein. Aber auch auf diesem Gebiet ist die US-Filmindustrie den Europäern weit überlegen: „Insgesamt kann man feststellen, dass die US-amerikanische Filmwirtschaft nachfrageorientiert arbeitet, während die europäischen Filmwirtschaften angebotsorientiert vorgehen."[37]

Statistisches Zahlenmaterial zur Herstellung von **Industrie-, Image- und Werbefilmen** existiert nicht. Welche Bedeutung der Industriefilmsektor in Deutschland einnimmt, ist daraus abzuleiten, dass die Deutsche Industriefilm-Zentrale (DIZ), die als einzige Stelle den Verleih derartiger Produktionen und die Interessen der Produzenten deutschlandweit bündelte, vor einigen Jahren aufgelöst wurde. In den 1990er Jahren gingen Insider davon aus, dass jährlich etwa 400 bis 500 Industriefilme hergestellt werden. Ab 2003 ist deutlich zu beobachten, dass diese Tendenz stark rückläufig ist, weshalb auch zahlreiche Filmproduktionen ihren Betrieb einstellen mussten.

3.3 Einsatzmöglichkeiten von Filmproduktionen

Das Medium Film besitzt zugleich eine immaterielle (das künstlerisch-kreative Gut an dem Werk und die geistig-emotionale Resonanz beim Publikum) und eine materielle Komponente (Filmmaterial). Seine materielle Basis besteht aus einem belichteten Zelluloidstreifen (z. B. Kinoformat) oder einer magnetischen Aufzeichnung (MAZ) oder einer digitalisierten Datenmenge (z. B. DVD).[38] Im Jahr 1895 wurden erstmals bewegte Bilder mittels eines Projektors gezeigt, und zwar von zwei Anbietern: Skladanowsky kam mit seinem „Bioskop" in Berlin auf den Markt und die Brüder Lumière mit dem „Cinematograph" in Paris.[39]

Unter dem Begriff „Film" siedeln sich heute alle technischen Formate an (stark zunehmend sind digitale Formate[40]), aber ebenso unterschiedliche Filmgattungen wie Spielfilm, Lehrfilm, Werbefilm, Industrie- oder Imagefilm.[41] „Film" ist produktbezogen die Bezeichnung für jegliche Software an Bewegtbildern geworden: gleichermaßen verfügbar im Kino, im Fernsehen, auf Videokassette oder auf digitalen Speichermedien.[42] Eine klare formale Abgrenzung der im Kino laufenden Spielfilmproduktion zur Fernsehproduktion fällt schwer, da z. B. Fernsehfilme auch auf 16-mm-Filmformaten gedreht werden und die Produktions- und Postproduktionsstationen weitestgehend identisch sind (letzteres gilt auch für die Nachbearbeitung von Video-Formaten). Das deutlichste Charakteristikum des Kinofilms ist dessen Projektion auf eine Leinwand in einem Filmtheater.

Formal gesehen wird in Deutschland zwischen vier Arten von **Filmgattungen** differenziert:
- **Kinofilm** (als Langfilm; aufwändigste Filmherstellungsform, zumeist Millionenetat und gedreht auf 35mm-Farbnegativ-Filmmaterial; übliche Länge: ca. 120 Minuten).[43]

- **Fernsehfilm** (auch „Fernsehspiel" genannt, übliche Mindestlänge: ca. 87 Minuten).
- **Industriefilm** (worunter heutzutage auch Imagefilme angesiedelt sind): „Industriefilme sind Dokumentarfilme, die eine möglichst breite Öffentlichkeit über Struktur und Funktion der Wirtschaft, ihre Produkte und Leistungen unterrichten und für die Wirtschaft insgesamt, für einzelne Wirtschaftszweige oder Unternehmen, nicht aber für bestimmte Erzeugnisse werben"[44] (keine Mindestlänge, gängig sind zwischen 3 und 15 Minuten).
- **Werbefilm** (als Werbemittel für einzelne Produkte oder Marken zur Vorführung im Kino oder zur TV-Ausstrahlung; Mindestlänge: im Kino 13 Sekunden, im Fernsehen in der Regel zwischen 6 und 60 Sekunden).

Im Zuge von Mix-Kampagnen sind sich die Vermarkter gelegentlich unschlüssig, inwieweit sie das Medium **„Kino" bei Werbeschaltungen** berücksichtigen sollen. Eine Studie von Ewing, du Plessis und Foster belegt, dass „das Kino eine sinnvolle und effektive Ergänzung von Fernsehwerbung im Rahmen von Mix-Kampagnen" darstellt.[45] Die Untersuchung signalisiert, dass die Erinnerung an Kampagnen, die in beiden Medien geschaltet wurden, bedeutsam höher war als die an TV-Monokampagnen. Erwiesenermaßen ist nach Ansicht des Autors die Aufmerksamkeit der Kinobesucher u. a. deshalb höher einzustufen als die von Fernsehzuschauern, weil den Kinobesuchern keine Zappinginstrumente zur Verfügung stehen, der bezahlte Sitzplatz inmitten eines großen Publikums nicht zum plötzlichen Verlassen des Theaters ermutigt und das Kino durch seine Breitleinwand und die akustischen Soundelemente ein nachwirkendes, weil nicht alltägliches Seh- und Hörerlebnis bietet!

Grundsätzlich ist die Filmwirtschaft ein Dienstleistungsbereich, der aus Produktion, Verleih, Vertrieb und Filmtheatern besteht und Gewinne erzielen soll. Vor diesem Hintergrund sind Filmproduktionen ein wertvolles und langfristig einsetzbares Wirtschaftsgut, wenn sowohl die inhaltliche als auch technische Qualität den Anforderungen einer hinreichend großen Hauptzielgruppe entsprechen. Bei einem Filmvorhaben, das mit staatlichen Mitteln gefördert werden soll, sind zunächst die kulturellen Zielsetzungen den wirtschaftlichen unterzuordnen, da die Förderer ihre Kredite bzw. bedingt rückzahlbaren Zuschüsse prinzipiell in einem überschaubaren Zeitraum zurückerstattet haben möchten. Nichtsdestoweniger werden Filmvorhaben ohne qualitativ-kulturelle Ansätze von den deutschen Filmförderanstalten nicht subventioniert. Zusammengefasst wird im Zuge einer Antragsstellung auf Subventionen eine ökonomische wie kulturell überdurchschnittliche Produktbeschreibung erwartet.

Vertrieben werden Spielfilme auf unterschiedlichen Wegen (siehe Abb. 2, S. 36), was theoretisch eine Refinanzierung z. B. über das Fernsehen, Kino, Pay-TV, Internet oder als Video/DVD ermöglicht.[46] Die **Verwertungskette** eines Films läuft üblicherweise circa fünf Jahre und schließt nachstehende Vertriebswege ein:

- Start im **Kino** (Auswertung bei Filmtheatern: sechs Monate bis ein Jahr)[47]
- Nach circa sechs Monaten zur **Video-/DVD-Auswertung** (erst Verkauf über Handel, danach in den Videothekenverleih; Formate VHS/DVD)
- Nach ca. 18 Monaten folgt die **Pay TV**-Auswertung (individueller Abruf via Fernsehgerät und Decoder bzw. Internet, z. B. Pay per Channel, Pay per View, Video-on-demand, Video-near-on-demand)[48]
- Nach ca. 24 Monaten schließlich die **Free TV**-Premiere (mehrfache Ausstrahlung im Fernsehen über einen mehrjährigen Zeitraum: terrestrisch, Kabel, Satellit).
- Bei erfolgreichen Filmen greift zusätzlich das **Merchandising** (z. B. Buch zum Film, Fan-Artikel, Computerspiele) und der Verkauf der Filmmusik (Soundtrack) über Tonträger.

Der Begriff **Format** bezeichnet in der Medienbranche sowohl programmliche Inhalte wie auch technische; es handelt sich um keinen Rechtsbegriff. Anhand eines typischen, wiederkehrenden Konzeptes etwa von Unterhaltungssendungen (z. B. „Wetten, dass ..?"), Soaps (z. B. „Gute Zeiten, schlechte Zeiten") oder Kri-

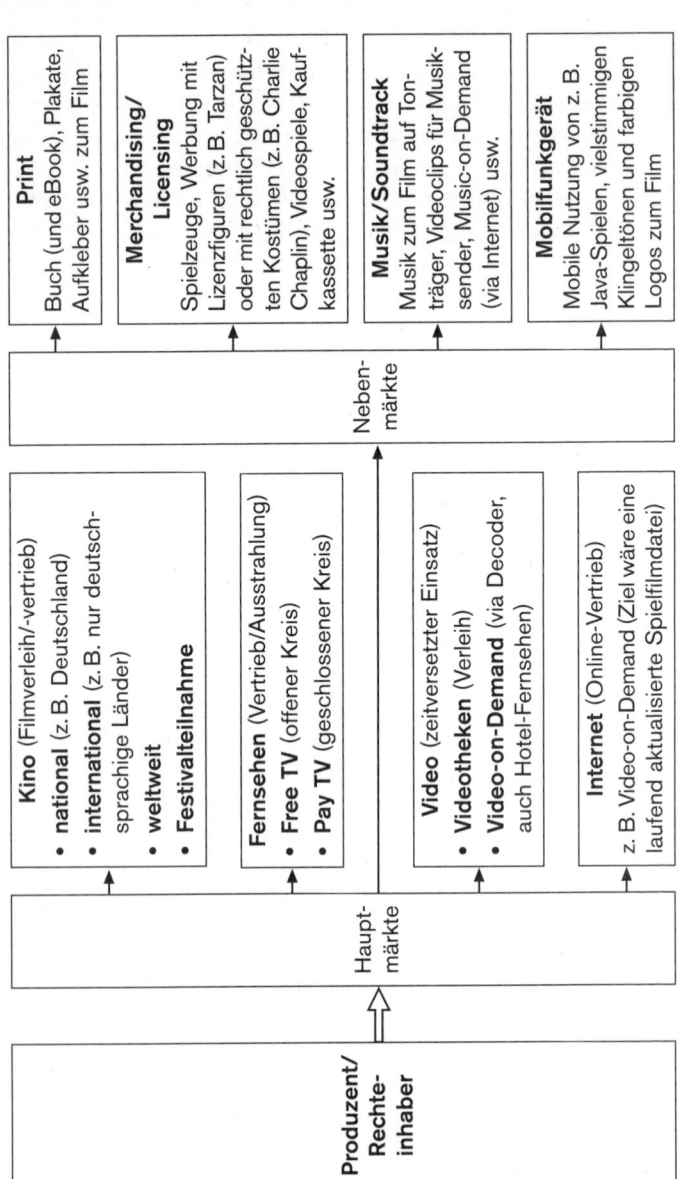

Abb. 2: Auswertung von Film- und Fernseh-Formaten

Print
Buch (und eBook), Plakate, Aufkleber usw. zum Film

Merchandising/Licensing
Spielzeuge, Werbung mit Lizenzfiguren (z. B. Tarzan) oder mit rechtlich geschützten Kostümen (z.B. Charlie Chaplin), Videospiele, Kaufkassette usw.

Musik/Soundtrack
Musik zum Film auf Tonträger, Videoclips für Musiksender, Music-on-Demand (via Internet) usw.

Mobilfunkgerät
Mobile Nutzung von z. B. Java-Spielen, vielstimmigen Klingeltönen und farbigen Logos zum Film

Nebenmärkte

Kino (Filmverleih/-vertrieb)
• **national** (z. B. Deutschland)
• **international** (z. B. nur deutschsprachige Länder)
• **weltweit**
• **Festivalteilnahme**

Fernsehen (Vertrieb/Ausstrahlung)
• **Free TV** (offener Kreis)
• **Pay TV** (geschlossener Kreis)

Video (zeitversetzter Einsatz)
• **Videotheken** (Verleih)
• **Video-on-Demand** (via Decoder, auch Hotel-Fernsehen)

Internet (Online-Vertrieb)
z. B. Video-on-Demand (Ziel wäre eine laufend aktualisierte Spielfilmdatei)

Hauptmärkte

Produzent/Rechteinhaber

miserien (z. B. „Derrick") kann ein Format charakterisiert werden. Bestimmte Merkmale sind z. B. Dekoration, Genre, Motive, gleiche Hauptdarsteller/Moderatoren, Musik, Sendelänge, Thema. Formate können geschützt werden, wenn sie als Werke klassifiziert sind, und genießen dann Rechtschutz nach dem Urheberrechtsgesetz. In diesem Zusammenhang ein wichtiger Hinweis zum deutschen Urheberrecht: Der Auftraggeber eines Films (z. B. ein Wirtschaftsunternehmen) hat keine Rechte an den Originalen (Filmbänder oder Filmstreifen), sondern einzig am fertigen Filmwerk (Master). Er kann allerdings die Originale, das physikalische Bild- und Tonträgermaterial, vertraglich (käuflich) vom Urheber erwerben (z. B. vom Auftragnehmer, einem Filmproduzenten). Technische Formate sind z. B. Film, Digital Betacam, DVD, CD-ROM, MPEG, VHS usw.

In jüngster Vergangenheit setzt die Film- und Fernsehwirtschaft immer stärker auf **High-Definition-Produktionen** (HD), da HD im Vergleich zum Film primär kürzere Produktionszeiten und auch vielfältigere Postproduktionsmöglichkeiten erlaubt (z. B. kann auf HD gedreht und auf Film ausgespielt werden oder umgekehrt). Dennoch hat sich dieses Format noch nicht endgültig durchgesetzt, da das Filmequipment in der Anschaffung oder im Verleih wesentlich teurer ist als ein Digital-Betacam-Equipment, HD jeden technischen Fehler sieht und es immer noch zahlreiche Filmemacher gibt, die die optische Qualität eines auf 35mm-Film gedrehten Werkes gegenüber einer HD-Produktion bevorzugen.

Nachdem die deutsche Film- und Fernsehwirtschaft chronisch unterkapitalisiert ist (Fördergelder und Erlöse im Rahmen bestehender Finanzierungs- und Verwertungsstrukturen sind nicht beliebig aufstockbar), sucht sie zunächst in Europa weitere **Expansions- und Verwertungsmärkte**. Die Europäische Union (EU) verkörpert seit Anfang der 90er Jahre den größten Markt der Welt, gemessen an Bevölkerungszahl, Bruttoinlandsprodukt und Bruttoanlageinvestitionen. Eine der bedeutenden Wachstumsbranchen der EU ist nach wie vor der Mediensektor, gerade wenn man an den bevorstehenden Beitritt der Länder aus Ost- und Südosteuropa denkt. Hier bieten sich für die strategischen Unternehmensplaner der Medienunternehmen ungeahnte Möglichkeiten der Expansion, auch wenn kein einheitlicher Kommunikationsraum (z. B. mit einer gemeinsamen Sprache und allgemein gebräuchlichen Informations- und Unterhaltungsstandards) besteht.

Aus der Sicht des Medienmanagements hat die Frage nach den Gründen für eine Ausdehnung einer **Geschäftstätigkeit auf internationale Ebene** eine herausragende Bedeutung. Nach Macharzina ergeben sich im Internationalisierungsprozess für Unternehmen sowohl

(1) Zusatzkosten durch Grenzüberschreitung als auch
(2) Zusatznutzen durch ausgleichende, oligopolistische oder monopolistische komparative Vorteile.[49]

Dabei wird ein Unternehmer nur dann eine Erweiterung seiner Geschäfte auf ausländische Märkte anstreben, wenn zumindest langfristig der Zusatznutzen die Zusatzkosten übersteigt. Apfelthaler nennt einige Beispiele für **Zusatzkosten:**[50] direkte Kosten der Auslandsmarktforschung, der internen Potenzialanalyse, der Qualifizierung von notwendigen Personalressourcen, der Produktanpassung, der Marktbearbeitung, der zur Steuerung von Auslandsaktivitäten notwendigen Ressourcen. **Zusatznutzen** kann entstehen in rein monetären Kategorien durch direkte Rückflüsse aus dem Auslandsgeschäft, im Erwerb von neuem und innovativem Know-how in Produktion, Management und Vertrieb, im Schaffen von Zugang zu ausländischen Distributionskanälen (Anmerkung: z. B. zur Reichweitenmaximierung) und zu finanziellen Ressourcen oder öffentlichen Förderungen.[51] Auf zwei weitere Facetten des internationalen Wettbewerbs macht Porter Mitte der 80er Jahre aufmerksam:

(1) Kostenführerschaft und
(2) Differenzierung.[52]

Kostenführerschaft meint, dass ein Unternehmen in der Lage sein muss, seine Herstellungskosten innerhalb der Wertschöpfungskette derart zu senken, dass ihm dadurch ein Wettbewerbsvorteil entsteht. Wir erleben in Deutschland zunehmend eine Unternehmenspolitik, die darauf abzielt, Personalkosten zu senken (durch Reduzierung der Lohnnebenkosten, Lockerung des

Tarifrechts), um im internationalen Wettbewerb preislich mithalten zu können. Eine Alternative wäre laut Porter eine **Differenzierung** gegenüber den Mitbewerbern – hinsichtlich der angebotenen Qualität oder durch einen Zusatznutzen des angebotenen Produktes. Aufgrund einer qualitätsvoll ausgerichteten Produktpolitik können einem Unternehmen allein schon dadurch Marktvorteile entstehen, dass es sich von den Mitbewerbern unterscheidet.

Meissner hat ein Stufenmodell skizziert, wie Unternehmen ihr Kapital im Ausland üblicherweise investieren.[53] Im ersten Schritt werden Produkte lediglich im Zuge eines **Exportgeschäftes** vertrieben, um Erfahrungen auf dem neuen Markt zu sammeln. Danach entscheidet das Unternehmen, welche weiteren Investitionen vorgenommen werden sollen. Zur Auswahl stehen eine **Lizenzvergabe** (die Berechtigung zur Be- und Ausnutzung fremder Rechte), ein **Joint-Venture** (zwischenbetriebliche Kooperation zur Realisierung einmaliger Vorhaben oder eines gemeinsam betriebenen Unternehmens) oder eine **Direktinvestition** (langfristige Kapitalanlage, höchster Kapitalfluss). Medienprodukte können grundsätzlich nicht wie gängige Industrieprodukte europaweit gehandelt werden, sondern erfahren eine intensive nationale, teilweise sogar nur regionale Nachfrage. Eine Sonderstellung nehmen lediglich Spielfilme, Musiksendungen und Wirtschaftszeitungen ein, die grenzüberschreitend Bedürfnisse bei ihren Zielgruppen erfüllen können.

3.4 Fallbeispiel: Herstellung eines Imagefilms
(Kunde: Logistikunternehmen „Global Player")

3.4.1 Beratungsleistungen für den Kunden durch eine Filmproduktion

Eine Beratung steht grundsätzlich am Anfang jedes Geschäftsprozesses zwischen einem Unternehmen (Auftragnehmer) und seinem Kunden (Auftraggeber). Im Rahmen der Zusammenarbeit soll das Unternehmen die Bedürfnisse des Kunden befriedigen, wobei beide Seiten aus der Geschäftsbeziehung einen Gewinn erzielen wollen. Soll heißen: der Kunde will seine Produkte erfolgreich vermarkten und absetzen, das Unternehmen will seine Leistungen angemessen honoriert bekommen.

Wenn Vereinbarungen zwischen Geschäftspartnern geschlossen werden, bestehen diese häufig aus einzelnen Bausteinen. Im Allgemeinen will ein Unternehmen nicht nur eine erste **Beratungsleistung** gegenüber dem Kunden erbringen (z. B. ein Exposé zu einer TV-Serie verkaufen), sondern auch dessen Medienauftritte/Produkte **gestalten** (z. B. jene TV-Serie herstellen) und vielleicht sogar weitere Dienste **vermitteln** (z. B. Merchandising zur TV-Serie), kurz: möglichst einen Full Service leisten.

Als Einstieg zu diesem Paketangebot dient die Beratung, ein zur Verfügung stellen von Fachwissen gegen ein vereinbartes Honorar. Das Ziel eines Erstkontaktes sollte sein, dass das Unternehmen einen weitergehenden Beratungsauftrag vom Kunden erhält (z. B. einen Vorvertrag oder Drehbuchvertrag) und von ihm gebrieft wird (also eine kurz gefasste Gestaltungsanweisung für die gesamte Arbeit bekommt). Normalerweise funktioniert ein erster gegenseitiger Informationsaustausch wie folgt: Der Kunde spricht über die geplanten Dienstleistungen und/oder das zu betreuende Produkt. Umgekehrt stellt das Unternehmen – z. B. eine Filmagentur – sein Aufgabenspektrum einschließlich Leistungen vor. An Unternehmensdaten sollten unbedingt erwähnt werden: Firmenname, Sitz des Unternehmens, Betriebsgröße, Unternehmensprofil und Referenzprojekte. Danach schließen sich erste konkrete Fragen zu den geplanten Dienstleistungen und/oder dem zu betreuenden Produkt an.

Im Anschluss an einen ersten Informationsaustausch sollte ein **Beratungsauftrag** abgeschlossen werden, der folgende wesentliche Vereinbarungen beinhalten sollte:

„Die Filmagentur ... wird, wie mit Ihnen am ... vereinbart, mit der künstlerischen und produktionstechnischen Beratung Ihres Unternehmen ... zur Herstellung des Films ... (Titel) beauftragt. Der Vertrag tritt heute in Kraft. Er wird auf unbestimmte Zeit geschlossen und kann mit einer Frist von ... Wochen/Monaten gekündigt werden. Für die zu erbringenden Leistungen erhält die Agentur eine Grundvergütung in Höhe von € ... monatlich. Sollte die Agentur mit der Herstellung des Films durch Ihr Unternehmen beauftragt werden, sind die geleisteten Zahlungen mit den Agenturforderungen zu verrechnen."

Erst wenn der Beratungsauftrag von der Agentur wie auch vom Kunden gegengezeichnet ist, entspricht dieses Schriftstück den gesetzmäßigen Anforderungen. Beide Seiten besitzen somit eine rechtmäßige Grundlage für die Zusammenarbeit.

Im Rahmen einer Beratung spielen **Marktforschungsergebnisse** eine nicht zu unterschätzende Rolle. Denn es ist „Aufgabe der Marktforschung, Marketing-Manager in der Planungs-, Entscheidungs- und Kontrollphase mit den relevanten Informationen zu unterstützen".[54] Relevante Informationen können z.B. sein: Nach welchen Kriterien wurden vergleichbare Produkte von Mitbewerbern eingeführt? Welche Preisstruktur empfiehlt sich? Welche Produkteigenschaften erwartet der potenzielle Konsument?

Abb. 3: Phasen der Marktforschung (Quelle: in Anlehnung an Weis, 1999, S. 107)

In Abb. 3 (S. 41) wird das übliche Vorgehen der Marktfor-
schungsinstitute veranschaulicht, die vor, während und nach der
Produkteinführung sowohl Analysen als auch Prognosen liefern.
Marktforschungsdaten werden selbstverständlich auch für den
Fernseh- und Kinomarkt erhoben und dienen dem Produzenten
als Anhaltspunkte für anstehende Entscheidungen.

Beim **Fallbeispiel** *bestand zwischen dem Premiumkunden (Logistik-*
unternehmen ÑGlobal Playeŕ) und dem Auftragnehmer (Filmagentur) eine
langjährige harmonische Geschäftsbeziehung, beide Seiten passten ide-
al zusammen. Sie legten Wert auf eine überdurchschnittliche Qualitäts-
arbeit und bedienten andere Global Player und den Mittelstand mit viel-
fältigen Dienstleistungen.

Der Kunde kannte sowohl den Produzenten als auch dessen Produk-
tionsfirma aus diversen gemeinsamen Filmprojekten der Vergangenheit,
wobei der Kunde mit den bisher erbrachten Leistungen mehr als zufrie-
den gewesen ist. Somit war eine langjährige Vertrauensbasis zwischen
den Geschäftspartnern vorhanden. In bewährter Weise wurde der Pro-
duzent von dem Kunden hinsichtlich der Themenstellung und der Ziel-
gruppenansprache ausführlich gebrieft.[55] *Das Projektziel war, einen*
Imagefilm[56] *zu erstellen für die europaweite Einführung des Leistungs-*
feldes und Netzwerkes einer neuen Dienstleistungsmarke. Die neue
Marke sollte als international führendes Paket-Express- und Logistik-
unternehmen für Geschäftskunden (Business-to-Business) in Europa
etabliert werden. Im Einzelnen wurde festgelegt:

- *Die Zielgruppe waren Mitarbeiter (ca. 50.000) und Kunden aller Part-*
  nerorganisationen der Marke (europaweit).
- *Der Film sollte sowohl die eigenen Leistungen als auch die Mitarbei-*
  ter präsentieren und die Marke unverwechselbar einprägen.
- *Das europäische Transportnetz der Marke sollte übersichtlich und als*
  Einheit dargestellt werden.
- *Die globale Wertschöpfungskette der Marke im Bereich Business-to-*
  business sollte aufgezeigt werden.
- *Präferiertes Medium für die Darstellung des Netzwerkes der Marke*
  sollten die Fahrzeuge der Tochterunternehmen, Mitarbeiter und Kun-
  den sein.
- *Als Drehorte wurden u. a. die europäischen Metropolen Berlin, Lon-*
  don, Madrid, Mailand, Paris und Prag festgelegt.
- *Damit der Film in den Folgejahren komplettiert werden konnte (ergänzt*
  durch zusätzliche Drehorte in weiteren europäischen Ländern), sollte
  er modular aufgebaut sein.

- *Der Film sollte in zwei Längen vorliegen (Kurzfassung: ca. 4 Min.; Langfassung: ca. 7 Min.) und in acht europäischen Sprachen kommentiert werden.*
- *Der Film sollte innerhalb von drei Monaten fertiggestellt sein.*

Die direkten Beratungsleistungen und der damit unmittelbare Kontakt zum Kunden sind ein wesentlicher Bestandteil des Filmgeschäftes „Auftragsproduktion". Somit existiert kein klassischer Vertrieb über Händler und darum wissen aufmerksame Produzenten frühzeitig, welche Bedürfnisse beim Kunden bestehen und welche Art von Produkten benötigt werden. So erfuhr die Filmagentur bei der Pflege der Kundenbeziehungen, dass sich u. a. die Vertriebswege der Logistikbranche im Umbruch befinden. Dabei spielen drei Faktoren eine besondere Rolle, die beim Schreiben des Drehbuches Berücksichtigung finden sollten:

- *Die Margen im logistischen Business-to-Business sinken kontinuierlich.*
- *Das Kundenverhalten wird immer preisorientierter und geht zum Teil mit spontanen Auftragsvergaben einher.*
- *Durch Internet und Call-Center verlagert sich die Auftragserteilung weg vom persönlichen Kontakt zwischen Vertriebsbeauftragten hin zu automatisierten unpersönlichen Bestellprozessen, was nicht von jedem Geschäftskunden toleriert wird.*

3.4.2 Budgetkalkulation/Preisfindung

Selbstverständlich steht und fällt auch die Herstellung eines Films mit ökonomischen Aspekten. In einem Markt hat alles seinen Preis oder, wie Samuelson/Nordhaus es formulierten, „den Wert der Ware, ausgedrückt in Geld."[57] Die Preise stellen jene Bedingungen dar, zu welchen die Haushalte und Unternehmen bereit sind, bestimmte Waren auszutauschen. Ein angemessener Marktpreis sichert dem Produzenten einen gewinnorientierten Ausgleich für die während einer Produktion eingesetzten Ressourcen. Denn zum Selbstkostenpreis zu produzieren ist über kurz oder lang ein Verlustgeschäft ohne jeglichen wirtschaftlichen Sinn und Verstand.

Ökonomisch betrachtet bestimmen drei Akteure ein wirtschaftliches Geschehen und damit einen **Preisfindungsprozess**:

- Unternehmen/Produzenten, die Produkte oder Dienstleistungen herstellen.

- Konsumenten/Haushalte, die die Produkte oder Dienstleistungen käuflich erwerben und verbrauchen (bei werbefinanzierten Medien kommt ein weiterer Akteur hinzu: die werbetreibende Wirtschaft).
- Der Staat, der die Rahmenbedingungen etwa durch eine Steuerpolitik festsetzt und die Einhaltung dieser Bedingungen überwacht.

Paulsen spricht von einem **ökonomischen Kreislaufmodell**, in welchem Haushalte und Unternehmen auf Produktmärkten aufeinandertreffen, wobei Preise gebildet und Beziehungen in Form von Angebot und Lieferungen ausgetauscht werden.[58] Dazu eine grundsätzliche Anmerkung: Der Unternehmensbereich Medien gilt als risikoreich, weil hohe Fixkosten in Form von Vorlaufkosten bestehen (u. a. kosten kreative Ideen Zeit und Geld; die Herstellungstechnik muss fortschrittlichen Ansprüchen genügen und erfordert hohe Investitionen), durchweg Innovationen von den Konsumenten gefordert werden und der Wert immaterieller Medienprodukte schwer einzuschätzen ist. Niemand kennt beispielsweise die konkrete Nachfrage von morgen für Buchprodukte oder Drehbücher für Filme. Welche Genres oder Autoren werden beispielsweise gefragt sein?

Ein Qualitätsanspruch des Konsumenten bezüglich eines Medienproduktes lässt sich nur hinsichtlich seiner technischen Eigenschaften ableiten (z. B. wird ein gewöhnlicher Fernsehzuschauer keinen Film mehr in analoger Darstellungsweise akzeptieren, sondern ein digitales Format in einer zeitgemäßen Schnittfolge und mit Computeranimationen erwarten). Im Zweifelsfall können noch aktuelle Erfolgsproduktionen mit hohen Auflagen oder Einschaltquoten als Bewertungskriterium herangezogen werden. Insgesamt finden drei **Arten der Preisfindung** Anwendung:
- Kostenorientierte Preisfindung;
- nachfrageorientierte Preisfindung;
- konkurrenzorientierte Preisfindung.[59]

Eine **kostenorientierte Preisfindung** setzt sich vorrangig aus den Kosten für die Herstellung eines Produktes zusammen, wobei die Preisuntergrenze mindestens die Herstellungskosten abdecken sollte. Angenommen, die Herstellung eines Fernsehspots würde netto 25.000 € für Studiomiete, Schauspieler, Produktionsstab, Equipment, Musik/Vertonung und Rechte (z. B. für Text) sowie Auftragsakquisition und -abwicklung kosten. Um geschäftsbewusst zu handeln, sollte der Spot mit minimal netto 28.750 € inkl. Gewinn/Handlungskosten (Anmerkung: 15 % sind ein bei Agenturen gängiger Betrag für den Ansatz eigener, interner Kosten) gegenüber dem Werbekunden berechnet werden.

Im Gegensatz zur kostenorientierten Preisfindung richtet sich eine **nachfrageorientierte Preisfindung** primär nach dem Zusammenhang zwischen Angebot und Nachfrage. Je größer die Nachfrage ist, desto höher kann der Preis des Angebotes ausfallen. Umgekehrt ist es sehr selten der Fall, dass infolge einer sinkenden Nachfrage der Preis reduziert wird. Es ist wahrscheinlicher, dass dann das Produkt vom Markt genommen oder mit kostenlosen Zusatzleistungen angeboten wird. Hierzu ein Beispiel: Ein Automobilhersteller, der Umsatzeinbußen zu verzeichnen hat, bietet den Käufern eine Finanzierung eines neuen Fahrzeuges über die Hausbank des Autounternehmens zu einem sehr günstigen Zinssatz an oder verschenkt wertvolle Benzingutscheine beim Kauf eines Fahrzeuges.

Bei einer **konkurrenzorientierten Preisfindung** müssen die vergleichbaren Produkte der Mitbewerber berücksichtigt werden. Dabei gilt das Prinzip: Je interessierter Zielgruppen an einem speziellen Produkt sind, desto höher kann der Preis angesetzt werden. Bezogen auf die werbetreibende Wirtschaft wäre z. B. der Idealfall, dass eine TV-Sendung derart populär und vom Format exklusiv ist, dass der Sender hohe Schaltgebühren für die Ausstrahlung von Werbespots verlangen kann, da eine kaufkräftige, konsumorientierte Zielgruppe angesprochen wird (Beispiele: die prämierte US-Single Comedy „Sex and the City" oder der RTL-Quotenbringer vom Frühjahr 2004 „Ich bin ein Star – Holt mich hier raus!"). Wird dagegen ein vergleichbares Produkt von mehreren Wettbewerbern angeboten, entstehen häufig Preisschlachten um die Zielgruppen (Beispiele: Billigangebote bei Flugpreisen oder in Supermärkten).

In der gegenwärtigen Krise der Wirtschaft, die primär eine Krise schlechten Managements ist,[60] kommt noch eine Art **deflationärer Preisfindung** hinzu, wobei im Ringen um die Gunst der Kunden die Preise teilweise sogar radikal gesenkt werden. Dabei wird dem Kunden signalisiert, der Geldwert für das erworbene Produkt sei dennoch gesteigert worden, obwohl es billiger auf dem Markt angeboten wurde. Eine reine „Runter mit den Preisen-Philosophie" ist in den überwiegenden Fällen zu kurz gegriffen. Auch wenn erfolgreiche Werbekampagnen wie „Geiz ist geil" der Elektronikkette Saturn hohe Bekanntheitswerte bescherten und eine „Wir können nur billig-Manie" in vielen Branchen anzutreffen ist, existiert bei den Verbrauchern letztlich doch der Wunsch nach Qualität. Und sie werden sich bei ihrer Entscheidung überwiegend von ihrem Empfinden und ihrer Einstellung leiten lassen, welchen individuellen Nutzen eine Dienstleistung oder ein Produkt für sie hat.

Der Anbieter von Leistungen bei der **Werbevermarktung** ist, so Breyer-Mayländer, allerdings nicht frei hinsichtlich der Entscheidung des Modus der Preisfindung.[61] So spielt z. B. auf dem Medienmarkt bei teilweise werbefinanzierten Objekten die Mischfinanzierung aus unternehmensspezifischen Kosten (wie Copypreis) und Werbeeinnahmen eine wichtige Rolle. Auf den Rundfunkmärkten gibt es zudem zeitliche Höchstgrenzen für die Einbindung von Werbung. Gleichwohl: Aus ökonomischer Betrachtungsweise wirkt die Werbung als Medienfinanzierungsquelle stets unterstützend.

Wenn Zeitungsverlage ihre Publikationen dem Markt anbieten, gehen sie stets von einer **Mischfinanzierung** bei der Preisfindung aus: Vertriebserlöse aus dem Verkauf der Publikation und Einnahmen aus dem Verkauf von Anzeigenraum. Bei einer Refinanzierung lediglich aus Vertriebserlösen würden die Verlage rote Zahlen schreiben. Um ein weiteres Beispiel für eine Mischfinanzierung zu nennen: Kopien von Produktionen sind grundsätzlich marktfähig, wobei damit auf einem handelsüblichen Vertriebsweg eine Refinanzierung der Herstellungskosten erfolgen kann. Das Risiko, am Markt zu scheitern, wird bei einer erfolgreichen Kopienvertriebsstrategie prinzipiell gemindert, unabhän-

gig davon, ob hierbei etwa Kopien von Filmen über einen Video-
overleih oder Vervielfältigungen von Fotos über Bildagenturen
vertrieben werden. Ausgenommen davon sind „minderwertige"
Produktionen, die sich mangels Qualität nicht verkaufen lassen
und deren Multiplikationspreise die Erlöse überschreiten.

**Übliches Modell „Mischfinanzierung"
der Herstellungskosten eines Kinofilms**

A Vorverkäufe „Pre-Sales" mit Garantiesummen „Verleih und Vertrieb":
Aufführungs-/ Distributions- und Senderechte (z. B. für Kino, Fernsehen und Pay TV)

B Vorverkäufe „Pre-Sales" von Lizenzrechten wie z. B. Print (Buch),
Musikvermarktung (Soundtrack), Spiele für Video und Mobilfunk-An-
wendungen

C Vorverkäufe von „Pre-Sales" an Merchandising-Artikeln, die zur Ausstattung des Films zählen (z. B. Bekleidung der Darsteller, Figuren,
Spielzeuge)

D Product-Placement/Sponsoring (z. B. dargestellte Autos und andere Produkte im Film)

E Staatliche Filmförderung (inkl. Steuervorteile/Abschreibungen)

F Eigeninvestitionen (z. B. Rückstellung von Arbeitsleistungen, Produ-
zentenanteil bis zu 20 % auf Gesamtherstellungskosten)

G Fremdinvestitionen z. B. durch Kapitaleinlagen/Verkauf von Gesell-
schafteranteilen an der Filmproduktion (keine geschlossenen „Film-
Fonds", da diese ein Filmvorhaben vollständig finanzieren)

H Rückstellungen (z. B. Gagen Darsteller, dafür prozentuale Umsatz-
beteiligung an den Verwertungserlösen)

I Rabatte von Zulieferfirmen (z. B. Geräteverleiher) oder von Service-
dienstleistern (z. B. Kopierwerke)

J Bartering (statt Gelder werden Leistungen im gegenseitigen Geschäft miteinander verrechnet)

K Banken (Kreditvergabe nach Finanzierungsrisiko und Kapitalmittel-
fluss)

Abb. 4: Finanzierungsmodelle für Filmvorhaben (keine Auftragsproduktion;
Dauer der ersten Auswertungsperiode: ca. fünf Jahre)

Wie aber gestaltet sich eine Preisfindung bei einer Auftragsproduktion, wenn Rechte und Pflichten gleichermaßen Berücksich-

tigung finden sollen? Schwierig ist die Ausgangsposition für unabhängige Filmunternehmen, wenn sie bei der Vergabe von Auftragsproduktionen um **Nutzungsrechte** und damit letztlich um den Herstellungspreis eines Werkes verhandeln. Die allgemein praktizierte Konvention zum Schaden der Produzenten ist, dass ihnen kaum verwertbare Rechte bleiben, dafür aber kostspielige Pflichten, wie z. B. Budgetüberschreitungen und Entwicklungskosten, die voll zu ihren Lasten gehen. Hierbei wird die Diskrepanz etwa zwischen gebührenfinanzierten Sendern und Produzenten sichtbar, eine Eigenkapitalbildung der Produzenten unterminiert und eine große Abhängigkeit zu den Auftraggebern/Sendern geschaffen. Ein erster Schritt in die richtige Richtung zeigt das neue Filmförderungsgesetz des Bundes auf, wonach die Rechterückfallfristen bei Produktionen von bisher sieben Jahren auf fünf Jahre verkürzt werden. Ein zweiter notwendiger Schritt wäre eine Reduzierung des Rechteumfangs seitens der Urheber zugunsten der Produzenten, die schließlich als wirtschaftlich und organisatorisch Verantwortliche rechtlich eingestuft werden (s. § 94 des Urheberrechtsgesetzes). Eine Stärkung der Rechtsstellung der Produzenten dient der ungehinderten Verkehrsfähigkeit von Filmwerken und damit dem Wettbewerb auf internationalen Märkten.

Ein übliches Modell einer **Mischfinanzierung der Herstellungskosten für Filmvorhaben** im Zuge einer Eigenproduktion besteht im Einzelnen aus zehn Positionen, wobei die Dauer der ersten Auswertungsperiode sich über ca. fünf Jahren streckt (s. Abb. 4, S. 47).

Jeder Produzent ist im Vorfeld eines **Neugeschäftes** gefordert, dem Markt – beispielsweise einem Fernsehsender – ein Preisangebot zu unterbreiten. Betriebswirtschaftlich gesehen handelt es sich hier um den Prozess eines Geschäftsplanes (Business Plan), bezogen auf ein Einzelgeschäft. Bei der Preisfindung ist generell der Ansatz hilfreich, schon anlässlich erster Beratungsleistungen einem potenziellen Kunden Hintergrundinformationen über das herzustellende Produkt und die Aufgabenstellung zu entlocken, um eine ungefähre Größenordnung zu ermitteln. Welcher Kunde ist nicht stolz auf seine Leistungen und will darüber mit anderen reden, um als Person anerkannt zu werden? Zwischen den Zeilen erfährt der Produzent häufig, was die Leistungen wert sein könnten oder welche Summen der Kunde bereits in der Vergangenheit für vergleichbare Leistungen gezahlt hat.

Angenommen, der Kunde (ein Fernsehredakteur) möchte einen Fernsehfilm (als Auftragsproduktion) herstellen lassen. Folglich würde er bei einem ersten **Briefing** mündlich oder schriftlich eine kurzumrissene Filmidee vortragen (alternativ oder ergänzend erläutert er, welcher vergleichbare Film eines Mitbewerbers ihm gefallen hat, oder präsentiert einen Drehbuchvorschlag eines Autors). Im Weiteren würde er über den geschätzten Produktionsaufwand sprechen und sogar einige Eckdaten wie Zahl der Hauptdarsteller, wichtige Motive etc. nennen und den Termin präsentieren, wann der Film fertiggestellt sein soll. Aufgrund dieser Planungsdaten ist es für einen Produzenten möglich, eine Vorkalkulation zu erstellen. Eine Vorkalkulation legt erste Zahlen auf den Tisch, wobei die Angaben mehrfach, unbedingt aber im Anschluss an die Motivsuche zu modifizieren sind. Jede Kalkulation ist anders, und doch kommt es zu gemeinsamen Nennern. Was immer benötigt wird, ist verlässliches Zahlenmaterial/Kalkulationssummen aus früheren Produktionen, die vor unangenehmen Fehleinschätzungen schützen.

In den meisten Fällen werden die ersten Planungsdaten zu den Dreharbeiten und Finanzierungsgrößen (Vorkalkulation) dem Produzenten durch dessen Herstellungsleiter bzw. Produktionsleiter präsentiert. Zuvor hat dieser das Drehbuch nach Aufwendungen im Zuge des Herstellungsprozesses analysiert und Eckdaten wie Drehtage, Anzahl der Schauspieler, Motive, Requisiten registriert. Das Gespräch mit dem letztlich Budgetverantwortlichen (also dem Produzenten) wird überwiegend zahlenorientiert geführt. Logischerweise will der Produzent so viel Geld wie möglich verdienen, während der Regisseur um jeden zusätzlichen Drehtag oder jedes weitere Motiv ringt und damit höhere Produktionskosten auslöst. Bei aller natürlichen Verliebtheit eines Regisseurs in eine Stoffidee gilt es dennoch, das medienökonomische Anliegen, schwarze Zahlen zu schreiben, nicht aus den Augen zu verlieren. Zumindest nach außen hin (insbesondere ge-

genüber dem Kunden) sollten sich deshalb Regie und Produktion als ein homogenes Kollektiv verstehen und sich auf einen gemeinsamen Nenner hinsichtlich des Herstellungsprozesses und
des damit verbundenen Aufwandes verständigen.

*Bei einer Auftragsproduktion wird ein Festpreis vereinbart, der von bei-
den Vertragsparteien einzuhalten ist. Hiervon kann es nur dann eine Ausnahme geben, wenn der Kunde zusätzliche Leistungen bestellt, die zuvor
nicht kalkuliert wurden. Zur Kalkulation dienten in unserem Fall zwei feste Größen, wobei der Kunde im Vorfeld überzeugt werden konnte, dass
der Film aufgrund seines internationalen Qualitätsanspruchs unbedingt
auf 16mm-Filmmaterial gedreht werden musste:*

- *Das **fertige Drehbuch** (inkl. einem nach Drehtagen ausgearbeiteten
  Drehplan) mit seinen detaillierten Angaben zu Motiven, zum perso-
  nellen und technischen Aufwand, zur Länge der Einstellungen usw.*
- *Die **Gagentarife für Filmschaffende/Produktionsmitarbeiter** bzw.
  die einzuholenden **Angebotspreise** bei den nationalen wie internati-
  onalen Dienstleistungsunternehmern für:*
  - *__Rechte und Manuskript__ (z. B. Drehbuch, Archiv, Musik, Kompo-
    nist)*
  - *__Gagen__ (z. B. Produktions- und Regiestab, Ausstattungsstab und
    sonstiger Stab, Darsteller, Musiker) und Honorare für Sprecher und
    Übersetzungen*
  - *__Atelier__ (z. B. Hallenmiete, Reinigung, Blue Box)*
  - *__Ausstattung und Technik__ (z. B. Drehgenehmigungen, Raummie-
    ten, Kostüm, Requisiten und technische Ausrüstung für Kamera-,
    Licht-, Bühnen- und Tonequipment)*
  - *__Reise- und Transportkosten__ (z. B. Reisekosten zum Drehort, Ho-
    tels, Flüge, Transportfahrzeuge)*
  - *__Filmmaterial und Bearbeitung__ (z. B. Rohfilm- und Fotomaterial,
    Tonbandmaterial)*
  - *__Endfertigung/Postproduktion__ (z. B. Entwicklung, Farbkorrektur,
    Computeranimation, Schnitt, Mischung inkl. Sprachaufnahmen)*
  - *__Versicherungen__ (z. B. Ausfall-, Negativ-, Haftpflichtversicherun-
    gen)*
  - *__Allgemeine Kosten__ (z. B. Bürobedarf, Fernmeldekosten, Miete Bü-
    rotechnik).*

*Das Drehbuch liefert z. B. Angaben zur Anzahl der Motive oder Hin-
weise auf Innen- oder Außenaufnahmen bzw. Zahl der Drehtage inkl.
Reisetage für das Produktionsteam, insgesamt alles wertvolle Informationen, die es bei einer Budgetkalkulation zu berücksichtigen gilt. Hilf-*

reich sind bei einer Kalkulation grundsätzlich die Gagentabellen für Film- und Fernsehschaffende, die zwischen den Arbeitsgemeinschaften und Verbänden der Fernseh- und Spielfilmproduzenten und der Vereinigten Dienstleistungsgewerkschaft e.V. „ver.di" (Fachbereich Medien, Kunst und Industrie) sowie der DAG-Berufsgruppe Kunst und Medien abgeschlossen werden.[62] Auch sind Angebote von Dienstleistungsunternehmen für Ausstattung, Effekte, Geräteverleih, Postproduktion und Versicherungen zur Kalkulation heranzuziehen.

Fassen wir als Zwischenstand zusammen, was eine Filmproduktion bei einer **Vorkalkulation** *aufgrund des Drehbuches oder eines Briefings wissen könnte:*

- *Der Gesamtfilm soll ca. 7 Minuten lang sein. Pro Drehtag können aufgrund langjähriger Produktionserfahrungen bis zu 2 Minuten geschnittenes Filmmaterial abgedreht werden, wenn die Motive keine langen Fahrtstrecken erfordern. (Es wird nicht nach Klappen gezählt, die ein Assistent vor jeder Aufnahme mit ein und derselben Kameraeinstellung schlägt, sondern immer pro fertig abgedrehte Einstellung.)*
- *Pro Metropole soll ein Hauptmotiv (Unternehmen eines Kunden in Verbindung mit Dienstleistungen des Logistikunternehmens) sowie Zwischenschnitte mit Fahrzeugen und Mitarbeitern an bekannten Sehenswürdigkeiten gefilmt werden.*
- *Pro Motiv sind mindestens 1'5 Stunden für Auf- und Abbau des Filmequipments sowie für Proben anzusetzen, um die Darsteller und Motive professionell einzurichten (Kamerafunktionen überprüfen, Filme einlegen, Kamerabefestigungen und Objektive wechseln, Licht setzen, Bühne mit Dollyzubehör aufbauen usw.). An einem branchenüblichen 10' Stunden-Tag könnte der Zeitplan wie folgt aussehen:*

(1) Drei Motive auf- und abbauen	*4'5 Stunden*
(2) An- und Abfahrten zu den Motiven	*1'0 Stunde*
(3) Mittagspause	*0'5 Stunden*
(4) Reine Drehzeit (drei Motive)	*4'0 Stunden*

- *Insgesamt ist bei der Länge des Gesamtfilms von mindestens 16 Drehtagen zzgl. Reisetage auszugehen, da noch einige Impressionen/ Zwischenbilder einfangen werden sollen, um nicht endlose Einstellungen abdrehen zu müssen. Dieser letzte Gedanke wird auch gen Himmel in der Hoffnung gerichtet, dass die Witterung mitspielt, denn nur die wenigsten Kunden bezahlen Schlechtwetterzulagen.*

Kalkulationsschemata für eine Projektfilmförderung oder für einen Spielfilm können leicht hunderte von Einzelpositionen aufführen und 50 Seiten Umfang aufweisen. Für eine größere Kalkulation können mehre-

re Wochen an Arbeit notwendig sein. Die Kalkulation für das erwähnte Filmprojekt belief sich letztlich auf eine Summe von 184.156 € netto inkl. Handlungskosten und Gewinn (zzgl. gesetzlicher Mehrwertsteuer). Im Laufe der Verhandlungen mit den Filmschaffenden und Dienstleistungsunternehmen kommt es selbstverständlich zu zahlenmäßigen Abweichungen bei einer Vorkostenkalkulation (weil z. B. ein Schauspieler eine höhere Gage fordert oder ein Dienstleister sein Lichtequipment teurer anbietet). Ausschlaggebend ist, dass die endgültigen Herstellungskosten den abgesteckten Finanzierungsspielraum bei einem Festpreis nicht überschreiten. In einem letzten Schritt gibt der Filmhersteller oder dessen Kunde die Kalkulation/den Festpreis frei. Erst nach einer Freigabe können die einzelnen Positionen der Kalkulation vertraglich umgesetzt werden.

Vorkosten-Kalkulation
für den Film mit dem Arbeitstitel
„Global Player"

Format: 16 mm
Version: für alle Sprachversionen (8)
Länge: ca. 7 Minuten
Drehorte: Basel, Berlin, Kopenhagen, London, Madrid, Mailand, Paris, Prag, Stockholm
Drehtage: 16 plus 6 Reisetage (Reisetage = 50 % Gage)

1. Nutzungsrechte

Autorenrechte/Drehbuch	€	2.500
Musiklizenzrechte (Musikverlag/GEMA) 4' Min.	€	676

2. Gagen und Honorare (inkl. Sozialabgaben, Arbeitgeberanteile; Reisetage mit 50 %)

Regie (inkl. Vorbesprechungen, Postproduktion) pauschal	€	12.000
Kameramann (Tagesgage = € 550)	€	10.450
Kameraassistent (+ 4 Tage Be- und Entladen, Kameratests)	€	5.750
Aufnahmeleiter (+ 6 Tage Vorbereitung)	€	5.500
Beleuchter (+ 2 Tage Be- und Entladen)	€	5.250
Bühne/Grip (+ 2 Tage Be- und Entladen)	€	5.250
Ton (zeitweise; 8 Tg.)	€	2.400
Kleindarsteller (30 Personen à € 120)	€	3.600
Requisiteur (zeitweise; 6 Tg.)	€	1.500
Übersetzungen (7 Sprachen, jeweils 142 Zeilen)	€	1.645
Off-Sprecher (8 Sprachen) inkl. Künstlersozialkasse	€	4.640

3. **Technische Ausrüstung** (gebucht für 16 Tage)
   Filmequipment „Arriflex" (16 mm) mit Zubehör;

Sonderpreis pro Tg. = € 650	€ 10.400
Licht/Bühne inkl. Verbrauch (u. a. Folien)	€ 7.040
Aufnahmematerial (16mm; 19 Rollen à 122m) Bild/Ton	€ 2.850
Digital Bänder	€ 450

4. **Postproduktion (inkl. Personal)**

Kopierwerk: Filmentwicklung, Koppeln, Starten (ca. 2.300 Meter inkl. Rabatt)	€ 2.350
Filmabtastung/Farbkorrektur „Rank Cintel" (Abtastung und Tape-to-Tape) 16 Std.	€ 8.800
OFF-Line (AVID) 3 Tg.	€ 3.060
ON-Line (Edit Suite „Henry") 9 Std.	€ 3.420
Tonstudio (Sprachaufnahmen, Edit, Mischung, Ausspielung)	€ 4.680

5. **Drehgenehmigungen**

Büros, öffentliche Straßen, Geschäfte usw.	€ 6.500
Fahrzeuge, Mitarbeiter des Auftraggebers,	Beistellung

6. **Versicherungen**

Geräte-, Negativ- und Haftpflichtversicherung	€ 2.700

7. **Allgemeine Kosten**

Fahrzeuge für Personen- und Lastentransporte (inkl. Benzin und Versicherungen für 22 Tg.)	€ 5.600
Flüge (3 Personen, Economy) inkl. Fracht Filmequipment	€ 18.000
Spesen (durchschnittlich 9 Pers. × € 35 × 22 Tg.)	€ 6.930
Übernachtungen (Hotels der Mittelklasse; 9 Pers. × € 90 × 20 Tg.)	€ 16.200

8. **Zwischensumme (netto)** **€ 160.141**
   zzgl. HU/Gewinn (15 %) **€ 24.021**

9. **Gesamtkosten (netto)** **€ 184.162**

Was fällt alles unter so genannte **Handlungskosten** (HU)/Produktionsgemeinkosten, die je nach Aufwand und Einsatz von Produktionsmitteln prozentual einem Auftraggeber in Rechnung gestellt werden?

- **Berufsgenossenschaft als Träger der gesetzlichen Unfallversicherung:** Hier handelt es sich um eine Pflichtversicherung für alle, die in einem Arbeits-, Ausbildungs- oder Dienstverhältnis stehen. Unternehmer können der Versicherung freiwillig beitreten. Die rund 35 gewerblichen Berufsgenossenschaften sind auf den Feldern Arbeitssicherheit, Gesundheitsschutz, Rehabilitation und Versicherungsleistungen tätig. Beitragszahlungen werden nach der Lohnsumme und Gefahrenklassen (je nach Unfallgefahr) bemessen, wobei folgende Formel angewandt wird: Unfallkosten × 1.000/Lohnsummen. Die Gefahrenklasse stellt daher einen Promillewert der Kosten zu den insgesamt in einem Gewerbezweig nachgewiesenen Lohnsummen dar. Damit kein Missverständnis aufkommt: Der Arbeitgeber hat die Beitragszahlungen auch für Kurzzeitbeschäftigte rückwirkend zu leisten!

- **Bürobedarf und Dienstfahrzeug**: Kosten für Verbrauchsgüter wie Schreibwaren, Ordner, Technikzubehör, Porto, Getränke für die Bewirtung der Gäste, Putzmittel und Hygieneartikel; außerdem: Telekommunikationsgebühren für Telefon, Telefax, Internet und Handy. Für das Dienstfahrzeug zählen Ausgaben für Benzin, Reparaturen und Parkgebühren.
- **Anschaffungen bzw. Abschreibungen**: von Technik wie Computer, Telefax, Kopierer und Telefonanlage, Büromöbel, eventuelle Umbauten.
- **Industrie- und Handelskammer (IHK)**: Mit der Gewerbeanmeldung wird jedes Unternehmen automatisch Mitglied der Handwerkskammer oder IHK. Kleingewerbebetriebe entrichten pro Jahr ca. 45 € an die jeweilige Kammer. Falls ein Unternehmen im Handelsregister eingetragen wird, ist ein Grundbetrag pro Jahr von ca. 115 € fällig, dafür erhält aber das Unternehmen kostenlose Beratung in vielerlei Hinsicht (Standortpolitik, Starthilfe und Unternehmensförderung, Aus- und Weiterbildung, Innovation und Umwelt, International und Fairplay/Recht).
- **Miete z. B. für Büroräume und Nebenkosten (inkl. Kaution, Provision)**: Monatliche Grundkosten für den Gewerberaum sowie Nebenkosten für Strom, Heizung, Wasser, Instandhaltung, Hausmeister, Reinigung der Räume und Garage für das Dienstfahrzeug.

- **Öffentlich-rechtliche Rundfunkgebühren**, falls Rundfunkgeräte aufgestellt wurden. Die Zwangsabgabe, die über die Gebühren-zentrale der öffentlich-rechtlichen Rundfunkanstalten (GEZ) eingezogen wird, belief sich im Jahr 2005 auf 17,03 € monat-lich für ein Radio- und ein Fernsehgerät.

- **Reisekosten** fallen in jedem Unternehmen an; die steuerlich gültigen Tarife richten sich nach dem Bundesreisekostengesetz. Jeder Steuerberater stellt eine aktuelle Tabelle zur Verfügung bzw. siehe www.Bundesreisekostengesetz.de.

- **Steuerberatungskosten**: Die Steuerberatungskosten richten sich nach der ungefähren Anzahl der Buchungsvorgänge und des Aufwandes für die Erstellung der regelmäßigen Umsatz-steuererklärungen (Untergrenze liegt bei mindestens 150 € monatlich). Hinzu kommen die Kosten für die jährliche Steu-ererklärung, die bei mindestens 1.000 € liegen dürften.

- **Versicherungen**: Dazu zählen z. B. die Kraftfahrtversicherung des Dienstwagens oder eine Schadensvorsorgeversicherung für die Betriebstechnik, wobei die Feuerversicherung und Ein-bruchdiebstahl als die wichtigsten Versicherungsarten inner-halb eines Unternehmens angesehen werden.

3.4.3 Entwicklung einer Dienstleistung (Stoffidee/Exposé/Drehbuch)

Wer an einem filmischen Stoff arbeitet, muss zumindest die Grundzüge der Regiemethoden, Aufnahme- und Montagetech-niken kennen, denn es wird in der Bildersprache geschrieben („Denken in Bildern") nach einem Plan, der für alle Gewerke wie Schauspieler, Produktionsstab und Techniker gilt. Regisseure transportieren alle Botschaften visuell und nutzen dabei Elemen-te der Unterhaltung. Es geht um Gestaltungsprozesse, um Hand-lungen, die im Vorfeld (bei Drehbuchentwicklung) und während der Dreharbeiten in einzelne Bilder zerlegt (Drehplan, Szenen-auszug) und beim Schnitt wieder zusammengefügt werden. Die besten Filme zeichnen sich durch die Einfachheit ihres Themas (Nachvollziehbarkeit beim Zuschauer) und die Geradlinigkeit der Handlungsabläufe aus. Kreative bewegen sich in fiktiven

Welten, wenn sie eine Story für einen Film entwickeln. Was sie dabei spüren, hat mit der Wirklichkeit häufig wenig zu tun. Ein künstlerischer Entstehungsprozess kann auch die eigenen Träume in Bilder umsetzen.

Der erste Schritt zur Entwicklung eines Drehbuches konzentriert sich auf die **Recherchearbeiten**, die am Ort des Geschehens (späteren Drehorten) und beispielsweise in Bibliotheken oder im Internet durchzuführen sind. Es kommt für den Autor, Regisseur und Filmhersteller darauf an, herauszufinden, worum sich die Geschichte dreht, Figuren zu entwickeln und Details über sie zu erfahren (z. B. über ihren Arbeitsplatz und ihre private Umgebung, das so genannte Milieu; aber auch über ihre Denkweise, Gefühle, Sprache) und einen Handlungsstrang – den so genannten roten Faden – zu entwerfen. Linda Seger, eine der bedeutendsten US-Drehbuchberater (script consultants), die an über 70 Filmen mit Schriftstellern, Drehbuchautoren, Regisseuren und Produzenten zusammengearbeitet hat, empfiehlt in ihrem internationalen Bestseller „Making a Good Script Great": Ausgezeichnete Filme sind gut strukturiert, haben starke, vielschichtige Figuren und eine perfekt ausgearbeitete Idee. Sie sind phantasievoll, künstlerisch und handwerklich gut gemacht.[63] Zur Filmdramaturgie selbst – also der Abfolge Thema, Struktur, Dramaturgie – hat der amerikanische Drehbuch-Altmeister Field geschrieben:

> „Ein Drehbuch zu schreiben ist ein Prozess, ein organischer, alles verändernder, weiterführender Schritt einer Entwicklung: Es ist ein Handwerk, das gelegentlich zur Kunst wird... Zuerst muss man das Thema finden, dann die Idee ordnen, dann die Biographien der Figuren entwerfen, dann die nötige Recherche machen ... und die Akte aufgliedern" (Anmerkung des Autors: branchenüblich wird in drei Akten geschrieben).[64]

Im Zuge der Erstellung eines **produktionsreifen Drehbuches für Filme** werden üblicherweise drei Stufen unterschieden:

• **Stufe 1 – Exposé:** Der Autor stellt dem potenziellen Kunden (z. B. Filmproduktion) das Projekt in Form einer geschriebenen Filmidee vor, die erste prägnante Antworten auf eine Aufgabenstellung mit Lösungsvorschlägen liefert (1–2 Seiten). Es wird ein Konzept einer Story aufgezeigt und damit der Handlungsablauf der Geschichte beschrieben: durchdacht, lesbar; thesenartig; knapp, aber unterhaltsam, um Interesse beim Leser zu wecken, mehr über die Story erfahren zu wollen; und schließlich die Vorstellung der wichtigen Protagonisten/Personen. Erhält der Autor den Zuschlag zur weiteren Stoffentwicklung, wird er aufgefordert, ein Treatment auf Grundlage des Exposés zu schreiben (gegen Entgelt[65]). Die Vertragsparteien legen die Konditionen üblicherweise in einem Entwicklungsvertrag fest, wobei z. B. die Filmproduktion die Rechte an dem zu verfilmenden Stoff käuflich erwirbt.

- **Stufe 2 – Treatment:** Das Treatment liefert bereits detaillierte Auskünfte über Umfang und Aufwand der Produktion und einen Auszug aus einer Szenenfolge (10–20 Seiten). Gefällt das Treatment dem Kunden, folgt die Stufe des Drehbuchschreibens. Aufgrund eines Treatments können bereits Vorüberlegungen hinsichtlich der Produktionskosten, Drehorte, Schauspieler, Produktionszeiten angestellt werden.

- **Stufe 3 – Drehbuch:** Ein Drehbuch erzählt die fertige Geschichte in Bildern einschließlich sämtlicher Dialoge und Motivbeschreibungen, enthält Angaben über räumlich-zeitliche Abläufe, Tageszeiten und Lichtstimmungen, Requisiten, Musik und Geräusche. Es ist die endgültige Vorlage für die Filmherstellung (bei einem Kinofilm ca. 120 Seiten). Häufig werden Drehbücher vor einer endgültigen Abnahme nochmals von dem Regisseur oder auf Wunsch eines Fernsehsenders von dem Autor überarbeitet.

Wichtig ist es bei Imagefilmen (unser Fallbeispiel), dass der Wiedererkennungseffekt einer Marke oder eines Produktes bereits bei der Drehbuchentwicklung berücksichtigt wird und bei der Filmpräsentation gewünschte Reaktionen bei den Konsumenten oder Geschäftspartnern auslöst, wie: „War das nicht das Unternehmen mit den schnellen und zuverlässigen Dienstleistungen?" Die werbetreibende Industrie spricht in diesem Zusammenhang von „Key Visuals" – Schlüsselbilder des beworbenen Produktes oder einer Marke, das/die etabliert werden soll.

Sehr unterstützend wirkt bei einem Imagefilmvorhaben der

adäquate Einsatz von **Musik** und **Sprache/Kommentar** (OFF); beide Elemente sind innerhalb eines Drehbuches mit Text- bzw. Musikstellen und exakten Zeitangaben festzulegen. Der Regisseur muss sich ggf. in Zusammenarbeit mit einem Komponisten entscheiden, welche Art von Musik er einsetzen möchte und bei welchen Filmpassagen. Musik sollte den Film „bereichern" und nicht störend wirken. Kann aus finanziellen Gründen kein Komponist inkl. Musiker, Aufnahmestudio etc. verpflichtet werden, muss der Regisseur auf bereits vorliegende Musikwerke zurückgreifen (über Musikverwertungsagenturen und Lizenzantrag sowie Einholung der Urheberrechte bei der GEMA[66]). Dem zweiten Element, „Sprache", fällt ebenfalls eine dramaturgische, große Bedeutung zu. Soll eine männliche oder weibliche Stimme neben den Darstellern (ON, im Bild) eingesetzt werden? Soll diese Stimme akzentfrei sein oder einen Akzent besitzen? Soll sie warm, kalt oder neutral klingen? Soll schnell oder langsam gesprochen werden, und wie häufig?

Anknüpfend an das ausführliche Briefing durch den Kunden wurde das inhaltliche Grobkonzept für die Dienstleistung weiterentwickelt und in einem Exposé festgehalten. Die Basisidee bestand darin, eine Verkettung der Dienstleistungen der Marke als führendes Paket-Logistikunternehmen im Business-to-Business quer durch Europa herzustellen, die sowohl Menschen (Mitarbeiter/renommierte Kunden) als auch Technik (Fahrzeuge/Logistikzentren) einschloss. Forciert wurde der Handlungsstrang der Verkettung durch markante Bildeinstellungen mit einprägsamen Informationen:

(1) Einstiegssequenz: Impressionen der Marke – verbunden mit bekannten europäischen Sehenswürdigkeiten – im Split Screen-Verfahren (geteilter Bildschirm); Europakarte mit Standorten der Marke; Berlin-Bilder mit Dienstleistungen der Marke und Kundenmeeting.

(2) Prägnante Bilder/Wahrzeichen der internationalen Drehorte in Kombination mit Fahrzeugen, Kunden und Mitarbeitern.

(3) Technische Komponenten wie computergestützte Datenerfassung „tracking und tracing", Call-Center, Logistikzentren.

(4) Human Touch-End: Ein tschechischer Zusteller des Logistikunternehmens (in Dienstbekleidung und im Dienstfahrzeug) wird in Prag von seinem Sohn ungeduldig erwartet, der den Vater als Mensch und Mitarbeiter des Logistikunternehmens bewundert (weil er in

einem international erfolgreichen Unternehmen arbeitet). Beide schließen sich nach dem Eintreffen des Vaters in die Arme und der Zuschauer spürt, dass die zwischenmenschliche Chemie perfekt stimmt. Die Schlussbotschaft lautet: Ein glücklicher Vater, der für ein sympathisches und erfolgreiches Unternehmen arbeitet.

(5) Textlich kamen folgende Inhalte zur Sprache (Kommentar/OFF):
- *Europa: Gegensätze, Eigenschaften und Entwicklung*
- *Partnerunternehmen der Dienstleistungsmarke*
- *Ziele, Visionen und Missionen der Dienstleistungsmarke und Konsolidierung des Marktes*
- *Kundenanforderungen und Lösungen/Technik*
- *Mitarbeiter/Motivation*
- *Produkte/Leistungsversprechung*
- *Climax (Schlusspräsentation)*

(6) Die positive Verschmelzung der Marke mit Partnerorganisationen und Dienstleistungen wurde zum zentralen Element der gesamten Kommunikation.

3.4.4 Aufgabenverteilung innerhalb eines Produktions- unternehmens

Die Gesamtverantwortung für eine Produktion hat der Unternehmer – in einer Filmproduktion „Produzent" genannt – oder sein Beauftragter – ein Producer/Herstellungsleiter – inne, also eine Person mit einer geschäftstüchtigen Einstellung und unternehmerischen Vision, die die Fäden zwischen organisatorisch-technisch ausgerichteter Produktions- und kreativ-künstlerisch orientierter Regieachse zusammenhält. Um ein Filmproduktionsgebilde verstehen zu können, muss man seine Struktur mit den wichtigsten Funktionen kennen (s. Abb. 5, S. 60). Je nach Umfang einer Filmproduktion können eine Vielzahl von weiteren Assistenten die beiden Stäbe ergänzen.

Der Produktionsprozess beim Film ist ein sehr umfangreicher und startet mit einer Filmidee (vgl. Kapitel 3.4.3), die mit einem Exposé beginnt und später bei einem fertigen Drehbuch endet (als Zwischenschritt kann ein Treatment eingeschoben werden; je nach Vorhaben wird auch ein **Storyboard** gezeichnet).

Ein Produktionsunternehmen wird frühzeitig die Rechte an einen zu verfilmenden Stoff erwerben (z. B. beim Autor oder die

Verfilmungsrechte an einem Buch über einen Verlag) oder einen Autor mit einer Stoffentwicklung beauftragen. Parallel hierzu bemüht sich der Produzent, die Finanzierung des Films bei einer Eigenproduktion zu sichern; bei einer Auftragsproduktion wird mit dem Kunden eine Vertragssumme vereinbart.

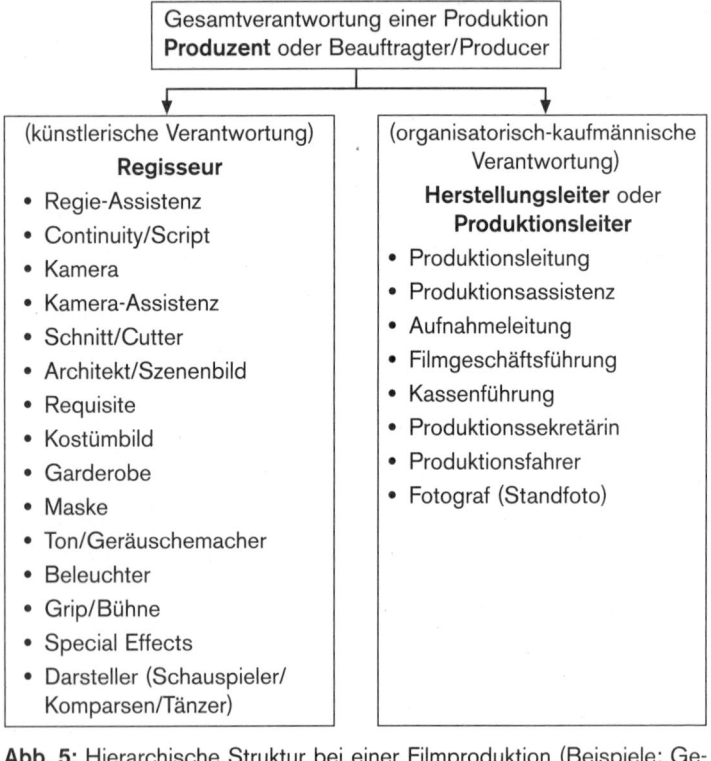

Abb. 5: Hierarchische Struktur bei einer Filmproduktion (Beispiele; Gewerke werden je nach Aufgabenstellung ergänzt)

Bei einer Eigenproduktion kommen diverse Finanzierungswege infrage: staatliche Filmförderung, Verkauf von Ausstrahlungsrechten (z. B. Fernsehen), Steuersparmodelle wie „Filmfonds", Verleihgarantieren, Verkauf von Rechten, Sponsoring und Bankdarlehen. Sobald die Finanzierung steht, werden hauptsächlich:

- Verträge mit dem Personal abgeschlossen (zunächst für den Regisseur, Herstellungs-/Produktionsleiter sowie die Hauptdarsteller),
- auf der Grundlage des Drehbuches ein Drehplan einschließlich Auszüge für die einzelnen Drehtage erstellt,
- Studios bzw. Motive/Drehorte angemietet,
- Kostüme und Requisiten beschafft,
- Versicherungen abgeschlossen,
- Marketingmaßnahmen beraten und verabschiedet
- Postproduktionsstätten bestimmt,
- Sendeplätze (Fernsehen) bzw. Vorführstätten (z. B. Filmtheater) terminiert.

Schließlich folgen die Dreharbeiten und die Postproduktionsarbeiten, die mit der Abnahme des Werkes durch den Produzenten, den Vertrieb (z. B. Start in den Filmtheatern) oder durch einen Fernsehsender (in dessen Eigenschaft als Auftraggeber) enden. In Abb. 6 (S. 63) „Produktionsabläufe einschließlich Aufgabenverteilung bei Filmherstellungsprozessen" werden die einzelnen Stationen veranschaulicht.

Die Aufgabe eines Medienmanagers (im Sinne des betriebswirtschaftlichen Planers) ist es im Rahmen einer Filmproduktion, den Überblick zu wahren über die ökonomischen Anliegen einer Produktionsfirma einerseits und die künstlerischen Vorstellungen eines Regisseurs andererseits, die natürlich Kosten zur Folge haben. Die Aufgabenverteilung innerhalb einer Filmproduktion unterstreicht die zentrale Bedeutung des Medienmanagers, der etwa als Producer eingesetzt wird, und veranschaulicht die Funktionen der anderen unentbehrlichen Produktionsmitarbeiter (s. Abb. 6).

Ein weiterer übergeordneter Aspekt jedes Produktionsprozesses kommt hinzu: Aufgaben, die auf mehrere Personen verteilt werden, müssen nach Regeln koordiniert und spätestens just-in-time erledigt werden (s. hierzu Kap. 5.4.5). Die Absicht des ausführenden Unternehmers (auch „Produzent" oder „Akteur" genannt, der die Aufgaben an seine Mitarbeiter vorgibt) muss es sein, die benötigten Dienstleistungen oder Waren pünktlich zu liefern, um nicht mit Repressalien rechnen zu müssen. Zeit hat folglich einen ökonomischen Wert, der häufig leichtfertig unterschätzt wird. Denn: Im schlimmsten Fall verliert eine Dienstleistung oder Ware vollständig ihren Wert, weil sie nur für einen bestimmten Termin vorgesehen ist (z. B. eine Kundenveranstaltung, bei deren Verlauf ein Imagefilm die Besucher über Neuigkeiten einer Marke informieren sollte).

Insgesamt dienten dem Kunden der Produzent bzw. dessen Vertreter (Herstellungsleiter/Producer) und der Regisseur als wichtigste Ansprechpartner. Der Kunde hatte das Produktionsunternehmen vor die nicht alltägliche Herausforderung gestellt, ein Filmteam aufzustellen, das sowohl den nationalen wie auch internationalen Qualitätsansprüchen und Vor-Ort-Kenntnissen hinsichtlich geeigneter Motive, Einholung von Drehgenehmigungen, Buchung erfahrener Darsteller, Organisation logistischer Unterstützung bei dem europaweiten An- und Abtransport des Equipments und der Mitwirkenden usw. entsprach.

*Pragmatisch entschied sich das Produktionsunternehmen für eine risikominimierende Vorgehensweise: Das **Kernteam** aus Deutschland setzte sich aus Regie, Kameramann, Kameraassistent und Produktionsassistenz zusammen und organisierte die umfangreichen Dreharbeiten weitestgehend von Deutschland aus. So bereitete es u. a. einen sehr aufwändigen Studiodrehtag mit Kleindarstellern/Komparsen vor, wobei hierfür zuvor ein **Casting** angesetzt werden musste, um die Kandidaten zu testen und auszuwählen.*

*Die **Ergänzungsteams** (zusammengestellt an den einzelnen europäischen Drehorten) bestanden jeweils aus einem ortskundigen Aufnahmeleiter, Beleuchter und Bühnentechniker sowie Kleindarstellern/Komparsen. Mit Ausnahme des Aufnahmeleiters, der sich frühzeitig – in Absprache mit der Produktion und dem Regisseur – z. B. um Motive, Drehgenehmigungen, Fahrzeuge und Hotels kümmerte, konnten die weiteren o. a. Filmschaffenden von Deutschland aus organisiert und engagiert werden.*

Die schließlich engagierten europäischen Kooperationspartner waren zum großen Teil sehr erfahren und kooperativ; gelegentlich scheiterte eine Zusammenarbeit allerdings auch an überteuerten Preisvorstellungen der potenziellen Partner. Eine Konsequenz war z. B., dass es preislich günstiger gewesen ist, ein Licht- und Bühnenequipment-Fahrzeug inkl. Personal aus Deutschland nach Paris kommen zu lassen, als es vor Ort bei einem Verleiher anzumieten.

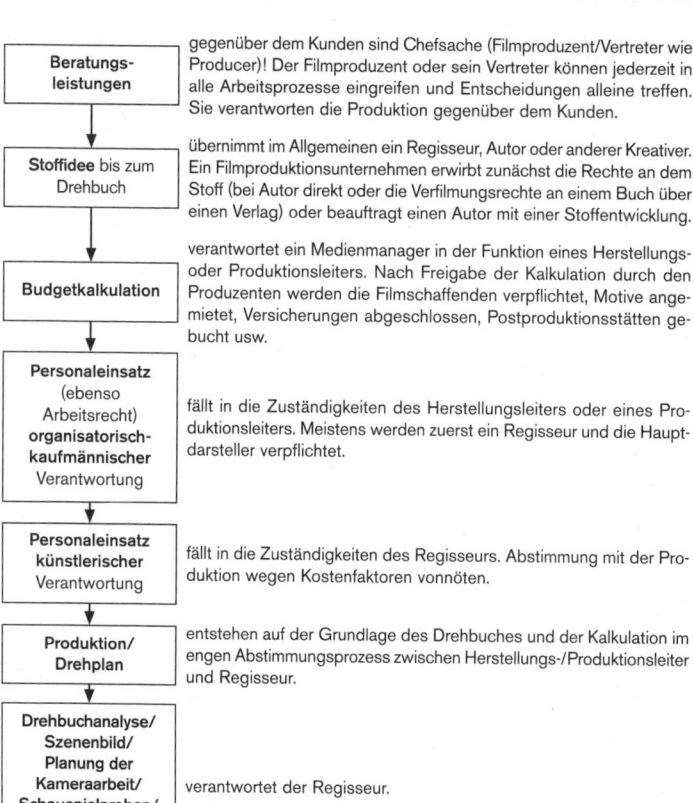

Beratungs-leistungen	gegenüber dem Kunden sind Chefsache (Filmproduzent/Vertreter wie Producer)! Der Filmproduzent oder sein Vertreter können jederzeit in alle Arbeitsprozesse eingreifen und Entscheidungen alleine treffen. Sie verantworten die Produktion gegenüber dem Kunden.
Stoffidee bis zum **Drehbuch**	übernimmt im Allgemeinen ein Regisseur, Autor oder anderer Kreativer. Ein Filmproduktionsunternehmen erwirbt zunächst die Rechte an dem Stoff (bei Autor direkt oder die Verfilmungsrechte an einem Buch über einen Verlag) oder beauftragt einen Autor mit einer Stoffentwicklung.
Budgetkalkulation	verantwortet ein Medienmanager in der Funktion eines Herstellungs- oder Produktionsleiters. Nach Freigabe der Kalkulation durch den Produzenten werden die Filmschaffenden verpflichtet, Motive angemietet, Versicherungen abgeschlossen, Postproduktionsstätten gebucht usw.
Personaleinsatz (ebenso Arbeitsrecht) **organisatorisch-kaufmännischer** Verantwortung	fällt in die Zuständigkeit des Herstellungsleiters oder eines Produktionsleiters. Meistens werden zuerst ein Regisseur und die Hauptdarsteller verpflichtet.
Personaleinsatz künstlerischer Verantwortung	fällt in die Zuständigkeiten des Regisseurs. Abstimmung mit der Produktion wegen Kostenfaktoren vonnöten.
Produktion/ Drehplan	entstehen auf der Grundlage des Drehbuches und der Kalkulation im engen Abstimmungsprozess zwischen Herstellungs-/Produktionsleiter und Regisseur.
Drehbuchanalyse/ Szenenbild/ Planung der Kameraarbeit/ Schauspielproben/ Musik-zusammenstellung	verantwortet der Regisseur.
Postproduktion	überwachen Regisseur und Herstellungs-/Produktionsleiter. Herstellung einer Nullkopie, Abnahme durch den Auftraggeber, Testvorführungen, Änderungen, Kopien etc.
Controlling	verantwortet ein Medienmanager in der Funktion eines Herstellungs- oder Produktionsleiters. Darunter fallen Nachkalkulation und Verrechnung von möglichen Darlehen und Fremdinvestitionen z. B. mit Förderanstalten, Filmfonds, Vertriebspartnern.
Marketing/ Vertrieb des Films	fällt in den Entscheidungsbereich des Filmproduzenten (überwiegend Start in den Filmtheatern).

Abb. 6: Produktionsabläufe einschließlich Aufgabenverteilung bei Film-herstellungsprozessen

3.4.5 Motivsuche

Äußerst knapp bemessene Vorlaufzeiten für die Dreharbeiten –
einhergehend mit einem fehlenden Etatansatz für Vorortrecher-
chen – zwangen die Filmproduktion, die Drehort-Vorbesichtigun-
gen an den europäischen Metropolen ausfallen zu lassen und die
Motive anderweitig festzulegen. Mit Hilfe von Reiseführern, dem
Internet sowie Tourist-Offices und Städteverwaltungen, mit denen Kontakt aufgenommen wurde (telefonisch, eMail oder Fax),
konnten die zentralen Motive selektiert und verabredet werden
(größtenteils gegen Gebühr angemietet).

In Anbetracht der dargelegten Gründe war eine Vorortrecher-
che/eine konkrete Motivsuche also nicht möglich. Wie würde jedoch eine solche normalerweise ablaufen? Zunächst einmal wird
das Drehbuch oder Exposé nach Hinweisen untersucht, wo die
Geschichte spielen könnte. Beispielsweise fallen Angaben auf,
die ich vor Jahren bei den Drehvorbereitungen zu einem Musik-
Video dem Gesangstext entnahm:

• Die Story spielt im Frühherbst im sonnigen Süden Europas.
• Der Hauptschauplatz ist eine idyllisch gelegene Kleinstadt mit
  einige schmalen Straßen und Gassen, alten Gemäuern und einem historischen Marktplatz.
• Weiterhin kommen zentrale Schauplätze vor: eine alte, traditionelle Bäckerei und eine Diskothek, die allerdings dem Charakter der Kleinstadt entsprechen soll.

Aus Budgetgründen konnte eine Motivsuche in nur einem
Land stattfinden, deshalb musste ein Reiseziel festgelegt werden. Wie man einen Hauptdrehort findet, basiert auf keiner Zu-
fallsauswahl. Hier zählen die Erfahrungen einer Produktion, die
sich in Erkenntnissen bzw. Vorgehensweisen wie den folgenden
widerspiegeln:

• Die Dreharbeiten sollen möglichst im spätsommerlichen September in der Provence, der Toskana oder auf Mallorca stattfinden. Es ist selbstverständlich, Prognosen der Wetterdienste
  einzuholen.
• Frankreich oder Italien können auf dem Landweg erreicht wer-

den, Mallorca nur per Flugzeug. Die diversen Flugtickets für den Produktionsstab und für das Übergepäck des Filmequipments würden in der Kalkulation äußerst negativ zu Buche schlagen, was laut Vorkalkulation nicht finanzierbar ist. Folglich wird Mallorca von der Auswahlliste gestrichen!

- Von Standort der Produktionsfirma aus – nämlich München – ist das Filmteam auf dem Landweg schneller in der Toskana als in der Provence, was für Italien spricht.
- Die Diäten und Übernachtungskosten liegen in Frankreich und Italien etwa gleich hoch.
- Aus dem Internet und aus Reisepublikationen sowie über die Fremdenverkehrsämter werden aktuelle Informationen über einen möglichen Hauptschauplatz besorgt und ausgewertet. Entsprechen die vorausgewählten Kleinstädte den bekannten Erwartungen?
- Auch Insiderwissen zählt: Wer aus dem Filmteam hat schon einmal in der Provence oder Toskana gedreht oder war in diesen Regionen im Urlaub gewesen? Kennen wir bereits von anderen vergleichbaren Filmen wohlbekannte Motive aus Frankreich oder Italien, die bei einer Wiederholung Zuschauer langweilen könnten? In diesem Sinn kann ein regelmäßiger Ideen- und Erfahrungsaustausch mit Kollegen durchaus für einen reibungslosen Produktionsablauf sorgen. Viele Filmproduktionen haben schon in weiten Teilen Europas Filme realisiert und deshalb wissen sie um die Vor- und Nachteile, in bestimmten Länder zu drehen (z. B. hinsichtlich Auflagen der Stadtverwaltungen, Zuverlässigkeit der Absprachen, grundlegendes Verständnis für die Anliegen einer Filmproduktion).
- Alle Motive sollen verkehrgünstig liegen und damit schnell zu erreichen sein, um Zeit und Kosten zu sparen.
- Schließlich trifft die Filmproduktion gemeinsam mit dem Regisseur eine Entscheidung für ein Land – das letzte Wort hat der Filmproduzent. Drei Orte in Italien werden in die engere Wahl gezogen: San Gimignano, Massa Marittima und Montepulciano. Italien wurde u. a. deshalb gewählt, weil in der Toskana das Wetter beständiger erscheint als in der Provence und die Entfernung zu München kürzer ist.

- Der Produzent oder sein Beauftragter führt schriftliche und telefonische Vorverhandlungen mit den potenziellen Verwaltungen. Die Zusagen dreier italienischer Bürgermeister liegen vor, dass bei ihnen gedreht werden kann. Wie bei der Position „Motivsuche" entsprechend kalkuliert, schickt der Produzent den Regisseur sowie einen Produktionsleiter nach Italien, um konkrete Auskünfte einzuholen. Zur Erinnerung: Die unterschiedlichen Aufgaben des Regisseurs und Produktionsleiters sind voneinander getrennt: Der Regisseur verantwortet die künstlerischen Aspekte einer Produktion, während der Produktionsleiter die kaufmännischen und organisatorischen Funktionen zu verantworten hat. Beide sind gegenüber dem Produzenten weisungsgebunden, nicht aber gegenüber einem Kunden.
- Das Team geht auf Motivsuche, entdeckt und fotografiert die in Frage kommenden Schauplätze und verhandelt über Preise (z. B. für Drehgenehmigungen, Hotelübernachtungen, Catering). Dabei werden immer wieder anhand einer „Checkliste zur Motivsuche" (s. S. 67) produktionstypische Fragen gestellt.

Reisen bildet. Das zweiköpfige Team ist von seiner Motivsuche zurückgekehrt und die Daten werden ausgewertet. Aufgrund der organisatorischen Eckwerte, finanziellen Erfordernissen und der fotografierten Motive wurde Massa Marittima ausgewählt, die alte Bergbaustadt im Süden der Toskana – zwischen Siena und dem Etruskischen Meer gelegen. Insgesamt kann man davon ausgehen, dass der Produktionsleiter während seiner Preisverhandlungen in Italien mehrfach „querdenken" musste. Beispielsweise waren die Kosten für die Verlegung von Stromanschlüssen wesentlich teurer als geplant. Im Gegenzug konnte er dafür die Drehgenehmigungen für die öffentlichen Plätze auf eine günstige Pauschale herunterhandeln.

Gerade in Zeiten, wo ökonomische Begriffe wie Kosteneffizienz und Return on Investment (Rendite) eine herausragende Rolle spielen, muss das Preis-/Leistungsverhältnis der Produktion absolut stimmen.

Checkliste zur Motivsuche

Grundsätzlich empfiehlt es sich, dass Regisseur und Produktionsleiter ein timetable mit einer To-do-Liste vor Reiseantritt gemeinsam entwerfen, damit das Ergebnis ihrer Recherchen zufriedenstellend ausfällt. Schließlich handelt es sich nicht um eine Vergnügungsreise, sondern um einen Auftrag. Folgende Fragen (Ergänzungen nach Bedarf) bedürfen einer Antwort:

☐ In welcher Kleinstadt sind großzügige Freiräume für ein kreatives Schaffen möglich? (z. B. Welchen Eindruck vermittelt die Bevölkerung? Ist sie offen oder verschlossen für Fremde? Welche Stimmung verbreitet die Stadt? Ist sie träge, modern, geschäftstüchtig oder verbreitet sie südliches Flair?)

☐ Welche Stadtverwaltung erscheint am kooperativsten?

☐ Können die einzelnen Motive – aus logistischen Gesichtspunkten betrachtet – schnell erreicht werden?

☐ Könnten Verkehrsströme, die nicht umgeleitet werden können, oder Touristen und Neugierige die Dreharbeiten behindern?

☐ Welche Motive sind neu und nicht schon unzählige Male abgefilmt worden?

☐ Sind alternative Motive für Schlechtwettersituationen vorhanden?

☐ Können mit Restaurants (für die Teamverpflegung) und Hotels Pauschalen ausgehandelt werden?

☐ Sind genügend Komparsen vor Ort? Wer organisiert ein Casting?

☐ Können Produktionsmitarbeiter vor Ort engagiert werden? (Beispielsweise können lokale Fahrer oder eine Maske/Garderobe meist unter Vertrag genommen werden; Kostenersparnis für An- und Abreise/ Übernachtungen.)

☐ Verfügen die Städte über ausreichende und leistungsstarke Stromanschlüsse für die Bedürfnisse einer Filmproduktion? Oder sind altersschwache Leitungen und damit mögliche Stromausfälle zu befürchten?

☐ An welchem Drehort können die Dienstleistungen insgesamt am preisgünstigsten eingekauft werden?

3.4.6 Personaleinsatz/Arbeitsrecht

Zentraler Orientierungsgegenstand einer Filmherstellung ist eine zuverlässige, nach dem Wirtschaftlichkeitsprinzip ausgerichtete Vorkalkulation. Gemäß der Vorkalkulation wird Personal für die Produktionsarbeiten eingestellt, und zwar zu kostengünstigen Bedingungen für einen befristeten Zeitraum an einem oder mehreren Einsatzorten. Die zu besetzenden Positionen sind aus der Abb. 6 ersichtlich. Üblicherweise werden anfangs der Regisseur und die Hauptdarsteller vertraglich eingestellt. Erst danach werden die weiteren Mitwirkenden verpflichtet.

In Deutschland werden **Film- und Fernsehschaffende** zwar begrifflich als Einheit betrachtet, jedoch arbeitsrechtlich in drei Kategorien eingeteilt:

(1) **Produktions-, Regie- und Ausstattungsstab** (z. B. Filmgeschäftsführung, Produktionsleiter, Kameramann, Cutter, Kostüm, Requisiteur usw., aber nicht der Regisseur selbst)

(2) **Stab „Freie Berufe"** (z. B. Regisseur, Architekt, Musiker, Beleuchter, Bühnenpersonal)

(3) **Darsteller** (unterteilt in Hauptdarsteller, Darsteller/kleine Rollen, Komparsen, Artisten, Stuntmen/Double, Ballett, Choreographie und Synchronisation)

Diese Unterteilung schlägt sich in unterschiedlichen arbeitsrechtlichen Vertragsformen nieder:

Kategorie (1) fällt unter den **Tarifvertrag für Film- und Fernsehschaffende**, der zwischen den Verbänden der Fernseh- und Spielfilminstitutionen und den Medien-Gewerkschaften ausgehandelt wird. Die Verträge ähneln allgemeinen Mitarbeiterkontrakten mit den üblichen Zusätzen hinsichtlich Lohn-, Krankenkassen-, Steuer- und Versicherungsbedingungen.

Kategorie (2) erhält einen **Werkvertrag**, der frei ausgehandelt wird und dessen Konditionen sich nach Erfahrenswerten früherer vergleichbarer Produktionen (z. B. bei Architekten), dem Bekanntheitsgrad oder der Erfolgsbilanz des Vertragspartners (speziell bei Regisseuren) und Vorgaben (z. B. von TV-Sendern oder nach Drehtagen) richten. Diese Kategorie umfasst die „Freien Berufe", zu denen alle Selbständigen zählen.

Kategorie (3) wird im Allgemeinen von Agenturen vertreten, mit denen die Gagenvereinbarungen über einen **Anstellungsvertrag für Filmschaffende** abgeschlossen werden (s. unten; Musterverträge können über den einschlägigen Handel bezogen werden).

Anstellungsvertrag für Filmschaffende

(Wichtigste Vertragsbestandteile; Nichtzutreffendes wird gestrichen)

Zwischen..

einerseits – nachfolgend „Filmhersteller" genannt –

und Herrn/Frau..

mit dem ständigen Wohnsitz in ....

andererseits – nachfolgend „Filmschaffender" genannt –

wird folgende Vereinbarung getroffen:

1. Der Filmschaffende steht dem Filmhersteller
   als .... für die Rolle der/des ....
   in dem Film mit dem voraussichtlichen Titel ....
   ausschließlich/nichtausschließlich zur Verfügung. Filmtiteländerungen bleiben ausdrücklich vorbehalten.

2. Die Vertragszeit beginnt am .... und endet
   a) *am* ....
   b) *mit Beendigung der vereinbarten Tätigkeit*
   c) *durch Kündigung seitens des Filmherstellers unter Einhaltung einer Kündigungsfrist von einer Woche*

3. Der Filmschaffende erhält eine Buy-out-Bruttovergütung von
   a) € ....*(in Worten ....)*
   als Pauschale für die in Ziffer 2 festgelegte Vertragszeit
   b) € ....*(in Worten ....)*
   für jeden Drehtag
   c) € ....*(in Worten ....)*
   für jeden Synchronisationstag
   d) € ....*(in Worten ....)*
   für jede Woche/für jeden Monat
   zahlbar jeweils ....

4. Der Filmschaffende muss vorlegen:
   a) *Eine Lohnsteuerkarte*
   b) *Alle für die Lohnabrechnung erforderlichen Angaben*

5. Der Filmschaffende versichert, dass er keine anderen Verpflichtungen während der o. a. Vertragszeit eingegangen ist oder ohne Rücksprache mit dem Filmhersteller eingehen wird.

6. Der Filmschaffende verpflichtet sich, dem Filmhersteller – soweit möglich – während und nach der Vertragszeit für Werbemaßnahmen für den Film unentgeltlich zur Verfügung zu stehen. Es wird von mindestens drei Werbeterminen ausgegangen; anfallende Reisekosten werden erstattet.

7. Der Filmschaffende steht dem Filmhersteller auch vor Beginn der Vertragszeit ohne zusätzliche Vergütung für Vorbereitungsarbeiten zur Verfügung.

8. Urlaubsansprüche sind wie folgt geregelt ...

9. Die Leistungsschutzrechte des Filmschaffenden gehen uneingeschränkt auf den Filmhersteller über. Dies gilt auch für Fernseh- und Internetrechte, Kabel und Satellit, Merchandising, Vervielfältigung durch Bildplatte, Kassetten, DVD, Tonträger usw. ...

10. Der Filmschaffende versichert, dass er nicht Mitglied einer Verwertungsgesellschaft ist. Falls er doch Mitglied einer Verwertungsgesellschaft ist, lässt er sich diese Rechte rückübertragen und überträgt diese weiter an den Filmhersteller.

11. Besondere Vereinbarungen ...

12. Ergänzend zu diesem Vertrag gilt der Tarifvertrag für Film- und Fernsehschaffende in der gültigen Fassung vom ...

13. Der Filmschaffende versichert, dass die auf die Person bezogenen Angaben den Tatsachen entsprechen und dass er für die Richtigkeit der Angaben haftet.

14. Üblicher Vertragsschluss einschließlich Gerichtsstand, Datum, Unterschriften der Vertragsparteien.

Im Verlauf von Verhandlungen mit den potenziellen Mitarbeitern des Filmteams wird die Vorkalkulation zu Rate gezogen und ggf. um zu korrigierende Kostenangaben ergänzt. Die Abwicklung der finanziellen und buchhalterischen Aufgaben im Zuge des Personalmanagements (u. a. Lohn- und Gehaltsbuchung) wird von einer Filmgeschäftsführung übernommen, die ebenfalls für eine ordnungsgemäße Abwicklung der steuerlichen Abgaben (Einkommen-, Lohn- und Umsatzsteuer) in Zusammenarbeit mit einer Steuerberatungskanzlei verantwortlich zeichnet (Achtung: Die Haftung verbleibt allerdings beim Produzenten persönlich!).

Aus dem Blickwinkel eines Filmherstellers (Produzenten) gilt es, im Zuge des Personaleinsatzes drei übergeordnete Grundsätze zu beachten:

- **Grundsatz 1:** „Personaleinsatz bedeutet zugleich Personalverantwortung!" Der Unternehmer/Produzent hat eine Fürsorgepflicht gegenüber seinen Mitarbeitern, den so genannten Arbeitnehmern. Diese Pflicht beginnt mit der Vertragsunterzeichnung und endet nach Fertigstellung des herzustellenden Films/Werkes mit der ordnungsgemäßen Lohn- bzw. Gagenabrechnung einschließlich aller gesetzlicher Abgaben, die er als Arbeitgeber zu leisten hat.[67] Bei seinem Handeln sollte er sich vor Augen führen, dass er selber der Mitarbeiter sein könnte, und gerechte Maßstäbe im Umgang mit dem Personal anlegen.

- **Grundsatz 2:** „Es sollten nur so viele Mitarbeiter eingestellt werden, wie sie faktisch für eine Filmherstellung erforderlich sind!" Üblicherweise beraten Regie und Produktion gemeinsam, welche Personen die in der Kalkulation vorgesehenen Positionen bekleiden sollen (Produktionsstab, Schauspieler usw.) und welche Lieferanten (Fremdvergaben an Dienstleistungsunternehmer etwa für Postproduktion, Geräteverleih, Musik, Ausstattung) beauftragt werden. Anhand einer Personalbedarfsermittlung wird zunächst festgelegt, wie die Anfrage an Personal qualitativ (berufliche Kriterien/fachliche Kompetenz) und quantitativ (Anzahl der Personen) auszusehen hat. Im zweiten Schritt wird das Personal nach Auswahlkriterien wie Ausbildungszeugnisse, Referenzen und persönliches Auftreten beim Interview mit dem Personalverantwortlichen engagiert. Beispielsweise lässt sich ein guter Regisseur auch von einem erfahrenen Schauspieler eine Szene der geplanten Rolle vorspielen, um die Besetzungsfrage zu prüfen und um im Wettbewerb gegenüber weiteren Schauspielern letztlich besser entscheiden zu können. Bei den personellen Planungen sollte stets an die Vorkalkulation und an die Herstellungsarbeiten gedacht werden, die zu erledigen sind: Ein Mitarbeiter zuviel verursacht unnötige Gagenkosten und kann den Gewinn gefährden. Er kann auch ein Team behindern, weil die Arbeit auf zu viele

Schultern verteilt wird, die sich allein schon organisatorisch um einen Kopf mehr abstimmen müssen. Ein fehlender Mitarbeiter dagegen kann ein Team schnell an seine Leistungsgrenzen führen, das dann aus seiner Routine ausbrechen muss, um die Produktion zu gewährleisten. Dadurch können Fehler und Pannen entstehen, und es kann zu Produktionsverzögerungen kommen, die beim Kunden oder Produzenten zu einer Unzufriedenheit führen und üblicherweise zusätzliche Kosten verursachen.

- **Grundsatz 3:** „Gute Verträge ersparen unnötigen Ärger und Missverständnisse". Unter arbeitsrechtlichen Aspekten erweist es sich durchweg als angebracht, die Erwartungen und Zielvorgaben an das Personal in Verträgen festzuschreiben, zumal wenn es zu Streitfragen kommen könnte. Vorsicht: Es gibt ein ungeschriebenes Gesetz in der Filmbranche, dass eine mündliche Beauftragung eines Produktionsmitarbeiters durch einen Produzenten oder dessen Beauftragten als Vertragszusage gilt. Dieser Zuruf wird zumeist bei zeitlich kurzen Verpflichtungen von beiden Seiten akzeptiert, ohne dass weitere schriftliche Vereinbarungen folgen.

Bei längeren Vertragsverpflichtungen oder z. B. bei einem Engagement von Schauspielern oder gegenüber Lieferanten, die etwa das Filmequipment stellen, wird die Schriftform erforderlich. Dabei wird hauptsächlich zwischen drei Verträgen unterschieden: Vertrag für Filmschaffende, Vertrag für Produktionsmitarbeiter und Vertrag mit Lieferanten (s. Kap. 3.4.7).

Wie bereits beschrieben, arbeiten die Mitarbeiter/das Personal nach Regeln – sprich: Verträgen. Sie wissen somit, welche Erwartungen in ihre Person gesetzt werden und welche Leistungen erforderlich sind. Falls Regeln unterlaufen oder gar verletzt werden, wird der Ablauf der Geschäfts- und Herstellungsprozesse mehr oder minder gestört. Ein reibungsloses Handeln ist folglich nicht mehr gewährleistet, weshalb Sanktionen erforderlich sind.

Festangestellte Mitarbeiter eines Unternehmens fallen dagegen nicht unter die beschriebenen Vertragsformen, sondern erhalten wie in allen Branchen üblich **„Unbefristete Arbeitsverträge"**, die den Angestellten ein hohes Maß an Arbeitsplatzsicherheit einräumen. Wichtig, aber ungern gehört: Die wechselnden Bedürfnisse der Wirtschaft und damit auch die Wettbewerbsfähigkeit der Unternehmen sind einem steten Wandel unterworfen und verlangen in immer kürzeren Abständen betriebliche Anpassungen etwa im Sinne von „Befristeten Arbeitsverträgen", die je nach Bedarf verlängert werden können. Falls Mitarbeiter eingestellt werden, gehören in den Vertrag zwei Klauseln, die betriebliche Anpassungen grundsätzlich zulassen: Eine, dass „die Arbeitszeit vorübergehend auch flexibel geregelt werden kann, wenn es die Arbeitsprozesse erfordern". Und eine zweite, dass „der Personaleinsatz ebenfalls flexibel erfolgen kann." Anderenfalls steht ein Unternehmen im schlimmsten Fall ohne die notwendigen Mitarbeiter am Arbeitsplatz, wenn ein Projekt ansteht, das schnell abgewickelt werden soll. Oder es steht ein Mitarbeiter zur Verfügung, der den Job aufgrund seiner Fähigkeiten zwar übernehmen kann, aber laut Arbeitsvertrag nur anderweitig eingesetzt werden darf. Bei den Formulierungen der Passagen sollte das Prinzip der „Zumutbarkeit entsprechend der Qualifikation" gegenüber dem Arbeitnehmer berücksichtigt werden. Ein Beispiel: Der Grafiker kann zwar vorübergehend die zentrale Telefonnummer mit bedienen, doch es kann nicht von ihm erwarten werden, dass er die Aufgaben einer ständigen Telefonzentrale und/oder Schreibkraft ausübt.

Jeder Mitarbeitervertrag kann individuell gestaltet sein, muss aber nicht (s. S. 75). Vergessen Sie mündlich abgeschlossene Arbeitsverträge, die aus Beweisgründen vor Gericht kaum Bestand haben. Im Übrigen hat jeder Arbeitnehmer folgende Arbeitspapiere dem Arbeitgeber vorzulegen: die von der zuständigen Gemeindeverwaltung ausgestellte Lohnsteuerkarte und den Sozialversicherungsausweis. Weiterhin muss er Angaben machen zu der Krankenkasse, seiner Bankverbindung und den üblichen Personaldaten (Anschrift etc.).

Bei der Einstellung von Mitarbeitern wird das Thema „Altersvorsorge" immer wichtiger. Ein Arbeitnehmer hat seit der Rentenreform 2001 einen Rechtsanspruch auf betriebliche Altersversorgung durch Entgeltumwandlung. Jeder Arbeitgeber ist verpflichtet, eine Betriebliche Altersvorsorge anzubieten – und zwar unabhängig von der Größe, Rechtsform oder Branche seines Unternehmens. Gegenwärtig sind fünf Vorsorgemodelle geläufig: Direktversicherung, Direktzusage, Pensionsfonds, Pensionskasse und Unterstützungskasse.

Zur Erläuterung: Direktversicherung und Pensionskasse funktionieren wie private Lebens- oder Rentenversicherungen. Bei der Wahl der Geldanlagen hat ein Unternehmen eine größere Freiheit mit Pensionsfonds, da Aktien ohne Beschränkungen gekauft werden können. Zusätzlich kommt noch das Versorgungswerk mit der so genannten „Riester-Rente" ins Spiel, um die durch die Absenkung des gesetzlichen Rentenniveaus entstandenen Versorgungslücken zu schließen. Wie auch immer: Vergleiche bei mehreren Versicherungsanbietern lohnen sich, bevor ein Modell „Altersversorgung" ausgewählt wird, das im Übrigen eine soziale Verantwortung eines Unternehmens unter Beweis stellt.

Geringfügig Beschäftigte/Befristete Angestellte. Falls der Unternehmensetat keine Vollzeitkräfte erlaubt, prüfen Sie die Möglichkeit „Geringfügig Beschäftigte" oder „Befristete Angestellte" einzustellen, um personelle Lücken zu schließen. Eine „geringfügig entlohnte Beschäftigung" liegt vor, wenn das monatliche Arbeitsentgelt regelmäßig 400 Euro nicht überschreitet" (s. auch www.minijob-zentrale.de).

Bei „Befristeten Angestellten" handelt es sich um Personen, die lediglich für eine zeitlich fixierte Zeit in Ihrem Unternehmen beschäftigt werden. Grundsätzlich empfiehlt es sich, vor einem Vertragsabschluss juristischen Rat einzuholen oder sich beim Bundesministerium für Gesundheit und Soziale Sicherung zu erkundigen, da der Gesetzgeber aufgrund der hohen Arbeitslosenzahlen immer wieder neue Gesetzesvorhaben auf den Weg bringt, die das Sozialversicherungs-, Arbeits- und Steuerrecht betreffen.

Unbefristeter Arbeitsvertrag

I. Arbeitgeber und Arbeitnehmer

a) Arbeitgeber
Firma: Zukunft GmbH
vertreten durch den Geschäftsführer Beschäftigung, Franz
Straße, Hausnummer: Beschäftigungsstraße 110
PLZ, Ort: 12345 Beschäftigungsstadt

b) Arbeitnehmer
Name, Vorname: Mustermann, Fritz
Straße, Hausnummer: Mustermannstraße 8
PLZ, Ort: 54321 Musterstadt

Zwischen den Parteien wird am 07.06.2006 ein Vertrag folgenden Inhalts geschlossen:

II. Beginn des Arbeitsverhältnisses
Das Arbeitsverhältnis beginnt am 01.07.2006. Die Probezeit beträgt 6 Monate, in der das Vertragsverhältnis mit einer Kündigungsfrist von einem Monat von beiden Vertragsparteien aufgelöst werden kann.

III. Tätigkeit
Der Arbeitnehmer wird als Programmierer eingestellt. Zu seinem Aufgabenbereich zählen:
1) Software-Programmierung laut Vorgaben der Geschäftsführung
2) Wartung und Pflege der für seinen Arbeitsbereich erforderlichen Computerprogramme
3) Kundenkontakte in Absprache mit der Geschäftsführung

Der Arbeitgeber ist berechtigt, dem Arbeitnehmer andere seiner Vorbildung und seiner bisherigen Tätigkeit entsprechende gleichwertige Aufgaben zu übertragen.

IV. Arbeitszeit
Die wöchentliche Arbeitszeit beträgt 42 Stunden. Laut Ankündigung durch die Geschäftsführung können von dieser Arbeitszeit bis zu 5 Stunden flexibel festgelegt werden. Die Kernarbeitszeiten sind wie folgt: Beginn: 10:00 Uhr, Ende: 16:00 Uhr; Mittagspause: 30 Minuten

V. Arbeitsentgelt
Für seine Tätigkeit erhält der Arbeitnehmer eine monatliche Bruttovergütung von € 3.000,00 (i.W. EURO dreitausend). Die Nettobezüge werden monatlich nachträglich auf folgendes Konto des Arbeitnehmers überwiesen:

Kontonummer: 12345678   BLZ: 10010011
Geldinstitut: Sparkasse Musterstadt

Der Arbeitnehmer ist verpflichtet, in betriebsbedingten Ausnahmefällen
im Rahmen der gesetzlichen Höchstgrenzen Mehrarbeit und Überstunden zu leisten *(Anmerkung: gegenwärtig sind 2 Überstunden arbeits-
täglich statthaft)*. Mit dem obengenannten Gehalt sind zugleich Ansprüche auf Bezahlung von Mehrarbeit bis zu 2 Überstunden pro Woche
abgegolten. Für jede weitere Überstunde wird ein Mehrarbeitszuschlag
von € 15,00 gezahlt.

VI. Urlaub
Der Arbeitnehmer hat Anspruch auf einen bezahlten Jahresurlaub von
24 Arbeitstagen. Als Arbeitstage gelten alle Werktage von Montag bis
Freitag, arbeitsfreie Tage werden nicht mitgezählt. Der Urlaub ist spätestens 2 Wochen vor dem beabsichtigten Urlaubsantritt zu beantra-
gen und auf die betrieblichen Erfordernisse in Abstimmung mit der Geschäftsführung abzustimmen.

VII. Zusätzliche Leistungen
Der Arbeitgeber zahlt außerdem freiwillig, widerruflich und ohne Rechtsanspruch seitens des Arbeitnehmers die folgenden zusätzlichen Leistungen: a) vermögenswirksame Leistungen nach Erfüllung der Probezeit und entsprechend der gesetzlichen Rahmenbedingungen und b)
eine betriebliche Altersversorgung.

VIII. Erkrankung
Eine Verhinderung des Arbeitnehmers ist dem Arbeitgeber unverzüg-
lich anzuzeigen. Bei Krankheit ist eine ärztliche Krankmeldung innerhalb
von drei Tagen vorzulegen, die Auskunft über Grund und voraussichtliche Dauer der Erkrankung gibt. Bei krankheitsbedingter Arbeitsunfähig-
keit wird dem Arbeitnehmer das monatliche Entgelt laut gültiger gesetzlichen Bestimmungen bezahlt. Im Übrigen gelten die einschlägigen gesetzlichen Vorschriften.

IX. Beendigung des Arbeitsverhältnisses
Der Arbeitsvertrag kann von beiden Vertragsparteien laut gültiger gesetzlicher Bestimmungen gekündigt werden. Eine Kündigung bedarf
der Schriftform.

X. Sonstiges
a) Verschwiegenheit: Über alle nicht allgemein bekannten Firmenange-
legenheiten ist gegenüber Außenstehenden und auch gegenüber un-
beteiligten Mitarbeitern Stillschweigen zu wahren. Die Geheimhaltungspflicht dauert mit der Beendigung des Arbeitsverhältnisses fort.

b) Nebenbeschäftigung: Jegliche Nebentätigkeit des Arbeitnehmers bedarf der vorherigen schriftlichen Zustimmung des Arbeitgebers. Diese Zustimmung wird nur in widerruflicher Weise erteilt.

Schlussbestimmungen
Soweit in diesem Vertrag keine abweichenden Vereinbarungen getroffen worden sind, gelten für das Arbeitsverhältnis die gesetzlichen Bestimmungen. Mündliche Nebenabreden bestehen nicht. Vertragsänderungen und -ergänzungen bedürfen der Schriftform, dies gilt auch für die Aufhebung der Schriftform.
Der Gerichtsstand ist Beschäftigungsstadt.

XI. Unterschriften

...., ... den ....
Zukunft GmbH

...., ... den ....
Fritz Mustermann

*Das **Kernteam** aus Deutschland setzte sich aus Regie, Kameramann, -assistent und Produktionsassistenz zusammen; die **Ergänzungsteams** (nach Dreheinsatzorten) bestanden jeweils aus Aufnahmeleiter, Beleuchter und Bühnentechniker sowie Kleindarstellern/Komparsen. Alle Mitarbeiter wurden nach den erwähnten Kriterien verpflichtet.*

3.4.7 Vertragsgestaltung (bei Fremdleistungen)

Das Filmpersonal ist eingebettet in **arbeitsrechtliche Verträge**, die gesetzlich vorgeschriebene Regelungen wie Kündigungsschutz, Tarifverträge oder Jugendarbeitsschutz (bei minderjährigen Darstellern, Komparsen) berücksichtigen müssen. Bei Filmproduktionen wird hauptsächlich zwischen drei Verträgen unterschieden:

(1) Der Vertrag für **Filmschaffende** (Schauspieler, s. S. 69)
(2) Der Vertrag für **Produktionsmitarbeiter** (s. S. 78)
(3) Der Vertrag über **Lieferantenleistungen** (s. S. 79)

Nachdem sich die gängigen, im Handel erhältlichen Vertragsmuster für Filmschaffende und Produktionsmitarbeiter nur auf zentrale Vereinbarungen beschränken, ist es wichtig bei den Verträgen (1) und (2), dass die Produktionsfirma in einem zusätzlichen Dokument „Allgemeine Bedingungen für Mitwirkende" festhält und dieses Dokument den Filmschaffenden und Mitarbeitern zugänglich macht. Entsprechend kurz kann dann der eigentliche Vertrag für die Mitarbeiter formuliert werden (s. unten Muster mit den wichtigsten Vertragsbestandteilen). Die „Allgemeinen Bedingungen für Mitwirkende" sollten insbesondere Themen wie „Rechteübertragung", „Grundsätzliche Verpflichtungen des Vertragspartners", „Weisungsrecht des Produzenten bzw. Beauftragten", „Darbietung von Leistungen", „Kündigungsfristen" oder „Terminverpflichtungen" regeln.

Anstellungsvertrag für Produktionsmitarbeiter

Zwischen ....
– nachstehend „Filmhersteller" genannt –

und ....
– nachstehend „Mitarbeiter" genannt –

wird nach Maßgabe der **Allgemeinen Bedingungen für Mitwirkende**, die Bestandteil dieses Vertrages sind, folgender

Mitarbeitervertrag

abgeschlossen:

I. Der Filmhersteller verpflichtet den Mitarbeiter als ....
   für die Produktion mit dem Titel ....
   Aufgabengebiet: ....

II. Die **Vertragszeit** beginnt am .... und
    endet am ....
    mit Beendigung der vereinbarten Tätigkeit.

III. Der Mitarbeiter erhält für seine Leistung folgende **Vergütung**:
    a) € .... (in Worten ....) für jeden Drehtag
    b) € .... (in Worten ....) für jd. Woche/jd. Monat
       zahlbar jeweils ....
    c) Diäten und Reisespesen lt. Reisekostengesetz

IV. **Besondere Vereinbarungen:** Der Mitarbeiter hat sachgerechten Weisungen sowohl des Produzenten oder seines Vertreters als auch des Regisseurs Folge zu leisten.

V. **Üblicher Vertragsschluss** einschließlich Datum, Unterschriften der Vertragsparteien.

Zum Vertrag (3): Üblicherweise legt ein **Lieferant** einem Unternehmen ein schriftliches Angebot über die Erbringung von Leistungen vor. Falls das Unternehmen mit dem Angebot des Lieferanten einverstanden ist, reicht der einfache, verfasste Zusatz auf dem Angebot im Sinne einer Auftragsbestätigung: „Der Auftrag ist hiermit erteilt. Geschäftsgrundlage sind unsere Allgemeinen Bedingungen für Lieferanten." Naheliegend sollten in einem zusätzlichen Dokument die „Allgemeinen Bedingungen für Lieferanten" (aus der Position des auftraggebenden Unternehmens) schriftlich formuliert sein, wobei insbesondere festgehalten werden sollte, dass die Ware einwandfrei, vollständig und termingenau geliefert werden muss und dass das Recht auf Nachbesserung und Nachlieferung besteht, falls die Ware mangelhaft ist. Diesbezügliche Rechtsmittel u. a. zu Vertragsverletzungen, Haftung für Herstellerangaben oder Rückgriffsrecht bei Lieferanten stehen in dem neuen „Gesetz zur Modernisierung des Schuldrechts", das am 1. Januar 2002 in Kraft getreten ist.

Zum Filmrecht liegen Nachschlagewerke vor, die Themen wie Filmurheberrecht, Schutz von Filmtiteln, Namen- und Persönlichkeitsrecht, Vertragswerk, Lizenzvertrag usw. würdigen.[68]

Die Mitarbeiter bzw. Dienstleistungsunternehmer wurden wie vorstehend beschrieben, einschließlich Leistungsbeschreibung bzw. Aufgabenfeld oder Rolle mit Zeitvorgaben (Dauer des Engagements/der Mitwirkung), nach den beschriebenen Standardverträgen bzw. Dienstleistungsvereinbarungen verpflichtet. Lieferantenverträge wurden z. B. mit Ausstattern, Verleihern von filmtechnischen Geräten, Catering-Betrieben und Kostümverleihern abgeschlossen. Zudem wurden diverse Versicherungen für Bild-, Ton- und Datenträger, Haftpflicht und Filmgeräte unterschrieben. Mit den Verträgen wurde auch festgelegt, dass sämtliche im Rahmen des Herstellungsprozesses anfallenden Urheber-, Leistungs- und sonstige Rechte auf den Filmhersteller übergehen.

3.4.8 Produktionsabläufe/Programming/Drehplan

Das klassische **Programming** steuert durch generell ablaufende Vorgaben einen Herstellungsprozess, um die dabei entstehenden Kosten innerhalb eines Unternehmens oder einer Produktion so gering wie möglich zu halten.

Immer häufiger denken Medienunternehmen über Steuerungselemente und Synergieeffekte nach, um etwa Einsparungen bei produktionstechnischen und redaktionellen Aufwendungen vornehmen zu können. Kiefer[69] und Seufert[70] sehen die Debatte über Medienwettbewerb und Medienkonzentration letztlich als eine Erörterung über „die Endproduktion von Medieninhalten", also die Ebene des „Programming", des Zusammenbaus publizistischen Inputs und der Gestaltung des Medien-Objekts als Angebot für den Rezipientenmarkt (Anmerkung des Autors: Rezipient sein = etwas als Empfänger – Hörer, Leser, Betrachter – aufnehmen). Nach Heinrich ist das Programming aber nur beschränkt möglich bei journalistischen Produktionen.[71] Unter „Produktionen" sollten m. E. sämtliche Medienproduktionen angesiedelt sein, da stets ein geistiger Urheber hinter einem Produkt steht, der nicht zwangsläufig ein Journalist sein muss (z. B. Regisseure, Fotografen und Grafiker). Heinrich bietet alternativ zum Programming ablaufsteuernde Vorgaben an:

- die Vereinheitlichung der Qualifikation durch einheitliche Ausbildung,
- die Etablierung allgemein anerkannter Normen der journalistischen Profession und
- eine Wertorientierung, eine Programmierung des Verhaltens durch Werte, die in der Unternehmung entwickelt und gepflegt werden (Corporate Identity und Corporate Culture).

Zur Programmierung der Arbeitsabläufe dienen Verfahrensrichtlinien aus der Praxis, „die den Lösungsweg eingrenzen:

- Routineprogramme für die Recherche;
- Routineprogramme für die Auswahl von Informationen und
- Routineprogramme für die Darstellung von Informationen".[72]

Bereits in den 90er Jahren wurden Vorstellungen laut, dass aus ökonomischer Sicht die notwendigerweise kreativitätsfreundlichen Strukturen von Medienorganisationen mithin in dem Maß etabliert sind, wie es der Sachzwang der Effizienz zulässt. In der Tat steht die Medienbranche hierbei vor einem Dilemma: Einerseits will die Führung eines Unternehmens – etwa ein Verleger oder die Geschäftsführung eines Fernsehsenders – klare Strukturen und ein effektives Kosten-/Nutzenverhältnis anwenden. Andererseits ist der Unternehmensführung bewusst, dass durch eine Anhäufung organisatorischer und wirtschaftlicher Vorgaben der Leistungsfähigkeit und der Kreativität einzelner Mitarbeiter starre Grenzen gesetzt werden und damit dem Unternehmensergebnis geschadet wird. Denn: Nur abseits jeglicher Routine und des Mainstreams entstehen Werke, die eine erhöhte Aufmerksamkeit bei den Zielgruppen wecken, die letztlich die Zukunft des Unternehmens sichern! Eine Tageszeitung z. B., die aus Einsparungsgründen nur noch Nachrichten abdruckt, aber nicht mehr hinterfragt und erläutert, und deren Journalisten keine qualitativen Artikel mehr liefern, wird ihre Leserschaft verlieren. Oder ein Fernsehsender, der seinen renommierten Köpfen keine Freiräume mehr lässt und sie in Sachzwängen einbindet, schadet der Innovationskraft des Unternehmens – zur Freude der Mitbewerber des Marktes.

Weite Teile der Medienbranche und übrigens auch die Werbeagenturen haben die richtigen Schlüsse aus der beschriebenen Zwangslage gezogen und lassen ein relativ selbständiges Handeln der Mitarbeiter zu. Folglich werden hinsichtlich eines Programmings nur die wichtigsten Vorgaben gesetzt:

- Die Unternehmen werden durch Rahmen- und/oder Programmrichtlinien gelenkt.
- Die organisatorischen Zwänge werden durch exakte Mengen- und Zeitvorgaben gesteuert (z. B.: Die Redaktion benötigt bis heute 18:00 Uhr einen Beitrag zum Thema ‚Jobkiller Schwarzarbeit' in einer Länge von 5'30 Minuten).
- Allgemein gehaltene ethische Normen sind von allen Mitarbeitern zu akzeptieren (z. B. die des „Deutschen Presserates"); teilweise werden diese ergänzt durch einen hausinternen Verhaltenskodex.
- Gestalterische Produktionsvorgaben, wie etwa bei Zeitungen/ Zeitschriften oder im Fernsehen üblich, finden Anwendung. (Z. B.: Bei der Abmoderation nennt der Reporter seinen Namen und den Sender, für den er berichtet. Oder: Eine Zeitung hängt jede Titelgeschichte an einem Einzelschicksal auf, der Einstieg umfasst ca. sechs Zeilen.)

Richtig programmieren funktioniert auch bei Filmproduktionen durch das Aufstellen exakter Vorgaben, z. B. für eine optimale Zusammenarbeit zwischen den Stäben der Filmschaffenden, für eine realistische Kalkulationsbasis oder für ein Workflow-Diagramm im Zuge der Postproduktion eines Werkes. Bei dem Fallbeispiel verliefen die Produktionsabläufe erfolgreich in drei Phasen, die im Kap. 8 „Leistungsspektrum Medienökonomie – Grundlagen und Gemeinsamkeiten" ausführlich beschrieben werden:

- ***Prä-Produktion** (Input: Vorbereitung); die Vorbereitungsphase erstreckte sich über einen Zeitraum von drei Monaten.*
- ***Produktion** (Realisation: Herstellung eines oder mehrerer Originale, die in einem Werk vereinigt werden). Die Dreharbeiten dauerten insgesamt 16 Tage, wurden aber mehrfach durch Motivwechsel (im In- und Ausland) unterbrochen.*
- ***Post-Produktion** (Output: Herstellung eines Masters – das so genannte Werk – und Kopien des Masters, endgültige Positionierung/ Distribution/Nachbereitung). Die Nacharbeiten – einschließlich Zusammenschnitt des Drehmaterials, Sprachmischung und Vertonung – wurden innerhalb von 14 Tagen abgewickelt.*

Anhand der o. a. Verfahrensvorgaben bestand eine plausible, routinierte Vorprogrammierung, die festschrieb, welche Programme in welcher Phase abzulaufen hatten. Vieles spricht auch dafür, dass die zu erledigenden Aufgaben Struktureinheiten zugeordnet werden können: Kommunikation und Marketing, Recht, Technik, Finanzen und Vertrieb sowie Medienökonomie und Organisation. Wesentlich dürfte zum Gelingen der Arbeitsabläufe beigetragen haben, dass die vorgegebenen Mengen- und Zeitvorgaben eingehalten wurden. Vereinzelte Unter- oder Überschreitungen von täglichen Dispositionsvorgaben wurden zeitnah ausgeglichen und damit die Gesamtanforderung erfüllt. Der Kunde nahm den Film als Rohschnitt ab und gab diesen nach kleineren Korrekturen am Schnitt endgültig frei. Den fertigen Film streute er schließlich breitflächig über eigene Vertriebskanäle (z. B. Mitarbeiter, Kunden, Veranstaltungen).

Zentrale Produktionsstationen des Filmherstellungsprozesses

Prä-Produktion

1) *Drehbucherstellung und Abnahme durch Kunden*
2) *Übersetzungen (von Deutsch in die Versionen Englisch, Französisch, Italienisch usw.)*
3) *Produktionsarbeiten organisieren, Drehplan erstellen*

4) *Beauftragung des Filmstabs (Regisseur, Kameramann, Kameraassistent, Beleuchter, Bühne/Grip usw.)*

5) *Zusammenstellung des Filmequipments (Arriflex 16 SR III mit Zubehör und Tonkoffer mit Nagra-Aufnahmegerät) sowie des Licht- und Bühnenequipments (Grip)*

6) *Einkauf Filmmaterial Kodak (16mm)*

7) *Versicherungen abschließen (Bild- und Tonträgerversicherungen, Haftpflicht, Filmequipment etc.)*

8) *Sprecher-Casting und Beauftragung der ausgewählten Sprecher*

Produktion

9) *Dreharbeiten starten (an neun Drehorten)*

Post-Produktion (inkl. Operator)

10) *Kopierwerk (Entwicklung, Reinigen und Starten des abgedrehten Filmmaterials)*

11) *Abtastung/Colourmatching des Filmmaterials (Rank Cintel Ursa Diamond/Da Vinci)*

12) *Grafiken und Schriften erstellen (Ice Mac G4)*

13) *Bildschnitt und Töne anlegen (OFF-Line Avid); anschließend hochwertige Weiterbearbeitung (Bild) wie Animationen und Effekte an der Quantel Edit Box (ON-Line); Ausspielung des Master-Bandes*

14) *Tonstudio (Sprachaufnahmen, Edit, Cut und Mischung und Überspielung der Töne auf Master-Band)*

15) *Abnahme des fertigen Films (Master-Band) durch Kunden*

Vervielfältigungen

VHS-/CD-ROM-Produktionen (MPEG-1 Kodierung, Premastering auf CD, Labeldruck und Jewelbox) und Versand an Kunden

Zum **Drehplan.** Wenn die Drehphase naht, werden fortlaufend die Details von der Produktionsleitung und dem Regisseur überprüft. Solange noch keine Gelder investiert und Darsteller verpflichtet wurden, kann der Produzent und/oder der Regisseur die Richtung eines Films ändern. Jeder Regisseur hat eine eigene Vorgehensweise, mit einem Drehbuch umzugehen. Manche lassen Storyboards zeichnen, andere machen vom Drehort eine Skizze, wo die Kamera stehen soll, einige erstellen eine Liste mit diversen Einstellungen. Der Autor legt als Regisseur vor Drehbeginn bevorzugt mit dem Kameramann Position für Position einschließlich Timecodes fest. Zusammenfassend wurden von Regieseite aus hauptsächlich folgende Schritte vollzogen: Drehbuchanalyse, Szenenbild und Planung der Kameraarbeit; rechtzeitig vor Drehbeginn werden mit den Darstellern die Szenen geprobt. Bereits kleine Fehler in der Disposition können einen Zeitplan durcheinanderbringen und zusätzliche Kosten verursachen. Im Klartext bedeutet dies, dass die mittelfristigen Planungsvorgaben einer Produktion in kurzfristigen mit präzis definierten Vorgaben festzumachen sind. Dabei tauchen seitens der Produktion beispielsweise folgende Fragen auf, die nun einer endgültigen Antwort bedürfen:

- Geht zuerst das weibliche Modell (Kundin) oder der Darsteller (Zusteller) in die Maske? Wer braucht länger in der Maske und wer wird zuerst am Set benötigt?
- Wie steht das Tageslicht morgens am Motiv A? Nützt die Sonne als zusätzliche Lichtquelle? Besser mit dem Motiv A oder mit B anfangen, wo die Sonne gegen Mittag Halbschatten wirft?
- Kann notfalls bei einem Innenmotiv auch gegen Abend gedreht werden, wenn die Sonne untergegangen ist? Oder muss die Produktion dann mehr Miete zahlen, weil das Hauptgeschäft des Innenmotivs (z. B. ein Verkaufsgeschäft) behindert wird?
- Wohin werden die Komparsen bestellt, wenn Verschiebungen in der Tagesdisposition erfolgen?
- Kann die Bühne/Grip am Motiv C schon aufbauen, während das Licht noch am Motiv A abbaut?

Fragen über Fragen, die zu Dutzenden zur Entscheidung vorliegen. Wenn man die komplexen Zusammenhänge eines Drehplans begreift, versteht man auch, warum Filme nicht Bild für Bild nach dem chronologischen Ablauf eines Buches abgedreht werden, sondern nach den Anforderungen der Produktion. Das Ergebnis des Drehplans wird in sog. Tagesdispositionen zerlegt (s. u. „Tagesdisposition"), die quasi der Einsatzbefehl für alle Produktionsmitarbeiter sind. Hier sind alle wesentlichen Daten, Ansprechpartner usw. niedergelegt worden. Die Tagesdispositionen lesen sich einfach, sind aber das Ergebnis langer Planungen. Im Übrigen werden die Tagesdispositionen täglich neu herausgegeben, da nicht immer alle Zielvorgaben eines Tages erfüllt worden sind und diese konsequenterweise nachgeholt werden müssen.

Tagesdisposition
„Global Player" (Muster)

Filmteam: Regie: Fred Mann (Tel.)
Kamera: Mathias ... (Tel.)
Kameraassistent: Stefan ... (Tel.)
Beleuchter: Manuel ... (Tel.)
Bühne: Benjamin ... (Tel.)
Aufnahmeleitung: Jennifer ... (Tel.)
Maske: Friseurgeschäft X (Tel.)

Darsteller: Zusteller: Bruno Y (Tel.)
Kundin: Frau Z ... (Tel.)
Komparsen: 5 (2 weibl., drei männl.) in Dienst-
bekleidung

Drehtag: Montag, 19. September 2005

Drehbeginn: 08:30 Uhr

Arbeitsbeginn: 07:00 Uhr für alle Mitarbeiter!
(1) Aufbau Equipment am Drehort, Set 1)
(2) Zusteller und Kundin zur Maske
(3) Komparsen üben „natürliches Auftreten" mit Aufnahmeleitung
(4) Regisseur sichtet AVID-Material vom Vortag

Drehorte: Alle Basel/Schweiz
(1) Rathaus mit Marktplatz
(2) Mittlere Rheinbrücke
(3) Weitere Drehorte nach Ansage Produktion

Drehpensum:
(1) Bild 2 A „Zusteller trifft auf Kundin im Geschäft bei Marktplatz"
(2) Bild 3 B „Fahrzeug fährt über Rheinbrücke"
(3) Zwischen 12:00 und 13:00 Uhr: Mittagspause (geplant)
(4) Bild 5 „Impressionen Rathaus mit vorbeifahrendem Fahrzeug des Global Players"
(5) Nach Ansage Produktion

Achtung: Alle Einstellungen mit der Kundin müssen bis 11:00 Uhr abgedreht werden!

Sonstiges:
- Fahrtdisposition Ansage Aufnahmeleitung
- Stromanschlüsse 15 KW über Stromgesellschaft
- Parkplätze sind reserviert (Vorfahrt Pforte Rathaus)
- Aufnahmeleiter organisiert Requisiten (Pakete, Sackkarre, Boxen, Uniformen)
- Beistellung Polizisten sperren Zufahrt Marktplatz kurzfristig ab
- Hotel in Basel: „Teufelhof" (Anschrift + Tel.)
- Komparsentreffpunkt: Rathaus Basel, Pforte B

Drehgenehmigungen:

Alle öffentlichen Motive über Staatskanzlei Basel Stadt und Polizeiwache Basel-City (Kennzeichen der Filmfahrzeuge sind der Polizei bekannt); Ansprechpartnerin: Daniela ... (Tel.)

Zur eingesetzten **Herstellungstechnik** *einige Hinweise: Gedreht wurde der Film mit Kodak-Farbnegativfilmmaterial (hauptsächlich auf 100T und 500T) auf einer „Arriflex 16 SR III" (16mm-Format) mit Zubehör wie diversen Zeiss-Objektiven, Filtern und Stativen. Standardmäßig wurden an jedem Drehort ein umfangreiches Licht- und Bühnenequipment eingesetzt: vom Dedo-Light Set, Blenden, Bespannungen über Kino Flofourbanks, Fahnen, Verläufe bis hin zu 4.000 Watt-Arrisun-Scheinwerfern sowie Dolly mit Auslegern, Schienen und Zubehör.*

Das 16mm-Negativmaterial wurde in einem Kopierwerk entwickelt, ultraschallgereinigt und für die Abtastung gestartet. Schließlich wurde es auf „Rank Cintel Ursa Diamond/Da Vinci" abgetastet und auf Digital Betacam überspielt.

Als Schnittplatz für den digitalen nonlinearen Videoschnitt diente ein „AvidMediaComposer 12.0" (Offline als Referenzausspielung). Die Endproduktion des Bildschnittes wurde an einer „Quantel Editbox FX" umgesetzt, weil u. a. die AVID-Schriftentools und grafischen Animationsinstrumente nicht den Ansprüchen der Produktion genügten. Aufgrund des Leistungsumfangs kann der AVID für Offline- und Online-Editing von unkomprimierten Material eingesetzt werden. Im Prinzip reicht die hohe digitale Auflösung für eine Broadcast-Qualität (Fernsehnorm) völlig aus.

Grafiken konnten an einem „Ice Mac G4" entwickelt und an der Editbox eingebaut werden. Sprachaufnahmen, Tonschnitt und Mischung wurden in einem externen Tonstudio realisiert (Ausstattung: HD-Recording, Apple Logic-Sequenzerprogramm, AMEK-Mischkonsole, Equalizer, Kompressoren etc.).

3.4.9 Ergebniskontrolle (Budgetkontrolle/Cash flow)

In jeder Phase eines Herstellungsprozesses soll die Kontrolle (das so genannte **Controlling**, ein im Innenverhältnis eines Unternehmens durchzuführender Prozess) dazu beitragen, die Plan- oder Solldaten mit den Ist-Daten zu vergleichen und ggf. Korrekturmaßnahmen durchzuführen. Ferner wird erwartet, dass durch das Controlling die Zukunft eines Unternehmens gesichert wird. Korrekturmaßnahmen können zu einem Strategiewechsel führen (z. B. Erschließung neuer Märkte, Optimierung eigener Stärken) und müssen nicht zwangsläufig personelle Konsequenzen nach sich ziehen (z. B. im Zuge eines Standortwechsels).

Laut Staehle „geht der Controllinggedanke auf die Zeit der industriellen Revolution in den USA zurück, als im Zuge zunehmender Kapitalkonzentration und Fixkostenbelastung ab 1880 einem ‚Comptroller‘ (Anm.: dt. = Rechnungsprüfer) die finanzwirtschaftliche Überwachung der Unternehmung übertragen wurde"[73] (vgl. auch Serfling[74]). Horváth versteht Controlling als „ergebniszielorientiertes Koordinationssubsystem der Führung",[75] und Reichmann definiert es als „die zielbezogene Unterstützung von Führungsaufgaben", die „zur Verbesserung der Entscheidungsqualität auf allen Führungsstufen der Unternehmung" beiträgt.[76] Bezogen auf den Rundfunk hat Gläser für das Controlling die Aufgaben „Integration und Konsensbildung", „Aufklärung und bessere Information" und „Versachlichung der Konflikthandhabung" hervorgehoben.[77]

In der betrieblichen Praxis nehmen heute bei den meisten Unternehmen im Zuge des Controllings das Rechnungswesen, die Planung und das Berichtwesen den größten Stellenwert ein. Nach der Maierschen Zielsetzung „kann eine solche Kontrolle nur erfolgen, wenn in der Planungsphase die Ziele nach Inhalt, Ausmaß und zeitlichem Bezug bestimmt wurden. Im Falle von Soll/Ist-Abweichungen sind mögliche Ursachen zu untersuchen".[78] Köcher ist nur begrenzt zuzustimmen, dass keine umfassende Konzeption eines „Controllings für Medienunternehmen" möglich ist, sondern lediglich für ein „Beispiel-Medium".[79] Nach ihrer Ansicht seien die Wertschöpfungsketten, die

Finanzierungsformen, Distributionswege und Nachfragestrukturen der Ausprägungen des Sammelbegriffes „Medienunternehmen" zu verschieden.

Soweit es sich allerdings um Grundvoraussetzungen für ein erfolgreiches Controlling handelt, ist eine systematische Herangehensweise möglich. Vor, während und nach Abschluss eines Herstellungsprozesses müssen Informationen über das betrieb liche Geschehen gesammelt werden, um daraus für weitere Abläufe und zukünftige Aufträge die richtigen Schlüsse zu ziehen. Es ist sozusagen ein Soll-Ist-Vergleich zwischen ursprünglicher Planung und dem Ergebnis anzustellen. Alle Positionen, aber auch die Mitarbeiter kommen zur Sprache, denn die Kontrolle zieht eine Schlussfolgerung aus dem endgültigen Ergebnis des Herstellungsprozesses und bildet den Ausgangspunkt für neue Herausforderungen an ein Produktionsunternehmen.

Eine Controlling-Checkliste sollte sich von ihrem Anspruch her insbesondere mit den Themen „Produktionsabläufe", „Finanzen und Vertrieb", „Personal", „Vertragsrecht" und „Marketing und Kommunikation" beschäftigen. Die in Kapitel 8 aufgeführte Checkliste (S. 235) kann je nach Medienprojekt und Beispielmedium durch detaillierte Fragestellungen ergänzt werden. Im Zuge der Auswertung sind umgehend Korrekturmaßnahmen durchzuführen, wo es gilt:

(1) Laufende Projekte erfolgversprechend zu regeln und zu steuern;

(2) Frühzeitig Abhilfe im Vorfeld zukünftiger Projekte zu schaffen.

Nicht nur in der ökonomischen Theorie sichert der Geldfluss – der so genannte **„Cash flow"** – das Finanzierungssystem eines Unternehmens. Es sind schon etliche Unternehmen daran erstickt, dass der Kunde verspätet oder überhaupt nicht gezahlt hat, und mussten als bittere Konsequenz daraus Insolvenz für die eigene Firma anmelden. Spätestens im Zuge einer Ergebniskontrolle wird erkennbar, inwieweit das Liquiditäts- und Cashmanagement zu einer Schwachstelle innerhalb des Herstellungsprozesses geworden ist. Was sind aus dieser Problematik für Schlüsse zu ziehen?

(1) In den Verträgen sind Ratenzahlungen festzulegen. Der Pozentsatz für die einzelnen Raten sollte wohlüberlegt unter dem Gesichtspunkt fixiert werden, dass es theoretisch niemals zu Liquiditätsengpässen kommen kann. Bei hohen Beträgen sind drei Ratenzahlungen zu empfehlen: bei Vertragsabschluss, zum Beginn der Produktionsarbeiten und nach Abnahme der Produktion!

(2) Eine Produktion ist anzuhalten, wenn der Kunde nicht pünktlich zahlt. Zuvor ist der Kunde jedoch abzumahnen. Sollte nach einer Mahnung die Vertragssumme immer noch nicht fließen, sollte die Produktion endgültig abgebrochen werden. Im Zweifel ist es das Geld des Produktionsunternehmens, das ab sofort ausgegeben wird.

(3) Unternehmen wird nicht nur von Bankenseite her empfohlen, fortlaufend eine Eigenkapitalquote von mindestens 20 % als Rücklage für den Fall vorzuhalten, dass Zahlungsschwierigkeiten auftreten oder fremdes Beteiligungskapital mobilisiert werden soll.

Bei der Ergebniskontrolle ergaben sich keine besonderen Vorkommnisse, weil offensichtlich die Planungen durchdacht gewesen sind; auch tauchten keine erhebliche Einsparungspotenziale auf. Hier einige wesentliche Auszüge aus dem Schlussprotokoll:

- *Der Auftraggeber hat den Film pünktlich zum vereinbarten Herstellungstermin erhalten, und er entsprach seinen Erwartungen; der Premiumkunde war begeistert. Die Schlüsselbotschaft: „Nutzen Sie unsere Marke europaweit und grenzenlos als Ihr Paketunternehmen" erreichte die Zielgruppen: Mitarbeiter und Kunden der Marke und aller Partnerorganisationen.*

- *Der Auftraggeber ist seinen Verpflichtungen/Zusagen gegenüber dem Filmherstellungsunternehmen termingemäß nachgekommen. So hatte er u. a. an jedem Drehort die Transportfahrzeuge mit den neuen Logos bekleben lassen (für Notfälle ein Fahrzeug-Dummy besorgt), seine Geschäftskunden rechtzeitig über die Dreharbeiten informiert und die Mitarbeiter mit den neuen Uniformen ausgestattet. Auch im Zuge der textlichen Abstimmung der Fremdsprachenversionen ergaben sich keine Unstimmigkeiten.*

- *An Verbesserungsvorschlägen für die Aktualisierung/Ergänzung des Films wurde aufgenommen, dass die beteiligten Partnerunternehmen intensiv in die organisatorischen Vorbereitungen einbezogen werden, damit zukünftige Dreharbeiten im Ausland noch reibungsloser ablaufen.*

- *Der Film lief bei unterschiedlichen Ereignissen und wurde durchweg gelobt: bei Kunden- und Mitarbeiterevents, in Teilen im Fernsehen sowie im Internet (Homepage des Auftraggebers). Auch wurde er als CD-ROM bei Präsentationen des Außendienstes/Vertriebes eingesetzt.*

- *Wie schnell jedoch ein Filmvorhaben finanziell an seine Grenzen stößt, belegt folgendes Beispiel: An einem Drehtag sollten in Berlin vor dem Drehort „Brandenburger Tor" 30 Komparsen Mitarbeiter des Logistikunternehmens repräsentieren. Nachdem es an diesem Tag regnete, konnten die Außen-Dreharbeiten nicht realisiert werden, aber die Komparsen erhielten ein so genanntes Ausfallgeld.*

- *Es zeigte sich erneut, dass dieser Premiumkunde eine erneute Zusammenarbeit mehr als wert ist, und dass aufgrund von dessen Wachstumspotenzial zukünftige Geschäftsbeziehungen zu erwarten sind.*

Welche übergeordneten, allgemeine Konsequenzen können aus dem geschilderten Herstellungsprozess gezogen werden? Grundlegend fällt auf, dass professionell hergestellte Filmproduktionen methodisch nach einem Ablaufplan hergestellt werden, der in drei Stufen unterteilt werden kann:

(1) In der ersten Stufe werden Aufgaben im Vorfeld einer Filmproduktion abgearbeitet wie z. B.: Beratung des Kunden und Briefing der Mitarbeiter bzw. externen Geldgeber; Vertragsgestaltungen; Erstellen von Personalanforderungsprofilen; ggf. Einstellen von zusätzlichem Personal und Verträge mit Lieferanten/Dienstleistungsunternehmern (Stichwort „Fremdvergaben"); Herstellen von Inhalten, die in das Werk einfließen; Layoutvorgaben (z. B. Storyboard) und der Drehplan.

(2) Demgegenüber ist die zweite Stufe der eigentlichen Herstellungsphase des Films gewidmet einschließlich der Dreharbeiten und der Musikzusammenstellung bzw. Komposition.

(3) Gänzlich anders ist die dritte Stufe zu betrachten, in welcher der Film technisch nachbearbeitet wird und Fragen zur endgültigen Positionierung und zur Distribution zu klären sind.

Es bestehen, wie in diesem Kapitel aufgezeigt, eine Reihe von Möglichkeiten, konkrete Rahmenbedingungen im Zuge von filmischen Geschäfts- und Herstellungsprozessen aufzustellen. Entsprechende Maßnahmen sind die zentrale Voraussetzung, um aus Konvergenzabläufen einen Nutzen ziehen zu können. Sollte jedoch der Status quo beibehalten werden, vergeben Unternehmen die Chance, gegenüber dem Wettbewerber Profit zu ziehen. Analysen sollten stets vorausschauende Konsequenzen nach sich ziehen. Deutlich wird ebenso, dass im Interesse des Unternehmens das ökonomische Handeln alle Stationen des Herstellungsprozesses (eine Dienstleistung in Form eines Films zu realisieren) dominiert. Zwar spielt dabei das künstlerische Wirken immer eine wichtige Rolle, dennoch aber eine nachgeordnete gegenüber medienwirtschaftlichen Zielsetzungen.

Anmerkungen

25 Fernseh- und Filmproduktionsmarkt 2003 und 2004, „Formatt"-Langzeitstudie, Dortmund. In: Media Perspektiven 1/2006, 32–48
26 Quelle: Zentralverband der deutschen Werbewirtschaft (ZAW) (Hrsg.) in: Werbung in Deutschland 2006
27 Das im August 2005 angekündigte Vorhaben des Springer-Verlages, die ProSiebenSat.1MediaAG mehrheitlich zu übernehmen, scheiterte aufgrund möglicher crossmedialer Verflechtungen (Print/Fernsehen), die das Bundeskartellamt bemängelt hatte.
28 Anträge zur Filmförderung sind abrufbar unter: www.filmfoerderung-bkm.
29 Vgl. Direktorenkonferenz der Landesmedienanstalten, „Film- und Fernsehwirtschaft in Deutschland 2000/2001", 2002
30 Fernseh- und Filmproduktion 2001 und 2002, „Formatt"-Langzeitstudie, 18, Dortmund 2005
31 Ebenda, 28
32 Vgl. Spitzenorganisation der Filmwirtschaft (SPIO), „Filmstatistisches Jahrbuch 2005"
33 DSL=Digital Subscriber Line
34 Quelle: FFA – Bundesanstalt des öffentlichen Rechts, Berlin
35 Gfk Panel Services Deutschland. Unter www.bvv.medien.de
36 Vgl. Kommission der Europäischen Gemeinschaften, Europäische Audiovisuelle Informationsstelle, Jahrbuch 2003, Bd. 1
37 Jarothe 1998, 218
38 Vgl. Borstnar/Pabst/Wulff 2002, 12
39 Vgl. Kandorfer 1978, 128
40 Weltweit waren Mitte 2003 rund 140 Kinos mit digitaler Projektionstechnik ausgestattet. Allerdings bleibt diese Entwicklung weit hinter den Er-

wartungen der Filmproduzenten zurück. Denn: Das digitale Kino reduziert die Herstellungskosten der Produzenten erheblich, sei es in der Postproduktion eines Filmes oder bei der Herstellung von Kopien für die Filmtheater. Inwieweit die Digitalisierung innerhalb der Filmtheaterbranche zügig fortschreitet, hängt von der Preisentwicklung für digitale Projektionstechnik und von der wirtschaftlichen Situation der Filmtheaterbesitzer ab.

41 Besonders Lehrfilme werden auch im Intranet von Großunternehmen eingesetzt, um die Mitarbeiter aus- und fortzubilden.

42 Vgl. Dorn 2000, 201

43 Filme mit einer Vorführdauer von weniger als 59 Minuten werden als Kurzfilme bezeichnet (lt. EG-Filmrichtlinie v. 15.10.1963).

44 Hundorf 2004, zit. in: http://medialine.focus.de/PM1D/PM1DB/PM1DBF/pm1dbf_d.htm? snr=2602

45 Michael T. Ewing/Erik du Plessis/Charles Foster, „Cinema advertising reconsidered" in: Journal of Advertising Research 41, Ausgabe 1/2001, S. 78–85

46 In Deutschland werden seit dem Jahr 2001 mehr Spielfilme auf DVD verkauft als auf bespielten VHS.

47 Branchenüblich startet eine Verwertungskette zunächst bei den Filmtheatern, wo das Publikum einen festgelegten Preis zum Erwerb einer Kinokarte entrichten muss, dafür aber das Produkt zunächst exklusiv rezipiert. In der Regel werden Filme im Kino nur einmal angesehen.

48 Pay-TV und interaktives Fernsehen haben diverse Gemeinsamkeiten. Ein Hauptmerkmal ist dabei, dass der Nutzer über einen Rückkanal zum Anbieter entscheidet, welche Leistungen er wann in Anspruch nehmen will (z. B. Video on Demand, Teilnahme an Dial-in-Sendungen [Gewinnspielen] oder Zugriff auf das Internet).

49 Vgl. Macharzina 1982

50 Vgl. Apfelthaler 2000, 201

51 Vgl. für den Bereich der Medienunternehmung die Untersuchung von Hoskins/MacFadyen/Finn 1997

52 Vgl. Porter 1985

53 Vgl. Meissner 1993, 1874

54 Schneider 2000, 131

55 Briefing: s. weitere Angaben zum Thema in der Fachliteratur der Werbebranche.

56 Imagefilme werden fälschlicherweise gelegentlich noch als Werbefilme bezeichnet. Diese Filme werden nicht über Vertriebs- oder Verleihschienen oder Videoprogrammanbieter ausgewählten Zielgruppen offeriert. Dem Unternehmer steht es frei, den in Auftrag gegebenen Imagefilm nach eigenen Vorstellungen einzusetzen.

57 Samuelson/Nordhaus 1998, 51

58 Vgl. Paulsen 1966, 66

59 Vgl. Breyer-Mayländer 2003, 192

60 In Deutschland herrschten bis Anfang des Jahrtausends nahezu perfekte Rahmenbedingungen für eine Prosperierung der Wirtschaft: Privatisierungs-, Deregulierungs- und Globalisierungseffekte bei niedrigen Zinsen und guten Wechselkursen. Seitdem hat vielerorts das Führungsmanagement, gerade bei Großunternehmen, Gewinne hauptsächlich nur durch Personalabbau, Produktionsverlagerungen ins Ausland und den Verkauf von Beteiligungen erzielt.

61 Vgl. Breyer-Mayländer 2003, 192

62 Tarifvertrag für Film- und Fernsehschaffende. Unter: http://www.connexx-av.de

63 Vgl. Seger 1999, 14–15

64 Field 2000, 19 und 22

65 Die Vergütung eines Autors einschließlich aller Rechteeinräumungen (Übertragung von exklusiven, zeitlich unbegrenzten Rechten zur Verfilmung und weltweiten, unbegrenzten Auswertung der Produktion an z. B. Produktionsfirma oder Fernsehsender) kann bei einem Entwicklungsvertrag durchaus € 30.000 betragen. Die Honorare für verfilmte Kinodrehbücher liegen durchschnittlich zwischen € 50.000 und € 75.000, wobei die Stoffentwicklung wesentlich länger dauert als bei einem Fernsehfilm (mindestens drei Jahre bei einem Kinofilm).

66 GEMA = Gesellschaft für musikalische Aufführungs- und mechanische Vervielfältigungsrechte

67 Ein Arbeitgeber entrichtet Abgaben für den Arbeitnehmer gemäß der Lohn- und Gehaltsunterlagen (Verdienstbescheinigung) für Krankenversicherung, Rentenversicherung, Arbeitsförderung (Bundesagentur für Arbeit), soziale Pflegeversicherung und Umlagen nach dem Lohnfortzahlungsgesetz wie Krankheits- und Mutterschaftsaufwendungen.

68 Empfehlung: Hartlieb (Hrsg.), Handbuch des Film-, Fernseh- und Videorechts (4. Aufl., 2004), Verlag C. H. Beck, München

69 Vgl. Kiefer 2001, 91 f.

70 Vgl. Seufert 1997, 261

71 Vgl. Heinrich 2001, 176 f.

72 Heinrich 1999, 339

73 Staehle 1987, 371

74 Vgl. Serfling 1983, 18 ff.

75 Horváth 1996, 138

76 Reichmann 1995, 12

77 Gläser 1990, 324 ff.

78 Maier 2000, 90

79 Vgl. Köcher 2000, 219

4. Hörfunk

4.1 Entwicklung und Gegenwartsbeschreibung der Hörfunkbranche in Deutschland

Zahlreiche mediale Innovationen wurden in den beiden letzten Jahrzehnten in Deutschland auf den Weg gebracht: 1984 startete das duale Rundfunksystem; Ende der 80er Jahre wurde die Digitalisierung des Hörfunks[80] eingeleitet (zuerst bei den kommerziellen Radiosendern, mittlerweile in der gesamten ARD); seit Anfang der 90er Jahre prägt das Internet unser Medienverhalten erheblich; computergestützte, digitale Hard- und Software-Artikel werden immer kurzlebiger und das digitale terrestrische Fernsehen wird seit 2003 in Deutschland eingeführt.[81] Mit der Jahrtausendwende wurde unsere traditionelle Konsumenten-Zeitrechnung für ad absurdum erklärt. Was heute neuwertig ist, gilt bereits wenige Wochen später als überaltert.

Unbeschadet aller rasanten Erfindungen blieb dennoch das klassische, bewährte Radio unser Begleiter trotz einer insgesamt rückläufigen Hörfunknutzung. Das gilt seit Oktober 1923, als das elektronische Massenmedium unter dem Namen „Radio-Stunde A.G." von Berlin aus seinen Betrieb eröffnete.[82] Rund 80 % der Bundesbürger hören täglich Radio (lt. Arbeitsgemeinschaft Media-Analyse „ag.ma") und die Deutschen schätzen es aufgrund seiner technischen Reichweite und unkomplizierten Empfangbarkeit (zuhause am Stromnetz, im Auto per Akku, unterwegs via Batterien).

Das „**Zeitmedium**" **Hörfunk** ist im Gegensatz zu „Raummedien" (Presse, Buch) ein äußerst aktuelles Medium, weil es entsprechend seiner technischen Mittel imstande ist, ohne Zeitverzug eine Kommunikation zwischen Absender (z. B. Moderator, Sprecher) und Empfänger (Hörer) herzustellen. Schließlich liegt die besondere Wirkung des Hörfunks in der starken Rolle der Musik begründet, die bedeutend mehr offeriert als einen bloßen

Berieselungseffekt. Ohne den Einsatz von so genannten Musik-
teppichen würde das Medium zu einer nüchternen Vorlesungs-
einrichtung verkümmern und einen Großteil seiner Klientel verlieren. Umso wichtiger ist es, darauf hinzuweisen, dass die Mu-
sikindustrie massive Einbußen durch Content-Piraterie beklagt,
bei der ihre Werke auf ungesetzlichen Wegen massenweise ge-
klont und unter dem Ladentisch verkauft werden.

Fälschlicherweise wird der Begriff „**Rundfunk**" häufig als Er-
satz für „Hörfunk" benutzt. Aber: „Rundfunk" ist der Überbegriff
sowohl für den Hörfunk (ebenso „Radio" genannt) wie auch für
das Fernsehen. Deutschland besitzt im internationalen Vergleich
eine geringe Senderdichte von Hörfunkanbietern. Die Länder
mit der größten Senderdichte sind die USA, Frankreich, Spani-
en und Italien.

Forderungen nach einer stärkeren Deregulierung des deutschen Marktes und damit nach der Zulassung von mehr Hör-
funksendern und mehr Wettbewerb werden von Seiten der Radiowerbung seit Jahren artikuliert.[83] Weitere privatrechtliche
Hörfunksender zuzulassen macht wenig Sinn, eher eine Reduzierung des öffentlich-rechtlichen Angebots, um den Privaten Expansionen zu ermöglichen. Im Jahr 2003 standen 58 Radiopro-
grammen von ARD und DeutschlandRadio 198 private Radio-
programme gegenüber.[84]

Im Werbemarkt erzielen die privaten Radiosender wesentlich
höhere Betriebsergebnisse als der ARD-Hörfunk, doch sie kämpfen mit starken Wettbewerbsverzerrungen:

• Die ARD-Sender können mit niedrigen Werbepreisen das Tarif-
  niveau der Privaten unterschreiten, weil sie durch die Gebüh-
  renfinanzierung unabhängiger in der Gestaltung ihrer Preispolitik sind. Immer wieder werden politische Stimmen laut,
  die einen totalen Verzicht auf Werbung und Sponsoring im öffentlich-rechtlichen Rundfunk (ARD und ZDF) fordern. Im
  Zwölften Bericht der Kommission zur Ermittlung des Finanzbedarfs (KEF) wurde schon festgestellt, dass hierfür lediglich
  „die **Rundfunkgebühr** um insgesamt 1,54 Euro steigen müsste."[85] Zum Vergleich: Die Gebühr, die über die Gebührenzen-
  trale der öffentlich-rechtlichen Rundfunkanstalten (GEZ) ein-

gezogen wird, belief sich im Jahr 2005 auf € 17,03 monatlich für beide Geräte.

- Außerdem führen unterschiedliche lange Werbezeiten der ARD-Sender in den regionalen Hörfunkmärkten (durchschnittlich bis zu 90 Minuten Werbung werktäglich) zu Verstimmungen und Strukturproblemen. Das Werbevolumen (brutto) des Hörfunks belief sich im Jahr 2005 auf circa 1,1 Milliarden Euro.[86]
- Der Marktanteil der öffentlich-rechtlichen Hörfunkprogramme lag 2003 bei 55,4 %, die privaten Mitbewerber erzielten 45,6 % (bei einer Haushaltsabdeckung mit Radioempfangsgeräten von 100 %).[87]

Zweifelsohne haben sich die privaten Hörfunkanbieter insgesamt gut etabliert. Beispielsweise liegen in dem flächenmäßig größten Bundesland Bayern die privaten Hörfunkanbieter mit ihren Reichweiten seit Jahren vor den Programmen des Bayerischen Rundfunks (die Privaten haben einen Marktanteil von 52,0 % gegenüber 44,0 des BR; Montag bis Freitag, Hörer ab 14 Jahren).[88]

So sehr wir uns auch über den intensiven Wettbewerb zwischen öffentlich-rechtlichem und privatem Hörfunk freuen können, so betrüblich ist jedoch, dass die Bedeutung des Hörfunks als Werbeträger mit dessen Anteil am Werbevolumen traditionell gering ausfällt (6,3 % im Januar/Februar 2006. Zum Vergleich: das Fernsehen hielt zum gleichen Zeitpunkt einen Anteil von 38,5 % am Werbekuchen[89]).

Trotz aller Sparmaßnahmen und Kooperationen verschiedener Sender und Programme – auch seitens des ARD-Hörfunks – ist jedoch ein rein ökonomisches Umgehen mit den Ressourcen keineswegs zielführend, das Radio langfristig zu stärken. Aus der Sicht der Programmmacher geht es ebenso um künstlerische Schaffungsprozesse, die zugegebenermaßen in der Summe profitabel verlaufen müssen.

Doch, was wäre, wenn es den Hörfunk nicht mehr gäbe? Menschen, die tagsüber mangels Zeit oder aus Bequemlichkeit keine Zeitung lesen oder ins Internet gehen, blieben uninformiert über

das Tagesgeschehen einschließlich informativer Hintergrundberichterstattung, unterhaltsamer Kulturangebote und aktuel-
ler Verkehrsmeldungen. Auch das Fernsehen könnte nicht in
den Abendsendungen die entgangenen Informationen vollständig aufholen, weil sich dieses Medium z. B. weder für regionale
Nachrichten oder landesweite Verkehrsmeldungen noch für Mu-
sikangebote sonderlich engagiert.

Hörfunk ist und bleibt ein Massenmedium, vergleichsweise zu
anderen Medien nahezu weltweit und unkompliziert empfang-
bar, und für Albert Einstein ein Instrument der Völkerverstän-
digung:

> „Denkt auch daran, dass die Techniker es sind, die erst wahre De-
> mokratie möglich machen. Denn sie erleichtern nicht nur des Men-
> schen Tagewerk, sondern machen auch die Werke der feinsten Den-
> ker und Künstler, deren Genuss noch vor kurzem ein Privileg bevor-
> zugter Klassen war, der Gesamtheit zugänglich und erwecken so die
> Völker aus schläfriger Stumpfheit."[90]

4.2 Einsatzmöglichkeiten von deutschsprachigen Hörfunkproduktionen (Werbung)

Die deutschsprachige Radiowerbung ist in der Breite phanta-
sievoller geworden. Funkspots, die durch dramatische Ideen hör-
bar überzeugen oder Bilder im Kopf entstehen lassen und Mar-
ken/Produkte gleichzeitig eindeutig positionieren, tragen dazu
bei, Hörfunk gegenüber anderen Werbeträgern als gleichwer-
tiges Medium einzustufen. Und kein Argument ist überzeugen-
der, als sich an Erfolgsgeschichten zu orientieren, die der Hörfunk schreibt.

Den nationalen Werbekuchen des Hörfunkmarktes teilen sich
in ihrer Eigenschaft als Radiovermarkter fast ausschließlich die
ARD-Werbung Sales & Services, Frankfurt/Main (annähernd
30 %) und RMS Radio Marketing Service, Hamburg (annähernd
70 %).

Selbstverständlich gilt bei einer derartigen Konstellation: Wer
einen Markt monopolistisch oder dualistisch beherrscht, trägt
eine besondere Verantwortung. Zum Vergleich: Auf dem Fern-

sehsektor vermarkten immerhin vier große Gruppen die Werbeplätze der Senderfamilien: ARD, ZDF, IP Deutschland und SevenOne Media; daneben existieren noch kleinere private TV-Anbieter mit einem eigenem Werbezeitenverkauf.

Als ein Gütekriterium für hörfunkspezifische Werbeerfolge haben die beiden Radiovermarkter letztmalig gemeinsam im Jahre 2002 (zum fünften Mal) den Preis „Radio Advertiser of the Year" ausgeschrieben. Gewonnen hat seinerzeit die nationale Radio-Monokampagne von DasÖrtliche „Ohne Ö fehlt Dir was". Verantwortlich für die Kampagne ist die DasÖrtliche Service- und Marketinggesellschaft mbH mit Sitz in Essen, eine Gemeinschaftsfirma der Deutschen Telekom Medien GmbH und rund 100 regional ansässiger Verlage (s. auch www.dasoertliche-mar keting.de).

Diese Kampagne wurde für das nachfolgende Fallbeispiel ausgewählt, weil es sich um eine bundesweit angesehene, nicht zeitgebundene oder generationsabhängige Marke handelt und die Kampagne auch noch in den Folgejahren fortgesetzt wurde.

Der Aktualität halber sei auch der kreativste bei der ARD ausgestrahlte Hörfunkspot des Wettbewerbs um den „Golden Radio Award 2005" erwähnt. Unter über 350 deutschsprachigen Radiospots wurde die Kampagne der Werbeagentur Ogilvy & Mather, Wien, für „Sommermodelle der Ford Motor Company, Austria" ausgezeichnet. Aus der Begründung der Jury ist zu entnehmen, dass „man auch ein knallhartes Angebot sehr charmant und sympathisch kommunizieren kann".[91]

Bei RMS Radio Marketing Service ging der Kreativpreis „Ramses 2005 Kategorie National Gold" an die Agentur Grabarz & Partner, die für das „Wall Street Institute" eine Serie von Hörfunkspots produzierte.[92]

4.3 Fallbeispiel: Herstellung eines Hörfunk-Spots
(Kunde: nationale Dienstleistungsmarke aus der Tele-
kommunikationsbranche)

4.3.1 Aufgabenstellung durch Kunden an eine Kreativ-
Agentur

Die Menschheit als Gesamtheit betrachtet verändert sich heutzutage in immer schnelleren Zeitzyklen, orientiert sich zumeist
an kurzlebigen Alltagsthemen mit hohem Unterhaltungswert. So
kann plötzlich ein neues Nutzungsverhalten oder ein Strategiewechsel das Marketing eines Unternehmens zwingen, alte Werte zu überdenken und perspektivisch auszurichten. Dabei müssen es nicht immer die großen und kostspieligen Einfälle sein,
die eine angesehene Marke oder ein Produkt wieder bei den Zielgruppen interessant und äußerst populär machen.

*Als **Fallbeispiel** für die Entstehung einer Kampagne ist „DasÖrtliche",
eine altgediente, beständige Marke prädestiniert. Klassiker genießen
stets großes Vertrauen bei den Konsumenten, wie es erneut eine aktuelle Untersuchung der Zeitschrift „Reader's Digest" belegt.[93] Sozusagen wie geschaffen für den deutschen Markt, behaupten sich über Generationen hinweg Marken wie Nivea, Wick, Aspirin, Persil und Haribo
als Produkte mit einer zuverlässigen und hohen Qualität, für die es sich
lohnt, auch mehr zu zahlen.*

*Wie sah die Marketingsituation beim Kunden aus, bevor die Kampa-
gne kreiert wurde?*
* *Als Marke hatte das DasÖrtliche innerhalb und außerhalb der Branche „Telekommunikationsverzeichnisse" einen hohen Bekanntheitsgrad; für die Regionen Deutschlands bestand eine über 75jährige Tra-
dition.*
* *Das Image der Marke hatte vor dem Relaunch Defizite hauptsächlich
in der jüngeren Zielgruppe. Die vorhergehenden Kampagnen, die sich
vor allem auf Print- und Außenwerbung konzentrierten, konnten diese
Defizite nicht ausgleichen.*

*Wie lauteten die Vorgaben des Kunden/seine Zielsetzungen hinsicht-
lich der Mediastrategie?*
* *Steigerung der ungestützten Markenbekanntheit*
* *Steigerung der Nutzung*

- *Bestätigung derzeitiger/Aktivierung potenzieller Inserenten*
- *Unterstützung des Außendienstes*
- *Zielgruppe: Alle Haushalte und Nutzer, die ein Telefon besitzen. Diese Personen sind gleichzeitig derzeitige wie potenzielle Inserenten.*

4.3.2 Budgetkalkulation/Preisfindung

Um die **Herstellungskosten von Hörfunk-Spots** besser beurteilen zu können, ist es hilfreich, ein konkretes Projekt durchzurechnen. Es handelt sich um die Vertonung eines Funkspots mit mittelgroßem Aufwand (inkl. Sprecher-Casting und Layout) und der Sendegenehmigung/dem Recht zur bundesweiten Ausstrahlung auf ein Jahr. Die Funkspots haben üblicherweise eine Länge zwischen 10 und 60 Sekunden.

Kalkulation zur Herstellung eines Hörfunk-Spots

(1) Layout/Konzept und Text (Autor) ab	€ 1.000,00
(2) Regisseur (Ton) 1 Tag inkl. Casting Sprecher ab	€ 300,00
(3) Casting-CD (5 Sprecherproben)	€ 60,00
(4) Studiomiete: für Sprachaufnahme, Schnitt, Vertonung, Mischung inkl. Tonmeister (2 Std.) zzgl. Daten-Backup, Sende- und Sicherheitskopien	€ 450,00
(5) Archivgeräusch (Soundeffekte) pro Spot (oder Geräuschemacher ab € 275,– pro Spot)	€ 180,00
(6) Sprechergage (Lizenz für Funkspot, ein Jahr, national/BRD)	ab € 350,00
(7) Archivmusik (Musikverlag) pauschal; GEMA-Gebühr übernimmt der Radiosender	€ 460,00
(8) Künstlersozialkasse (Autor, Sprecher, Regisseur; 5,8 % auf Gage)	€ 95,70
Zwischensumme	€ 2.895,70
zzgl. HU 10 %	€ 289,60
Zwischensumme	€ 3.185,30
zzgl. Gewinn der Agentur 5 %	€ 159,25
Gesamtsumme (netto) ohne MwSt	€ 3.344,55

Allgemeine Geschäftsbedingungen: Bei jedem Kostenvoranschlag sollte darauf hingewiesen werden, dass die gemachten Angaben nicht verbindlich sind, sondern dass es sich um Grundhonorare handelt. Ferner, dass die Nutzungsrechte an den Leistungen der beauftragten Sprecher grundsätzlich nur für ein Jahr ab der ersten Schaltung in Deutschland übertragen werden, solange keine anderen schriftlichen Vereinbarungen getroffen wurden. Schließlich, dass erst nach vollständiger Zahlung der Rechnung die Verwendungsrechte der Studioproduktion auf den Auftraggeber übergehen.

Erläuterungen zur Position „Herstellungskosten": Bei aufwändigen Funkproduktionen können weitere Kosten für z. B. Musiker, Sänger, mehrere Sprecher, Kreation eines Jingles hinzukommen. Es empfiehlt sich, einen zusätzlichen Gewinn lieber innerhalb der Handlungskosten (HU/Gemeinkosten) zu integrieren, als den Gewinn prozentual höher anzusetzen. Unter Handlungskosten werden die Einzelkosten für das Büropersonal sowie für Energie (Strom, Heizung), Bürotechnik (Telefon, Fax, Kopierer etc.), Fuhrpark usw. zusammengefasst. In Zeiten wirtschaftlicher Sparsamkeit sind maximal 15 % Etatansatz für Handlungskosten und Gewinn akzeptabel.

Insgesamt bleibt festzuhalten, dass die Herstellungskosten bei Funkspots deutlich geringer ausfallen als bei TV-Spots oder aufwändigen Anzeigenschaltungen wie Plakatwerbung.

4.3.3 Gestaltung der Spots und Sprecherauswahl (Casting)

Ideenmanagement ist eine Herausforderung, mit den wichtigsten an einem Herstellungsprozess beteiligten Kollegen einer gestellten Aufgabenstellung gerecht zu werden – in der Regel ist dies ein gemeinsamer Prozess von Beratung (seit 2001 ist Michaela Vervoort Management Supervisor für die Kampagne „Ohne Ö fehlt Dir was") und Kreation in einer Agentur. Nach dem Briefing des Kunden erfolgt ein internes Kreativ-Briefing, in dem ein Berater das Briefing des Kunden in eine Form bringt, die eine geeignete Basis für den kreativen Prozess darstellt. Das Herausarbeiten der wichtigsten Botschaften oder die Verdichtung des Kunden-Briefings auf eine zentrale Aussage ist dabei der entscheidende Schritt. Das Kreativ-Briefing dient dem Texter und ggf. auch dem Art Director als Grundlage für die Ideenfindung.

Man hört öfters von schreibenden Kollegen, dass ein ungeheurer Druck auf ihnen lastet, wenn sie termingerecht ein Konzept oder Manuskript abliefern müssen. Für einige kann es die Hölle sein, einen Text zu einem bestimmten Thema ausarbeiten zu müssen. Leider kann ein Kreativer nur selten auswählen, welche Themen auf der Tagesordnung stehen. Doch immer erwartet ein Auftraggeber von ihnen, dass ein gutes Ergebnis abgeliefert wird, welches der Zielgruppe Anreize verschafft, ein bestimmtes Produkt auszuwählen und schließlich zu erwerben. Zuweilen tröstet bei dem Findungsprozess eine alte chinesische Weisheit: „Du kannst kein Buch öffnen, ohne etwas daraus zu lernen."

So stand auch am Anfang der „Ohne Ö fehlt Dir was"-Kampagne die zentrale Frage, in welcher Form und mit welchen Medien die Marke ihre Ziele (Aktualisierung der Marke, Verjüngung der Zielgruppe, Emotionalisierung der Marke sowie Verbesserung der Markensympathie und -bekanntheit) am besten erreichen kann. Der Vorschlag der Agentur, einen radikalen Wechsel der Mediastrategie zu vollziehen – weg von Print, hin zu Funk als Basismedium – war daher ein Richtungswechsel, der dem Kunden viel Mut abverlangte. In dem vorliegenden Fall führte die Präsentation des Positionierungsvorschlags sowie der damit einhergehenden Kommunikationsstrategie und der kreativen Umsetzung zu einer der erfolgreichsten Funkkampagnen der letzten Jahre:

* *Die bestehende Markenpositionierung wurde unter der Aussage „Ohne Ö fehlt Dir was" subsumiert. Diese Aussage sollte jedoch nicht nur als verdichtete Positionierung dienen, sondern auch als Marken-Slogan (Claim). Im Rahmen der Funkkampagne wurde der Claim in Form eines Jingles umgesetzt, der als eine akustische Wiedererkennung der Marke dient. Der Startschuss für die Ausstrahlung der neuen Kampagne fiel im Januar 2001. Seitdem wird die „Ohne Ö fehlt Dir was"-Kampagne im Rahmen einer breit angelegten, national ausgerichteten Mediastrategie ganzjährig eingesetzt.*

* *Die „Ohne Ö fehlt Dir was"-Kampagne begleitete einen umfassenden Relaunch der Marke, für die ein komplett neues, zeitgemäßes Corporate Design entwickelt wurde.*

* *Die Kampagne umfasste zu Beginn 17 verschiedene Funkspots (Län-*

gen: 15", 20", 25" Sekunden) sowie zehn Anzeigenmotive für die Ansprache von Inserenten und Nutzern. Alle Funkspots und Anzeigen erzählten und erzählen witzige Geschichten rund um das „Ö".

- *Flankierend zur nationalen Funkkampagne konnten die Verlage von DasÖrtliche die Spots mit einer entsprechenden Verlagsallonge (Anmerkung: Hinweise für Anzeigenberatung und -verkauf) schalten.*
- *Funk-Strategie: Ein-Medium-Strategie auf der Basis von Funk. Der Fokus lag auf der jüngeren und mittelaltrigen Zielgruppe der Nutzer im Alter zwischen 14 und 49 Jahren. Die Spots wurden rollierend in Zwei- bis Vier-Wochen-Flights[94] mit einer Frequenz von drei Spots pro Tag an vier Tagen einer Woche eingesetzt, um einen kontinuierlichen Auftritt über das gesamte Jahr zu erreichen.*

Um ein Gefühl für die Spots zu erhalten, hier zwei Textpassagen mit Regieanweisungen (kursiv gesetzt) für die Sprachaufnahmen an das Tonstudio (die Spots sollten hör- und zugleich bildhaft dramatisiert werden):

Funkspot „Hahn"

Mann *(imitiert einen Hahnenschrei):* Öh Öh Öh Ö ...
MVO *(Male Voice Over; souverän):* Probleme mit dem Hahn? Ihr Klempner steht im Örtlichen Telefonbuch.
Jingle: Das Örtliche. Ohne Ö fehlt dir was.

Funkspot „Weinlokal"

Mann *(weinerliche Stimme, weint mit „Ö-Lauten"):* Öh, öhö öhöh ...
MVO *(souverän, hilfsbereit):* Weinlokale finden sie im Örtlichen Telefonbuch.
Jingle: Das Örtliche. Ohne Ö fehlt dir was.

Es fällt auf, dass innerhalb der Spots sparsam mit Worten umgegangen wird und einfache Wörter gewählt wurden, um von einer breiten Hörerschaft verstanden zu werden. Die Spots wurden mit einem hohen Tempo, spaßigem Inhalt und einprägsamen Texten arrangiert. Extrem merkfähig sind dabei der Marken-Jingle „Ohne Ö fehlt Dir was" und das Spiel mit dem „Ö" als vokalischem Effekt. So folgte etwa auf das Krähen eines Hahnes ein „Ö" statt eines natürlichen Kikeriki.

Der Kunde erhielt von der Agentur eine Casting-Empfehlung mit geeigneten Sprechern (Casting auf CD-ROM), wobei er sich bei der Off-Stimme für einen Sprecher entschied, der bei jedem Spot eingesetzt wurde. Diese Stimme sollte DasÖrtliche repräsentieren und einen Wiedererkennungswert über alle eingesetzten Spots schaffen. Die Stimmen

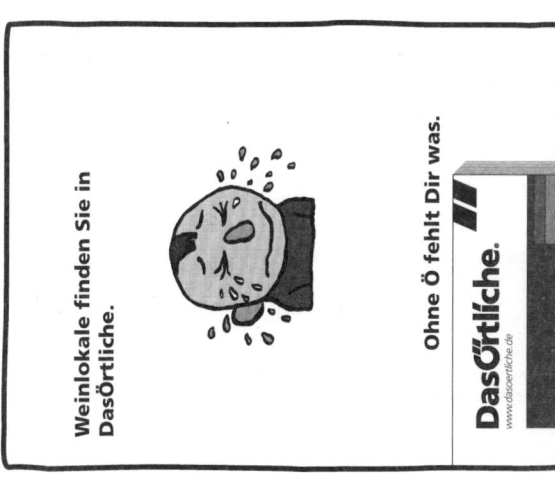

Abb. 8: Anzeigenmotiv DasÖrtliche „Weinlokal"

Abb. 7: Anzeigenmotiv DasÖrtliche „Hahn"

der Sprecher in der Erzählhandlungen der Spots variieren und werden passend zur Story und zum Charakter der Protagonisten des jeweiligen Spots ausgewählt.

Grundsätzlich ist beim Einsatz von Musik zu bedenken, dass das Radio in den meisten Fällen nebenbei und flüchtig wahrgenommen wird. So können zu viele Geräusche und Aussagen die eigentlichen Kernbotschaften konterkarieren. Das Konzept der „Ohne Ö fehlt Dir was"-Funkspots setzte von Beginn an ausschließlich auf Soundeffekte und verzichtete konsequent auf Musik, um nicht von der Sprache und den zu vermittelnden Botschaften abzulenken. Jedoch wurde großen Wert auf perfekte Geräusche, Toneffekte (= SFX) und eine stimmige Dramaturgie gelegt.

4.3.4 Personaleinsatz/Arbeitsrecht

Eine erfolgreiche Kampagne ist auf den kreativen Input der beteiligten Köpfe und die konsequente Nutzung ihrer Ideen und Visionen angewiesen. Ein konsequenter, offener Feedback-Prozess zwischen Kunde und Agentur ist daher ein entscheidender Erfolgsfaktor bei der Kampagnenentwicklung.

Im Rahmen der Konzeption, Abwicklung und Nachbearbeitung der Kampagne waren allein bei der Agentur fünf Mitarbeiter über einen Zeitraum von rund sieben Monaten beschäftigt. An Fremdaufträgen wurde in Form von Dienstleistungen (s. Vertragsgestaltung Kap. 3.4.7) vergeben:

* *Kampagnenentwicklung durch Agentur: Strategie, Kreatives Konzept, Ausarbeitung der Textmanuskripte und Begleitung der Produktion einschließlich Auswahl des Tonstudios, Sprecher-Casting, Briefing des Komponisten für den Jingle sowie Abstimmung des Jingles, Produktionsüberwachung/Tonaufnahme, Abstimmung des Mediaeinsatzes in Kooperation mit der Media-Agentur, Ausarbeitung der Motiveinsatzpläne, Versand der Sendekopien, ggf. Überwachung der Werbewirkung mit Marktforschung.*
* *Die Auswahl und Beauftragung von Dritten (Tonstudios, Komponisten, Litho-Anstalten, Druckereien) werden in einem solchen Fall von der Agentur gesteuert und im Namen des Kunden vorgenommen.*

4.3.5 Vertragsgestaltung (bei Fremdleistungen)

Wie in Kap. 3.4.7 dargelegt, lassen sich die Fremdleistungen vertraglich festmachen. An Besonderheiten bei der Vertragsgestaltung ist bei diesem Fallbeispiel zu erwähnen, dass der Kunde mit der betreuenden Kreativ-Agentur einen umfassenden Vertrag geschlossen hat, der von der Ausarbeitung der Strategie bis hin zur Abwicklung der Produktion am Ende des Entwicklungsprozesses alle Schritte umfasst. Eine solch umfassende Betreuung garantiert die bestmögliche Synchronisation sämtlicher Kommunikationsmaßnahmen.

4.3.6 Produktionsabläufe

Produktionsabläufe bedürfen eigener Verfahren zur Umsetzung von Arbeitsprozessen, die in Übereinstimmung mit dem Kunden umgesetzt werden. Ein Produktionsablauf umfasst feststehende Stationen:

- **Briefing** (z. B. über Art des Produkts, inhaltliche Vorgaben, Ziel der Werbekampagne, Kampagnenzeitraum, Höhe des Werbebudgets)
- **Zielgruppendefinition** (z. B. Größe und Struktur der Zielgruppe, Regionalität, psychographische Struktur wie „Konsumverhalten" und „Einstellung zur Werbung", soziodemographische Struktur wie „Alter, Geschlecht, Einkommen, Familienstand")
- **Entwicklung der Mediastrategie** (u. a. Werbebudgetplanung, ggf. Media-Mix)
- **„Mediaplan", Planungsprozess getrennt nach Werbeträgern** (Festlegung der Medien, z. B. Selektion nach Verbreitungsgebieten, Programmumfelder, Buchung nach Zeitschienen unter Berücksichtigung organisatorischer Rahmenbedingungen wie etwa Verfügbarkeit von Werbeflächen und Belegungsfrequenzen)
- **Prüfung rechtlicher Restriktionen** (z. B. für die Zigarettenindustrie, „vergleichende Werbung")
- **Freigabe des Mediaplanung** (Der Kunde erteilt der Agentur den Auftrag, die Mediabuchungen vorzunehmen)
- **Wirksamkeit der Werbekampagne** (Kampagnenkontrolle)

4.3.7 Mediaplanung/Mediastrategie (Werbebudget-planung)

„Ein Mensch ohne Plan ist wie ein Schiff ohne Steuer."[95]

In der Hauptsache ist sich die **Mediaplanung** der Tragweite ihrer Entscheidungen bewusst, denn auch sie will nicht, dass der Kapitän – sprich: Kunde – mit seiner Ladung – sprich: dem Produkt – auf dem rauen Handelsmarkt hilflos untergeht.

> „Die Mediaplanung beschäftigt sich mit der zentralen Frage, wie häufig welche Werbeträger belegt werden sollen, um innerhalb einer Budgetvorgabe zielgruppengenau eine optimale Wirkung zu erreichen."[96]

Eine der wichtigsten Aufgaben der Mediaplanung ist es, im Vorfeld einer Kampagne die unterschiedlichen Werbeträger zu analysieren und ihren materiellen Wert zu errechnen, beispielsweise den Preis für eine Sendesekunde im Hörfunk oder für eine Anzeigenseite in einer Tageszeitung. Die Leistungsfähigkeit der Werbeträger wird nach quantitativen (z. B. Auflage, Anzahl von Plakatsäulen, Radio- und Fernsehgeräten, Reichweite) wie qualitativen Kriterien (Affinität/Zielgruppennähe, Kontakte, Nettoreichweiten) bestimmt. In dieser Hinsicht versprechen die Vermarkter der Medien naturgemäß innovative Formate mit hoher Zielgruppenaffinität, um ihre Sendezeiten oder Anzeigenplätze bestmöglich verkaufen zu können. Demgegenüber ist es die Aufgabe der Mediaplaner, die Spreu vom Weizen zu trennen, beispielsweise quotenstarke Serien von alten Ladenhütern. Sie müssen gelegentlich sogar brandneue, noch nicht ausgestrahlte Formate auf ihre zu erwartende Akzeptanz beim Publikum hin beurteilen. Gerade Werbeagenturen fordern immer wieder neue Formate und beurteilen dabei auch die Marktstärke eines Senders, bevor sie Werbeschaltungen vornehmen.

Kompliziert wird es allerdings für die Mediaplaner, wenn etwa im Hörfunk gleichartige Programmstrukturen auf Landesebene anzutreffen sind, was durchaus gegeben ist. Einfacher wird es bei den lokal- und regional angesiedelten Radiosendern, da diese im allgemeinen zielgruppenorientierter funktionieren. Bei der Mediaplaung mit Radiosendern ist zu beachten, dass die öffentlich-rechtlichen Sender nur an Wochentagen zwischen 6:00 und 18:00 Uhr Hörfunkspots ausstrahlen, während die Privaten zeitlich uneingeschränkt Spots senden (Montag bis Sonntag, 24 Stunden). Der Ausgangspunkt jeglicher elektronischer Mediaplanung ist folgender: **Daytime** zwischen 6:00 und 18:00 Uhr ist vorrangig Hörfunkzeit, während am Feierabend überwiegend das Fernsehen eingeschaltet wird. Über den Tag verteilen die Bürger ihre Sympathie nahezu gleich auf die Massenmedien Hörfunk und Fernsehen (Montag bis Sonntag, Durchschnittswerte): Im ersten Quartal 2006 lag die tägliche Hördauer (Radio; Personen ab 14 Jahre) bei 201 Minuten[97] und die tägliche Sehdauer (Fernsehen; Zuschauer ab drei Jahre) im Jahr 2005 bei 211 Minuten.[98]

Unter dem Aspekt der Werbekundenbindung halten Hörfunk- und Fernsehsender sowie Zeitungsverlage eigene **Media-Daten** für ihre gewerblichen Inserenten vor, damit diese schnelle und hausgenehme Entscheidungen treffen. Es empfiehlt sich jedoch vor einer Buchung, unbedingt die Daten von Marktforschungsinstituten wie der „Gesellschaft für Konsumforschung" (GfK) oder der „Informationsgemeinschaft zur Feststellung der Verbreitung von Werbeträgern" (IVW) vergleichsweise hinzuziehen. Innerhalb der deutschen Werbewirtschaft haben sich auch Unternehmen in der „AG Media-Analyse" (ag.ma) zur Erforschung der Massenkommunikation zusammengeschlossen, damit Daten auf hohem fachlichen Standard für eine verlässliche Mediaplanung vorhanden sind. Diese Daten sind die Grundlage für eine Verteilung der Werbegelder. Bei der Schaltung von Radiospots sind besonders die Daten der ag.ma heranzuziehen, die im Tagesablauf u. a. die Anzahl der Hörer pro Tag und durchschnittliche Stunde sowie eines einzelnen Radiosenders ermitteln.

Marktforschung auf dem Prüfstand. Im Prisma eines kritischen Bewusstseins fehlt häufig eine Erklärung für das Phänomen, dass miteinander konkurrierende Forschungsinstitute unterschiedliche Studienergebnisse liefern. Der auffallendste Grund für diese Diskrepanz ist, dass die Daten unterschiedlich erhoben und definiert werden. Um diese methodischen Schwächen auszugleichen, müssten die Studien miteinander verglichen und Standards festgezurrt werden, um gemeinsame Nenner zu errechnen. Aber halt: Welche Institute wären schon bereit, ihre Methoden auf den öffentlichen Prüfstand zu stellen? Noch ist es keine Kettenreaktion, doch die ersten Auftraggeber haben bereits Konsequenzen aus dem Missstand gezogen. Um Entwicklungen in der Entstehungsphase von Kampagnen besser gewichten zu können, verlassen sich die Konzerne zunehmend nicht mehr ausschließlich auf die herkömmliche Marktforschung. Sie suchen selbständig nach neuartigen Ansätzen der Werbewirkungsforschung oder geben Studien in Auftrag, die über den Horizont der traditionellen Forschungsarbeit blicken.

Mediastrategie (Werbebudgetplanung). Gehen wir davon aus, die Phase der Mediaplanung ist abgeschlossen. Die Agentur hat für den Kunden die unterschiedlichen Werbeträger systematisch analysiert und ihren materiellen Wert im Einzelnen dargestellt. Jetzt gilt es, dem Kunden eine Mediastrategie einschließlich einer Werbebudgetplanung vorzulegen, die optimal geplant und später realisiert wird, und zwar zu einem angemessenen Preis. Dabei muss vor allem etwa in einem Media-Mix der zeitliche Einsatz der Kampagne und die Verteilung des Werbedrucks festgelegt werden. Es werden Entscheidungen getroffen, welche Werbeträger (Fernsehen, Radio, Zeitungen und Zeitschriften, Plakate, Online-Dienste) innerhalb der Kampagne zum Einsatz kommen.

Bei der Werbebudgetplanung ist die Marketing-/Mediastrategie der letztlich entscheidende Faktor, da hier wesentliche Erkenntnisse z. B. über die Zielgruppe vorliegen müssen. In der Sache begründet werden je nach Marke/Produkt, Zielgruppe und Art der Kampagne unterschiedliche Strategien verfolgt. In vielen Fällen gibt der Kunde ein konkretes Werbebudget vor. Im Gegenzug erwartet er von der Agentur, dass die für die Realisierung des Marketingkonzeptes notwendigen Ausgaben Baustein für Baustein nachprüfbar aufgelistet werden – zum besseren Verständnis nach Einzelpositionen wie Herstellungskosten der Spots, Schaltgebühren sowie erforderliche Maßnahmen und Zeitpläne (getrennt für Werbeträger, Produktion, Promotion etc.).

Für den zeitlichen Einsatz des Werbebudgets einer Kampagne

bieten sich drei grundlegende Strategien an, einen so genannten **Werbedruck**[99] auszuüben:

- **Continuous:** gleichmäßiger Werbedruck über den gesamten Werbezeitraum der Kampagne.
- **Flighting:** abwechselnde Intervalle von werbefreien und werbeintensiven Zeiten.
- **Pulsing:** kontinuierlicher Werbedruck mit Phasen, in denen verstärkt geworben wird.

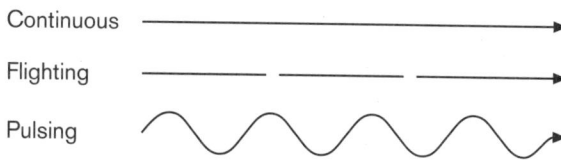

Continuous

Flighting

Pulsing

Abb. 9: Grafische Darstellung des Werbedrucks

In unserem Fallbeispiel „Ohne Ö fehlt Dir was" hatte der Kunde einen Etat zur Verfügung gestellt, der sich im mittleren einstelligen Millionen-Euro-Bereich bewegte. Belegt wurden öffentlich-rechtliche wie private Sender, national breit und kontinuierlich angelegt. Kampagnenstart war im April 2001 und in 2002 folgten weitere, neu produzierte Spots.

Der Kunde DasÖrtliche Service- und Marketinggesellschaft mbH entschied sich in Übereinstimmung mit seiner Agentur, schwerpunktmäßig eine Hörfunk-Monokampagne zu starten (zu 90 %), obwohl tendenziell Media-Mix-Kampagnen bessere Resultate erzielen. Mediagenturen wissen, dass das Medium Hörfunk vom Preis-/Leistungsverhältnis her gesehen sehr günstig ist.

Grundlage für die Preisgestaltung eines Spots ist der Sekundenpreis des Senders – abhängig von der Tageszeit und dem Wochentag, wobei Rabatte hinsichtlich der Länge (z. B. mehr als zehn Sekunden), bei Mehrfachschaltungen (Paketpreis) und bei Stammkunden gewährt werden. Die Ausstrahlungen von Hörfunkspots werden im Gegensatz zu anderen Medien mit vergleichbarer Auflage/Reichweite preiswert angeboten, weil die **Minutenkosten der Hörfunkprogramme** relativ gering ausfallen (Im Jahr 2000 lagen die Programmkosten für eine Sendeminute bei der ARD im Durchschnitt bei € 40,39;[100] in den Folgejahren gab die ARD keine Angaben mehr für eine durchschnittliche

Sendeminute ihrer Hörfunkprogramme ab.). Erwähnenswert ist, dass die ARD-Programm-Minutenkosten bei der Sendegattung Rock-/Popmusik am niedrigsten liegen, während Kultur/Bildung die höchsten Kosten verursachen.

Im 14. Bericht der KEF (Kommission zur Ermittlung des Finanzbedarfs der Rundfunkanstalten) steht, dass „in einzelnen Sendegattungen die Durchschnittskosten pro Sendeminute zwischen den Anstalten um das Zwanzigfache differieren."[101] So kostete z. B. im Jahr 2005 die Schaltung eines 30-Sekünders bei dem populären Hörfunksender Bayern 3 werktäglich zwischen 7.00 und 8.00 Uhr 1.980 Euro.[102] Den Programmgattungen Information und Service (28,8 %) sowie Rock/Popmusik (25,4 %) wurde in 2002 die meiste Sendezeit eingeräumt.[103]

Letztlich gaben drei Argumente den Ausschlag für die Durchführung einer Radio-Monokampagne für DasÖrtliche:

(1) DasÖrtliche wird überwiegend tagsüber (Daytime) während der Bürozeiten genutzt, in der das Radio als leistungsstärkstes Medium zwischen 6:00 und 18:00 Uhr wirkt.

(2) Strategische Zielsetzung war es, verschiedene Spots in unterschiedlichen Längen über einen Gesamtzeitraum von einem Jahr auszustrahlen. Dabei kam die bundesweite Vielzahl der Hörfunkprogramme mit nahezu unbegrenzten Schaltmöglichkeiten der Zielsetzung vollständig entgegen.

(3) Bei den Herstellungs- und Schaltkosten der Spots war das Radio dem Fernsehen beim Preis-/Leistungsverhältnis überlegen. Die Anzeigenschaltungen sollten ohnehin einzig flankierend im Sinne einer medialen Unterstützung wirken. Durch die Zentralisierung der Buchung von Hörfunkspots konnten unterschiedliche Regionen Deutschlands mit einer großen Anzahl von Sendern zu einem wirtschaftlich akzeptablen Gesamtpreis erreicht werden.

Erfreulicherweise ist der Werbeberuf „**Strategischer Planer**", der Parallelen zum Berufbild Medienmanager aufweist, bei den Agenturen gefragter denn je. Eine strategische Planung setzt sich heutzutage nicht nur mit der klassischen Entwicklung von Strategien unter Einbeziehung der Marktforschung auseinander. Von den Planern wird zunehmend erwartet, dass sie auch z. B. Trends in der Gesellschaft aufspüren und für die Markenführung umwandeln.

4.3.8 Werbebotschaften und Werbewirkungen

Bei der grundlegenden Konzeption von Werbung wird ein Thema immer wichtiger: „Welchen Einfluss haben **Botschaften mit emotionalem Charakter**?" In verschiedenen Experimenten und Studien wurden Antworten gesucht, und zwar hauptsächlich aus dem Blickwinkel der Erinnerungsleistungen von Menschen. Die Forscher unterstellen, dass die Ergebnisse der Untersuchungen für Hörfunk wie Fernsehen gleichermaßen Gültigkeit haben:

(1) Hörfunkspots mit „positiver emotionaler Tönung" (z. B. Humor, ansprechende Musik) werden besser bewertet und erinnert als Präsentationen mit „negativer Valenz" (Furchtappelle, düstere Musik).[104] Positive Spots entlockten den Hörern ein Lächeln und wurden deutlich besser behalten als negative Spots. Letztere werden zwar aufmerksam wahrgenommen, führen aber möglicherweise aufgrund von Dissonanzen zu Blockaden der Informationsverarbeitung. Damit wird jedoch der gewünschte Erfolg einer Werbewirkung untergraben.

(2) Werbeschaltungen in Programmen mit Wettbewerbscharakter wie Sport-, Musik- und Quiz-Entscheidungen, bei denen Vergnügung und Erregung zusammentreffen, scheinen zwar vom Prinzip her sinnvoll, können indessen die Zielgruppe, die sich stark mit dem Programm auseinandersetzt und den Entscheidungen entgegenfiebert, verunsichern. Je stärker die Zuschauer beim Programmablauf involviert sind, desto geringer nehmen sie Werbeinformationen auf und verarbeiten diese.[105]

(3) Speziell im Fernsehen kann die Platzierung eines Spots innerhalb einer Werbeinsel entscheidend sein. Die Chance, Zuschauer bei einer Werbe-Unterbrechung zu erreichen, ist am Ende eines Blocks größer, als wenn der Spot am Anfang platziert ist. Es ist davon auszugehen, dass der Zuschauer rechtzeitig wieder aus der Küche/vom WC o. ä. zurückkehrt oder von einem anderen Programm zurückzappt, um das bisherige Programm weiterzuverfolgen.[106]

Für den Alltag der werbetreibenden Industrie bringen die o. a. Forschungsergebnisse keine Überraschungen. Dagegen wundert

immer wieder, mit welcher Chuzpe professionelle Werbever-
markter – in unserem Fall die ARD-Werbung – Behauptungen
wie die nachfolgenden in die Welt setzen:

- „Mix-Kampagnen erzielen eine doppelt so hohe Wirkung wie
  Mono-Kampagnen.
- Um ein optimales Preis-Leistungsverhältnis zu erreichen, ge-
  hören 30 % des Mediabudgets ins Radio".[107]

Diese Traumvorstellungen mögen ja für die ARD-Werbung von
Nutzen sein, weil dadurch dem Kunden signalisiert wird, dass er
parallel Sendezeiten für Hörfunk und Fernsehen buchen muss. In
der Realität hat jedoch die Medienforschung keine Zahlen vorliegen, die diese konkreten Annahmen stützen. Bewiesen ist lediglich, dass im Allgemeinen Media-Mix-Kampagnen bessere Resultate und damit ein Mehr an Werbewirkung erzielen.

Welche Argumente können speziell für den Einsatz des Mediums Radio sprechen? Generell geht die ARD-Werbung davon
aus, das der Hörfunk ein „berechenbarer Partner" ist, und nennt
dafür zwölf Gründe, die allerdings überwiegend den Eindruck
erwecken, exklusive Verkaufsargumente anzubieten (s. folgende Aufzählung; Anmerkungen stammen vom Autor).[108] Versetzen Sie sich bei der Prüfung der **Verkaufsargumente** einmal in
die Situation eines leichtgläubigen Werbekunden, der zum ersten Mal die Büroräume eines Vermarkters betritt. Kann es dann
richtig sein, dass er in der Hörfunk- wie Fernsehabteilung nahezu die gleichen Verkaufsargumente vorgetragen bekommt, die
ausschließlich für das eine Medium sprechen sollen? Jeder Kunde sollte die Vor- und Nachteile der Werbung im Hörfunk sorgfältig miteinander vergleichen.

(1) **Radio wirkt immer und überall.** Radio erreicht Ihre Zielgruppe zu allen Tageszeiten, in den unterschiedlichsten Le-
benssituationen und Orten. (Anmerkung: Auch das Radio
kann nicht alle Zielgruppen abdecken, wie dies die ARD
suggeriert. Dennoch ist es ein mobiles Medium, das zeit-
gleich neben anderen Tätigkeiten im Berufsalltag, zuhause
oder im Auto einsetzbar ist.)

(2) **Radio erreicht attraktive Konsum-Zielgruppen besser.** Ra-

dio wird tagsüber von den jungen, konsumstarken und besser gebildeten Hörergruppen stärker genutzt als Daytime-TV. (Anmerkung: Berufstätige hören tagsüber überwiegend Radio, während Daytime-TV primär von Gruppen wie Rentnern, Hausfrauen, Kindern, Schichtarbeitern und Arbeitslosen genutzt wird. Eine Autofahrt läuft selten ohne Radiobetrieb ab.)

(3) **Radio macht Fernsehen stark.** Über akustische Elemente reaktiviert Radiowerbung die visuellen Motive von TV-Spots und erhöht so die Effektivität von TV-Kampagnen. (Anmerkung: Das Visual-Prinzip „see and hear" funktioniert ebenso umgekehrt; beide Werbemedien ergänzen sich.)

(4) **Radio hat Reichweite.** Radiowerbung erreicht in kurzer Zeit große Bevölkerungsteile und bewirkt so eine schnelle Steigerung des Bekanntheitsgrades. (Anmerkung: Dieses Argument ist das wirkungsvollste. Radio ist das schnellste aller Medien, um große Teile der Öffentlichkeit zu erreichen.)

(5) **Radio steigert Markenbekanntheit und Verwendungsbereitschaft.** Radio verankert die Marke im Bewusstsein und verbessert so die Chancen für den Abverkauf. (Anmerkung: Diese Aussage trifft auf alle Medien zu; weitreichende Werbeeffekte treten zumeist erst nach circa fünf Kontakten auf.)

(6) **Radio verkauft.** Radio spricht Ihre Zielgruppe unmittelbar vor dem Einkaufsakt an und gibt so die entscheidenden Impulse zum Abverkauf. (Anmerkung: Ein gutes Argument, denn in der Daytime werden üblicherweise Haushaltseinkäufe getätigt.)

(7) **Radio wird nicht „weggezappt".** Im Radio gehen Ihre Werbebotschaften dank der starken Nutzerbindung nicht wie in TV und Printmedien unter. (Anmerkung: Allerdings trifft diese Aussage besonders für das Kino zu, weil den Filmtheater-Besuchern keine Zappinginstrumente zur Verfügung stehen! Dennoch ist die Bindung der Hörer an das Radio außerordentlich hoch. Am Tag bleiben fast zwei Drittel der Hörer ihrem einen Programm treu.[109])

(8) **Radio ist flexibel.** Werbespots im Radio sind kostengüns-

tig und können deshalb kurzfristig auf Ereignisse reagieren und einen aktuellen Bezug schaffen. (Anmerkung: Ein gutes Argument, denn Radiospots lassen sich schneller und preiswerter herstellen als z. B. Fernsehspots oder aufwändig gestaltete Printanzeigen.)

(9) **Radio ist regional.** Radiowerbung ist regional differenziert einsetzbar und ermöglicht eine gezielte Festlegung von geographischen Schwerpunkten. (Anmerkung: Auch Zeitungen und Ballungsraum-TV erscheinen regional und können punktuell genutzt werden.)

(10) **Radio trifft spitze Konsum-Zielgruppen punktgenau.** Radio bietet für spezielle Produktbereiche Werbeumfelder mit geringen Streuverlusten. (Anmerkung: Andere Medien bieten ebenfalls konkrete Programmumfelder an, um Streuverluste zu vermeiden.)

(11) **Radio ist wirtschaftlich.** Radiowerbung ist aufgrund attraktiver Tausender-Kontaktpreise und geringer Produktionskosten höchst effizient. (Anmerkung: Das Argument überschneidet sich mit Punkt 8.)

(12) **Radio ist kreativ.** Prämierte Kampagnen zeigen, dass Radio bei der Umsetzung von Werbebotschaften ein gestaltungsfähiges Medium ist, das viele kreative Freiräume bietet. (Anmerkung: Anderen Medien zu unterstellen, es mangele ihnen an Kreativität und erfolgreichen Kampagnen, verletzt das Fairness-Prinzip.)

4.3.9 Ergebniskontrolle (Mediaanalyse)

Bei Mediaanalysen zur Kampagnenkontrolle geht es vor allem um realistische Effizienz- und Ergebnisnachweise, also die Auswertung von Daten abgeschlossener oder laufender Kampagnen, die im Vorfeld geplanter neuer Kampagnen von großem Nutzen sind. Diese Daten geben beispielsweise Aufschluss darüber, wie hoch die Einschaltquote derjenigen Hörfunksendungen gewesen ist, in denen die Radiospots geschaltet wurden.

Besonderes Augenmerk gilt den Marktforschungen, die etwa den Stellenwert und die Wahrnehmung von Hörfunklogos bekannter Marken über einen längeren Zeitraum miteinander vergleichen. So hat z. B. der Radiovermarkter RMS ein Institut (TNS Emnid) beauftragt, insgesamt zwölf aktuelle Soundlogos von Unternehmen aus unterschiedlichen Branchen in einer repräsentativen Erhebung gegenüberzustellen (s. Abb. 10).

Frage: Haben Sie diese Tonsequenz schon mal gehört?

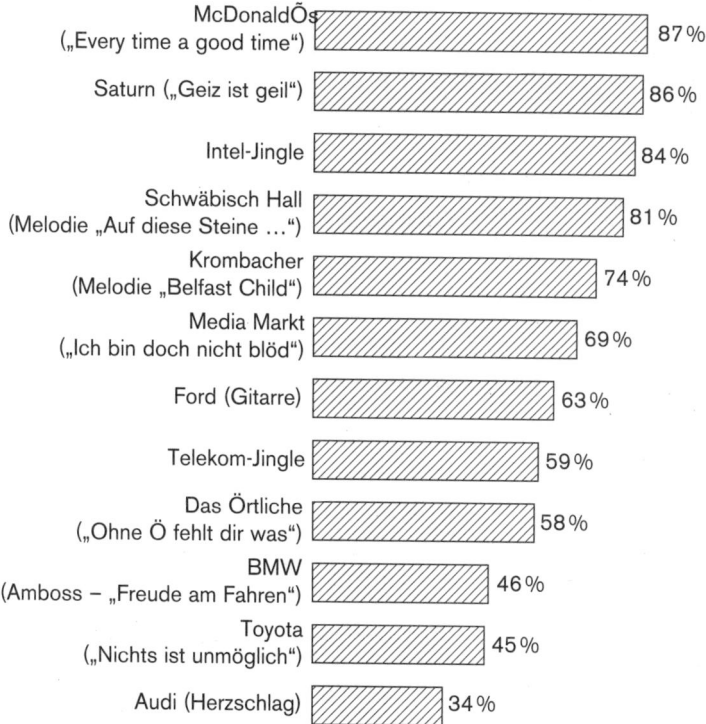

Abb. 10: SoundLogo-Check/Die Bekanntheit (Quelle: TNS Emnid, Bielefeld; © RMS Markt-/Mediaforschung 2003)

Stichprobenartig wurden rund 1.000 deutschsprachigen Personen ab 14 Jahren in Privathaushalten die Logos im August 2002 und Juni 2003 vorgespielt, wobei die Personen u. a. antworten mussten, ob sie die Tonsequenzen schon einmal gehört hatten. Die bekannteste Tonsequenz des SoundLogo-Checks stammte von McDonald's („Every time a good time"); unser Fallbeispiel DasÖrtliche („Ohne Ö fehlt dir was") landete auf Platz 9, erzielte aber mit 58 % Bekanntheitsgrad eine durchaus erfolgreiche Wirkung (s. Abb. 10, S. 117).

Anhand von Marktforschungen zur Werbewirkung der Kampagne („Die große Wirkungsstudie" von © ARD-Werbung Sales & Services/RMS Radio Marketing Service[110]) liegt für DasÖrtliche folgendes Fazit vor: „Im Rahmen einer Kampagnen-Resonanzmessung mit der RMS im Jahr 2001 über den Zeitraum von April bis Oktober erzielte die Kampagne hervorragende Awareness- und Resonanzwerte. Die guten Ergebnisse wurden dann nochmals in einer Einzelspotanalyse bestätigt."[111] Ähnlich positiv fällt das Urteil der Jury „Radio Advertiser of the Year" aus: „Die diametralen Zielsetzungen der Radio-Spots, nämlich Anzeigenkunden zu überzeugen und die Nutzung des Örtlichen bei den Telefonkunden auszubauen mit einer ebenso effizienten wie kreativen Radio-Kampagne, wurde optimal gelöst."[112]

Die Ergebnisse der Untersuchung „Wirksamkeit der Werbekampagne" von „Ohne Ö fehlt Dir was" entsprachen den Erwartungen der Auftraggeber.

Inwieweit die „Untersuchungsanlage" den Grundanforderungen einer empirischen Datenerhebung genügt, lässt sich kurz festhalten:

(1) Positiv auffallend ist, dass sich der Befragungszeitraum über ein längeres Zeitfenster erstreckte (drei Monate). Demnach wurden mehrere Spots kritisch bewertet.

(2) Als seriös zu vermerken ist, dass ein externes Institut mit der Untersuchung beauftragt wurde und kein vom Kunden/Radiovermarkter abhängiges.

(3) Die ACNielsen Werbeforschungsdaten als Analysebasis zu nutzen, ist verbreiteter Standard.

(4) Zu kritisieren ist, dass eine relativ kleine Zahl von Auskunftspersonen herangezogen wurde (1.125 Personen), die repräsentativ sein sollte für 69,821 Millionen erwachsene Deutsche ab 15 Jahren, die als Nutzer des „DasÖrtliche" in Frage kommen.[113] Bei repräsentativen Stichproben (qualitative Werte) als Media-Grundlagen werden in der Regel zwischen 2.000 und 18.000 Fälle herangezogen, um die Ergebnisse für eine Grundgesamtheit hochzurechnen.[114] Es handelt sich bei der vorliegenden Untersuchung um eine „Teilerhe-

bung" in Form einer Stichprobe;[115] der Begriff „Große Wirkungs-studie" erscheint in diesem Zusammenhang deplaziert.

Wirksamkeit der Werbekampagne

Die Radio-Mono-Kampagne von „DasÖrtliche"

- *erreichte knapp zwei Drittel aller Befragten, 26 % mit bis zu vier Kontakten, 20 % mit bis zu zehn Kontakten und 18 % mit zehn oder mehr Kontakten.*

- *sprach überwiegend jüngere und gut ausgebildete Zielgruppen (14–29 Jahre oder 30–49 Jahre mit weiterführendem Schulabschluss oder Abitur/Studium) an, die oftmals im Berufsleben oder noch in der Ausbildung standen. Die erreichten Personen im Berufsleben verfügten über ein überdurchschnittlich hohes Haushaltsnettoeinkommen.*

- *wirkte mit steigender Kontaktzahl stark auf alle Werbewirkungsindikatoren ein.*

- *konnte in der Werbeerinnerung und in der Verwendung insbesondere bei der jungen Zielgruppe (14–29 Jahre), in der Werbungssympathie bei der jungen Zielgruppe und den Männern mit steigender Kontaktzahl sehr starke Zuwächse verzeichnen.*

- *registrierte, dass jedem Vierten der Befragten die Kampagne gut bis sehr gut gefallen hat.*

Kampagnenziele auf dem Prüfstand. Von welchen Faktoren hängt der Erfolg einer Kampagne schließlich ab? Es sind vielfältige wie Schneider/Pflaum feststellen,[116] wobei fünf immer relevant sein dürften. An einem Beispiel „Kauf eines Autos" lässt sich diese These untermauern:

- **Käuferverhalten** (z. B.: „Benötigt der potenzielle Käufer ein Auto oder muss ich ihn erst in eine Kaufstimmung versetzen?")

- **Konkurrenzsituation der Unternehmen** (z. B.: „Hat die Automarke eine Monopolstellung innerhalb der Branche inne oder zumindest in einem wichtigen Segment, das die Marke attraktiv macht?")

- **Bedeutung der Servicepolitik für den Kauf** (beispielsweise: „Kann die Marke mit besonderen Dienstleistungen aufwarten, etwa mit einem ersten kostenlosen Ölservice in der Nähe des Käufers?")

- **Umfang der Leistungsfunktion von Produkten und Dienstleis-**

tungen (z. B.: „Gibt die Marke für Teile des Autos eine weitreichende Garantie, die die Konkurrenz nicht bietet?")
• **Homogenität oder Inhomogenität der Produkte und Dienstleistungen** (z. B.: „Funktioniert das Konzept der Marke als eine
Einheit und damit als Qualitätswert in sich geschlossen?").

Anmerkungen

80 Die Produktions- und Sendeabwicklung wird von analoger auf digitale
Technik umgestellt. Dadurch kann u. a. schneller und flexibler auf Datenbanken, Beiträge und Musiktitel zugegriffen werden, wobei allerdings die
Hörfunkredakteure und Moderatoren ihre Sendungen inzwischen selber
fahren müssen (ohne Techniker).

81 Vorteile: hohe technische Qualität, interaktive Angebote wie Pay TV,
eCommerce, Homebanking, Zuschauerbeteiligung im Rahmen von Fernsehsendungen.

82 Das deutsche Fernsehen als Gemeinschaftsprogramm der ARD bedien-
te erstmals 1952 seine Zuschauer.

83 Analyse zur Vermarktung von Radiowerbung in Deutschland, 2002

84 ARD-Jahrbuch 04/05, 206

85 ARD-Jahrbuch 2001, 176

86 Quelle: Nielsen Media Research, Werbung in klassischen Medien. Aus:
http://ard-werbung.de, Zugriff: 12.12.2005

87 ARD-Jahrbuch 04/05, 206

88 In: Bayerische Landesmedienzentrale „Funkanalyse Bayern 2005"

89 ACNielsen Media Research, Stand: 30. März 2006

90 Einstein, Albert 1930. Aus: Eröffnungsrede Funkausstellung 1930

91 Aus: http://www.ard-radio-awards.de, Zugriff: 23.11.2005

92 Aus: http://www.rms.de, Zugriff: 23.11.2005

93 Quelle: Reader's Digest European Trusted Brands 2005

94 „Flights" ist ein Fachbegriff aus dem Marketing und bedeutet, dass zu
einem bestimmten Zeitpunkt/in einem Zeitraum Werbemaßnahmen intensiv betrieben werden.

95 Oesch, Emil (Schriftsteller und Verleger, 1894–1974). In: Zitatenhand-
buch 1986, 415

96 Schneider/Karl, Pflaum/Dieter 2000, 309

97 ma 2006 Radio I. In: http://www.agma-mmc.de, 1.3.2006

98 AGF/GfK Fernsehforschung. In: http://www.agf.de, 30.3.2006

99 Vgl. TV-Werbung für Einsteiger 2002, 22

100 ARD-Jahrbuch 2001, 369

101 KEF, 14. Bericht, Dezember 2003, 275

102 ARD-Werbung Sales & Services, 2005 (Telefonauskunft: 10.8.2005)

103 KEF, 14. Bericht, Dezember 2003, 272
104 Vgl. Bolls/Paul D., Lang/Annie, Potter/Robert F. 2001, 627–651
105 Vgl. Tsiotsou, Rodoula 2002
106 Vgl. Ching Biu Tse/Alan, Lee/Ruby P.W. 2001, 25–30
107 ARD-Werbung Sales & Services 2002, 4
108 ARD-Werbung Sales & Services 2002
109 ma 2002 Radio II
110 RMS „DasOertliche/Werbewirkungsweisen" 2002
111 RMS „DasOertliche/Basisdaten" 2002
112 Radio Advertiser of the Year, 2002
113 Statistisches Bundesamt Deutschland, 2002
114 Vgl. Schneider, Karl/Pflaum, Dieter, 2000
115 Vgl. Kromrey, Helmut 2001, 254
116 Nach: Schneider, Karl /Pflaum, Dieter (Hrsg.): Werbung in Theorie und
      Praxis, 178, M & S Verlag, Waiblingen 2000

5. Internet

5.1 Entwicklung und Gegenwartsbeschreibung der Internet-Economy

Die offizielle Geburtsstunde des Internets schlug im Jahr 1982, als ein verbindlicher Standard für Übertragungsprotokolle (TCP/IP) verabschiedet wurde und damit erstmals die Möglichkeit einer vergleichbaren Kopplung von Rechnersystemen zuließ. Bis zu diesem Zeitpunkt konnten Übertragungsfehler weder einheitlich erkannt noch logischerweise beseitigt werden. Dank dieses Standards wurden identische Methoden zur gemeinsamen Nutzung des „Netzes der Netze" fixiert. Als Folge dieser Übereinkunft schlossen sich immer mehr Computernetze zusammen, wobei neben den bestehenden Universitätsnetzen in den 90er Jahren kommerzielle Netzwerkbetreiber hinzukamen.

Zur Entwicklungsgeschichte. Von Ende 1969 bis zum Jahre 1990 unterhielten zahlreiche Universitäten eigene Forschungsnetze, die größtenteils aus dem Hochschul-Projekt „ARPANET" entstanden sind. Bei diesem Geburtshelfer handelt es sich um das US-Verteidigungsministerium: „The global Internet's progenitor was the Advanced Research Projects Agency Network (ARPANET) of the U.S. Department of Defense".[117] Das Verteidigungsministerium ließ gegen Ende der sechziger Jahre während des „Kalten Krieges" eine Netzwerktechnologie entwickeln, um auch im Fall eines Atomkrieges operieren zu können. Die „ARPA" wurde 1957 als Reaktion auf den Abschuss des ersten russischen Satelliten „Sputnik" gegründet.[118] Die ersten Bestrebungen, das Internet auch für kommerzielle Zwecke zu nutzen, liefen ab Mitte der 80er Jahre, wobei bis zum Jahr 1993 die Anzahl der ans Internet angeschlossenen Rechner sehr langsam zunahm. Zu einem Aufschwung kam es ab 1993, als das World Wide Web sowie der Webbrowser Mosaic eingeführt wurden. Etwa ab 1994 wird von einer „Kommerzialisierung" des multi-

mediafähigen WorldWideWeb gesprochen, wobei dessen Start-
zeitpunkt der 30. April 1993 ist, als das Europäische Labor für
Teilchenphysik CERN den www-Standard zur kostenlosen Nutzung freigab. Den www-Standard selbst entwickelte der Brite Tim
Berner-Lee im Jahr 1991.[119]

Auf einen Nenner gebracht ist das Internet das weltweit größte
Rechnernetz – eine Vernetzung voneinander unabhängiger Computernetze auf der Basis der TCP/IP-Protokollfamilie. In seiner
heutigen Ausprägung stellt das Internet aufgrund seiner technischen Möglichkeiten fünf wichtige Dienste zur Verfügung:

(1) das World Wide Web (WWW)
(2) den Mailaustausch
(3) den Filetransfer (FTP)
(4) den Terminalzugriff auf Rechner (Telnet)
(5) Newsgruppen (u. a. Zugriff auf Bibliotheken)[120]

Allerdings müssen Internet und Online-Dienste klar unterschieden werden, denn das Internet selbst weist keine medien-
spezifischen Eigenschaften auf.[121] Es realisiert allein den Datenaustausch zwischen Computern und Netzen durch dafür entwickelte Übertragungsprotokolle. Sehr wohl lassen sich dagegen
spezifische Online-Dienste wie eMail, UserNets oder World-
WideWeb (WWW) als einzelne Medien bestimmen:

• Ein **WWW-Browser** wird zur weltweiten Navigation durch diverse Bild-, Ton-, Film- und Textdokumente benötigt und erlaubt qualitativ hochwertige Recherchen.
• Eine **eMail** (elektronische Post) dient zum Versenden und Empfangen von Nachrichten.
• Innerhalb von **UserNets** (sog. „öffentlichen" Newsgruppen)
werden Informationen, Fragen und Stellungnahmen ausgetauscht.

Unter dem Aspekt „Medien und Öffentlichkeit" wird aus politischer Sicht das Internet unter dem Stichwort „neue Basisdemo-
kratie" diskutiert, eine durchaus nachvollziehbare Einschätzung,
wenn man die individuellen Mitteilungs- und Empfangsmöglich-
keiten eines jeden Nutzers betrachtet.[122]

Die Entwicklung der **Onlinenutzung** in Deutschland vollzog sich langsam, aber stetig anwachsend. 1997 waren nur 6,5 % der Personen ab 14 Jahren im Netz; erst ab dem Jahr 2000 (28,6 %) zogen die Nutzerzahlen kontinuierlich an, um schließlich in 2005 bei 58 % (37,5 Millionen Bundesbürger) einen vorläufigen Höhepunkt zu erreichen. Bundesbürger, die Online sind, verweilen täglich durchschnittlich 123 Minuten (Mo.–So.) im Internet.[123] Wie lässt sich dieser Aufschwung erklären?

- **Überzeugende Anwendungen:** Die im Internet angewendeten Online-Dienste fördern einzigartig die globale Kommunikation über alle Ländergrenzen und Erdteile hinweg. So wird z. B. Electronic Commerce zu einem wesentlichen Vertriebsweg des Handels ausgebaut. Im Gegenzug wird je nach Einsatzgrad dieser Anwendung Personal in den beteiligten Unternehmen abgebaut, da deren Tätigkeiten durch den elektronischen Handel eingespart werden.

- **Wertvolle Inhalte:** Information, Unterhaltung und verbraucherfreundliche Services wie Homebanking und -shopping zählen zu den begehrten Angeboten. Sportinformationen, Spiele und Musikabrufe haben sich zu einem selbstverständlichen Bestandteil des Internetdaseins entwickelt. Bis zum Jahr 2010 sollen rund 70–75 % der bundesdeutschen Erwachsenen (ab 14 Jahre) online sein.

- **Preiswürdige Kostensituation für den Nutzer:** Multimedia hat in den letzten Jahren die Preisentwicklung auf dem Hardware- und Softwaremarkt begünstigt. Die Verkaufspreise für onlinefähige Computer mit DVD-Laufwerken wurden drastisch reduziert. Hinzu kommt, dass kaum noch ein PC ohne integriertes Modem und DVD-Laufwerk ausgeliefert wird.

- **Qualitative Weiterentwicklung der Netzinfrastruktur:** Der Grad der Digitalisierung des Netzes ist in Deutschland stark vorangeschritten. Heutzutage können komplexe Multimediaanwendungen mit Echtzeit-Bewegtbildern über das Telefonkabel verbreitet werden.

- **Marktdurchdringung mit Hard- und Software:** Im Jahr 2003 waren ca. 85 von 100 Haushalten mit PCs ausgestattet[124] und konnten so theoretisch das Internet nutzen.

- **Akzeptanz und Nutzung:** T-Online verzeichnet zum Jahresende 2005 14,0 Millionen Mitglieder allein in Deutschland. AOL, der weltweit größte Online-Dienst, hat mittlerweile rund 25 Millionen Kunden, davon über 2,6 Millionen in Deutschland. Dies sind weit mehr Teilnehmer, als die Gemeinschaftsauflage der führenden US-amerikanischen Tageszeitungen ausmacht. Gerade die Altersgruppe der 40–59-Jährigen wird hierzulande täglich am Arbeitsplatz mit dem Internet konfrontiert.

Das Forum Internet gewann ab 2002 zunehmend an ökonomischer Bedeutung und meldete nach einer langen Phase des Pessimismus einen Aufwärtstrend, wobei die wirtschaftlichen Perspektiven des Internets für viele Unternehmen ernüchternd sind. Bestätigt wird allerdings der Trend, das Internet intensiv als Marketinginstrument zu nutzen, auch durch die steigenden Werbeumsätze. Von Januar bis November 2005 wurde in Deutschland Online-Werbung im Wert von insgesamt 359,2 Millionen Euro geschaltet (32,9 % mehr als im Vorjahr).[125] Nach der ersten Boom-Phase des Internets war die „New Economy" in großen Teilen weggebrochen, zwischenzeitlich schreiben zahlreiche an der Technologiebörse Nasdaq notierte Online-Firmen Gewinne: Versender „Amazon", Portale wie „T-Online" und „Yahoo", Reiseveranstalter „Lastminute" und Flohmarkt „eBay" (rund 55 Millionen Kunden nutzen inzwischen weltweit diese Tauschbörse, einschließlich Unternehmen wie IBM oder Disney). Gerade junge Menschen präferieren das Internet und so ist es nicht verwunderlich, dass etwa die angesehene „New York Times" inzwischen mehr Online-Leser statt Zeitungsleser hat. Damit nicht genug: in 2004 fuhr die Printausgabe der „New York Times" sogar Verluste ein, während ihr Online-Auftritt einen Gewinn von 30 Millionen Dollar erzielte. Das Internet entwickelt sich mehr und mehr zu einem Vertriebsmedium, zumal zum papierbevorzugten Lesen die Bildschirm-Seiten bei Bedarf denkbar einfach ausgedruckt werden können.

Zwar erlangen Online-Unternehmen wieder das Vertrauen von Investoren und der Anteil der Online-Käufer nimmt kontinuierlich zu, doch die Zahl der Anbieter ist geschrumpft. Zahlreiche Gründer sind zu früh gestartet; häufig waren ihre Geschäftsideen noch nicht ausgereift und die Nutzer nicht bereit, für Dienstleistungen zu zahlen. Möglicherweise wären die Gewinnmeldungen schneller gekommen, wenn das Netz in der Vergangenheit nicht so häufig überlastet und die Bestellvorgänge – einschließlich Bezahlwesen – zügiger und vor dem Zugriff fremder Personen sicherer abgelaufen wären. Viele Auftritte wurden nicht einmal wenigstens nach der vierstufigen, allgemein gebräuchlichen „AIDA"-Formel der Marketinglehre gestaltet (s. Abb. 11), häufig wurden konfuse Ideen zu Highlights hochstilisiert. Zweifellos hätten zahlreiche Domain-Betreiber von der AIDA-Strategie profitieren und damit die Internetnutzer durch einen professionellen Auftritt überzeugen können.

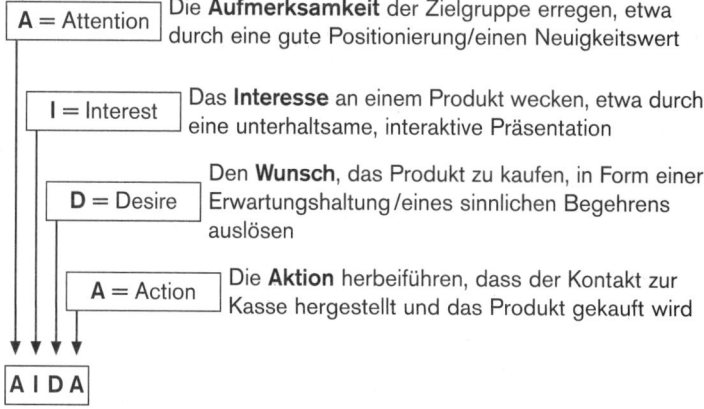

Abb. 11: Die AIDA-Formel (Quelle: In Anlehnung an die Werbe-Faustformel von Elmo Lewis 1889, zitiert nach Schneider 2000, 228 f.)

Experten gehen davon aus, dass mittlerweile mehr als sechs Milliarden Webseiten ins Internet gestellt wurden und mehr als 45 Millionen Domains (eingetragene Internet-Adressen) registriert sind.[126] Täglich soll das Netzwerk um sieben Millionen Seiten wachsen. Zu den neuen Gatekeepern unserer Informationsgesellschaft, zu der inzwischen über 600 Millionen Menschen weltweit zählen, wurden die Suchmaschinen gekürt. Sie allein entscheiden bei einer Anfrage, welchem Anbieter eine Pri-

orität einzuräumen ist. Was sie nicht als Treffer anbieten, existiert
nicht! Die Nutzer der Suchmaschinen wissen in der Regel nicht,
dass sich diese durch Sponsoring, Werbung und „verkaufte Treffer" finanzieren („Google" empfiehlt z. B. bei jeder Suchanfrage
seinen Kunden den Buchversand „Amazon" und den virtuellen
Flohmarkt „eBay").

5.2 Online-Nutzerforschung in Deutschland

Marktforschungen dienen als Grundlage jedes Beratungspro-
zesses und als Hintergrundwissen für Beurteilungen hinsichtlich des Konsumverhaltens einer potenziellen Zielgruppe. Bei
den Untersuchungen zu Verhalten und Einstellungen der Nutzer von Medien geht es sowohl um quantitative Analysen (Reichweiten) als auch um qualitative zu Akzeptanz, Erinnerung und
Präferenz von Medieninhalten. Bei den repräsentativen, in der
empirischen Sozialforschung anerkannten Internet-Studien, die
in regelmäßigen Abständen erhoben werden, handelt es sich in
erster Linie um folgende:
• Die ARD/ZDF-Onlinestudie
• Die Studie der ag.ma zur Internet- und Onlinedienstnutzung
• Den GfK Onlinemonitor und die GfK Web*Scope-Studie
• ACTA (Allensbacher Computer- und Technik-Analyse)

Onlinenutzer ab 14 Jahren in Deutschland (mindestens einmal wöchentlich, in %)		
	Gesamt 2004	Gesamt 2005
Versenden/Empfangen von E-Mails	76	78
Zielgerichtet bestimmte Angebote suchen	51	53
Zielloses Surfen im Internet	45	50
Homebanking	37	37
Download von Dateien	19	23

Abb. 12: Onlineanwendungen 2004–2005 (Quelle: ARD/ZDF-Online-
Studien 2003–2005. In: Media Perspektiven 8/2005)

Im Jahr 2005 waren mehr als 37,5 Millionen Menschen in Deutschland gelegentlich im Netz (vgl. ARD/ZDF-Online Studie 2005), das sind rund 58 % der Bevölkerung ab 14 Jahre. Aus der Analyse „ACTA 2005" des Instituts für Demoskopie Allensbach geht hervor, dass der Kreis der Online-Käufer weiter wächst und im Jahr 2005 auf 50 % gestiegen ist.[127] Darunter fallen Bestellungen für Bücher, CDs, Reisen und Kleidung, aber auch Online-Banking. Insgesamt sind die beliebtesten Anwendungen nach der eMail-Kommunikation das zielgerichtete Suchen bestimmter Angebote und zielloses Surfen im Internet (s. Abb. 12, S. 130).

Weitere Internet-Studien liefern wichtige Erkenntnisse, um einen Kunden zu beraten. Besonders erwähnenswert ist die seit 1997 von der ARD/ZDF-Medienkommission mit großem Aufwand jährlich in Auftrag gegebene Online-Studie, die die Internetentwicklung innerhalb der bundesdeutschen Bevölkerung untersucht. Aktuell erfahren wir für das Jahr 2005 u. a., dass

- eine Sättigung des Marktes nicht abzusehen ist,
- vermehrt ältere Menschen und Nicht-Berufstätige den Weg ins Netz finden,
- die Ansprüche an Webangebote erkennbar gestiegen sind,
- das Internet vorwiegend für Informationen zum aktuellen Tagesgeschehen, als Wissensplattform sowie als Service- und Ratgebermedium eingesetzt wird,
- das Internet auch sehr intensiv zuhause genutzt wird,
- jeder fünfte Onliner (19 %) bereits mobil im Netz gewesen ist (über Handy oder Laptop),
- die meisten Nutzer gezielt ihre Lieblingsadressen ansteuern bzw. in einer Suchmaschine fündig werden.[128]

Das Internet ist zu einem Alltagsmedium geworden und wird von den Nutzern nahezu täglich eingesetzt. Bedeutender noch als der erneute Anstieg der Nutzerzahlen ist die qualitative Veränderung der Internetnutzung. Weite Teile der Bevölkerung befinden sich heute in der Phase der Kompetenzgewinnung, der zunehmenden Versiertheit im Umgang mit den neuen Medien. Die Internetnutzung verbreitert sich und wird intensiver, wobei im World Wide Web[129] konträr zum Fernsehkonsum gezielt nach

Informationen gesucht wird (dagegen ist das Fernsehen ein aus der Sicht der Rezipienten weitgehend „passives" Medium, abgesehen z. B. von Zuschauergewinnspielen). Auffällig ist allerdings nach vorherrschendem Erkenntnisstand, dass die Nutzer nicht bereit sind, für Informationen Entgelte zu entrichten, solange diese Informationen außerhalb des Internets gratis angeboten werden.

Zum Thema **eCommerce**[130] einige Anmerkungen: Kurzfristig wird diese Anwendung zum Normalfall werden sowohl für die Verbraucher als auch im Business-to-Business-Bereich. Der globale virtuelle Marktplatz hat die Funktion einer traditionellen Messe oder eines Einkaufscenters mit zahlreichen, vom Angebot her vergleichbaren Ladengeschäften übernommen, wo Informationen ausgetauscht und Geschäfte abgeschlossen werden.

Besonders im Musiksektor wird durch das Internet der Tonträgerverkauf forciert: Kunden können sich vor einer Kaufentscheidung Ausschnitte eines Titels anhören und bekommen dann die bestellten Tonträger durch einen Transportdienst zugestellt. Zahlreiche Branchen (z. B. die Banken) haben erkannt, dass computer-gesteuerte, über ein Netzwerk verbundene Geschäftsbeziehungen finanziell günstiger zu unterhalten sind als Arbeitsplätze, die mit Menschen besetzt sind. Dass eCommerce eine Zukunft hat, unterstreicht die GfK (=Gesellschaft für Konsumforschung)- Web*Scope-Studie: Im Jahr 2005 wurden im Internet Waren für ca. 13 Milliarden Euro umgesetzt; das Wachstum gegenüber den Vorjahren entstand durch mehr Käufer und häufigeres Einkaufen.

Immer mehr Verbraucher entscheiden sich für den bequemen Online-Kauf; die umsatzstärksten Web-Anbieter waren in 2005 (Rangfolge 1–10): eBay, Amazon, Otto, Quelle, Neckermann Versand, Die Bahn, Tchibo, DELL, Weltbild und Hotel Reservation Service.[131]

Zur **emotionalen Wahrnehmung** von Web-Seiten liegt eine Eye-Tracking-Webseitenstudie[132] vor, die für Betreiber von Internet-Domains wichtige Erkenntnisse liefert.[133] So mussten Probanden Internet-Content-Seiten (systematisch inhaltlich zusammenhängende Seiten)[134] bundesweit erscheinender Presse-

publikationen wie „Amica", „Bild", „Focus" und „TVToday" sowie Branchenseiten von umsatzstarken Unternehmen wie Audi,
BMW, Yahoo, ARD und RTL innerhalb weniger Sekunden ge-
wahr werden. Während dieses Vorganges wurden hauptsächlich
folgende Wahrnehmungsmuster registriert:

- Internet-Nutzer achten besonders stark auf die linken und obe-
  ren Teile einer Website.
- Bilder werden in den ersten Sekunden beim Betrachten einer
  Website stärker beachtet als Texte; ein Text erst nach ungefähr
  fünf bis sieben Sekunden (dann allerdings zu Lasten des Bild-
  materials).
- Werbebanner (statisch) werden im Gegensatz zu Fotografien
  vergleichsweise schwach zur Kenntnis genommen.
- Inhalte von Webseiten werden von Männern und Frauen unterschiedlich aufgenommen. Frauen schauen stärker auf die Text-
  elemente, Männer achten besonders auf das Bildmaterial.

Eine zusätzliche Variante, bereits bestehende Websites zu testen, bietet die so genannte **Internet Clinic**. Generell besteht diese Untersuchung aus fokussierten Einzelinterviews: Die User sit-
zen an einem PC und haben Zugang zur Website, die analysiert
werden soll. Sie werden aufgefordert, auf die Website zu gehen
und dort bestimmte Themen zu finden, Informationen zu suchen,
Links zu benutzen etc. Währenddessen findet ein Tiefeninterview
statt, d. h. die User sollen ihre Gedanken, Gefühle zur Website,
zum Suchvorgang etc. berichten. Gleichzeitig wird auch ihr (non-
verbales) Verhalten beobachtet.

Aus der Perspektive der deutschen Unternehmen wird das
Internet ebenfalls zunehmend eingesetzt. Wie das Statistische
Bundesamt meldet, nutzten Ende 2004 78 % der deutschen Unternehmen einen Internetzugang. Relativ zu allen Mediengattungen betrachtet, ist das Internet das am schnellsten wachsende Medium aller Zeiten und zu einem Alltagsmedium geworden;
Zuwachsraten vermeldet auch die werbetreibende Internet-Wirt-
schaft; immer mehr Werbeerlöse aus Stellenangeboten, Ge-
brauchtwagen-, Immobilien- oder Kontaktanzeigen driften ab
ins Netz, und zwar massenhaft und unwiderruflich.

5.3 Einsatzmöglichkeiten von Internet-Dienstleistungen

Hervorzuheben in der Jetztzeit: Kein anderes Medium stellt so schnell zielgerichtete Informationen bereit wie die weltgrößte Datenbank, das Internet. Und in keinem anderen Massenmedium produzieren und publizieren die Nutzer eigene Texte und Bilder in riesigem Umfang – zugänglich für die große Allgemeinheit. Ein gutes Beispiel für eine basisdemokratische Handlungsweise ist die freie, häufig von Laien gepflegte Online-Enzyklopädie Wikipedia, die sämtliche am Buchmarkt existierenden Enzyklopädien an Darstellungsfülle aussticht: Rund eine Million Beiträge zu Wissensstoffen aller Disziplinen wurden seit 2001 in mehr als 100 Sprachen von Wikipedia-Nutzern verfasst.

Aus Sicht der meisten Unternehmen ist das Internet mit dem World Wide Net ein Kommunikationsmedium mit einem zusätzlichen Absatz-/Distributionskanal, wobei der Vertrieb klassischer Produkte zu externen Geschäftspartnern oder Kunden gefördert werden soll (intern können die Unternehmensmitarbeiter über das so genannte Intranet miteinander kommunizieren).

Der Markt beim Handelsverkehr unterscheidet zwischen den Business-to-Consumer- (=Endverbraucher-) und den Business-to-Business- (=Geschäftskunden-) Zielgruppen. Im Weiteren sehen die Unternehmen eine Online-Ergänzung als ein wichtiges Instrument zur Kundenbindung. Dabei sind den Anbietern der Websites von Nutzen:
- Tempo (schnell und flexibel im Austausch mit den Usern)
- Reichweite (weltweite Präsenz)
- geringe Kosten bei Veröffentlichungen (im Gegensatz zur klassischen Werbung)
- jederzeit erreichbar (around the clock)
- weltweiter Zugang zu Informationen, z. B. über Archive von Nachrichtenagenturen, Behörden, Printmedien, Unternehmen und Verbänden und themenbezogene Links (z. B. Texte, Bilder, Grafiken)

- Multimedia-Qualität (Integration von Animation, Audio und Video; ein Beispiel: Videobeiträge der ARD-„Tagesschau" können über das Internet abgerufen werden)
- Direkte „indoor"-Einkaufs- und Buchungsmöglichkeiten
- Interaktive Dienste (z. B. Veranstaltungsführer)[135]
- Kommunikationsdienste (z. B. eMail und Chat einschließlich Responsemöglichkeiten, etwa Lesermeinungen zu Publikationen)
- kostengünstiges Schalten von Anzeigen
- unendliche Marketinginstrumente (Firmendarstellung, Produktpräsentation), ergänzt durch Hör-, Lese- und Sehproben, um Kundenbeziehungen zu intensivieren
- als Verkaufsmedium via Online-Bestellung/Stichwort „eCommerce" (sowohl im Endverbrauchermarkt als auch Business-to-Business)
- als Vertriebsmedium (zum „Downloaden" etwa von Produkten wie Musik im MPEG-Format, eBooks und e-Zeitungen, eRadio und eTV)
- Transaktionsdienste (beispielsweise Online-Banking, kostenpflichtige Suchaufträge, Maklertätigkeiten oder Administration von Abonnements)
- Rechercheunterstützung durch Suchmaschinen, die dem Nutzer bei der Anfrage nach Internet-Adressen helfen (z. B. Google oder Lycos)
- kostengünstige Telefontarife im Web und bei Video Conferencing durch Telefon-Netzwerkprovider.[136]

Neben diesen Beispielen ist der **Preis- und Platzvorteil** wertvoll, den Hilmer neben den erwähnten Aktualitäts- und Zugriffsvorteilen aus der Sicht der klassischen Medien beschreibt:
- „**Preisvorteil:** Online bereitgestellte Daten benötigen keinen Informationsträger, der ständig neu produziert und entsorgt werden muss (z. B. Papier), sie sind zudem in der Regel billiger zu transportieren ...
- **Platzvorteil**: ... Hier ist das Beispiel Enzyklopädie zu nennen, ein weiteres sind Telefonbücher. Gut 100 verschiedenen Regionalausgaben von Telefonbüchern gibt es in Deutschland, selbst

die meisten Postämter verfügen nicht über die Lagerfläche, um alle Exemplare auf Vorrat zu halten."[137]

Außerdem sind noch zwei weitere Vorteile zu berücksichtigen, die eine große Bedeutung besitzen:

• Ein **Kundenprofilvorteil**: Das Medium Internet ermöglicht es den Unternehmen, erstmals unauffällig die Interessen und Einkaufsgewohnheiten ihrer Klientel nachzuverfolgen. Jeder Customer hinterlässt seine Fährte bereits beim Begutachten und beim Kauf von Produkten.

• Ein **ökologischer Vorteil**, der sich allein schon aus der Einsparung von Papier – und damit von Rohmaterialien wie Holz, Stroh etc. – ergibt.

Letztlich kommt bei den Einsatzmöglichkeiten hinzu, dass das Internet auch unterwegs per Handy abrufbar ist. So wird das Mailen, Surfen und Chatten immer einfacher und die **SMS** zu einer besonders wirksamen Werbeform, denn der Empfänger fordert solche Werbebotschaften aktiv an (gibt hierzu zuvor sein Einverständnis ab). Nicht zu verwechseln mit so genannten „Spams", also unerwünschten eMails, die die Verbraucher hartnäckig und unvorhersehbar belästigen. **Mobiles Marketing** findet Einzug in den Mediamix zahlreicher Unternehmen, und das Mobiltelefon übernimmt die Rolle des interaktiven Rückkanals für klassische Radio-, TV- und Plakatwerbung oder im Kontext mit Gewinnspielen auf Markenverpackungen. Bundesweit waren im Jahr 2004 72 % der deutschen Haushalte mit Mobiltelefonen ausgestattet (vgl. Angaben Statistisches Bundesamt unter: www.destatis.de).

Nonlineare Medien – insbesondere mobile Entertainment-Formate – werden immer gefragter und können im Internet beworben und heruntergeladen werden. Lösungsansätze für eine vernetzte Produktion und Vermarktung von Formaten (durch den Einsatz einheitlicher Medientechnologien) im Bereich mobiler Unterhaltung werden sowohl von Film- und Fernsehproduzenten als auch von Musikherstellern und Spieleentwicklern dringend gesucht; der Markt für Mobile Games und Mobile Videos boomt. Das Bundesministerium für Bildung und Forschung fördert in Potsdam in Zusammenarbeit mit dem Land Brandenburg an der Hochschule für Film und Fernsehen „Konrad Wolf" das „Innovationsforum nonlineare Medien" (s. http://innovations-forum.hff-potsdam.de). Denn: Interaktivität ist „in", der Spiele-markt boomt auch in Deutschland und setzt jährlich mehr um als die einheimische Filmindustrie, wenngleich auch die meisten Spiele im Ausland produziert werden. Deshalb laufen an der HFF Potsdam, wie an wenigen anderen Hochschulen auch, Bemühun-gen, in die Ausbildung die Themen „Format- oder Spieleentwick-lungen" zu integrieren (vgl. Wiedemann, Dieter 2005).

Innerhalb des unermesslichen Reichtums von Online-Informa-tionen hat sich ein Schlüsselbegriff etabliert: **Pay-for-Content**, der den Begriff „Crossmedia" (vernetzte Konzepte zur gebündelten Nutzung von Synergieeffekten zur Steigerung etwa von Abver-käufen eines Produktes) teilweise abgelöst hat. „Pay-for-Content" basiert auf dem Gedanken, dass kostenlose Angebote im Internet weder Qualität noch Verlässlichkeit garantieren. Beim **News Pa-per-Content** kassieren z. B. etablierte Zeitungen („El País", Mad-rid; „Le Monde", Paris; „South China Morning Post", Hongkong oder „Wall Street Journal", New York) Entgelte beim Nutzer für ihre ins Internet gestellten Printseiten und Archive. Eine weitere Anwendungsmöglichkeit des Pay-for-Content wäre **Mobile Con-tent**, wobei der Nutzer mittels eines mobilen Endgerätes gegen Bezahlung z. B. Klingeltöne und Logos herunterladen, aber auch Videoclips und mobiles TV empfangen kann.

Unter **Crossmedia** werden Imagetransfers verstanden, die von einem Muttermedium aus initiiert werden und Töchtermedien einbeziehen. Im Zuge der integrierten Kommunikation können alle Medien, aber auch weitergehende Marketing- und Werbe-mittel eingesetzt werden: Fernsehen, Radio, Print, Kino, Internet, Außenwerbung (wie Plakat) sowie beispielsweise Dialog-Mar-keting, Vertriebsmaßnahmen und PR-Veranstaltungen. Wie me-dienübergreifend eine Cross Media-Kampagne ausfallen kann, zeigt nachfolgendes Beispiel: Der Online-Vermarkter IP Newme-dia (RTL-Tochter) hat gemeinsam mit seinem Kunden Schöller eine nationale Mövenpick-Kampagne für „Unser Wintereis des Jahres" (2002) geschaffen. Im Internet waren bei den RTL Fernsehtochtergesellschaften klassische Banner und kreative Pop-Ups zu sehen, im Fernsehen wurden TV-Spots und Promotiontrailer geschaltet und auf Internetseiten von Frauenzeitschriften wie z. B. „brigitte.de" erschienen Querhinweise auf die Mövenpick-Aktion in der RTL World. In der bereits erwähnten ARD/ZDF-Online-Studie 2005 wird z. B. belegt, dass Internet-Auftritte von Hörfunk- und Fernsehsendern die Programmnutzung stimulieren und dass die Medien unterschiedliche Bedürfnisse pflegen. Das Internet ergänzt die klassischen Medien, wobei die Ansprüche der Nutzer an die Webangebote deutlich gestiegen sind; eine Verdrängung von Fernsehen und Hörfunk durch das Internet findet nicht statt.

Von zunehmender Bedeutung werden das **Internet-Fernsehen** und das **Internet-Kino**. Beim Internet-Fernsehen stellen Sender ihre Programme auf Internet-Servern kostenlos oder kostenpflichtig zur Verfügung; die Nutzer können aus dem Angebot entweder ein Programm live abrufen (durch so genanntes livestreaming direkt verfolgen) oder ein bereits gespeichertes Programm abrufen (durch so genanntes on-demand). Prominentester Vorreiter ist hier die britische Sendeanstalt BBC; sie bietet ihre Programme zeitversetzt zum Herunterladen an. Heutzutage werden für ein zeitversetztes Betrachten insbesondere „Nachrichtenstreams", „Videoclips", „Trailer", „Erotikangebote" und „Spiele on Demand" abgerufen. In Bälde werden zahlreiche Unternehmen Formate wie „Business-TV" oder „E-Learning-Angebote" online in einer akzeptablen Übertragungsqualität in Realtime übertragen. Fortlaufend werden aber auch eigene „de.Sender" unter Namen wie „steuer-tv.de" oder „tanzschul-tv.com" gegründet, die in Kürze ihren Programmbetrieb aufnehmen wollen. Dotcom-Fernsehen lässt sich im Gegensatz zum herkömmlichen Fernsehen verhältnismäßig kostengünstig auf Consumer-Videobasis produzieren. Anders verhält es sich beim Internet-Kino, wo Telekommunikationsanbieter wie „Arcor" oder „T-Online Vision" bzw. Suchmaschinen wie „Google" und „Yahoo" Hunderte von Filmen zum Downloaden anbieten. Technische Probleme bereiten allerdings immer noch die langen Download-Zeiten und die häufig nicht perfekte Qualität der zumeist älteren Filme.

5.4 Fallbeispiel: Relaunch eines Internetauftrittes
(Kunde: Behörde des Freistaates Bayern)

5.4.1 Beratungsleistungen für den Kunden durch eine Internet-Agentur

Im Vorfeld einer Geschäftsbeziehung ist es ratsam, zu prüfen, wie viele Abschlüsse bei welchen Umsatzzahlen in welchen Zeiträumen mit dem Kunden möglich sein können. Ein solches Hintergrundwissen kann im Rahmen von finanziellen Angebotsverhandlungen sehr hilfreich sein: So kann z. B. bei einem Stammkunden, der in einem schlechten Geschäftsjahr um Preisnachlässe bittet, diese eher gewährt werden, wenn im Folgejahr neue Aufträge zu regulären Marktbedingungen winken. Anhand von Unternehmensbroschüren, Geschäftsberichten oder durch das Internet kann ein Bedarf und somit ein zukünftiges Potenzial bewertet werden.

Unter dem Strich gesehen ist dabei ein Kunde mit langjährigen Perspektiven und stetigen Auftragsvergaben höher einzuschätzen als eine einmalige Beauftragung zu vortrefflichen Konditionen. Tatsächlich ist das Fallbeispiel – eine Behörde des Freistaates Bayern – mit den Jahren zu einem Premiumkunden geworden, der höchste Beachtung und Wertschätzung verdient.

Internetauftritte von Behörden, Institutionen und Unternehmen werden üblicherweise auf zwei Wegen betreut und realisiert:

• Durch eine hausinterne Organisationseinheit (unter Leitung eines Webmasters)
• Durch eine externe Agentur (zumeist PR- oder Internet-Agentur).

Ausgangspunkt der Herangehensweise im Zuge der Beratungsleistungen ist die Konzeptionsphase. Sie dient der eigentlichen Entwicklung eines Dienstes und macht den tatsächlichen Umfang des Projektes sichtbar. Es werden z. B. Marktanalysen, Alternativen und Varianten entwickelt und getestet sowie Anspruchsgruppendialoge geführt.[138] Erfolgreiche Unternehmen sammeln eigenständig Daten über ihre Kunden und werten diese systematisch aus, um ihre zukünftigen Angebote an den Wünschen und Ansprüchen ihrer Klientel konsequent auszurichten. Jede Information über ein Produkt (auch eine Reklamation), die im Kontakt mit dem Kunden auftaucht, kann für einen maßgeschneiderten Verkaufserfolg wichtig sein.

In deutschen Landen sprechen wir schon längst nicht mehr über das Für und Wider eines Internetauftritts, sondern über das Wie. Es geht um die Innovationskraft und Zukunftsvitalität der Marken und um die Chance, in diesem vernetzten Markt federführend zu sein. Bei manchen Marken geht es vordergründig um Imagegründe, bei anderen kommen kommerzielle Aspekte hinzu.

Das Ansinnen, eine alte Marke zeitgemäß zu kommunizieren, ist bekannt, denn die Mehrzahl der Internetauftritte wurde in den 90er Jahren häufig mit der heißen Nadel gestrickt. Deutlich weist Hilmer bereits 1999 auf dieses Manko hinsichtlich der Online-Darstellung von Printmedien hin: „Die Anfangsphase war gekennzeichnet durch Unsicherheit in der Inhaltsdarstellung und den Wunsch, das gewohnte Layout des Printprodukts möglichst identisch auf den Bildschirm zu bringen".[139]

Der Kundenauftrag an die Agentur war eindeutig: Verwandeln Sie den gegenwärtigen Internetauftritt der bekannten Marke (Behörde) in eine zeitgemäße Darstellung mit einem starken Profil und klaren Aussagen.

Gegenwartsnah, in schwierigen Zeiten, kann sich weder ein Unternehmen, geschweige denn eine Behörde einen Stillstand oder einen Rückschritt des Informationstransportes leisten. Ohne Innovationen liegen Kundenbeziehungen zügig brach, lässt sich eine Marke kaum noch von einer anderen unterscheiden.

Für den Kunden stand fest, dass der staatliche Internetauftritt einen eindeutigen Informationscharakter haben musste, in gewisser Weise vergleichbar mit den bisher vorliegenden Printangeboten (z. B. Informationsbroschüren) der Behörde. Unterstützt wurde dieser Anspruch durch das Bewusstsein, dass das Internet als Nachrichtenquelle rasch an Bedeutung gewinnt und die Abrufe politischer Meldungen konstant bleiben, wie der Abb. 13 (s. u. S. 139) „Gezielte Informationssuche im Internet" zu entnehmen ist. Ferner wurden im Rahmen der Beratungen weitergehende Ziele etabliert:

- *Für den Nutzer sollte der Relaunch klare Vorteile bringen, wie bessere Gliederung, schnellere Zugriffe auf einzelne Informationen und leichtere Handhabung des Auftrittes.*
- *Die Politikdarstellung und Verwaltungsaufgaben der Behörde sollten mit dem Relaunch unterstützt, möglichst sogar verstärkt werden. Insbesondere ein papierloser Transport von Informationen sollte die Verwaltung entlasten (beispielsweise sollten behördliche Antragsformulare nicht mehr verschickt, sondern beim Besteller heruntergeladen werden).*
- *Der Relaunch sollte in kurzer Zeit (innerhalb von vier Wochen) mit neuen Inhalten und einem veränderten Design aufgeladen werden.*
- *Das Ergebnis des Relaunchs sollte mittelfristig Bestand haben (ein Zeitraum von 2–3 Jahren wurde anvisiert).*
- *Schließlich sollten durch die klassischen Medien (hauptsächlich Print) und durch eine Platzierung in diversen Suchmaschinen auf den Internetauftritt der Behörde flankierend hingewiesen werden (gerade Suchmaschinen-Marketing gewinnt zunehmend an Bedeutung), damit dieser in der Masse der Veröffentlichungen ausreichend registriert wird.*

Gezielte Suche/häufiger, ab und zu (Basis: Deutschland, 14–64 Jahre)		
	2004 (%)	2005 (%)
Informationen für Beruf, Ausbildung	29,0	32,0
Informationen über Reiseziele	27,0	30,0
Produktinformationen	24,0	27,0
Fahr- und Flugpläne	23,0	26,0
Aktuelle politische Nachrichten	21,0	21,0
Aktuelle Wirtschaftsmeldungen	15,0	15,0
Fernsehprogramme	9,0	9,0

Abb. 13: Informationsabrufe im Netz (Quelle: „ACTA 2005", Institut für Demoskopie Allensbach)

Gemäß der erwähnten Kundenvorgaben und untermauert mit Forschungsergebnissen aus Online-Studien wurde eine sachgerechte und finanziell angemessene Dienstleistung für die Behörde konzipiert (vgl. Kap. 5.4.3).

5.4.2 Budgetkalkulation/Preisfindung

Obgleich Medienprodukte einen künstlerisch-kreativ-geistigen Hintergrund haben, werden sie dennoch auf Märkten zuallererst nach Wettbewerbsprinzipien hergestellt, um einen Gewinn für den Produzenten des Produktes zu erwirtschaften. Im Vordergrund unseres Denkens muss stets das **Wirtschaftlichkeitsprinzip** – das so genannte ökonomische Prinzip – stehen. Laut Schumann/Hess „fordert es, so zu handeln, dass ein bestmögliches Verhältnis zwischen Güterverbrauch (Output) und Güterentstehung (Input) erreicht wird."[140] Anders ausgedrückt: Die Preise sollten den Produzenten in die Lage versetzen, die für die Produktion eingesetzten Ressourcen mit Gewinn zu veräußern.

Dazu stellt Beck fest: „Ein Unternehmer muss Gewinne erwirtschaften; deswegen sind Kosten und Erlöse seine zentralen Größen, auf die er achten muss".[141] Unterstellen wir einmal weiter, dass er den Marktpreis seiner Produktion nicht beeinflussen kann. Damit sind seine Erlöse durch den Preis definiert. Entscheidend für ihn ist, dass der Preis, also der Erlös pro Stück, über den Kosten pro Stück liegt. Der Preis ist ebenso immer Indikator für die Wertschätzung eines Produktes. So gibt der Kunde spätestens an der Ladenkasse bekannt, ob er bereit ist, das Produkt zu dem Preis zu erwerben. Aufgrund dieser Erkenntnis führen beispielsweise die Handelskonzerne längerfristige Marktuntersuchungen durch, um Produktpreise maximal auszureizen.

In diesem Kontext wird deutlich, dass „zu den bedeutendsten unternehmerischen Entscheidungen die Frage gehört, wie und in welcher Höhe Erlöse zur Finanzierung der Geschäftstätigkeit erzielt werden sollen".[142] Die Preisfestsetzung kann sich an den Produktionskosten, an der Nachfrage, an dem Verhalten der Wettbewerber und/oder an Interdependenzen innerhalb von Produktlinien orientieren.

Ein kluger Unternehmer wird bei steigenden Preisen versuchen, seine Produktkapazitäten zu erhöhen, denn diese Entscheidung führt zu steigendem Angebot, wodurch höhere Gewinne zu erwarten sind. Bei sinkenden Preisen wird er die Produktion einstellen, wenn die Kosten unter dem zur Kostendeckung erfor-

derlichen Preis liegen. Diese Situation ist z. B. aus der Automo-
bilbranche her bekannt: Je nach Nachfrage fahren die Hersteller
zusätzliche Schichten, reduzieren diese oder stellen die Produktion bestimmter Fahrzeugtypen ein.

Für die Internet-Unternehmen zählt – wie bei allen Branchen
üblich – das Vertrauen in Markt und Wettbewerb zu den festen
Nennern, die bei einem Preisfindungsprozess zunächst ins Ge-
wicht fallen. Im Gegensatz zu vielen anderen Wirtschaftszwei-
gen kann jedoch bei der Refinanzierung der Herstellungskosten
(zuzüglich Gewinn) ein Internet-Unternehmen auf eine direkte
und eine indirekte Erlösquelle zurückgreifen. Voraussetzung für
direkte Erlöse ist, dass diese unmittelbar beim Nutzer erzielt werden. Beim Anbieter wird eine Leistung erbracht, die dem Nutzer in Abhängigkeit von Zeitdauer oder Menge berechnet wird,
z. B. beim Abruf von Spielfilmen, Musikvideos oder Informationen via Datenbanken.

Interessant ist, dass bereits mehr Musikvideos über Internet-
anbieter wie AOL angesehen werden als über Musiksender wie
MTV. Es gibt zudem Anbieter, die Mitgliedschaften auf Zeit durch
eine Abonnement anbieten (z. B. Love- oder Sexportale). Außerdem entrichtet der User für die Onlinenutzung Gebühren an einen Provider (z. B. T-Online, AOL). Immer mehr User nehmen
dabei die „Flatrate" – eine nutzungszeitunabhängige Zugangs-
gebühr – in Anspruch, um eine feste Größe für die Gebühr zu
haben. **Indirekte Erlöse** werden über Dritte eingenommen (z. B.
klassische Werbeformen, die Beteiligung an Verkaufserlösen oder
das Sammeln und Verkaufen von Nutzerdaten an andere Unternehmen – so genanntes Datamining).

Die **Preisbildungsmechanismen** im Internet ähneln sehr denen
der klassischen Wirtschaft.[143] So gibt es beispielsweise:

- **Online-Auktionen** (z. B. eBay), bei denen Nutzer der Website
auf privater Basis meist gebrauchte Ware versteigern;
- **Co-Shopping** (mehrere Nutzer erzielen zusammen einen Men-
genrabatt und erhalten so die Güter billiger);
- **Preisvergleich** (Preise von Online-Shops werden miteinander
verglichen, indem die Preise live oder einmal täglich per Such-
system – so genannte Crawler – eingesammelt werden).

Bei einer Preisfindung für ein über das Internet anzubietendes Produkt wird die Möglichkeit des Handelsspielraums stark einschränkt, denn die Preisspannen sind schnell online zu erfragen und damit transparent. Der potenzielle Käufer muss nicht wie früher mühselig von Geschäft zu Geschäft gehen, um Preise miteinander vergleichen zu können. Zudem sind unzählige Produkte bereits im Einzelhandel zu erwerben, sodass eine Preisorientierung vorliegt. Zwei Ausnahmen bleiben allerdings davon unberührt:

(1) Leistungen, die originär über das Internet angeboten werden (Beispielsweise Software, die nicht mehr „in a box", sondern nur noch zum Download zur Verfügung steht. Oder Online-Verkäufe auf einer Auktionsplattform.).

(2) Anbieter, die sich auf den Internet-Vertrieb spezialisiert haben und nur dort aktiv sind (z. B. Yahoo und Amazon), und über keine non-virtuelle Niederlassung (Geschäft, klassische Vertriebsstrukturen) verfügen.[144]

Generell sind in einer Internet-Ökonomie bei der Gestaltung von Preisstrategien neben klassischen Ansätzen insbesondere die Bedeutung von Netzeffekten und die daraus resultierenden Implikationen zu beachten.[145] Eine Strategie ist beispielsweise, ein Produkt, das Alleinstellungsmerkmale aufweist, nach dem **Wertschöpfungsmodell „Follow the Free"** zunächst kostenlos abzugeben und erst in Folgeschritten durch „Upgrades" und „Premium-Produktversionen" Gewinne zu erzielen. Durch die kostenlose Produktabgabe wird die Marke bzw. das Produkt populär und der Marktanteil schnell forciert:

• Netscape verschenkte seinen Browser Netscape Navigator und erzielte innerhalb von einem halben Jahr einen weltweiten Marktanteil von circa 80 %.

• Microsoft folgte dem Netscape-Beispiel und vertrieb kostenlos den Internet Explorer.

• Network Associates (vormals McAfee) gab seine Antiviren-Programme vorübergehend kostenlos ab.

Als zusätzliche **Geschäftsansätze für Online-Angebote** sahen Hess/Schumann bereits Ende der 90er Jahre neben der Distribution klassischer (physischer, nicht digitalisierter) Produkte und dem Vertrieb vollständig digitalisierter Inhalte:

- das Schaffen digitaler Inhalte;
- das Distribuieren digitaler Inhalte (d. h. die Bereitstellung der Netzinfrastruktur) ;
- das Ergänzen klassischer Produkte durch Online-Inhalte (z. B. die Ergänzung einer Wochenzeitschrift mit tagesaktuellen Meldungen);
- den digitalen Handel mit klassischen Inhalten (so genanntes Electronic Commerce).[146]

Eine konzeptionelle Beratung mit anschließender Realisierungsphase auf der Basis eines vorgegebenen Kundenetats ist von seinem Umfang her überschaubar, da eine finanzielle Größenvorgabe definiert ist, die wiederum einen beschränkten Freiraum für mehr oder minder kostspielige Entwicklungsprozesse und spätere Anwendungen zulässt.

Gerade in Zeiten, wo Kosteneffizienz und Return on Investment (Rendite) eine herausragende Rolle bei Kunden wie Aktionären spielen, muss das Preis-/Leistungsverhältnis absolut stimmen. Aus der Sicht des Kunden – Bayerische Behörde – durfte die Erneuerung einer etablierten Marke nur bescheidene Kosten verursachen, denn gerade die öffentliche Hand muss sparsam haushalten.

Im Klartext bedeutet dies für ein Unternehmen, das häufiger mit Behörden zusammenarbeitet, zunächst ein erstes kalkulatorisches Angebot zu unterbreiten, das deutlich unterhalb der 25.000 Euro-Marke (brutto) liegt. Denn: Die Verdingungsordnung für freiberufliche Leistungen (VOF) sieht vor, dass der „Höchstwert für die Zulässigkeit der Freihändigen Vergabe für alle staatlichen Behörden auf 25.000 Euro (einschließlich Umsatzsteuer) festgesetzt wird". Somit kann eine Behörde Aufträge ohne Ausschreibung im Rahmen der genannten Höchstgrenze freihändig vergeben, wobei der Auftraggeber in der Regel eine Aktennotiz zur Auswahl eines bestimmten Auftragnehmers verfasst, um die Entscheidung intern argumentativ „abzusichern".

Zum Vergleich: Die Kosten für einen einfachen Internetauftritt (Erstgestaltung) liegen im Jahr 2005 bei mindestens € 10.000; nach oben hin sind keine Grenzen gesetzt. Als lohnendes Argument bei der Preisgestaltung gegenüber dem Kunden diente der Hinweis darauf, dass die im Internet veröffentlichten Informationen nur in Kleinauflage (und mög-

licherweise nur in Ausnahmefällen) noch als Drucksache publiziert werden müssen.

So ergaben sich präzise Einsparungen bei der Herstellung von Printprodukten, ein Umstand, den insbesondere die Druckereien seit Einführung des Internets immer mehr bedauern. Die geschätzten Vorkosten wurden für ein Angebot kalkuliert (s. u.).

Vorkostenkalkulation „Internet Relaunch"
(inkl. Künstlersozialkasse)

(1) Gliederung/Seitenaufbau umgestalten (Grafiker)
Ziele: übersichtlichere Struktur, schnellere Zugriffe
auf einzelne Informationen, benutzerfreundliche
Menüführung (20 Std. à € 200 inkl. Mac G4)   €   4.000

(2) Bearbeitung Texte (Redakteur)
Updating, Kürzungen, Umstellungen, Überschriften
setzen (5 Tg. à € 250)   €   1.250

(3) Produktion neuer Fotografien (Fotograf)
und digitale Nachbearbeitung (20 Bilder;
4 Tg. à € 520 inkl. Kameraausrüstung)   €   2.080

(4) Filmsequenzen aus Langfilmen (Cutter und Grafiker)
   (a) Umschnitt/Kurzversionen (1 Tg. € 1.200 AVID) und
   (b) in die Formate Real Player, Quick Time und Windows
       Media Player für ISDN und DSL streamen
       (8 Std. à € 200)   €   2.800

(5) Produktionsüberwachung pauschal   €   3.500

Zwischensumme   € 13.630

zzgl. HU/Gewinn (15 %)   €   2.044

Gesamtsumme (netto)   € 15.674
zzgl. gesetzlicher Mehrwertsteuer

5.4.3 Entwicklung einer Dienstleistung (Konzept/Layout)

Um zu verstehen, wie eine Internetpräsenz idealerweise konstruiert sein sollte, muss man die Anforderungen der User überblicken. Und: Bevor eine digitale Bereitstellung von Inhalten erfolgen kann, müssen die Inhalte zielgerichtet und kundenorientiert zusammengestellt werden.[147] Einfach online zu sein reicht schon lange nicht mehr aus, um einen modernen, zeitgemäßen Auftritt zu signalisieren. Ohne ein tragfähiges Konzept, das einen wechselseitigen Dialog zwischen Angebot und Nachfrage regelt, wird der durch das reichhaltige Internetangebot inzwischen verwöhnte User irritiert, wenn nicht sogar verärgert. Diese verständliche Reaktion des Users schadet dem Anbieter mehr, als dass sie von Nutzen wäre.

Wie sehen aber diese Erfolgskriterien bei einem Online-Auftritt für eine Marke aus, die bundesweit positioniert oder relauncht werden möchte? Und was wissen wir über die Gewohnheiten der Nutzer, ihre speziellen Themeninteressen und ihre Kritik an den Web-Auftritten, wenn keine Langzeitstudien und damit verlässliche Daten vorliegen? Hofer[148] hat die Kommunikation im Medium Internet unter Zugrundelegung der Kategorien von Maletzke[149] ausgewertet und kommt dabei zu folgenden Ergebnissen:

- Die Wahrnehmung ist optisch-akustisch.
- Aufgrund der optischen Komponente (Bildschirm) ist der Internet-User in seinem Verhalten gebunden.
- Der Rezipient verfügt grundsätzlich über die zeitliche Freiheit, wann immer er möchte, im Internet zu seinen gewünschten Informationen zu kommen. Das ändert sich nur, wenn er Live-Sendungen empfangen möchte. Was die zeitliche Einstufung betrifft, können sowohl Live-Übertragungen rezipiert werden als auch Informationen, die schon älter sind.
- Bezüglich der räumlichen Situation ist der Internet-User unabhängig. Notwendig ist nur ein Computer, der aber überall stehen kann bzw. tragbar einsetzbar ist.
- Soziale Situation: Man sitzt üblicherweise alleine vor dem Computer.

Wie sehen erfolgversprechende Orientierungsvorgaben aus? Das **Flussdiagramm** veranschaulicht alle wichtigen Eckpfeiler eines erfolgreichen Internetauftrittes (s. Abb. 14, S. 146).[150] Dabei laufen vier Programme ab, die zu realisieren sind, um die späteren Erfolgskriterien im Einzelnen zu erfüllen: Konzept, Informationswert, Technik, Layout. Ihre Funktionen unterscheiden sich wie folgt:

- **Konzept:** Ein stichwortartiger inhaltlicher Entwurf oder ein Plan/Programm, um einen zielgerichteten, strategisch ausgerichteten Internetauftritt entwickeln zu können, einschließlich Beschreibung der Zielgruppe und Struktur des Auftrittes.
- **Informationswert:** Die Vorteile und den Nutzen des Auftrittes für den User klar herausarbeiten, einschließlich Textdokumenten, die publiziert werden sollen.
- **Layout:** Eine graphische Gestaltung des Auftrittes mit einem möglichst individuellen Design (Wiedererkennungswert) entwickeln.
- **Technik:** Die Funktionsfähigkeit der Homepage in der Praxis gewährleisten und dabei einen höchstmöglichen Bedienerkomfort für den User ermöglichen.

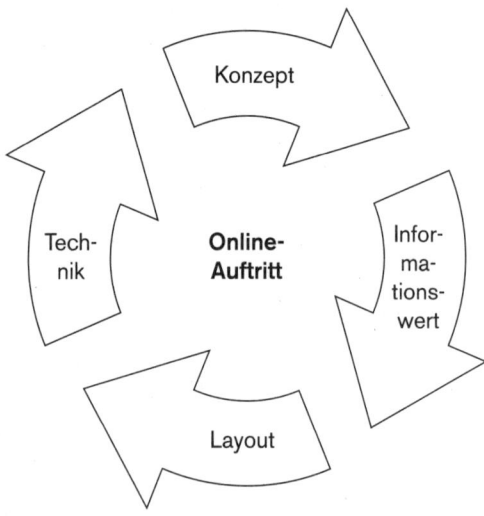

Abb. 14: Das Internet-Flussdiagramm („Alles fließt", Heraklit, um 500 v. Chr. – Veränderung ist die wichtigste Konstante des Internets)

Generell stellt ein Flussdiagramm einen Programmablauf in der Entwicklung von Software graphisch dar, wobei eine Reihenfolge der Programme nicht zwingend ist (empfohlen wird, mit einem Konzept zu beginnen). Denn: Speziell bei einem Relaunch kann es z. B. vorkommen, dass der Kunde nur technische Mängel abstellen möchte oder mit dem nicht mehr zeitgemäßen Layout unzufrieden ist, aber den Informationswert und das Konzept beibehalten möchte. Oder es fehlen feste Navigationselemente, sodass ein Nutzer gezwungenermaßen Umwege etwa über die Startseite in Kauf nehmen muss, um auf die gewünschte Seite zu gelangen. Es kann aber auch sein, dass veraltete Informationen im Netz stehen, weil diese nicht gepflegt wurden, und jetzt aktualisiert werden.

Was ist besonders zu beachten? Kein anderes Medium bietet derart unendliche Möglichkeiten der Interaktivität wie der globale Marktplatz Internet. An dieser Stelle sei vorsorglich darauf hingewiesen, dass bei Einkaufs-Angeboten – so genanntes eCommerce – zusätzliche Kriterien wie Auftragsbestätigung, Datenschutz, Geschäftsbedingungen, Rückgaberecht und Zahlungsmöglichkeiten erfüllt werden müssen.

Im Vordergrund des Internetauftrittes des Kunden standen drei Zielsetzungen, die bei der Entwicklung einer Dienstleistung für die Behörde des Freistaates Bayern zu beachten waren:

- *Den Bürgern sollte ein umfassendes Informationssystem zur Verfügung stehen, das gleichzeitig die Verwaltung vereinfacht und beschleunigt (Stichwort: **eGovernment**). Auch sollte den Bürgern die Möglichkeit eingeräumt werden, z. B. via Internet Dokumente bestellen, abrufen und Anregungen an die Verwaltung senden zu können.*

- *Die Konsumentenbindung sollte intensiviert werden, wobei der beste Service darin besteht, Bequemlichkeiten für den Bürger zu schaffen und seinen Vorstellungen entgegenzukommen. Auch war es erforderlich, bei den Bürgern weiterhin Vertrauen in die Leistungen der Behörde aufzubauen.*

- *Ein weiterer Ansatz war, dass es sich bei den Nutzern um eine Gemeinschaft handelt – eine so genannte Community, die sich geografisch und sachbezogen mit dem Bundesland Bayern auseinandersetzt. Es kam also darauf an, eine „bayerische Identität und Verbundenheit" aufzuzeigen und gleichzeitig die heutigen Ansprüche der „allgemeinen durchschnittlichen" Internet-Nutzer zu realisieren.*

*Die Vorgaben des Kunden wurden berücksichtigt und in einem **Zehn-Punkte-Kriterienkatalog** zusammengefasst. Bei der Zusammenstellung der Kriterien waren die Rückläufe beim Kunden (Mails mit Kritiken*

von Internet-Usern und Online-Befragungen), die Erfassung und Aus-
wertung von bisherigen Nutzerdaten „Visits", „Kontakte" und „Clicks"
einzelner Pages durch das Bayerische Statistische Landesamt sowie
behördeninterne Anmerkungen des Kunden hilfreich.[151]

Wie geht es weiter? Prinzipiell sollen Struktur und Inhalte einer Website aus der Sicht der Nutzer entwickelt werden. Der
Kriterienkatalog berücksichtigt die zentralen Beurteilungspunk-
te und verdeutlicht den Entwicklungsprozess einer derartigen
Dienstleistung unter Einbeziehung von Merkmalen wie Zielgruppe, Inhalte, Navigation etc.:

(1) Eine **Kernzielgruppe** ansprechen, die ein hohes Interesse am
    politischem Geschehen und vertiefende Kenntnisse in die
    Landespolitik signalisiert (z. B. Industrie- und Wirtschafts-
    kammern/-organisationen, Unternehmen, Behörden, Wis-
    senschaft und Forschung, Verbände, Medien), doch den Auf-
    tritt so gestalten, dass grundsätzlich auch Personen außerhalb
    der Kernzielgruppe erreicht werden können. Darunter fallen
    Personen mit einem mittelmäßigen Bildungsgrad (z. B. Re-
    alschulabschluss) und allgemeinem politischen Grundlagen-
    wissen.

(2) Alle **Informationen** sollten prinzipiell zweckdienlich für die
    Nutzer sein, die Texte verständlich und dem Anlass entspre-
    chend in gebotener Länge formuliert (kurz als Einstieg zum
    Thema und lang als Druckversion) und ohne Rechtschreib-
    fehler. Ferner sind ein ausreichender Zeilenabstand und typo-
    graphische Gesichtspunkte (gängige Schriftart) zu beachten.
    Nicht vermeidbare Fachbegriffe sollten über eine Glossar-
    funktion erläutert werden. Die Nutzung sämtlicher Informa-
    tionen einschließlich Datenbank sollte gratis sein.

(3) Der **Informationswert** muss zeitgemäß sein: Falls gegenwarts-
    nahe Nachrichten im Angebot sind, wird dieses täglich aktu-
    alisiert. Ansonsten gilt das zeiterforderliche Update, das un-
    bedingt einzuhalten ist. Sehr nützlich ist auch ein elektroni-
    scher Infobrief (Newsletter), der regelmäßig erscheinen sollte
    und die Nutzer bei Interesse (freiwillige Aufnahme in den
    Verteiler) automatisch erreicht. Eine Betreuung und Pflege
    des Auftritts ist Pflicht; der Kunde wird die Inhalte zukünf-

tig selbst aktualisieren und muss entsprechend geschult werden.

(4) Die **Text- und Bildstrecken** sollten den gesamten Themenbereich der Marke (hier: Behörde) abdecken und auch Randthemen erfassen. Gleichzeitig müssen sie so attraktiv sein, dass die Nutzer gern auf den Seiten verweilen. Falls angebracht, müssen Links zu Seiten fremder Anbieter (in unserem Fall nachgeordneter Behörden) gesetzt werden. Text- und Bildstrecken müssen in einem ausgewogenen Verhältnis präsentiert werden (sog. Bleiwüsten sind ebenso schädlich wie Fotoalben). Für den Kunden, der keine Programmierkenntnisse besitzt, werden Masken und somit Platzhalter geschaffen, damit er seinen Auftritt überwiegend eigenständig pflegen kann.

(5) Eine **benutzerfreundliche Menüführung** anbieten, damit auch wenig erfahrene Nutzer ohne besondere Kenntnisse jedwede Information abrufen können. Die Internet-Erfahrung des Nutzer sollte als „ausreichend", keinesfalls als „gut" eingestuft werden. Navigierbarkeit ist ein entscheidendes Kriterium, denn im Interesse des Nutzers sollte dieser die Information, die er sucht, gezielt und schnell finden.

(6) Auf der Homepage sollten ein direkter Zugriff auf die wichtigsten **Rubriken**, eine **Suchmaschine**, **Sitemap** (zur Orientierung) und **Hilfefunktion** (Benutzerhinweise) eine Selbstverständlichkeit sein. Umgekehrt muss es auf jeder Seite einen Button oder Menüpunkte geben, damit ein Nutzer sofort wieder auf die Homepage bzw. Übersichtsseite gelangen kann. Ebenso wichtig ist für den Nutzer ein Kontakt zur Marke (hier: Behörde) via eMail und Hilfetelefon (möglichst kostenlos; schließlich zahlt der Nutzer bereits für den Internetzugang Telefon- und Providergebühren).

(7) Das **Screen-Design/Weblayout** so gestalten, dass es zum einen der außerhalb des Netzes bekannten Identity der Marke „Behörde" entspricht (Stichworte „Corporate Identity" und „Corporate Design", z. B. bei Logo, Print-Medien), zum anderen auf allen Seiten durchgängig und damit übersichtlich ist. Beim Screen-Design ist wesentlich darauf zu achten,

dass die einzelnen Seiten des Auftrittes zusammenhängen und miteinander funktionieren müssen. Hierbei sind spezielle technische Standards wie Grafikformate, Bildschirmauflösungen, Farbwahl und Größe der Dateien in Betracht zu ziehen. Zu vermeiden sind etwa: eine auf den verschiedenen Seiten unterschiedliche Navigation, grelle Farbkombinationen, störende Banner, schlechte Lesbarkeit von Texten (z. B. verschnörkelte oder zu kleine Schriftgrößen, abgesetzt auf mangelndem Hintergrundkontrast).

(8) Die **Technik** so perfektionieren, dass ebenfalls Nutzer mit analogem Modem und älterer Soft- und Hardware alle Informationen uneingeschränkt abrufen können (schließlich will die Marke ihre Kernzielgruppe erreichen und kennt in der Regel nicht die Zugangstechniken der Nutzer.). Noch sind die Breitbandanschlüsse, die für eine DSL-Leitung erforderlich sind, keinesfalls bundesweiter Standard. Zum 31.12.2005 lag die Zahl der in Betrieb befindlichen TDSL-Anschlüsse in Deutschland bei über 7,9 Mio. (nur Kunden der Deutschen Telekom),[152] was einer Marktdurchdringung von rund 21 % entspricht. Im internationalen Vergleich kann Deutschland aber nur bestehen, wenn die Leistungsfähigkeit der breitbandigen Netz- und Diensteinfrastruktur rapide voranschreitet. So liegt z. B. die Marktdurchdringung mit Breitbandleitungen in Japan bei 30 %, in Südkorea bei über 80 %. Über die hiesigen DSL-Netze können inzwischen von 1 bis 6 Mbit/s übertragen werden; weitere Steigerungen bis 50 Mbit/s sind geplant. Es ist unbedingt erforderlich, vor einer Veröffentlichung die Funktionsfähigkeiten von Websites unter verschiedenen Rechnern und Browsern zu testen! So ist eine Voraussetzung, dass das Layout mit allen Internet-Zugangsprogrammen läuft.

Den Nutzern unnötige Downloads ersparen! Bei angebotenen Downloads muss die Datenmenge und möglicherweise lange Übertragungszeiten berücksichtigt werden. Bewegte Bilder wie Kurzfilme sollten alternativ für ISDN (Einkanalnutzung) und DSL (zwölf Mal schneller als ISDN) angeboten werden. Und zwar jeweils in unterschiedlichen Formaten (gestreamt für Real Player®, QuickTime®, Windows Media Player®). Ferner sollte weitestgehend gewährleistet sein, dass der Datentransfer keine Sicherheitsprobleme auslöst und sich keine Viren bzw. Hacker auf den Rechnern unbehelligt verbreiten bzw. austoben können.

(9) **Interaktive Animationen und Spiele** sind auf ein Mittelmaß zu beschränken. Im Interesse des Nutzers sollte eine sachbezogene Information immer Vorrang vor dem Entertainment haben (insbesondere bei Behörden).

(10) Eine **Hauptseite** muss sich schnell aufbauen (die Größe der Startseite sollte maximal 40 Kilobyte ausmachen). Deshalb sollte diese keinesfalls mit Pop-ups (Aufklappfenstern), Bannern und vielen Bildern überfrachtet werden.

5.4.4 Aufgabenverteilung innerhalb eines Produktionsunternehmens

Wie Faulstich zutreffend feststellt, bedarf es bei einem Medienproduktionsprozess beim World Wide Web im Vergleich zu Herstellungsprozessen bei anderen Medienproduktionen weder eines großen Apparates noch bedeutender Finanzmittel.[153] Der Ausgangspunkt ist ein individuelles Konzept, das bestimmte Basisentscheidungen impliziert, insbesondere zu Zielgruppe, Inhalten, Grundstruktur, Sitemap und Design (vgl. Abb. 14, S. 146).

Wie kann den dargestellten Ansprüchen des Kunden im Sinne einer pragmatischen Aufgabenverteilung innerhalb eines Produktionsunternehmens am effektivsten entsprochen werden? Eine Patentantwort kann es nicht geben, wohl aber eine, die zeigt, welche Richtung am besten einzuschlagen ist. Für eine Veranschaulichung der notwendigen Arbeitsschritte bietet sich das Schema „Prozessabläufe bei Internet-Informationsangeboten" an (s. Abb. 15, S. 152), das ausgehend von einer Führungsebene „Beratung des Kunden" zunächst in zwei Hauptstränge „Text-Redaktion" und „Web-Design" einmündet (und im nachstehenden Fallbeispiel konkret erläutert wird), bis schließlich der fertiggestellte Auftritt ins Netz eingestellt wird, und zwar über einen Publishing-Server (Service Provider).

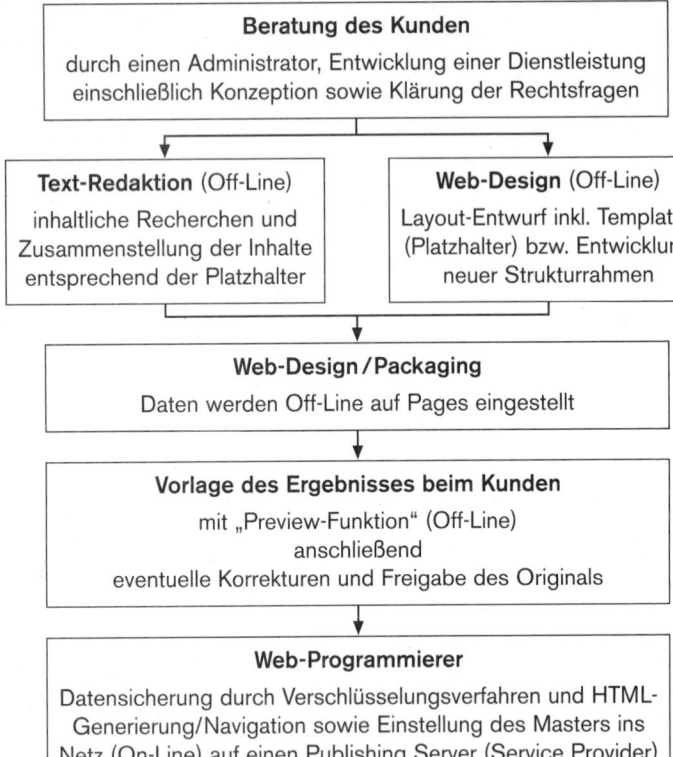

Beratung des Kunden

durch einen Administrator, Entwicklung einer Dienstleistung
einschließlich Konzeption sowie Klärung der Rechtsfragen

Text-Redaktion (Off-Line)

inhaltliche Recherchen und
Zusammenstellung der Inhalte
entsprechend der Platzhalter

Web-Design (Off-Line)

Layout-Entwurf inkl. Templates
(Platzhalter) bzw. Entwicklung
neuer Strukturrahmen

Web-Design/Packaging

Daten werden Off-Line auf Pages eingestellt

Vorlage des Ergebnisses beim Kunden

mit „Preview-Funktion" (Off-Line)
anschließend
eventuelle Korrekturen und Freigabe des Originals

Web-Programmierer

Datensicherung durch Verschlüsselungsverfahren und HTML-
Generierung/Navigation sowie Einstellung des Masters ins
Netz (On-Line) auf einen Publishing Server (Service Provider)

Abb. 15: Prozessabläufe bei Internet-Informationsangeboten

*Geprägt wurde der Relaunch des www.Behördenauftritts durch eine
Reihe von Aufgaben, die es innerhalb des Produktionsunternehmens zu
bewältigen galt. Ganzheitlich betrachtet suchte das Auge in dem alten
Internetauftritt vergebens nach klaren Strukturen oder Linien, die dem
Kundenauftritt einen Halt gegeben hätten. Zweifelsohne hatten die früheren Webdesigner des Kunden die Regeln des Zehn-Punkte-Kriterien-
katalogs außer Acht gelassen. So wurden z. B. endlose Texte wahllos
aneinandergereiht, Bilder entweder vernachlässigt oder nur in Briefmar-
kengröße dargestellt und Filme überhaupt nicht eingestellt.*

*Wie konnte Abhilfe geschaffen werden? Die Vorgehensweise des
Produktionsunternehmens, eine Arbeitsteilung zwischen Administrator,*

Text-Redaktion, Web-Designer und -Programmierer, sah als **Packaging** *(Leistungen, die hauptsächlich das Aufbereiten und Zusammenstellen der Inhalte betreffen) wie folgt aus:*

(1) Nach der vorgegebenen Zusammenstellung der Inhalte (unter Zugrundlegung der Zielgruppenansprache des Kunden) vergab der Administrator (ein so genannter „Webmaster"/Rechteverwalter beim Auftragnehmer, der den Umfang der Arbeit bzw. Änderungen und interne Zugriffsrechte auf die Layout- und Linkstruktur festlegt) die Aufgaben an die Text-Redaktion und das Web-Design.

(2) Ein Text-Redakteur hat entsprechend der Layout-Vorgaben (Entwurf in Zusammenarbeit mit Web-Design) neue Inhalte und Fotos festgelegt sowie fehlende Informationen/Texte recherchiert, formuliert und digitalisiert. Dabei kam dem Redakteur zugute, dass Daten aus den unterschiedlichen, täglich erscheinenden Informationsdiensten der Behörden (aktuelle News) recycelt werden konnten.

(3) Ein Web-Grafiker entwarf ein neues Layout (auch „Stylesheet" genannt) entsprechend der Templates (Platzhalter im Sinne von Prototypen von Seiten), wobei er auf aufwändige Flash-Animationen und Grafiken sowie „Spielereien" verzichtete (der potenzielle Nutzer soll nicht abspringen, weil sein Computer die Seiten zu langsam oder gar nicht herunterlädt).

(4) Alle mit dem Auftritt verbundenen Rechtefragen wurden von dem Administrator abgeklärt (Urheber-, Vervielfältigungs- und/oder Nutzungsrechte).

(5) Die endgültigen Daten wurden Off-Line im Zuge des Packagingprozesses auf den Pages (Internetseiten) eingestellt.

(6) Der externe Zugriff auf die bereitgestellten Daten wurde beim Administrator durch ein Verschlüsselungsverfahren geschützt. Nur befugte Personen (Kunde wie Administrator) konnten zukünftig auf die Daten zugreifen.

(7) Vorlage der Ergebnisse beim Kunden mit so genannter „Preview-Funktion" (z. B. interner Link, der über das Internet abgerufen werden kann); anschließend Korrekturen und Freigabe.

(8) Ein Web-Programmierer generierte die fertigen HTML-Seiten und band sie in die Navigationsstruktur ein (s. Abb. 16: Internet-Strukturbaum „Bayerische Behörde"). Anschließend stellte er die Web-Seiten auf den Publishing-Server (Service Provider).

Bei einer neuen Website empfiehlt es sich, diese in den wichtigsten Suchmaschinen anzumelden (google.de, lycos .de, t-online. de, web.de und msn.de), und zwar unter treffenden und spezifi-

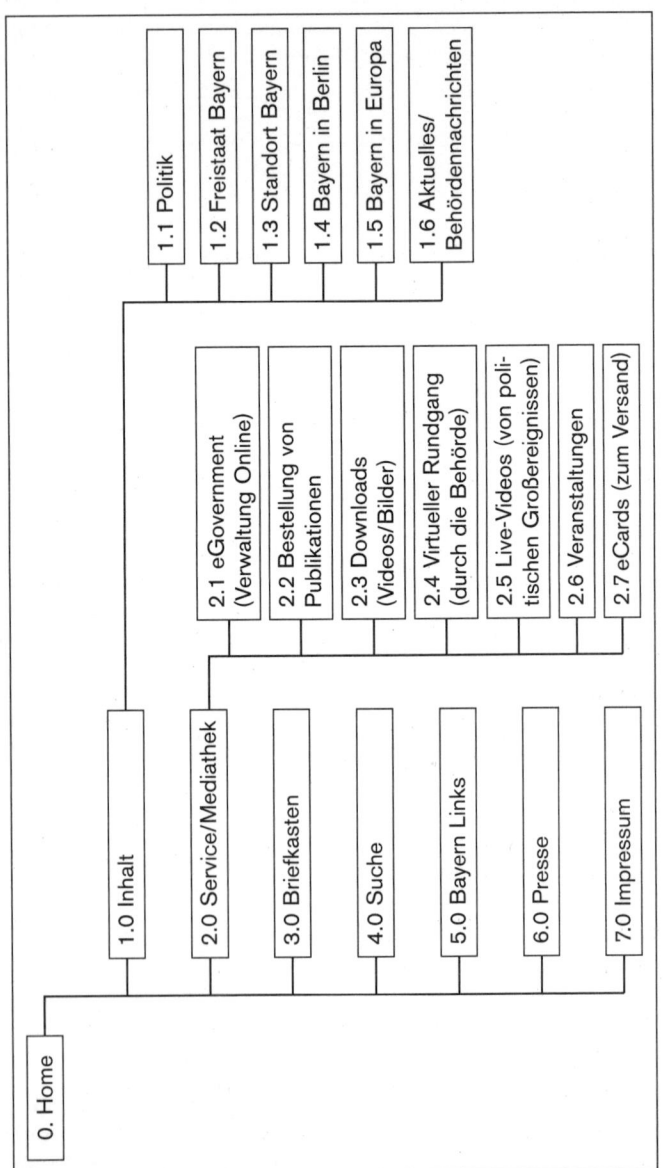

Abb. 16: Internet-Strukturbaum „Bayerische Behörde" (Quelle: In Anlehnung an den Internetauftritt der Bayerischen Behörde)

schen Schlüsselwörtern, unter denen der Kunde im Netz gefunden werden soll. Im Zuge der Anmeldung ist darauf zu achten, dass die Suchmaschinen jene Webseiten als wichtig einstufen, die mit diversen anderen verlinkt sind (logische Konsequenz: möglichst viele Links innerhalb des Kundenauftrittes plazieren). Das vorrangige Ziel sollte dabei sein, dass der Web-Kundenauftritt mindestens auf die durch die Suchmaschinen ermittelten ersten zehn Trefferseiten für Angebote gelangt (z. B. durch Keywords im Text, Optimierung des Programmcodes).

Bei dem Relaunch hat das Personal die bereits beschriebenen eigenen Kriterien angewandt und im wesentlichen Folgendes geleistet:
- *Generell erhielt der Auftritt eine klare benutzerfreundliche Gliederung (z. B. teilen jetzt senkrechte und waagrechte Linien den Seitenaufbau ein).*
- *Sinnlose bzw. überalterte Texte wurden entfernt, überlange eingekürzt (lange Versionen werden nur noch über Downloads angeboten).*
- *Es wurden vermehrt Überschriften eingesetzt, um dem User eine Übersicht zu erleichtern (wenige, unterschiedliche Schriftgrößen unterstützen die Zuordnung).*
- *Seite für Seite wurde navigatorisch bzw. visuell entsprechend dem neuen Layout gestaltet. So wurde z. B. auf der Homepage (Startseite) und jeder Kapitelseite mindestens ein Bild in Scheckkartengröße als „Blickfang" plaziert.*
- *Aus den beim Kunden vorhandenen Informationsfilmen wurden Kurzfassungen als Streamings in einer Länge von maximal 1'30 Minuten hergestellt und in die Mediathek (u. a. Bildgalerie/Videofilme) eingestellt.*
- *Als Service wurden den Usern eCards mit wirklich attraktiven Außen- und Innenansichten des Gebäudes zur Verfügung gestellt. Ein Benefit, das zeitgemäß ist und gut bei den Usern ankommt.*
- *Schließlich wurde der Internetauftritt in behördlichen Publikationen beworben.*

5.4.5 Personaleinsatz/Arbeitsrecht

Zum gegenwärtigen Zeitpunkt finden Verträge, die speziell für Medienschaffende im Online-Sektor abgeschlossen werden, nur in Ausnahmefällen Anwendung. Die öffentlich-rechtlichen Rundfunkanstalten nutzen beispielsweise die zwischen den Anstalten und Mediengewerkschaften abgeschlossenen Tarifverträge, während Presseunternehmen und private Sender häufig die Online-Mitarbeiter in selbständige Firmen ausgegliedert haben. Durch diesen juristischen Akt werden lediglich allgemeine Arbeitsverträge für „Feste Mitarbeiter" und Werkverträge mit „Freien Mitarbeitern" abgeschlossen, was den Arbeitgebern z. B. hinsichtlich der Lohnvereinbarungen und Pensionsansprüche einen großen Gestaltungsspielraum lässt.

Spezielle „Online Tarifverträge" – etwa für Journalisten – wurden gegenwärtig noch nicht einmal zwischen den potenziellen Vertragsparteien beraten. Deren Geltungsbereich müsste alle publizistisch tätigen Internet-Unternehmen umfassen, also Rundfunk, Verlage, Multimedia-Agenturen und Online-Firmen wie AOL.

Die bereits skizzierte Aufgabenpalette war ziemlich umfassend, konnte aber von einer Handvoll Personen realisiert werden:

- *Beratung Multimedia mit Schwerpunkt Internet und Konzepterstellung: der Geschäftsführer des ausführenden Unternehmens/der Internetagentur, der auch die Funktion des Administrators übernahm*
- *Produktion von Inhalten (Text) und digitalen Fotografien: Online-Redakteur*
- *Postproduktion Fotografien: Online-Redakteur (bzw. alternativ Web-Grafiker)*
- *Layout, Screen-Design, Grafiken, Tools: Web-Grafiker*
- *Postproduktion Video- und Audiobearbeitung einschließlich Streaming: Web-Grafiker*
- *Programmierung Internetauftritt: Programmierer (externer Dienstleistungsunternehmer mit Zugriff auf Publishing-Server)*

*Zur **Herstellungstechnik:** In dem o. a. Kontext werden überwiegend Operatoren mit grafischer Ausbildung eingesetzt, die zumeist auf Apple Power Mac ausgebildet wurden und Animationen mit Adobe After Effects sowie Programme wie Macromedia Flash, Morphing, Grabbing von Videobildern und Konvertierung von Daten in gewünschte Formate beherrschen. Weiter kommen „Online-Redakteure" zum Einsatz, deren Aufgabenfeld nicht nur das Recherchieren, Redigieren und Schreiben von Texten umfasst, sondern sie müssen diese Texte nach Möglichkeit mit weiteren Elementen (z. B. Audio, Video, Bilder, interaktive Angebote wie Votings, Foren, Chats) anreichern.[154]*

Dabei fällt auf, dass das Berufbild „Fotograf" immer mehr im Zuge der einfachen Handhabung von digital gestützten fotografischen Ausrüstungen verschwindet und häufig die Bilder von schreibenden Journalistenkollegen mitproduziert werden, obwohl diese in den meisten Fällen nur bedingt eine fotografische Kompetenz mitbringen. Zunehmend wird weniger Wert auf Fotografien als eigenständige Nachrichten gelegt. Diese Vorgehensweise ist ein Diktat des in den Medien um sich greifenden Sparzwangs, möglichst viele Aufgaben von ein und derselben Person gleichzeitig erledigen zu lassen. Beobachten lässt sich diese Entwicklung ebenfalls bei den so genannten „Videojournalisten", die in einer Person Redakteur und Kameramann verkörpern müssen.

Unter diesen Vorzeichen bestimmen heutzutage multimediale Anforderungen verknüpft mit dem branchenüblichen journalistischen Handwerkszeug den Berufsalltag von **Online-Redakteuren**:

• Sie arbeiten in der Regel aktuell und stehen unter einem zeitlichen Erfolgsdruck, der mit dem eines Redakteurs bei einer Nachrichtenagentur vergleichbar ist (sie sollten prinzipiell in der Lage sein, innerhalb von Minuten einen Text formulieren und ins Netz stellen zu können). Häufig werden Themen mit Kurzbeiträgen angestoßen und nach und nach erweitert bzw. aktualisiert.

• Sie müssen visuell denken, da der Text lediglich ein Bestandteil des Publishings ist.

• Sie sollten bei jedem Beitrag den Servicegedanken für den User im Hinterkopf haben. (Dienstleistungen in Form von aktuellen Tipps werden im Allgemeinen stärker beachtet als journalistische Kommentare zum Weltgeschehen.)

• Sie arbeiten nicht regional oder bundesweit, sondern weltweit. Publizistische Marktlücken und damit neue Leserbedürfnisse aufzuspüren, ist sogar für recherche-erfahrene Redakteure ein Mammutprogramm.

• Sie stehen in einem direkten Kontakt mit den Usern und müssen einer Kommunikation gewachsen sein; eMails erreichen sie i. d. R. unmittelbar und warten auf ein schnelles Feedback.

- Sie werden je nach Arbeitsplatz erfolgsabhängig nach einem Pageview-Messsystem honoriert – so genannte „Logfiles" (je häufiger ihre Seite/ihr Artikel aufgerufen wird, desto höher fällt ihr Honorar aus) – oder nach einer Pauschale oder nach Zeilen.
- Sie müssen über gute Computerkenntnisse verfügen (möglichst am Windows-PC *und* am Mac) und mindestens die englische Sprache beherrschen (wegen notwendiger Recherchen im Web und weil die von ihnen betreute Homepage wahrscheinlich auch in Englisch erscheint).
- Sie sollten möglichst Grundkenntnisse gängiger Software zum Bearbeiten von Internetseiten mitbringen (vielleicht müssen sie z. B. Bilder retuschieren), wobei heute kaum noch Programmier- und HTML-Kenntnisse gefordert sind, da der Online-Redakteur häufig mit Webgrafikern und Programmierern zusammenarbeitet und die meisten Redaktionen über leistungsfähige Content-Management-Systeme verfügen.

5.4.6 Vertragsgestaltung (bei Fremdleistungen)/Rechtsfragen

Es ist eine Tatsache, dass die Erstellung von Websites sehr weitgehend das **Urheberrecht** berührt: „Die Multimediaindustrie verwendet derzeit noch unbefangen Werke Dritter. Musik, Texte, Fotografien werden digitalisiert und in ein Online-System integriert, ohne dass auch nur ein Gedanke an die rechtliche Zulässigkeit eines solchen Procedere verschwendet wird. ... Jedem Hersteller drohen zur Zeit zivil- und strafrechtliche Sanktionen, sofern er in seinem Werk auf fremdes Material zurückgreift".[155] Deshalb müssen zuallererst aus dem Blickwinkel des Internetanbieters Urheberrechtsverträge mit den Schöpfern immateriellen Gutes abgeschlossen werden.

Der Urheberschutz beginnt mit der Schöpfung eines Werkes und endet 70 Jahre nach dem Tod des Urhebers. Ferner muss geprüft werden, inwieweit das **Patentrecht**, das den Schutz angemeldeter Erfindungen regelt, betroffen ist. Beispielsweise kann bei einer Internetanwendung leicht der Fall eintreten, dass eine technische Fremdleistung zum Einsatz kommt, die einen Schutz beim Deutschen und/oder Europäischen Patentamt genießt. Der Schutz gilt für 20 Jahre ab Anmeldungszeitpunkt. Klassische Ansätze bei der Vertragsgestaltung sind weiterhin die vorgestellten Verträge für Produktionsmitarbeiter und Verträge mit Lieferanten (s. Kap. 3.4.7).

Bei der Abwicklung von Urheberrechtsverträgen aus der Vergangenheit steht die Medienbranche vor einem gravierenden Problem. Denn: Schließen die früheren Nutzungsrechte, die ein Künstler (z. B. Autor, Fotograf, Regisseur) einem Produzenten übertragen hat, auch eine Darstellung im Internet ein? Und wenn nein, nach welchen Kriterien sollen diese Urheberleistungen nachträglich honoriert werden? Nach herrschender Auffassung schützt das Urheberrecht alle literarischen Werke, die in Online-Systeme eingespeist werden, ebenso wie verwendete Musik, Fotografien und Filme.[156] Dies bedeutet, dass der Produzent mit dem Urheber nachverhandeln muss, falls die Rechte nicht bereits durch einen Total-Buy-Out-Vertrag (Abgeltung sämtlicher Rechte) abgegolten sind.

Ein weiteres, offenes Streitobjekt: Die internationale Dimension des Internet-Rechtehandels muss geschätzt werden, da niemand voraussehen kann, welche wirtschaftlichen Folgen die Globalisierung mit sich bringt. Hierzu ein Beispiel: Nehmen wir einmal an, ein Urheber erhält üblicherweise von einem Auftraggeber bei einer printbezogenen Veröffentlichung für die Abtretung seiner nationalen Urheberrechte 100 % einer Summe X und für die europäische Rechteverwertung 150 % dieser Summe. Doch welchen Prozentsatz soll man dem Urheber für die Abtretung der weltweiten Internetrechte zubilligen, wo theoretisch Millionen Personen seine Veröffentlichung lesen und auswerten können, praktisch aber vielleicht nur ein paar hundert davon Gebrauch machen? In einem solchen Fall sind beide Vertragsparteien gut beraten, wenn sie einen Kompromiss wählen, der sich bei ca. 200 % einer Summe inkl. aller Rechte bewegt.

Zu den typischen Problemstellungen des Internets zählt die **Kontrolle der publizistischen Inhalte**. Denn: Schneller als im Sekundentakt werden individuelle Informationen über stetig neu geschaffene Strukturen weltweit verbreitet. Die Inhalte können nur ansatzweise erfasst und z. B. entsprechend rechtlicher Bestimmungen ausgewertet werden.

Ein weiterer Aspekt ist, dass die Gesetzgebung mit dem Tempo des kontinuierlich wachsenden Mediums „Internet" anders als bei den klassischen Medien wie Rundfunk und Print nicht mithalten kann.

Ohnedies steigen mit einem weltweiten, in seiner Auswertung und deren Tragweite keinesfalls überschaubaren Web-Auftritt die Risiken der unrechtmäßigen Ausbeutung von Informationen beträchtlich. Häufig handelt es sich um reinen Zufall, wenn z. B. ein Autor auf seinen Artikel stößt, der im Internet zweitveröffentlicht wird, oder wenn ein Logo eines Unternehmens missbraucht wird.

Nicht einmal die ausgereiftesten Suchmaschinen sind in der Lage, alle Begriffe und Schlagwörter zu erfassen. Und wer kommt dann zu seinem Recht, zumal wenn die gegnerische Domain vom Ausland aus betrieben wird? Dennoch ist das Internet kein rechtsfreier Raum; es gelten die bestehenden nationalen Rechte wie Straf-, Medien-, Persönlichkeitsschutz-, Urheberschutz- und Verlagsrecht.

Hinzu treten internationalrechtliche Linien, die z. B. von der Europäischen Union erlassen werden. So wurde etwa der **elektronische Geschäftsverkehr** bereits in einer EU-Richtlinie vom 8.6.2000 geregelt, die elektronische Kommunikationsdienste auf individuellen Abruf bestimmter Nutzer erfasst. In den letzten Jahren haben sich eine Vielzahl von Juristen auf Internetrecht spezialisiert; auch Jura-Server der Universitäten liefern zum Thema wichtige Gerichtsentscheide.

Um sich vor unerwünschten und negativen finanziellen Nebeneffekten des Internetrechts zu schützen, die zunehmend durch Dritte entstehen können, empfiehlt es sich dringend, das Urheberrecht, den Haftungsausschluss und die Internet-Links zu fremden Anbietern, Frames und Pop-ups juristisch zu regeln und innerhalb des eigenen Internetauftrittes zu publizieren. Hier im Folgenden ein Entwurf für eine Absicherung, zumal eine **Impressumspflicht** besteht.

Impressum Internet/Datenschutz

Anschrift und Geschäftsführung: N.N.

Urheberrecht

Falls nicht anders angegeben, unterliegen alle Seiten auf diesem Server des Unternehmens N.N. dem Urheberrecht (Copyright). Dies gilt insbesondere für Texte, Bilder, Grafiken, Ton-, Video- oder Animationsdateien einschließlich deren Anordnung auf den Web-Seiten. Eine Vervielfältigung oder Verwendung solcher Seiten (oder Teilen davon) in anderen elektronischen oder gedruckten Publikationen und deren Veröffentlichung (auch im Internet) ist nur nach vorheriger Genehmigung gestattet. Weiterhin können Bilder, Grafiken, Text- oder sonstige Dateien ganz oder teilweise dem Urheberrecht Dritter unterliegen. Alle innerhalb des Internetangebotes genannten und ggf. durch Dritte geschützten Marken- und Warenzeichen unterliegen uneingeschränkt den Bestimmungen des jeweils gültigen Kennzeichenrechts und den Besitzrechten der jeweiligen eingetragenen Eigentümer. Aus der bloßen Nennung in unserem Internetangebot ist nicht der Schluss zu ziehen, dass Markenzeichen nicht durch Rechte Dritter geschützt sind.

Haftungsausschluss

Das Unternehmen N.N. hat alle in seinem Bereich bereitgestellten Informationen nach bestem Wissen und Gewissen erarbeitet und geprüft. Es wird jedoch keine Gewähr für die Aktualität, Richtigkeit, Vollständigkeit oder Qualität und jederzeitige Verfügbarkeit der bereit gestellten Informationen übernommen. Unbeschadet der Regelungen des § 675 Abs. 2 BGB gilt für das bereitgestellte Informationsangebot folgende Haftungsbeschränkung: Das Unternehmen N.N. und dessen Mitarbeiter haften nicht für Schäden, die durch die Nutzung oder Nichtnutzung der im Internetangebot des Unternehmens N.N. angebotenen Informationen entstehen. Für etwaige Schäden, die beim Aufrufen oder Herunterladen von Daten durch Computerviren oder der Installation oder Nutzung von Software verursacht werden, wird nicht gehaftet. Namentlich gekennzeichnete Internetseiten geben die Auffassungen und Erkenntnisse der abfassenden Personen wieder. Das Unternehmen N.N. behält sich ausdrücklich vor, einzelne Webseiten oder das gesamte Angebot ohne gesonderte Ankündigung zu verändern, zu ergänzen, zu löschen oder die Veröffentlichung zeitweise oder endgültig einzustellen.

Links und Verweise (Disclaimer)

Das Unternehmen N.N. ist nur für die „eigenen Inhalte", die zur Nutzung bereitgehalten werden, nach den einschlägigen Gesetzen verantwortlich.

Von diesen eigenen Inhalten sind Querverweise („Links") auf die Webseiten anderer Anbieter zu unterscheiden. Für illegale, fehlerhafte oder unvollständige Inhalte und insbesondere für Schäden, die aus der Nutzung oder Nichtnutzung von Informationen Dritter entstehen, haftet allein der jeweilige Anbieter der Seite, auf welche verwiesen wurde. Internet Disclaimer und Erklärung unterliegen ausschließlich dem deutschen Recht. Dieser Haftungsausschluss ist als Teil des Internetangebotes zu betrachten, von dem aus auf diese Seite verwiesen wurde. Sofern Teile oder einzelne Formulierungen dieses Textes der geltenden Rechtslage nicht, nicht mehr oder nicht vollständig entsprechen sollten, bleiben die übrigen Teile des Dokumentes in ihrem Inhalt und ihrer Gültigkeit davon unberührt.

Hinsichtlich des Relaunchs wurden alle mit dem Auftritt verbundenen Rechtefragen abgeklärt (Urheber-, Vervielfältigungs- und/oder Nutzungsrechte), was sich als einfach erwies, zumal keine Fremdleistungen in Anspruch genommen wurden. Die Leistungen des in Kap. 5.4.4 erwähnten Programmierers (Dienstleistungsunternehmers) wurden unmittelbar von der Behörde beauftragt und honoriert.

5.4.7 Produktionsabläufe/Programming

Die Erkenntnis, dass auch Medienunternehmen Systeme organisierten Handelns betreiben, ist nicht überraschend. Ortmann/Sydow/Windeler sprechen in diesem Kontext von „organisationalen Praktiken", die als spezifische Regeln und Verfahrensweisen die Medienproduktion ermöglichen.[157] Die Praktiken orientieren sich an den Zielen der Medienunternehmen, die sich regelhaft aus publizistischen Veröffentlichungszielen und wirtschaftlichen Geschäftszielen zusammensetzen. Analog zu diesen Zielen werden Organisationsstrukturen eingerichtet, in denen Produktionsprozesse und Arbeitsabläufe vorgezeichnet, der Personaleinsatz geregelt und die Koordination der Unternehmensabteilungen abgestimmt werden. Des Weiteren werden den Organisationselementen sachliche, zeitliche und soziale Ressourcen zur Verfügung gestellt – Personal, Finanzmittel und Sachapparaturen –, die zur Zielerreichung benötigt werden.

Was ist zu tun, wenn bisher keine Website existiert? Als Unternehmer oder Einzelperson geben Sie dem Auftritt einen Namen, der weitestgehend zu Ihrer Marke oder Person passt oder mit dieser harmonisiert. Danach bestellen Sie bei einem Provider oder direkt bei Denic[158] gegen Gebühr einen **Domain-Namen** (http://www.name.de). Ist der auserwählte Name bereits vergeben, müssen Sie sich für einen noch nicht besetzten Namen entscheiden. Erst, wenn Sie einen eigenen Domain-Namen besitzen, können Sie mit der Veröffentlichung eines Webauftrittes starten. Hinzu kommt, dass immer mehr Marken und Firmennamen beim Wettlauf um neue Domains (z. B. „.eu") geschützt bzw. verteidigt werden müssen.

Ausgangspunkt des Programmings war eine zielbewusste Gesamtstrategie, die sich stark an den bekannten Arbeitsprozessstufen (vgl. Kap. 8.1) – Prä-Produktionsphase, Produktionsphase und Post-Produktionsphase – orientierte. Für Herstellungsprozesse von Medienproduktionen scheint es keine geeignetere Einteilung von Produktionsabläufen zu geben. Wichtig ist dabei, das ökonomische Ziel des Unternehmens, Gewinne zu erzielen, stets zu verfolgen. Die personellen Aufgaben lassen sich in Struktureinheiten gliedern: Kommunikation und Marketing, Recht, Technik, Medienökonomie und Organisation, Finanzen und Vertrieb.

„Produktionsabläufe Internet"
- Briefing durch Kunden
- Konzeption
- Agenturbriefing für Work-flow-Abläufe
- Produktion von Inhalten (Text)
- Produktion digitaler Fotografien und Bearbeitung
- Kreation Layout, Screen-Design, Grafiken
- Postproduktion Video- und Audiobearbeitung einschließlich Streamings für ISDN und DSL
- Programmierung Internetauftritt

5.4.8 Ergebniskontrolle

Wie bereits in Kap. 5.4.7 erwähnt, sollte der Schwerpunkt des Kontrollwesens auf den Sachgebieten „Produktionsabläufe", „Finanzen und Vertrieb", „Personal", „Vertragsrecht" sowie „Marketing und Kommunikation" liegen.

Es gibt zunehmend Branchen in Deutschland, die das Kontrollwesen aus Vernunftgründen als einen zentralen Bestandteil ihres operativen Geschäftes verstehen. Dadurch haben sie tagesaktuell und fortlaufend einen kompetenten Report etwa über das unternehmenseigene Liquiditätsmanagement, die Betriebsmittel und den Stand der Herstellungsprozesse parat. Somit können notfalls Fehlentwicklungen schnell bereinigt und Missstände abgestellt werden. Kein Unternehmen kann es sich de facto leisten, abzuwarten, bis der allgemeine Markt reagiert, denn meistens greifen dann jedwede Korrekturen zu spät.

Was ist zu tun, um Problemstellungen aufzuzeigen? Eine Checkliste „Controlling" beschränkt sich ausdrücklich nicht auf rein finanzielle Ermittlungen und kommt in jeder Produktionsphase zum Einsatz (vgl. hierzu Kap. 8.1, S. 231 „Leitfaden Medienökonomie" mit ausführlichen Hinweisen):

• Werden die Zeitangaben für die Produktionsabläufe eingehalten?
• Funktioniert das interne Kommunikationssystem?
• Überzeugt unser Management-Team durch Leistung?
• Sind periodische Ergebnisbesprechungen mit dem Personal eingeplant?
• Welche finanziellen Positionen werden unter- oder überschritten und warum?
• Kommt der Kunde seinen finanziellen Ratenverpflichtungen pünktlich nach?
• Müssen Vertragsmuster aktualisiert werden?
• Sind Fehlleistungen gegenüber dem Kunden zu korrigieren?
• Wie kann der Kundenkontakt intensiviert werden (Stichwort: „Anschlussauftrag")?
• Kann das produzierte Produkt als Muster für ein Neugeschäft empfohlen werden?

Alle Herstellungsprozesse sollten darauf ausgerichtet sein, dass die innerbetriebliche **Wertschöpfung** als ein für das Unternehmen überlebensnotwendiges Kapitalbildungskriterium unter dem Gesichtspunkt der Profitorientierung höher ausfällt als die Ausgaben für Arbeits- und Kapitaldienste. Ein einfaches Rechnungsmodell für eine Wertschöpfung sieht wie folgt aus (s. Abb. 17). Aus dem Modell wird deutlich, dass eine Wertschöpfung aus der Differenz zwischen Gesamtleistung abzüglich Vorleistungen und Abschreibungen gebildet wird.

Gesamtleistung (Umsatzerlöse, Bestandsveränderungen)

./. Betriebliche Vorleistungen (z. B. Personalkosten, Technik- und Wareneinsatz)

./. Fremdbezogene Vorleistungen (z. B. Personalkosten, Technik- und Wareneinsatz)

./. Betriebliche Abschreibungen (z. B. mobile Wirtschaftsgüter wie Büro- und Produktionsmaschinen, die im Zuge der Herstellung der Leistung eingesetzt wurden)

= Wertschöpfung

Abb. 17: Rechnungsmodell „Wertschöpfung"

Eine positive Wertschöpfung im Zuge der Herstellung und des Vertriebes von Produkten kann aus der Perspektive von Unternehmen hauptsächlich auf dreierlei Weise zustande kommen:

- Durch eine **vertikale Integration**, wobei alle aufeinander folgenden Produktionsstufen innerhalb eines Unternehmen vernetzt sind, also Funktionen von der Inhaltsbeschaffung bis hin zur Leistungserbringung beim Kunden. Ein Beispiel wäre der Kirch-Konzern, der Filmproduktion, Filmverleih und Filmabspiel in *ein* Unternehmen eingebunden hatte. Oder der Bertelsmann-Konzern, der Bücher in seinen Verlagen herstellt, über eigene Kanäle vertreibt (beispielsweise durch „Der Club") und über externe Abnehmer wie den Buchhandel verkauft. Die Erkenntnis, dass ein Unternehmen dabei den eigenen Ansprüchen nicht gerecht wird und sich bei einer vertikalen Integration auch verrechnen kann, führte bei mehreren Konzernen dazu, sich wieder auf ihre Kernkompetenzen zu beschränken.

- Durch eine **Diversifikation** (Ausweitung des Produktsortiments eines Unternehmens), wobei unter Berücksichtigung der Produktions- und Absatzstruktur neue Produkte auf neuen Märkten eingeführt werden. Damit soll die Zukunft eines Unternehmens gesichert werden. Im Fernsehbereich ist diese Aufgabenteilung der Familien von RTL und ProSiebenSat.1 her bekannt: Die Muttergesellschaften produzieren die Formate und gehen damit zunächst exklusiv auf Sendung (zumeist in die Erst- und Zweitausstrahlung), während die Töchter wie RTL II und Vox

sowie Kabel eins zu einem späteren Zeitpunkt die Wiederho-
lungssendungen ausstrahlen. Diversifikation meint aber auch,
dass sich Medienunternehmen etwa aus dem Printmedienbe-
reich im Internet engagieren, Multimedia- und Merchandising-
Aktivitäten entwickeln oder die Vermarktung von Rechten vo-
rantreiben.

• Durch **diagonale Vernetzungen**, indem im Rahmen der Konvergenz Unternehmen aus bisher getrennten Branchen – etwa aus
der IT-Branche – mit Medienunternehmen kooperieren und in
den Netzwerken neue Produkte und Dienste bzw. neue Bün-
del entwickeln.[159]

Die Hauptelemente einer **klassischen Wertschöpfungskette bei
einer Medienproduktion** reichen von Content Creation und Content Packaging über Content Distribution zur Reception Area (s.
Abb. 18).

Mit der Vernetzung der Kommunikations- und Mediensekto-
ren geht eine Modifikation klassischer Wertschöpfungsketten
einher, und zwar in unterschiedlicher Art je nach Anforderungsprofil des Produktes. Voraussetzung für die neue **Multimediale
Wertschöpfungskette** (s. Abb. 19, S. 168) ist, dass es sich bei dem
Master um ein digitales Formt handelt. Wo früher sich analoge
Produkte bereits nach wenigen Jahren abnutzten und ihre technische Qualität als unvollkommen eingestuft wurde, bieten digitale Produkte hingegen eine theoretisch unbegrenzte Haltbar-
keitsdauer. Stärker als in der Vergangenheit geschehen wird der
Mehrwert in Zeiten sparsamer Haushaltsführung im Blickwinkel des Konsumenten stehen.

Die Gestaltung eines Internetauftrittes verkörpert zwar den
Spagat, gleichzeitig den Bedürfnissen der Nutzer wie auch den
technischen Fortschritten gerecht zu werden, ordnet sich aber
dennoch stets dem ökonomischen Handeln des Unternehmens/
Auftraggebers unter. Was bedeutet das? Ein Unternehmen benötigt eine zahlungskräftige Klientel, je mehr, desto besser, egal,
auf welche technischen Hard- und Softwarekomponenten diese
im Zuge der Anwendung des Internetprogramms zurückgreifen
kann. Ebenfalls beim Relaunch des Internetauftrittes zeigt sich,

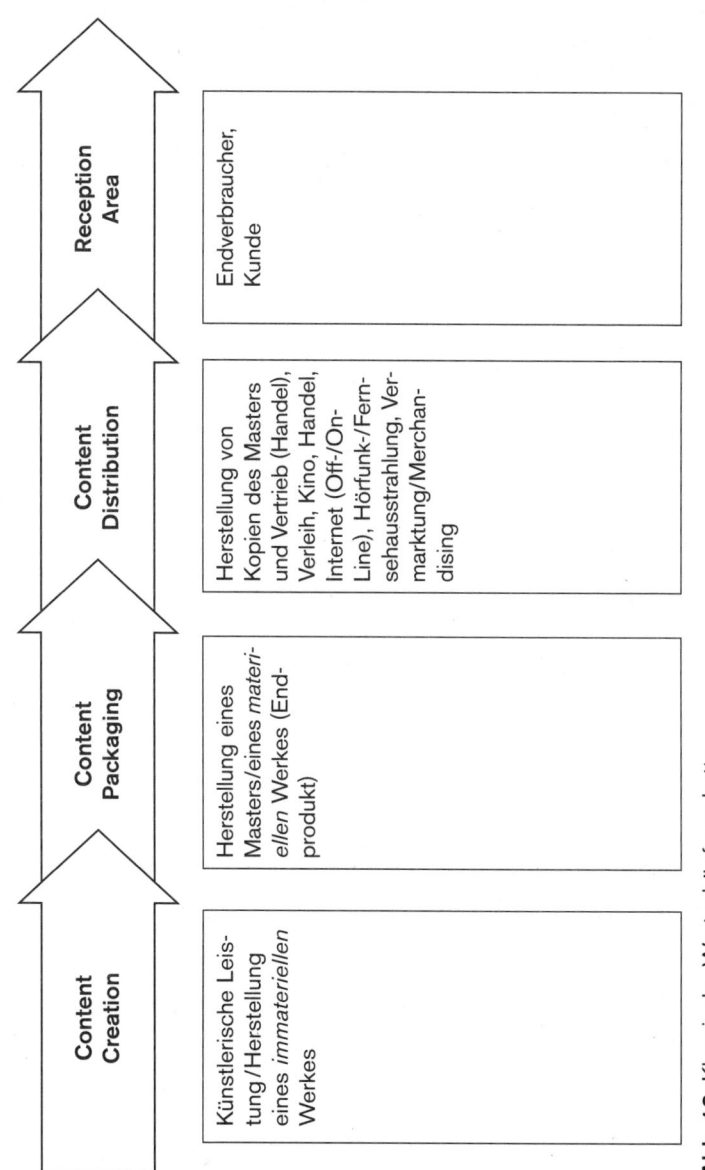

Abb. 18: Klassische Wertschöpfungskette

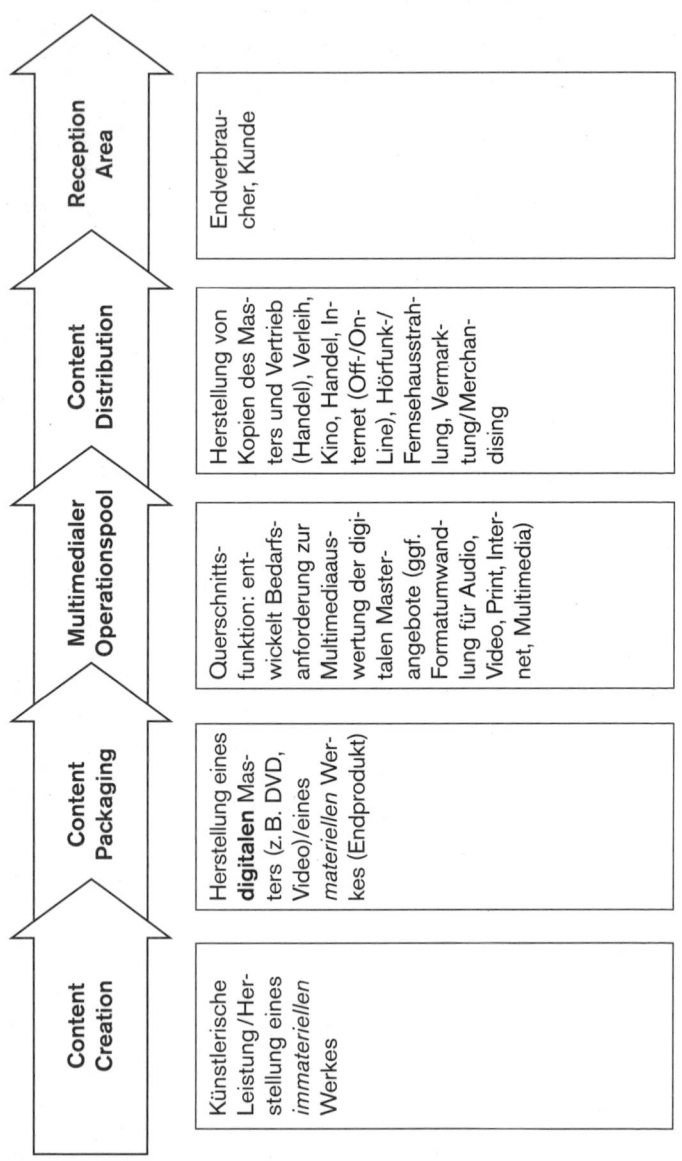

Content Creation	Content Packaging	Multimedialer Operationspool	Content Distribution	Reception Area
Künstlerische Leistung/Herstellung eines *immateriellen* Werkes	Herstellung eines **digitalen** Masters (z.B. DVD, Video)/eines *materiellen* Werkes (Endprodukt)	Querschnittsfunktion: entwickelt Bedarfsanforderung zur Multimediaauswertung der digitalen Masterangebote (ggf. Formatumwandlung für Audio, Video, Print, Internet, Multimedia)	Herstellung von Kopien des Masters und Vertrieb (Handel), Verleih, Kino, Handel, Internet (Off-/Online), Hörfunk-/Fernsehausstrahlung, Vermarktung/Merchandising	Endverbraucher, Kunde

Abb. 19: Multimediale Wertschöpfungskette

dass die Medienökonomie die Entwicklung einer Dienstleistung nicht nur durchweg begleitet, sondern beherrscht.

Ein zusätzliches Merkmal des Internets ist, dass es gleichzeitig als Medium für Kommunikation und für Veröffentlichung eingesetzt wird und somit dem Konvergenzprinzip entspricht. Der „Leitfaden Medienökonomie" kann bei Herstellungsprozessen für Internetprodukte Orientierungshilfe sein (s. Kap. 8), Internetauftritte sind plan- und kontrollierbar geworden.

Anmerkungen

117 Hauben: http://www.dei.isep.ipp.pt/docs/arpa-Introduc.html, Zugriff: 27.1.2004

118 Holtkamp: http://www.rvs.uni-bielefeld. de/ ~ heiko/ tcpip/kap_1_2.html, Zugriff: 27.1.2004

119 Vgl. Faulstich 2002, 221

120 Vgl. Winter 2000, 274

121 Vgl. van Eimeren, Birgit/Gerhard, Heinz/Frees, Beate 2003, 338. In: Media Perspektiven 8/2003

122 Nutzer (auch User genannt) = Anzahl der Personen, die ein WWW-Angebot angewählt haben.

123 Vgl. ARD/ZDF-Online Studien 1998–2005. In: Media Perspektiven, 8/2005

124 Vgl. Statistisches Bundesamt, technische Ausstattung der Haushalte (Stand: 24.11.2003)

125 Quelle: Nielsen Media Research. In: journalist 2/2006, 46

126 Vgl. Internet-Statistik des US-Marktforschers Cyveillance, 2003

127 Vgl. ACTA 2005: Wachsende Bedeutung des Internet als Vertriebsschiene, 18.10.2005. Unter: www.acta-online.de

128 Vgl. ARD/ZDF-Online-Studie 2005. In: Media Perspektiven 8/2005

129 World Wide Web, Schreibweise auch WWW und www

130 eCommerce = elektronischer Handel/Geschäftsverkehr von Waren mittels elektronischem Datenaustausch

131 Vgl. GfK Web*Scope-Studie, Stand: Juni 2005

132 Beim Eye-Tracking misst eine Augenkamera die Aufmerksamkeit von Probanden bei der Registrierung von z. B. Bildvorlagen wie Titelseiten oder Websites; entscheidend sind bei diesem Trackingverfahren die ersten Sekunden des Augenkontaktes.

133 MediaAnalyzer Software & Research-Webseitenstudie 2002, 2

134 Content (engl.= Inhalt, Volumen, Gehalt) ist die Gesamtheit der Rechte, die die wirtschaftliche Verwertbarkeit abgeschlossener Verträge eines Medienunternehmens beinhaltet (= Substanz). Unter dem Berufsbild

„Content-Manager" wird kein journalistisches Arbeitsfeld mehr verstanden, sondern ein kaufmännisches mit dem Schwerpunkt Lizenzen.

135 Interaktivität ist eine grundlegende Eigenschaft der elektronischen Medien. Man bezeichnet damit die Wechselbeziehungen beim gezielten aktiven und reaktiven Informationsaustausch zwischen Sender und Empfänger (Schumann/Hess 1999, 3)

136 Provider, auch Netzzugangsbetreiber genannt, stellen privaten Kunden gegen Entgelt „Einwahlknoten" zur Verfügung, über die temporäre Netzverbindungen zum Internet aufgebaut werden können.

137 Hilmer 1999, 71

138 Vgl. Nausner 2000, 138

139 Hilmer 1999, 68

140 Schumann/Hess 2002, 3

141 Beck 2002, 33 ff.

142 Zerdick/Picot/Schrape 2001, 24

143 Vgl. Werner 2003, 137 f.

144 Vgl. Werner 2003, 132

145 Vgl. Zerdick/Picot/Schrape 2001, 192

146 Hess/Schumann 1999, 8

147 Vgl. Brenner/Zarnekow 1999, 36

148 Vgl. Hofer 2000, 54 f.

149 Vgl. Maletzke 1998, 78 ff.

150 Hermanni 2002/2003: Unveröffentlichtes Manuskript im Rahmen der Vorlesungen „Medienwirtschaft", Fachhochschule Mittweida

151 Waller 1996, 10 ff.: Visits (Sessions) = Besuche, zusammenhängende Seitenabrufe eines Internetauftrittes in einem definierten Zeitraum; Kontakte (AdViews) = Menge der werberelevanten qualifizierten Seitenabrufe (Ladung der kompletten Seite) oder Objektabrufe (z. B. aufzurufende Soundfiles); Clicks = realisierte Kontakte, Zahl der Klicks auf einen Link, der zu Informationen eines Werbetreibenden führt.

152 Aus: Deutsche Telekom setzt Wachstum im Mobilfunk und Breitband fort, Pressemitteilung v. 26.1.2006. Unter: http//:www.telekom3.de, Zugriff: 15.4.2006

153 Vgl. Faulstich 2002, 266

154 Telefonanfrage des Autors an ARD-Programmdirektion Online-Redaktion DasErste.de, 11.10.2005

155 Hoeren 1998, 36–37

156 Vgl. Hoeren, 1998, 39

157 Ortmann/Sydow/Windeler 1997, 317 zit. nach Altmeppen 2000, 45

158 Denic = DE steht für Deutschland und NIC für Network Information Center. Denic ist die Registrierungsstelle für alle Domains unter „de".

159 Vgl. Hacker, 1999, 162

6. Multimedia

6.1 Entwicklung und Gegenwartsbeschreibung des Multimedia-Marktes

„**Multimedia**" – das „Wort des Jahres 1995"[160] – ist allgemein bekannt als Meilenstein für Modernität, wobei jedoch der Begriff „Multimedia" häufig falsch interpretiert wird und deshalb erklärungsbedürftig ist: Er bezeichnet den Einsatz und die Nutzung unterschiedlicher, an sich selbständiger Medien, die Bilder (Animation, Grafik, Video), Texte und Daten sowie Audioelemente (Musik und Sprache) verknüpfen, etwa zur Unterhaltung, Information oder zum Unterricht. Multimedia spricht aus der Betrachtungsweise der Psychologie mehrere Sinne eines Menschen gleichzeitig an und ermöglicht einen freiwilligen Zugriff auf große Informationsmengen in Interaktion[161] und Real-Time. Multimediaprogramme werden auf einem Ausgabemedium abgespielt (z. B. DVD-Player in Verbindung mit Fernseher oder PC/Notebook).

Eine rein lexikalische Begriffserklärung seiner Wortbestandteile „multi" (lat. „viel") und „media" (lat. „Mittel, vermittelndes Element") ist unzureichend. Unter Multimedia wird nicht nur die computergesteuerte Integration digitaler Bilder, Grafiken, Texte und Töne verstanden:

> „Nicht jede beliebige Kombination von Medien rechtfertigt die Verwendung des Begriffs Multimedia. ... Die Forderung nach Unabhängigkeit der verschiedenen Medien ist ein wesentlicher Aspekt von Multimediasystemen."[162]

Beim Multimedia-Einsatz werden heutzutage auf digitalisierter Basis theoretisch unbegrenzte Datenmengen (im Gegensatz zur analogen Technik) mit einer ausgereiften Bild- und Tonqualität übertragen. Multimedia-Anwendungen (außerhalb des Internets) wie etwa Filme, Musik und Spiele werden inzwischen weitestgehend standardgemäß auf **DVD** gespeichert; die Zeit der Mitte der 80er Jahre eingeführten **CD-ROM** scheint abgelaufen. Der Klassiker CD-ROM findet aber noch sein Publikum z. B. beim Hörbuchhandel, dessen zehn größte Verlage im Jahr 2005 einen Umsatz von 69,10 Millionen Euro erzielt haben.[163] Da über 100 Verlage auf diesem Sektor engagiert sind, dürfte der Gesamtumsatz deutlich höher ausfallen. Insgesamt scheint der Markt ein hohes Ausbaupotenzial zu bieten, denn auch Magazine wie „Playboy" und „Brigitte" sowie Automarken wie „BMW" und „Mercedes" locken mit Hörangeboten (teilweise kostenlos via Internet-Homepage).

Im Jahr 2006 speichert eine handelsübliche DVD mehr als 8,5 GB (DVD 9), weit mehr als eine CD-ROM (bis zu 900 MB) oder gar eine Floppy Diskette mit nur 1,44 MB. So können einzig auf einer DVD etwa die riesigen Datenmengen eines Kinofilms mit einer Länge von über 120 Minuten inkl. diverser Tonspuren gespeichert und transportiert werden. Inzwischen können DVDs auch auf beiden Seiten bespielt werden (DVD 10), müssen allerdings während des Abspielens gewendet werden (Kapazität: 9,4 GB). Die Datenträger CD-ROM bzw. DVD sind in verschiedenen Größen, Farben und Formaten auf dem Markt: von der Mini-CD mit 8 cm Durchmesser (z. B. für Audioaufzeichnungen) bis zur Promotion-DVD mit individueller Gestaltung inkl. Label-Druck, Booklet oder Inlay-Card.

Warum das Speichermedium DVD, das auf den ersten Blick mit einer CD verwechselt werden kann, über eine wesentlich höhere Kapazität verfügt, ist einfach zu erklären: erstens können auf einer DVD zwei Datenschichten übereinander gelagert werden; zweitens sind die so genannten Dateninformationen „Pits and Lands" (Daten in Form von Erhöhungen und Vertiefungen in der Metallschicht) kleiner als auf einer CD-ROM und können deutlich enger aneinandergereiht werden.

Häufig wird der Begriff „Multimedia" auch als Synonym für neue Produkte der Computer- und Telekommunikationsindustrie verwendet (z. B. Multimedia PC) oder als das „Kommunikationssystem der Zukunft" bezeichnet. Von größerem Erkenntnisinteresse ist, welche Merkmale Dienstleistungen oder Produkte aufweisen, die als multimedial gelten:

- **Digitaltechnik:** Ohne die Digitaltechnik sind multimediale Anwendungen nicht möglich.
- **Integrative Verwendung:** Es werden unterschiedliche Medientypen eingesetzt (z. B. bewegtes Bild kombiniert mit Text und Grafiken).
- **Interaktivität:** Der Benutzer eines Mediums (z. B. Internet) kann aus vielfältigen Angeboten auswählen und aktiv reagieren, indem er Einfluss nimmt – etwa durch Kommunikations- oder Bestellvorgänge.

Ein gutes Beispiel für ein Multimediaprodukt ist ein am Computer produziertes Buch (Text und Layout) mit einer der gedruckten Publikation beigefügten DVD, auf der Hörbeispiele (Auszüge aus dem Buch) vorgelesen werden und Fotos zur Bebilderung der Geschichte abrufbar sind. Ebenso ein Datenträger mit Textbausteinen und animierten Grafiken, die interaktiv angesteuert werden können (z. B. per Tastendruck im Rahmen einer Messepräsentation). Oder WAP-Handies, womit sich einerseits Internet-Seiten auf dem Handy-Anzeigefeld darstellen und unabhängig davon Daten einschließlich Fotos produzieren und übermitteln lassen.

6.2 Einsatzmöglichkeiten von Multimedia-Anwendungen

Die großen Vorteile von Multimedia-Anwendungen sind, dass sie
(1) für alle Branchen unterschiedliche und dennoch attraktive Darstellungsmöglichkeiten anbieten (optisch wie akustisch);
(2) dem Nutzer die Entscheidung offerieren, wann er welche Menüpunkte wie lange ansteuern möchte;
(3) durch die schnelle Verbreitung der DVD-Player sowie durch das Internet große Empfängermassen erreichen.

Aus der Sicht der Nutzer ergeben sich beim Einsatz von **Multimedia-Plattformen** mehrere Vorteile:

- **Interaktive und damit dialogfähige Anwendungen und Dienste** wie Spiele, Transaktionen (z. B. Banking) und Video-Conferencing (örtlich voneinander getrennte Teilnehmer kommunizieren per Sprache und Bild miteinander) sowie Bild-Telefonieren.
- **Erhöhtes TV-Programmangebot** (Hunderte von Kanälen können empfangen werden).
- **Empfängerbezogene Formen des Programmabrufs** wie Pay-per-View, Pay-TV und Book-, Music- und Video-on-Demand.[164]
- **Electronic mail** einschließlich des Versandes von Animationen, Bildern, Tönen usw.
- Für das „Wohnzimmer der Zukunft" haben Wissenschaftler am Fraunhofer-Institut die Software für eine **multifunktionale Projektionswand** im Großformat entwickelt (3,30 × 2,50 Meter).[165] Dort werden Filme für das Heimkino im HDTV- und 3D-Format gezeigt, Computerspiele angewendet sowie Musikvideos und Bilder projiziert. Die verschiedenen Inhalte können über einen tragbaren Computer – so genannten PDA (Personal Digital Assistent) – ähnlich wie mit einer Fernbedienung interaktiv gesteuert werden.
- Auf der Basis des europäischen Standards **Multimedia Home Plattform (MHP)**, einer Schnittstelle zwischen Endgeräten und neuen Diensten, gingen am 23.8.2002 erste Anwendungen aus dem interaktiven TV-Portal von ARD Digital on air: So können die Zuschauer mit dem Medienwähler des TV-Portals gezielt zwischen Fernseh-, Hörfunk- und Multimedia-Angeboten wählen und auf die interaktiven Dienste des digitalen Programmbouquets per Fernbedienung zugreifen.[166] Ein weiteres Beispiel ist der ZDF digitext, eine erweiterte, multimediale Ausgabe des Teletextes. Bisher erlebt nur eine Minderheit der Fernsehzuschauer das MHP-Angebot.
- **Home-to-Home-Kommunikation** (jeder Haushalt kann mit vernetzten MHP-Boxen Fernsehsendungen per Sprach- und Texteingabe kommentieren und mit den Nachbarn austauschen).

Multimedia-Dienstleistungen im Einsatz:
(1) Im **Marketing** zur produktorientierten Verkaufsförderung (z. B. am Point of Sale „POS" oder als Giveaway) für interak-

tive Firmenpräsentation, interaktiven Katalog, Infoterminals, Messepräsentation, Demonstrationszwecke des Außendienstes, Services, technischen Support, Kommunikationsmöglichkeiten mit Kunden und Mitarbeitern, Schulungsanwendungen, Direktmarketing und als digitale Visitenkarte/Business-Card.

(2) Im Zuge eines **Informationstransfers:** Branchennachrichten, Telefonbücher mit Stadt- und Routenplänen, Flugpläne mit Tarifen, elektronische Lexika, Autopiloten, Kartenservice für Musik-, Theater- oder Sportveranstaltungen, Kunst- und Kulturführer, Reisen, Telebanking, Videotext.

(3) Beim **Entertainment:** Filme, Quiz, Spiele, Musik, Bildschirmschoner.

(4) Zur **Datensicherung**: z. B. Speicherung einer Produktpräsentation, Sicherung von Text-Dokumenten, Versand von digitalen Fotografien, Archivierung von Videos, Jingles, Spots (z. B. beim Rundfunk).

6.3 Fallbeispiel: Herstellung einer interaktiven DVD zur Information von Besuchern eines Unternehmens (Kunde: Pharmakonzern)

6.3.1 Konzeptionelle Beratung durch eine Agentur für Neue Medien

Visionen sind etwas Wunderbares, wichtige Bausteine, um etwa ein Haus zu bauen. Doch ein Haus hat viele Zimmer; manche stehen offen, andere sind verschlossen. Die Aufgabe einer Agentur besteht darin, im Auftrag des Kunden jedes Zimmer zu betreten, die Fakten zusammenzutragen und in eine zu entwickelnde Kreativ-Strategie einzubeziehen, damit der Bauherr – sprich: Kunde – für sein Geld eine entsprechende Marketing-Leistung erhält. Schließlich will der Kunde einen Nutzen von der Zusammenarbeit erfahren, der sich aus rationalen wie emotionalen Bestandteilen zusammensetzt. Zu den rationalen zählen Aspekte wie Qualität der Dienstleistung oder Ware, Zuverlässigkeit einschließlich pünktliche Lieferung und kostenlose Zusatzangebote im Sinne eines Mehrwertes. Unter die emotionalen Aspekte fallen Gesichtspunkte wie die subjektive Wahrnehmung des Kunden, Klima der Zusammenarbeit und persönliche Befriedigung, weil z. B. die Dienstleistung oder Ware dem eigenen Geschmack besonders entspricht. Jedermann kauft lieber eine Ware bei einer Person ein, die er schätzt. Umgekehrt kann es ebenso sein, dass der Auftragnehmer den Kunden und dessen Produkte präferiert und somit ebenso emotional berührt ist.

Eine der wichtigsten Voraussetzungen für eine perfekte Beratung ist, diese Tätigkeit mit Begeisterung auszuüben. Denn: Wie wollen Sie das eigene Team oder potenzielle Kunden für einen neuen Job oder ein Produkt begeistern, wenn die eigene Motivation fehlt? Sie müssen von Ihrem Handeln überzeugt sein, nur dann können Sie andere überzeugen. Wer direkt mit Kunden verhandelt, bringt in die Verhandlungen sowohl seine Persönlichkeit als auch seine Beratungskompetenz ein. Wertvolle Eckdaten liefern bei einer Beratung die gängigen Multimedia-Marktstudien der Institute AWA (Allensbacher Werbeträger-Analyse), MA (Media-Analyse) und VA (Verbraucher- Analyse).

Bei dem Kunden handelte es sich um ein führendes Unternehmen der Pharmabranche, bekannt für seine hohe Qualität bei der Herstellung von Arzneimitteln. Der Auftrag an die Agentur lautete, eine DVD zur „Information für Besuchergruppen" herzustellen, und zwar in den Sprachen Deutsch und Englisch, wobei die DVD in einzeln abrufbare Kapitel/Filmmodule gegliedert sein sollte. Im Prinzip sollte hauptsächlich der auf dem Video-Ausgangsdatenträger „Digital Betacam" aufgezeichnete Film auf einen anderen Datenträger „DVD" gemastert werden.

Zur Herstellung der DVD standen ein fertiger Informationsfilm mit einer Länge von 13:30 Minuten sowie diverse Informationsbroschüren über das Unternehmen zur Verfügung. Rechte und Lizenzlösungen mussten nicht gesondert verhandelt werden, da diese bereits mit dem Filmherstellungsvertrag angefragt und abgegolten worden waren.

6.3.2 Budgetkalkulation

Im Vorfeld der Herstellungsarbeiten wurde dem Kunden ein Angebot vorgelegt, das unterschiedliche Einzelpositionen an Dienstleistungen umfasste (s. Aufstellung unten). Vom Kunden wurde kein Full-Service bestellt, der z. B. die Positionen „Massenvervielfältigung der Master-DVD/Pressen", „Printservice" (etwa Layout und Druck einer Inlay-Card) oder „Packaging" (Produkte versandfertig für Transportlogistik zusammenstellen) umfasst hätte. Wie auch immer: Der Kunde wollte in allen weiteren Phasen unabhängig bleiben, insbesondere beim Corporate Design und bei der Distribution der DVDs.

Vorkosten-Kalkulation „Multimedia-Produktion"

(1) Regiearbeiten (Vorbereitung: z. B. Auswahl der
Sprecher, Absprachen mit Auftraggeber z. B.
hinsichtlich Schnittreihenfolge; Steuerung der
Postproduktionsarbeiten einschließlich
Qualitäts- und Funktionsprüfungen; insgesamt 5 Tg.) € 2.500,00

(2) Drehbuchtext für die deutsche und englische
Sprachversion (Autor und Übersetzer) € 2.000,00

(3) Ankauf der Musikrechte (1' Min.; Verlagslizenz
+ GEMA) € 169,00

(4) Casting-CD von weiblichen und männlichen
Stimmen für die Sprachaufnahmen € 60,00

(5) Buchung der ausgewählten Sprecher/innen
(2 Stimmen; Gagenberechnung: Kommentar nach
Seiten, Industriefilm, Nutzungsrechte ein Jahr) € 1.860,00

(6) Schnitt des Informationsfilms in einzelne Filmmodule
(AVID Mediacomposer inkl. Cutter und MAZ; 1,5 Tg.) € 1.300,00

(7) Tonstudio Studiomiete stereo: Sprachaufnahme,
Schnitt, Vertonung, Mischung der einzelnen Filmmodule inkl. Tonmeister (5 Std.),
zzgl. Data-Back-Up und Sicherheitskopien € 1.050,00

(8) Entwicklung eines DVD-Menüs (Storyboard),
Oberflächen- und Menüerstellung, Encoding der
einzelnen Filmmodule, Kopierschutz und Master-
DVD-Authoring inkl. Multimedia-Grafiker (6 Std.) € 1.200,00

(9) Abnahme der Master-DVD durch Kunden am
Multimedia-Arbeitsplatz (inkl. Korrekturen; 2 Std.) € 400,00

(10) Brennen von 5 DVD-Kopien (von der Master-DVD) € 30,00

(11) Künstlersozialkasse (Autor, Übersetzer, Sprecher,
Regisseur; 5,8 % auf Gage) € 368,88

Zwischensumme	€ 10.937,88
+ HU/Gewinn (15 %)	€ 1.640,70
Vorkalkulationssumme (netto)	€ 12.578,58

Für alle aufgeführten Leistungen veranschlagte die Agentur einen Festpreis in Höhe von € 12.000,00 (netto), dem der Kunde zustimmte.

6.3.3 Entwicklung einer Dienstleistung

Für das Pharmaunternehmen war es wichtig, durch den Einsatz der DVD die Beziehungen zu ihrer Klientel (hauptsächlich Apotheker, Ärzte, Mitarbeiter von Einrichtungen der Gesundheitsfürsorge und Studenten der Fachrichtungen Medizin, Pharmazie und Chemie), aber auch zu den Verbrauchern zu intensivieren. Das Unternehmen strebte an, dass ihre bekannte Dachmarke und ihre hochwertigen Produkte durch die DVD gestützt werden. Der Kunde hatte vier zentrale Zielsetzungen für die Umsetzung des Auftrages vorgegeben, ließ aber dennoch einen beschränkten Gestaltungsspielraum zu:

Ziel 1: Aufzeigen eines optimalen Zusammenspiels von Mensch und Technik (angefangen vom Wareneingang und der Rohstoffkontrolle über die Stationen der Fertigung bis hin zur Fertigproduktkontrolle und Auslieferung der Arzneimittel über das Logistikzentrum).

Ziel 2: Eine grundsätzliche Darstellung der sicheren Fertigungsprozesse und schnellen Distribution der Arzneimittel.

Ziel 3: Betonung einer optimalen Dienstleistung bei qualitativen Betriebsabläufen.

Ziel 4: Klarer Aufbau und nachvollziehbare Gliederung des Menüs der DVD (einfache Bedienung in der Sprach- und Kapitelauswahl).

Das übergeordnete Marketingziel stellt nicht die zahlreichen Produkte des Unternehmens in den Mittelpunkt des DVD-Werkes, sondern den Pharma-Kunden und macht es so für den Betrachter (Besucher des Unternehmens) leichter, die Unternehmensphilosophie und die Betriebsabläufe zu verstehen.

Die Agentur schlug dem Kunden vor, am Anfang der DVD mit kurzgeschnittenen Bildern als Aufmacher zu arbeiten, die die Zuschauer animieren sollen, den weiteren Verlauf neugierig zu beobachten. Anschließend sollten die einzelnen Stationen chronologisch im Zuge von Arzneimittelfertigstellungsprozessen dargestellt werden.

6.3.4 Aufgabenverteilung innerhalb eines Produktions- unternehmens

An der Umsetzung des Kundenauftrages waren verantwortlich nur zwei Personen beteiligt:

(1) Der Produzent (Inhaber der Agentur für Neue Medien), der die Gesamtverantwortung inne hatte, als Bindeglied zwischen dem Kunden und den Dienstleistern;

(2) Der Regisseur, der sämtliche künstlerischen Herstellungsschritte überwachte (z. B. Auswahl eines Musikstückes, Leitung der Postproduktionsarbeiten, Entwicklung eines DVD-Menüs) und den Weisungen des Produzenten folgend das Werk entstehen ließ.

Zum Erfolg des Auftrages hatten ebenfalls der AVID-Cutter und der Multimedia-Grafiker wesentlich beigetragen, die durch ihre kreatives Wirken das eigentliche Standardwerk optimierten.

6.3.5 Personaleinsatz/Arbeitsrecht

Unentbehrlich war es, einen Werkvertrag mit dem Regisseur abzuschließen, der neben dem Produzenten die Hauptlast der Multimedia DVD-Herstellung zu tragen hatte. Die übrigen im Herstellungsprozess engagierten Mitarbeiter – wie AVID-Cutter, Multimedia-Grafiker und Tonmeister – waren Angestellte von Dienstleistungsunternehmern, die wiederum Dienstleistungsverträge mit der Agentur für Neue Medien abgeschlossen hatten.

6.3.6 Vertragsgestaltung (bei Fremdleistungen und Auftragsproduktion)

Verträge machen sowohl dem Kunden als auch dem Auftragnehmer die Abwicklung einer Dienstleistung leichter, denn beide Seiten sind an die getroffenen Vereinbarungen gehalten. Sowohl die Agentur als auch der Pharma-Kunde gingen vertragliche Bindungen ein.

*Die **Agentur** stellte konkrete Anforderungen an die zu erbringenden Leistungen bei Dienstleistungsunternehmen (Postproduktionsstätte Filmschnitt, Multimedia-Grafik, Tonstudio) und ließ sich schriftliche Angebote vorlegen. Die Dienstleister verwiesen zum Teil auch auf ihre Preislisten (Abrechnung von Personal und Technik nach Stundensätzen). Nach Prüfung der Posten setzte die Agentur einzelne Aufträge in Kraft.*

*Der Pharma-Kunde ließ durch seine Rechtsabteilung einen **Dienstleistungsvertrag** für die Zusammenarbeit mit der Agentur aufsetzen, der auf mehreren Seiten die Pflichten und Rechte beider Vertragsparteien regelte. Zunächst wurde in einer Präambel das herzustellende Produkt beschrieben: „Erstellen und Mastern einer DVD inkl. Authoring in fünffacher Ausfertigung". Danach folgten weitere Vorgaben, die insbesondere der Agentur als Auftragnehmer eine Reihe von Pflichten auferlegten:*

* *Weisungen durch Mitarbeiter oder Beauftragte des Kunden sind zu beachten.*

- *Geheimhaltungspflicht interner Kenntnisse gegenüber Dritten ist unbedingt einzuhalten.*
- *Das Filmmaterial darf nicht imageschädigend eingesetzt werden oder gegen die unternehmerischen Interessen des Kunden verstoßen.*
- *Sämtliche Rechte an dem Filmmaterial bleiben beim Kunden (Eigentum).*
- *Termine der Rohschnittabnahme und der endgültigen Fertigstellung (Übergabe an Kunden) wurden fixiert.*
- *Vertragssumme und Zahlungsweisen wurden festgelegt.*
- *Kündigungsmöglichkeit aus wichtigem Grund einschließlich Vertragsstrafe wurde niedergeschrieben.*
- *Vertrag unterliegt dem Recht der Bundesrepublik Deutschland; Änderungen bedürfen der Schriftform; Regelung bei etwaigen Vertragslücken; Gerichtsstand.*

*Sicherheitshalber schloss die Agentur als Auftragnehmer eine **Bild-, Ton- und Datenträgerversicherung** für die Laufzeit des Herstellungsprozesses ab, da nicht ausgeschlossen werden konnte, dass im Zuge der technischen Arbeiten Filmmaterial zerstört wurde (z. B. durch einen mechanisch verursachten Bandschaden in einem Zuspielgerät) oder abhanden kam bzw. gestohlen wurde. Versichert werden konnte bei dem Filmmaterial der reine Wiederbeschaffungswert der Güter einschließlich der Aufwendungen, die notwendig sind, das endgültige Produkt zu erstellen (also das Filmmaterial neu zu produzieren). Prinzipiell erwarten die Versicherer (in unserem Fall die Deutsche FilmversicherungsGemeinschaft), dass die versicherten Sachen/Güter während des Herstellungsprozesses sorgfältig und fachwissentlich eingesetzt und bewacht werden. Bei groben Fahrlässigkeiten haften die Versicherer nicht; auch nicht bei Schäden durch Kriegsereignisse und durch Kernenergie, Abnutzung oder mittelbare Schäden wie Nichteinhaltung von Lieferfristen. Der Versicherungsschutz kann jederzeit verlängert werden, z. B. bei Überschreitung der vereinbarten Lieferfristen.*

6.3.7 Produktionsabläufe

Nachdem das Filmmaterial bereits vorlag, konnten die weiteren Abläufe arrangiert werden:
- *Formulierungsphase der Sprechertexte*
- *Freigabeschleife der Texte innerhalb des Unternehmens (durch Fachabteilungen)*
- *Festlegung der Schrifttype für die eingeblendeten Hinweise (es wurde einheitlich „Helvetica" ausgewählt) und eines Musikstückes für das Intro/Outro (in Absprache mit dem Kunden)*

- *Casting von weiblichen und männlichen Stimmen für die Sprachaufnahmen und Auswahl jeweils einer Stimme durch den Kunden für die deutsche und englische Version*
- *Schnitt des Informationsfilms in einzelne Filmmodule*
- *Sprachaufnahme/Mischung der einzelnen Filmmodule*
- *Entwicklung eines DVD-Menüs (Storyboard) und Freigabe des Storyboards durch den Kunden*
- *Grafische Fertigstellung des DVD-Menüs einschließlich Zusammenbau mit den einzelnen Filmmodulen*
- *Rohschnittabnahme der DVD mit dem Kunden (eventuell Korrekturen) und Freigabe*
- *Kopien brennen (in Kleinstauflage) von der Master-DVD für den internen Gebrauch des Kunden. Die Großauflage sollte zu einem späteren Zeitpunkt in einem Presswerk hergestellt werden.*

Bei der Sprecherauswahl für die englische Version wurde der Kunde zuvor befragt, ob er eine britische oder US-amerikanische Stimme wünsche. Die meisten Unternehmen tendieren bei Produktionen, die ausschließlich den europäischen Markt betreffen, zu einer britischen Stimme, während bei einem globalen Einsatz eines Werkes überwiegend eine US-amerikanische Stimme gebucht wird.

Mit dem Kunden wurde vereinbart, dass die DVD in einem 16:9 Bildformat hergestellt wird. Dieses Format hatte den Vorteil, dass die Untertitel (Hinweise auf einzelne Stationen) auf den unteren Schwarzbalken eingeblendet werden konnten, ohne das eigentliche Bild zu beeinträchtigen.

Zur Programmierung des Menüs: Die DVD erhielt einen so genannten Startscreen (vgl. Abb. 20). Gezeigt wurde auf einem blauen Hintergrund das Logo des Unternehmens und zum Anwählen die deutsche bzw. englische Sprachversion; dann standen zur Auswahl „den Film starten" (start movie) oder individuell einzelne Filmmodule „Kapitel" (chapter). Jeweils nach Ende eines Kapitels sprang die Programmierung automatisch wieder auf die Kapitelauswahl zurück. Am Ende des Films erschien eine Tafel „Kapitelauswahl" (namentlich wurden die einzelnen Kapitel aufgeführt), von wo aus entweder das Intro oder einzelne Kapitel angesteuert werden konnten. Die Programmierung ließ zu, dass die Kapitelauswahl sowohl am Anfang wie auch am Ende angewählt werden konnte. Die Abbildungen veranschaulichen die beiden Tafeln (vgl. Abb. 20 und 21).

*Zur **Herstellungstechnik**: Als Arbeitsplatz diente ein PC, Modell „Apple Power Mac G5", mit 64 Bit-Prozessor und 8 GB Arbeitsspeicher. Damit können z. B. große 3D-Objekte, komplexe wissenschaftliche Datenbestände und überdimensionale 2D-Bilder schnell bearbeitet werden.*

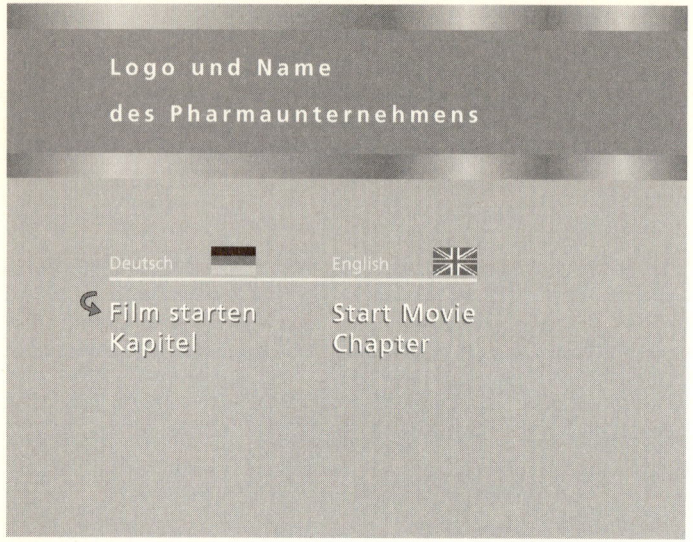

Abb. 20: Startscreen

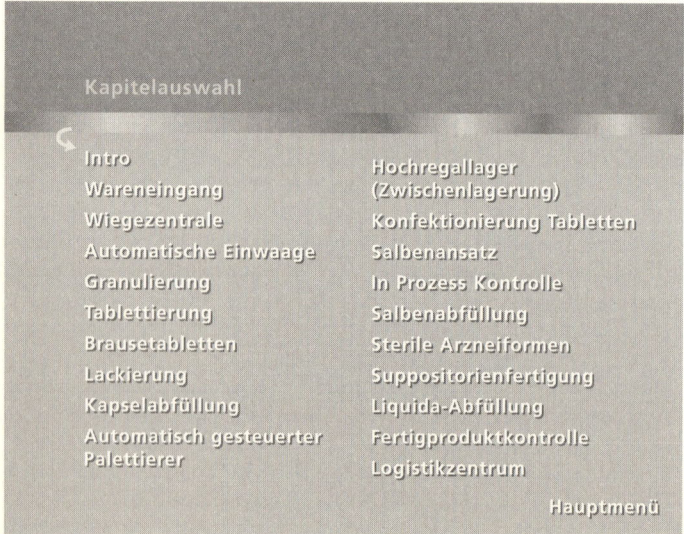

Abb. 21: Kapitelauswahl

6.3.8 Ergebniskontrolle

Kundenzufriedenheit erzielt man im optimalen Fall, wenn beide Seiten während der Herstellungsphase Kompetenz zeigen, die sich im Ergebnis widerspiegelt. *„Ein Geheimnis des Erfolges ist, den Standpunkt des Anderen zu verstehen."* Treffender kann man ein optimale Beziehung zwischen Auftraggeber und Auftragnehmer kaum formulieren, als es der amerikanische Autogroßindustrielle Henry Ford I. (1863–1947) auf den Punkt gebracht hat! Faktisch erwarten Kunden in erster Linie drei Positionen:

• Immer kürzere Produktentwicklungs- und Lieferzeiten
• Einen günstigen Preis im verschärften Wettbewerb
• Hohe, automatisch fortschreitende Qualitätsanforderungen.

Der Erfolg eines Unternehmens wird zunehmend durch eine schnelle und effiziente Umsetzung von Neuentwicklungen im Einklang mit einem breiten Serviceangebot gekennzeichnet. Es gilt, dem Pioniergeist der Beweglichkeit zu folgen und sich dadurch Wettbewerbsvorteile zu verschaffen. Kompetenz zu zeigen auch nach einer Zusammenarbeit, um den Kontakt (für Folgeaufträge) zu dem Kunden zu halten! Hier einige diesbezügliche Beispiele zur Auswahl oder in Kombination miteinander, die in einem persönlichen, schriftlichen oder Telefonkontakt in die Tat umzusetzen sind:

• Kundenzufriedenheit: Abschlussgespräch mit dem Kunden führen und Bilanz ziehen (kritisches, aber freundliches Gespräch).
• Marketing in eigenem Interesse: Kann ein Artikel in einer Fachzeitschrift über die erfolgreiche Zusammenarbeit mit dem Kunden lanciert werden? Oder kann darüber eine Pressemitteilung herausgegeben werden?
• Servicedenken aktiv gestalten: Kann dem Kunden die eine oder andere Information (z. B. eine Untersuchung) zugestellt werden, die für ihn von Nutzen ist? Oder sollte er zu Weiterbildungsveranstaltungen eingeladen werden, die ihn interessieren könnten?
• Gelegentlich vergessen Auftragnehmer, dass Ihnen ebenso ein Unternehmer gegenübersitzt, der mit den gleichen Wirtschafts-

marktproblemen zu kämpfen hat: z. B. überhöhte Steuer- und Abgabenlasten und fehlende Reformen in den Bereichen Sozial- und Arbeitsmarkt sowie Steuern. Möglicherweise kann ihm eine wertvolle Information (z. B. über wirtschaftspolitische Trends) angeboten werden, wobei er spätestens dann registriert, dass Auftraggeber und Auftragnehmer „seelenverwandt" sind.

- In Deutschland wiehert der Amtschimmel, weil die meisten glauben, alles müsste in Artikeln, Paragraphen und Regeln schriftlich zu Papier gebracht werden. Fragen Sie doch einmal Ihren Gesprächspartner, der wie Sie täglich gegen eine stark aufgeblähte Bürokratie kämpfen muss, ob man nicht einmal ein kleineres Projekt im Zuge des gegenseitigen Vertrauens unkompliziert und schnell auf den Weg bringen kann. Die meisten Unternehmer sind froh, wenn eine „unbürokratische" Sprache gesprochen wird. Mit so einem kleinen Projekt, wobei die Idee hierzu von Ihnen stammen sollte, testen Sie Ihren Stellenwert beim Kunden, inwieweit er Ihnen das nötige Vertrauen mittelfristig entgegenbringt.

- Versuchen Sie ein Netzwerk aufzubauen, den Auftraggeber im wahrsten Sinne des Wortes auch als Partner zu begreifen, den man gelegentlich anruft und fragt, mit welchen Aufgaben er gerade beschäftigt ist. Bieten Sie ihm Lösungen an und werden Sie zu einem vertrauten Ratgeber. Der Kunde wird glücklich darüber sein, dass Sie ihn respektieren.

- Melden Sie sich regelmäßig bei den wichtigsten Kunden (einmal pro Monat) und liefern Sie ihnen Brancheninfos (z. B. Kopien aus der Fachpresse) oder ein „Thema des Monats", das alle Insider beschäftigen sollte.

- Arbeiten Sie immer an Ihrer Persönlichkeit, die verantwortlich denkt und handelt, nach kreativen Lösungen sucht, sich selbst mit positiven Zielen antreibt und offen für den Fortschritt ist.

Grundsätzlich darf davon ausgegangen werden, dass, wenn unternehmenseigene Medien- und Grafikabteilungen von Kunden ein Projekt betreuen, diese hinreichende Erfahrungen bei der Herstellung von Multimedia-Werken aufweisen. An Kompetenzbetreuung mangelte es jedoch bei dem vorliegenden Beispiel über weitere Strecken, weil die Grafik-

abteilung des Kunden den fachlichen Erfahrungen der Agentur keine Beachtung schenken wollte. In einigen Fällen kam es zu vermeidbaren Missverständnissen bzw. zu Verstimmungen:

- *Trotz mehrfacher Empfehlungen der Agentur bestand der Kunde darauf, die vorliegenden und an den Filmschnitt angepassten Sprechertexte auszubauen, und erzeugte damit Überlängen. Nachdem dem Kunden in mehreren Gesprächen erläutert werden konnte, dass aufgrund der zeitlichen Längen der einzelnen Filmmodule nicht willkürlich Texte hinzugeschrieben werden können (die Texte können schlecht auf schwarzem Bild gesprochen werden) und ferner der Bilder-/Sprachrhythmus durch eine gehetzte Sprache verloren geht, wurden die Texte deutlich reduziert.*

- *Ein weiteres Problem bestand darin, dass der Kunde eine Vielzahl von pharmazeutischen Fachbegriffen innerhalb der Texte verwendete, aber auf der anderen Seite wiederum eine allgemeine Besucherschar mit der DVD ansprechen wollte. Nach diversen Bemühungen seitens der Agentur wurde die Texte sprachlich allgemeinverständlicher formuliert.*

- *Dem Kunden musste erklärt werden, dass ein Sprecher immer nur in seiner Originalsprache einen Text spricht und nicht, wie von dem Kunden gewünscht, in mehreren Sprachen. Immerhin sollte eine Produktionsqualität erzielt werden, die alle Seiten zufrieden stellt.*

- *Der Fertigstellungstermin der DVD verzögerte sich mehrfach (einmal um zwei Monate), weil der Kunde trotz Terminabsprachen nicht rechtzeitig die vorgelegten Zwischenproduktionen freigab. Dadurch entstanden bei der Agentur Mehrkosten in zweierlei Hinsicht: Die Laufzeit der Bild-, Ton- und Datenträgerversicherung musste verlängert werden und die Zahlungen an Lieferanten mussten zwischenfinanziert werden (diese hatten rechtzeitig geliefert; das zweite Zahlungsziel der Kunden war hingegen „mit der Lieferung des endgültigen Werkes" verbunden).*

Im Kontext mit den geschilderten Problematiken muss sich ein Auftragnehmer die Frage stellen, ob jeder Kunde wirklich ein Geschäft wert ist. Ein Kunde, der einen Auftragnehmer zu unnötigen Geldausgaben zwingt und seine Arbeitskraft mehrfach übermäßig strapaziert (ohne die Mehrleistungen zu entlohnen), ist meistens für ein Geschäft nicht geeignet. So hart diese Beurteilung auch ausfällt: Nur kompetente Kunden oder solche, die auf einen fachkundigen Rat hören und diesen annehmen und eine auf Partnerschaft ausgerichtete Zusammenarbeit anstreben, sind wertbeständig. Die Erfahrungen lehren, dass mit schwierigen Kunden häufig keine Neugeschäfte möglich sind, weil sie die eigenen Unzulänglichkeiten weder erkennen noch abstellen wollen und eine Kundenzufriedenheit vermissen lassen. Ein wertvoller Kunde wird sich immer für einen perfekt realisierten Auftrag bedanken; ein schwieriger Kunde legt keinen Wert auf ein anerkennendes Fazit der Zusammenarbeit.

Anmerkungen

160 Gesellschaft für deutsche Sprache 1995, http://www.gfds.de, Zugriff: 6.5.2005
161 Interaktion findet durch einen Rückkanal bzw. Rückkoppelung der Informationen beim Einsatz von digital basierten Medien statt. Zwischen den Nutzern und Absendern (Computern/Providern) wird ein Dialog geführt. Achtung: Dabei wendet sich der Nutzer freiwillig einer Multimedia-Anwendung zu, sei es einer Spiele-DVD oder dem Internet, und legt selbst die Nutzungsdauer fest.
162 Steinmetz, Ralf 1999,12
163 Quelle: Börsenblatt, Selbstauskunft der Verlage. In: musik.woche 10/2006, 11
164 Video-on-Demand (Video auf Abruf) ist eine Weiterentwicklung des Pay per View und letztlich eine individualisierte Programmzusammenstellung nach Kundenwunsch. Der Kunde ruft Videoeinhalte bei einem Provider ab, der diese anschließend zum Kunden überträgt (z. B. per kontinuierlichem Datenstrom – Streaming – oder der Provider speichert die Inhalte/Daten auf die Festplatte der Set-Top-Box).
165 Vgl. Fraunhofer-Institut 2003. Unter: http://www.fraunhofer.de/german/press/pi/pi2003/06/pi42_ifa.html, Zugriff: 7.8.2005
166 Vgl. ARD Jahrbuch 03, 220

7. Print

7.1 Entwicklung und Gegenwartsbeschreibung des Buchmarktes

Im deutschsprachigen Raum (dazu zählen Deutschland, Österreich und die Schweiz), dem weltweit drittgrößten Buchmarkt (nach dem englischsprachigen und der Volksrepublik China), werden jährlich ca. 750 Millionen Buchexemplare produziert (ohne artverwandte Druckerzeugnisse wie Loseblattsammlungen, Adressbücher, Broschüren etc.). Mit jährlich circa 80.000 Titeln,[167] darunter knapp 60.000 Neuerscheinungen, zählt Deutschland zu den führenden Buchnationen.

Nach letzten Erhebungen des Börsenvereins des Deutschen Buchhandels erwirtschaftete der Buchmarkt in Deutschland im Jahr 2004 ein Gesamtvolumen von rund 9,1 Milliarden Euro zu Endverbraucherpreisen (inkl. Fach- und wissenschaftlicher Zeitungen sowie audiovisueller Medien). Statistisch gesehen bedeutet dieses Volumen eine Umsatzsteigerung von 0,1 % gegenüber 2003. Einen Aufwärtstrend zeichnet sich bei dem Umsatz mit Büchern über den Vertriebsweg Versandbuchhandel per Online-Geschäft ab. Viele Verlage machen zwischenzeitlich große Teile ihres Umsatzes im Ausland, sei es durch Akquisitionen, Joint Ventures oder Eigengründungen.

Am Anfang eines Trends lassen sich noch keine verlässlichen Ergebnisse aufzeigen. Doch wenn sich aus einem Trend eine stetige Aufwärtsentwicklung ergibt – wie im Fall des **Elektronischen Publizierens** (EP) – ist eine nähere Betrachtung der Umstände unumgänglich. Das EP hat sich nach einer Umfrage des „Arbeitskreises Elektronisches Publizieren des Börsenvereins des Deutschen Buchhandels" unter seinen Mitgliedsverlagen als gewinnträchtiges Geschäftsfeld entwickelt (Stand: Oktober 2004). Drei Viertel der befragten Verlage gehen davon aus, dass in zehn Jahren bis zu 30 % Umsatz durch EP erzielt wird. Weiterhin wurden folgende Orientierungstendenzen ausgemacht:

- Die Anwendungsszenarien sind vielfältig und reichen von On-line-Publishing und Publishing-on-Demand über E-Learning, Internet-Buchhandel bis hin zu Online-Redaktionen und Virtual Communities.
- Unter die wichtigsten Faktoren, die für EP sprechen, fallen Zeitersparnis, Geschwindigkeit beim Publizieren und hohe Aktualität.
- Erlösquellen mit zunehmender Bedeutung sind zuerst Pay-per-View, Online-Dienstleistungen und Abonnement.
- Durch digitale Workflows und medienneutrale Datenhaltung können die Herstellungs- und Vertriebskosten gesenkt werden.
- Die Kosten für Printprodukte sinken durch die Mehrfachverwendung einmal strukturierter Daten.
- Großes Potenzial sehen die Verlage in dem Ausbau der Kundenbeziehungen; individuelle Lösungen werden an Bedeutung gewinnen.

7.2 Einsatzmöglichkeiten von anzeigengestützten Formaten wie Tageszeitungen und Anzeigenblätter

Eine Analyse des Marktes der Tageszeitungen und der Anzeigenblätter ist insoweit für das Vorhaben von Bedeutung, weil das Fallbeispiel „Reiseführer" (vgl. Abb. 22) gleichfalls auf eine interessierte Leserschaft, ein realistisches Marketingkonzept und Anzeigenschaltungen angewiesen ist, obgleich der Reiseführer als Taschenbuch erscheint und käuflich im Buchhandel erhältlich sein wird. Ein weiterer Anknüpfungspunkt kommt hinzu: Nicht zuletzt schreiben auch die für die Anzeigenblätter und Tageszeitungen tätigen Journalisten zu beheimateten Themenschwerpunkten für eine lokal bzw. regional angesiedelte Zielgruppe, generell für Single- bzw. Familienhaushalte. In dem Gesamtkontext sei der Hinweis gestattet, dass es sich bei der Zeitung um eine deutsche Erfindung handelt, die zwischenzeitlich rund 400 Jahre alt ist (geschaffen im Jahr 1609).

Um von Anfang an hinsichtlich der Schaltung erwünschter Anzeigen einen Überblick zu erlangen, wurden zwei Druckmärkte analysiert:
- *der Markt „Anzeigenblätter"*
- *der Markt „Tageszeitungen".*

Anzeigenblätter refinanzieren sich nahezu ausschließlich durch Anzeigen (durchschnittlich zu 95 %), wie es der Name bereits ausdrückt, bieten aber auch Nebenprodukte wie Reiseführer, Sonderdrucke etc. zum Verkauf an. Die kostenlos angebotenen Medien nennen sich häufig „Wochenblatt", „Kurier", „Anzeigenzeitung" oder „Anzeigenblatt" und erscheinen überwiegend ein bis zwei Mal wöchentlich.

Marktchancen nutzen, Nischen suchen und dadurch neue Kunden gewinnen. Mit diesem Vorsatz haben sich die Anzeigenblätter positiv entwickelt: 2005 gibt es in Deutschland 1.306 Anzeigenzeitungen mit einer Wochenauflage von 85,6 Mio. Exemplaren.[168] Sie drucken Auflagen von unter 10.000 bis über 800.000 pro Erscheinungsintervall. Im Jahr 2004 wiesen die Anzeigenblätter das höchste relative Umsatzwachstum im Printmediensektor auf und liegen von den Netto-Werbeeinnahmen betrachtet mit 1,8 Mrd. Euro gleichauf mit den Publikumszeitschriften.

Tageszeitungen. Aus der Presse, einschlägigen Datenbanken und Werbefachzeitschriften ist zu entnehmen, dass die Zeitungsverlage vor großen wirtschaftlichen und strukturellen Herausforderungen stehen, zahlreiche Leser an die digitalen Mitbewerber im Internet verloren und deshalb rigorose Sparmaßnahmen ergriffen haben. Die Auflagenzahlen und das Anzeigengeschäft sind rückläufig. So werden Innovationen gekappt, Überkapazitäten im Druckbereich abgebaut, Mitarbeiter entlassen und Redaktionen diverser Blätter innerhalb eines Verlages zusammengelegt oder gar geschlossen (Beispiel: „Die Welt" fusionierte mit der „Berliner Morgenpost"; die „Süddeutsche Zeitung" hat etwa 25 % der Redaktionsmitarbeiter eingespart; auch die „Frankfurter Allgemeine" und die „Frankfurter Rundschau" entließen einen Teil ihrer journalistischen Mitarbeiter). Gewisse Einsparungen – etwa im Bereich der Dokumentation eines Zeitungsverlages – sind auch durchaus nachvollziehbar, weil das Internet für eine Research schnell und ausgiebig zur Verfügung steht und lange Wege und mühevolle Sucherei in Aktenkellern erspart. Gefährlich sind dagegen die Konzentrationstendenzen zu beurteilen, denn hier entstehen zwangsläufig monopolistische Zeitungsmärkte, insbesondere auf lokaler und regionaler Ebene.

Vor diesem Hintergrund interessiert im Zuge der Marktanalyse, ob es markante Gründe für die anhaltende Printmedienkrise gibt, die Auswirkungen auf ein geplantes Projekt „Reiseführer" (vgl. Abb. 22) haben könnten. Fünf Gründe beeinflussen gegenwärtig die Entwicklung der **Zeitungs- und Zeitschriftenbranche** negativ:

- Die Verlage haben das Internet mit seinen dynamischen **Erlösmöglichkeiten und Anzeigenmärkten** (z. B. „Monster", „ImmobilienScout24", „meetic") lange unterschätzt und sich nur vorsichtig engagiert. Neue Abonnenten konnte beispielsweise „Der Spiegel" gewinnen, in dem er ab Sonntag im Internet Teile seiner am Montag erscheinenden Printausgabe als ePaper kostenpflichtig vorab veröffentlicht. Zwischenzeitlich verdienen Verlage nebenbei an dem Verkauf von Artikeln via Datenbanken (beispielsweise www.archivderpresse.com). Pro Presseartikel sind mindestens 1,80 Euro durch den Kunden zu entrichten.

- Von Seiten der Verlage werden als Auslöser von Sparmaßnahmen die **Wirtschaftsmisere** und das damit verbundene ausbleibende Anzeigengeschäft – etwa für die Rubriken „Stellenmarkt", „Autos" und „Immobilien" – verantwortlich gemacht. Abonnenten wie Inserenten überlegen heutzutage, ob die Blätter ihr Geld wirklich wert sind, und verzichten häufig auf einen Bezug und Anzeigenschaltungen. Ein Teil der Anzeigen ist unwiderruflich ins Internet abgewandert; die verlorenen Marktanteile können unter Umständen kaum noch zurückgewonnen werden.

- Das **Marketing** der Zeitungsverlage entspricht vielerorts nicht der Entwicklung unserer Zeit – einer häufigen und schnelleren Umorientierung der Verbraucher. Künftig sollen die Zeitungen verstärkt Aufmerksamkeit schaffen und vertiefende Informationen über eigene Online-Plattformen anbieten. So wird das Internet sinnvoll als ein aktuelles Bindeglied zwischen zwei unterschiedlichen Medien genutzt, etwa auch, um den Kontakt zu den Zeitungslesern via „Lesermails" schnell und unkompliziert halten zu können.

- **Innovative Konzepte** fehlen, mit denen die Zeitungen gerade

Bayerischer Landkreisführer ✓
EBERSBERG

Ausflüge, Freizeit- und Sportstätten
Historie, Kunst und Kultur, Museen
Burgen und Schlösser, Kirchen
Ebersberger Forst, Essen und Trinken
Städte und Gemeinden, Karten

MEA MediaEventAgentur

Abb. 22: Titel „Bayerischer Landkreisführer Ebersberg"

bei jüngeren Lesern, die auch bei Werbekunden eine begehrte Klientel sind, Auflage erzielen könnten. Das Anzeigengeschäft und die Leserzahlen gehen überwiegend bei den Generationen unter dreißig Jahren zurück. Mit neuen Formaten wie Tabloids (kleines, magazinähnliches Format mit wenigen Seiten und kurzen Texten), Gratisangeboten und speziellen Jugendseiten soll gerade eine junge Leserschaft zurückgewonnen werden. Eine weitere Strategie ist es, zwei Arten von Zeitungen unterschiedlichen Zielgruppen anzubieten: Die „Qualitätszeitung" mit Analysen, Kommentaren und Hintergrundberichterstattung aus aller Welt für wissenshungrige Eliten. Auf der anderen Seite eine billige oder gar kostenlose „Kompaktzeitung" – das so genannte 20-Minuten-Blatt – speziell in den Großstädten und finanziert durch Anzeigen, das sich bevorzugt an junge, mobile Leser wendet, die kurzgefasste aktuelle Informationen beziehen wollen.

- Die **sinkende Zahl der Bevölkerung** bedeutet zwangsläufig eine Reduzierung der Auflagen. Mittlerweile wurden auch die Beilagen bundesweit erscheinender Tageszeitungen („FAZ", „Süddeutsche Zeitung") eingestellt, weil sich kein Supplement selbst trägt, obwohl eine Beilage für eine Leser-Blatt-Bindung wichtig sein kann.

Für die Kommunikationskultur ziehen rein kostenorientierte Verlagsentscheidungen häufig negative Auswirkungen nach sich. Bereits heute haben über 40 % der Bundesbürger keine Auswahl mehr zwischen mehreren Lokalzeitungen und sind auf die Berichterstattung ihres Monopolblattes angewiesen.

Andererseits liegt die Reichweite der Zeitungen im Bundesgebiet bei ungefähr stolzen 75 Prozent Versorgungsgrad und die Qualität der Blätter ist in den letzten Jahren eindeutig besser geworden. Für den Fortbestand einer Demokratie ist Vielfalt im publizistischen Bereich unabdingbar, wobei die Tageszeitungen eine Grundversorgung sichern sollen. Die Zeitung bleibt weiterhin das klassische Medium der Information, während Hörfunk, Internet und Fernsehen häufig zu Unterhaltungszwecken genutzt werden.

7.3 Fallbeispiel: Produktion einer Broschüre auf eigenes unternehmerisches Risiko
(Projekt: Reiseführer)

7.3.1 Von der Idee zur Marktanalyse

Einfälle fliegen einem gelegentlich zu wie Tauben aus dem Schlaraffenland. Trotz aller Leidenschaft für eine plötzliche Eingebung schränkt dennoch Hebbel zu Recht ein: „Wie oft verwechselt man Einfälle mit Ideen!"[169] Es stimmt, dass nur die wenigsten Eingebungen gut genug für eine Umsetzung sind. Gleichwohl kann aus einem Einfall, der durchdacht, entwickelt und getestet ist, eine echte Geschäftsidee werden, denn: „Nichts auf der Welt ist so mächtig wie eine Idee, deren Zeit gekommen ist."[170]

Demnach gilt es abzuwägen, ob überhaupt und wenn ja, wie aus einem Einfall eine lohnenswertes Produkt (oder ein geistiges Werk) entstehen kann. Eine alternative Vorgehensweise: Global Player wie der Sportartikelhersteller „Nike" oder der Musikkonzern „Universal" beobachten verstärkt mit eigenen Scouts die verschiedenen Lifestyle- und Musik-Szenen, um „emotionale" Produkte zu kreieren und anschließend bestmöglich zu vermarkten. Keine Experimente, sondern positive Umsätze sind gefragt. Dies gilt um so mehr, wenn der Ideenlieferant auf eigenes unternehmerisches Risiko arbeitet, Eigenkapital investiert und somit keine Fremdgelder verwendet.

Offener Teamgeist und ein regelmäßiges Brainstorming sind gerade für Medienunternehmen unverzichtbar, setzen Maßstäbe und geben kreative Impulse. Besonders dann, wenn wie in unserem Fall das schöpferische Potenzial – sprich: Mitarbeiter eines Buchverlags – mit einer Geschäftsidee aufwartete, die auf den ersten Blick zukunftsträchtig erschien. Bei der Suche nach einer sinnvollen Freizeitbeschäftigung innerhalb eines bayerischen Landkreises hatte der Mitarbeiter im Zuge von Recherchen festgestellt, dass keine umfassende Bürger-Information über Freizeit-, Kultur- und Sportstätten vorlag. Wer ein solches Angebot vor einem Besuch kennen lernen wollte, konnte höchstens zu den Telefonbüchern greifen. Weiter gehende Informationen wie eine Datenbank mit Öffnungszeiten, kurzen Beschreibungen, Preisen oder Fotos/Illustrationen fehlten im Angebot. Dabei existiert für Großstädte seit Gene-

rationen eine Flut von Städteführern. Infolgedessen die berechtigte Fragestellung: Warum kann es nicht auch für einen Landkreis mit mehr als 100.000 Einwohnern eine solche Publikation geben?

Entscheidend aus der Sicht eines Buchverlages ist letztlich, inwieweit sich die Herstellung einer Publikation auf eigenes unternehmerisches Risiko finanziell lohnen könnte. Als überaus hilfreich erweist sich dabei, die betriebswirtschaftlichen und projektbezogenen Fragestellungen systematisch abzuarbeiten: Marktanalyse, Herstellungskosten, Anzeigen- und Vertriebsmarketing.

Marktanalyse. Zunächst zählt das angedachte Produkt „Bayerischer Landkreisführer" zu der Warengruppe „Reise/Geografie", die in 2004 lediglich einen Anteil von 2,7 % am gesamten Buchumsatz in Deutschland aufwies.[171] Spitzenreiter waren „Belletristik" (14,3 %) vor „Deutsche Literatur" (10,9 %), gefolgt von „Kinder- und Jugendliteratur" (7,0 %), „Recht" (6,0 %) und „Medizin/Gesundheit" (5,6 %).

Im Weiteren muss der Markt abgrenzt und dabei das Produkt und die potenziellen Kunden definiert werden:

(1) Nach welchen **demographischen Kriterien** soll die Kernzielgruppe ausgewählt werden, also die Gruppe von Verbrauchern, auf die das Produkt abgestimmt wird (etwa nach Einkommen, Beruf, Alter, sozialer Schicht)?

(2) Welche **geographischen Kriterien** sind zu berücksichtigen (etwa Regionen/Lebensräume, Sprachkenntnisse, Heimatverbundenheit)?

(3) Welche persönlichen **verhaltensbezogenen Kriterien** erscheinen wichtig (etwa Informations- und Kaufgewohnheiten, Freizeitgestaltung, modische Interessen, ökologisches Bewusstsein)?

Gefunden wurden erste, vorläufige Antworten:

Zu (1) „Demographische Kriterien": Es kann davon ausgegangen werden, dass jeder Bürger ein grundsätzliches Interesse besitzt, seinen privaten Lebensraum näher kennen zu lernen. Damit wird im Fall des Landkreisführers nicht nach Kriterien wie Beruf, Alter und Einkommen unterschieden und keine Kernzielgruppe ins Auge gefasst. Gleichwohl müssen die Zielgruppen genauer beschrieben werden, um die unterschiedlichen Verbrauchergruppen festzulegen, die schließlich auch als potenzielle Käufer anzusprechen sind:

• Alle Haushalte im Landkreis (ca. 30.000 bei rund 119.000 Bürgern);

- *Alle Schulen (Verteiler: Medienzentrale/Kreisbildstelle);*
- *Eigene Verteiler der Sponsoren;*
- *Gewerbetreibende, die sich für den Standort interessieren und sich dort langfristig mit ihren Familien niederlassen wollen;*
- *Touristen, die den Landkreis entdecken wollen;*
- *Besucher von Fachmessen („Business-to-Business"), die mit den im Landkreis ansässigen Unternehmen und Behörden Geschäftsbeziehungen pflegen wollen.*

Zu (2) „Geographische Kriterien":
- *Die Region ist klar abgegrenzt; es handelt sich um den bayerischen Landkreis Ebersberg, unmittelbarer östlicher Nachbar der Hauptstadt München.*
- *Deutsche Sprachkenntnisse sind erforderlich, weil das Produkt nur in der Landessprache erscheint.*

Zu (3) „Verhaltensbezogene" Kriterien: Bei der Zielgruppendefinition erscheint es vertretbar, die verhaltensbezogenen Kriterien unter zwei Überlegungen zu stellen:
- *Wenn das Freizeitangebot innerhalb des Landkreisführers kompakter und übersichtlicher ausfällt als das der örtlichen Tageszeitungen bzw. der Anzeigenblätter, dürfte das Produkt den Käufern entgegenkommen. Von elementarer Bedeutung dürfte hierbei sein, dass kein Mensch die Einzelausgaben von Tages- oder Anzeigenprodukten sammeln wird, um bei Bedarf stundenlang nach einem Freizeithinweis zu fahnden.*
- *Der Verkaufspreis des Produktes dürfte nur eine marginale Rolle spielen, falls er eine Schmerzgrenze von € 10 nicht überschreitet. Reiseführer und sogar Fachzeitschriften werden marktüblich über den Buchhandel knapp unter dem genannten Preis angeboten. Bei der Preisgestaltung gilt es zu berücksichtigen, dass jedes Buch qua Gesetz einer so genannten „Buchpreisbindung"[172] unterliegt, die alle Verlage verpflichtet, verbindliche und damit endgültige Ladenpreise festzusetzen. Für den Käufer hat diese Preisfestsetzung zur positiven Folge, dass er überall, wo er ein Buch erwirbt, den gleichen Preis dafür zahlt. Allerdings kann ein Verlag 18 Monate nach Erscheinen eines Buches die Preisbindung aufheben und das Werk zu einem Schleuderpreis verkaufen.*

Zu (4) „Markt der Städteführer und hypothetischen Mitbewerber":
Gehen wir mit unserer Marktanalyse noch einen Schritt weiter, um die Bedürfnisse der Verbraucher in einem ausführlichen Zusammenhang zu

hinterfragen: Was wissen wir im Besonderen über den Markt der Städteführer und über die hypothetischen Mitbewerber? (Der Markt der Tageszeitungen und Anzeigenblätter wurde bereits eingangs analysiert.)

Zur Konfliktvermeidung ist folgende Vorgehensweise zur Feststellung der Wettbewerbersituation bei einer Recherche vorstellbar:

*Der Markt der **Reiseführer** wird von wenigen Verlagen beherrscht; Mairs Geographischer Verlag dominiert zu mehr als 40 % den Markt mit Marken wie Baedeker Allianz, Marco Polo, HB Bildatlas, Falk, Varta, Kompass und DuMont. Die verbleibenden Anteile des seit Jahren schrumpfenden Marktes teilen sich überwiegend die Marken Merian, ADAC und Polyglott. Bei einem Besuch einer Buchhandlung wird deutlich, dass pro Großstadt mindestens fünf „Städteführer" erschienen sind. Reiseführer für Metropolen scheinen zu florieren, was ebenfalls im Verzeichnis des Buchhandels nachzulesen ist (VLB, „Verzeichnis lieferbarer Bücher"). Vergleichbare Ergebnisse werden bei einer Internet-Abfrage über elektronische Buchhändler – etwa „www.amazon.de" oder „www.libri.de" – erzielt. Suchdienste wie „Google", „Fireball" oder „Yahoo" geben den Online-Nutzern ebenfalls Hilfen beim Auffinden einschlägiger Quellen.*

*Ferner ergeben weitere Recherchen auf den einschlägigen Pfaden (wie oben beschrieben), dass in der ausgesuchten Region kein Anbieter für einen Landkreisführer auf dem Markt ist. Es muss gegenwärtig mit keinem **Mitbewerber** gerechnet werden, der die Angebotsposition bedroht und etwa Anzeigen- oder Verkaufspreise dirigieren und möglicherweise unterbieten könnte. Allerdings bestehen so genannte „Ersatzprodukte" – regionale Anzeigen- oder lokale Gemeindeblätter, die von den Gemeinden selbst oder von etablierten Konkurrenzunternehmen (wie seit Generationen eingesessenen Verlagen oder Druckereien) herausgegeben werden. Sie erfüllen partiell ähnliche Funktionen wie unser Produkt, leben von einer nicht tagesorientierten Berichterstattung und erscheinen im wöchentlichen bzw. monatlichen Rhythmus. Überhaupt ähneln sie mehr recyclinggestalteten Wurfsendungen als hochwertigen Reiseführern (im Gegensatz zu dem geplanten Reiseführer, bei dem auf eine gediegene Papierqualität geachtet wird und nur vereinzelt Annoncenschaltungen vorgesehen sind).*

Titelschutz bei Druckwerken ist unumgänglich. „Buchtitel sind markenrechtlich geschützt, wenn sie neu sind und eine eigene Kennzeichnungskraft besitzen. Rechtsgrundlage ist das Markengesetz (§ 5, 15 MarkenG). Titelschutz entsteht automatisch mit der Ingebrauchnahme eines Titels als ‚besonderer', d. h. hinreichend unterscheidungskräftiger namensmäßiger Bezeichnung eines Werkes oder durch die Schaltung einer so genannten Titelschutzanzeige, letzteres insbesondere im ‚Börsenblatt' – dem Wochenmagazin für den deutschen Buchhandel".[173]

Der geplante Titel „Landkreisführer" sollte bereits während der Herstellungsphase und nach dem Erscheinen gegen Nachahmer geschützt sein. Mit einer Titelschutzanzeige wurde ein vorgezogener Werktitelschutz bekannt gegeben. Diverse Anfragen im Internet ergaben, dass der geplante Titel „Landkreisführer" noch nicht namentlich vergeben und somit nicht geschützt war.

*Grundsätzlich wird über den sog. **OPAC**-Katalog der Bibliotheken – dem Online Katalog – per Internet eine Recherche nach Büchern oder Zeitschriften ermöglicht. Bei einer Suchanfrage etwa nach dem „Bayerischen Landkreisführer Ebersberg" erscheint nach dessen Veröffentlichung nachstehendes Fenster (s. Abb. 23, S. 198).*

Recherchiert wurde im Online-Gesamtkatalog „Der Deutschen Bibliothek" (www.ddb.de), im „Virtuellen Katalog der Universität Karlsruhe" (www.ubka.uni-karlsruhe.de) sowie im „Verzeichnis Lieferbarer Bücher" (www.buchhandel.de). Bibliographische Agenturen wie „Der Titelschutz Anzeiger" führen Recherchen (z. B. nach Markennamen, Firmennamen, Domainnamen) gegen eine Gebühr durch. Beim Erfolg oder Misserfolg von Printprodukten, Filmen und Videospielen kann einem „Namen" eine entscheidende Bedeutung zufallen. Auch ist nichts schädlicher, als wenn ein bereits eingeführter Name nachträglich von einem Dritten verboten wird, weil dieser daran die älteren Rechte beansprucht.

Verlage müssen zwei **Pflichtexemplare** von allen bei ihnen erschienenen Büchern bei der Deutschen Bibliothek in Frankfurt am Main oder Leipzig kostenfrei abliefern, damit nachfolgende Generationen einen umfassenden Überblick über das literarische Erbe des deutschen Kulturgutes erhalten.

Meinungsforschung. *Um die Bedürfnisse und Einstellungen der Zielgruppen zu einem geplanten „Bayerischen Landkreisführer" festmachen zu können, wurde Meinungsforschung in Form nichtrepräsentativer Befragungen betrieben. Zur Informationsgewinnung wurden Fragenkataloge für eine „offene" wie „geschlossene" Befragung (s. nachfolgende*

7. Print

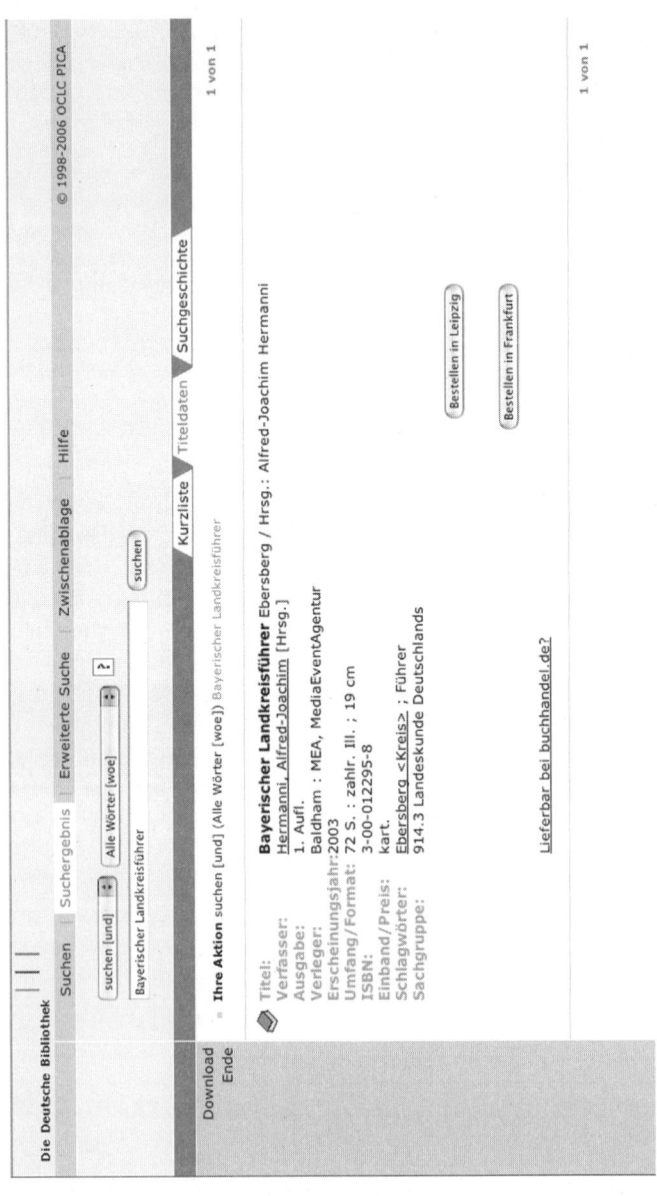

Abb. 23: Titelsuche „Bayerischer Landkreisführer Ebersberg". In: Online-Gesamtkatalog der „Deutschen Bibliothek" (Quelle: http://dispatch.opac.ddb.de)

Muster) entworfen. Zum seriösen Umgang mit Forschungsergebnissen – in dem vorliegenden Fall mit persönlichen Wertungen der Befragten – gehört vorrangig, sich zunächst auf eine Methodik der Umfrage zu verständigen. Im Rahmen der persönlichen Befragung wurde vereinbart:

- *Alle Fragestellungen sind standardisiert und somit identisch (deshalb schriftlich fixiert).*
- *Die Reihenfolge der Fragen ist fest vorgegeben.*
- *Die Befragung wird einerseits nach dem Multiple-choice-Verfahren durchgeführt; es werden aber auch kulturelle, historische und Freizeitfragen gestellt, die eine individuelle Beantwortung verlangen.*
- *Der Zeitraum der Meinungsumfrage ist festgelegt (sechs Interviewer arbeiten den Fragenkatalog innerhalb von 14 Tagen ab).*
- *Es werden mindestens 300 Personen unterschiedlichen Alters (zwischen 16–70 Jahren) in den 13 Gemeinden und Städten des Landkreises befragt.*
- *Alle Quellen sind sauber ausgewiesen (z. B. keine Einbeziehung von Personen außerhalb des Landkreises, keine Doppelnennungen).*
- *Eine „offene" und eine „geschlossene" Befragung" werden durchgeführt.*
- *Zu den Auskunftspersonen der „offenen Befragung" zählen:*
  - *– **Passanten** (befragt außerhalb der Geschäftszeiten, um das Freizeitverhalten in die Umfrage einfließen zu lassen);*
  - *– **Besucher kultureller Veranstaltungen** (z. B. von Kinos und Theatern);*
  - *– **Vertreter von lokalen Verbänden** (z. B. Freizeit, Sport).*
- *Zu den Auskunftspersonen der „geschlossenen Befragung" zählen:*
  - *– **Der Chefredakteur** der lokalen Tageszeitung;*
  - *– **Der Leiter der Anzeigenabteilung** des lokalen Anzeigenblattes.*

Fragenkatalog „Landkreisführer"

(1) „Offene Befragung"

- Wie beurteilen Sie das Freizeitangebot in der Region?
  (auf einer Skala von „sehr gut" bis „ungenügend")
  - ☐ sehr gut
  - ☐ gut
  - ☐ befriedigend
  - ☐ ausreichend
  - ☐ mangelhaft
  - ☐ ungenügend

- Wie häufig im Monat besuchen Sie kulturelle Veranstaltungen?
  - ☐ nie
  - ☐ weniger als dreimal
  - ☐ mehr als dreimal
- Welches kulturelle Angebot vermissen Sie besonders?
  (nur eine Antwort möglich) _____
- Welches zusätzliche Freizeitangebot wünschen Sie sich?
  (nur eine Antwort möglich) _____
- Welche historischen Sehenswürdigkeiten in der Region sind Ihnen bekannt? (maximal drei Nennungen möglich) _____
- Wie viele Einwohner zählt Ihre Region? (eine Antwort)
  - ☐ keine Ahnung
  - ☐ mehr als 50.000
  - ☐ mehr als 100.000
- Wie teuer darf ein „Landkreisführer" sein, der Ihnen einen Überblick über die wichtigsten Freizeit-, Kultur- und Sportangebote innerhalb der Region liefert? (eine Antwort)
  - ☐ maximal € 20
  - ☐ maximal € 15
  - ☐ maximal € 10

Zu (1) Ergebnis der „Offenen Befragung": *Durch die persönliche Befragung war die Rücklaufquote hoch, eine Beeinflussung durch Dritte unmöglich und insgesamt gesehen die Zuverlässigkeit hoch. Zudem waren die Interviewer aufgefordert worden, die Befragungen mit keiner Erwartungshaltung oder unter Zeitdruck vorzunehmen. Im Zuge der Auswertung wurde festgestellt, dass bereits einfach angelegte Interviews zu interessanten Schlussfolgerungen führen können. Die wichtigen Erkenntnisse waren dabei:*
- *Das Freizeitangebot wurde überwiegend als befriedigend bis ausreichend eingestuft.*
- *Die Mehrheit der Befragten besuchte weniger als dreimal pro Monat eine kulturelle Veranstaltung.*
- *Am häufigsten wurden die kulturellen Angebote Kino, Theater und Diskothek vermisst (in angegebener Reihenfolge).*
- *Die namhaften historischen Sehenswürdigkeiten waren den Befragten bekannt, es wurden durchschnittlich zwei Anziehungspunkte pro Person benannt.*
- *Die Einwohnerangaben schwankten zwar, doch lieferte die Mehrzahl der Befragten ein weitgehend akkurates Ergebnis.*

• *Für einen Landkreisführer würden die Befragten maximal € 10 bezahlen wollen.*

Jeder Fragenkatalog kann selbstverständlich bei Bedarf durch eigene Formulierungen ergänzt werden; eine diesbezügliche Erweiterung muss aber im Vorfeld der Befragung abgeschlossen sein.

(2) Geschlossene Befragung: Für ein Vorhaben wie die Herstellung eines Landkreisführers empfiehlt es sich, zusätzlich ein Interview beispielsweise mit dem Chefredakteur der lokalen Tageszeitung und/oder dem Leiter der Anzeigenabteilung des lokalen Anzeigenblattes zu führen. Beide Personen kennen die Region und die Erwartungen ihrer Leserschaft bestens aus dem Alltagsgeschäft der von ihnen verantworteten Publikationen.

Bei den Interviews wurden Kernfragen gestellt, wobei keine festen Antwortkategorien vorgegeben waren, um den Auskunftspersonen freie Formulierungen einzuräumen.

Fragenkatalog „Landkreisführer"

(2) „Geschlossene Befragung"

• Wie sieht die Kernzielgruppe Ihrer Leserschaft aus?
(nur eine Antwort möglich) _____

• Nach welchen grundsätzlichen Kriterien gestalten Sie ihre Zeitung?
(die drei wichtigsten nennen)
Kriterium (I) . . . .
Kriterium (II) . . . .
Kriterium (III) . . . .

• Wie viele Seiten Ihrer Zeitung (in Prozent von der Gesamtseitenzahl) stehen für folgende Ressorts zur Verfügung:
Politik . . . . %
Kultur . . . . %
Sport . . . . %
Lokales. . . . . %
Unterhaltung . . . . %
Service (Reise, Motor) . . . . %

• Auf welche Weise oder durch welche Aktionen gewinnen Sie neue Leser? (maximal drei Antworten möglich) _____

• Welche Kriterien bestimmen nach Ihrer Einschätzung am ehesten das Image ihrer Zeitung? (maximal zwei dürfen genannt werden)
– Aktualität
– Außenwirkung

- Bürgernähe
- Glaubwürdigkeit
- Zuverlässigkeit

• Welche gesellschaftlichen Themen werden in der Berichterstattung vernachlässigt? _____

Zu (2) Ergebnis der „Geschlossenen Befragung": Keineswegs überraschend sind die Befragungen mit dem Leiter der Anzeigenabteilung des lokalen Anzeigenblattes und dem Chefredakteur der lokalen Tageszeitung unterschiedlich ausgefallen, zumal beide Printmedien abweichende Zielsetzungen verfolgen (das Hauptaugenmerk des Anzeigenblattes liegt z. B. eindeutig auf dem Anzeigenverkauf, während die Tageszeitung großen Wert auf die redaktionelle Berichterstattung legt).

Frage	Anzeigenblatt	Tageszeitung
(1) Kernzielgruppe	alle Haushalte	keine; allerdings sollen besonders jüngere Leser geworben werden
(2) Gestaltungskriterien	Bauvorhaben, Festivitäten, Geschäftseröffnungen	Bürgernähe, Zuverlässigkeit, Aktualität
(3) Ressortschwerpunkte	Lokales, gefolgt von Politik und Kultur	Lokales, gefolgt von Politik und Sport
(4) Leseraktionen	keine, da alle Haushalte das Blatt erhalten	diverse (über Zusteller, Standwerber, Aktionen)
(5) Imagekriterien	Aktualität	Bürgernähe, Glaubwürdigkeit
(6) Vernachlässigtes Thema	Sport	keines

Auswertung der Marktanalyse: *Das Vorhaben scheint zunächst gut aufgestellt (s. folgende Tabelle) und die Wettbewerbsposition durchaus akzeptabel (weder bestehende Unternehmen noch Ersatzprodukte müssen gefürchtet werden). Sorge bereitet lediglich die insgesamt relativ geringe Zahl der Verbraucher innerhalb des Landkreises (ca. 119.000 Bürger), verglichen mit dem potenziellen Verkaufsmarkt einer Großstadt mit Millionen von Einwohnern. Dieses Manko muss im Zuge des Produktmarketings noch besonders berücksichtigt werden.*

Ergebnisse der Marktanalyse „Bayerischer Landkreisführer Ebersberg" (Kurzauswertung)	
Fragestellung	**Auswertung**
Sind vergleichbare Freizeitpublikationen zum „Landkreisführer" auf dem Markt?	Nein, Fehlanzeige.
Werden „Ersatzprodukte" wie Anzeigen- oder Gemeindeblätter aufgelegt?	Ja, eine Bedrohung ist nicht auszuschließen, aber derzeit irrelevant.
Wurde der geplante Buchtitel „Landkreisführer" vom Verlag geschützt?	Ja, dies ist ein klarer Wettbewerbsvorteil, weil der Name aussage- und werbekräftig ist.
Signalisieren die nicht-repräsentativen Umfragen Interesse an dem Produkt?	Grundsätzlich ist ein ausreichender Informationsbedarf vorhanden, weil sich die Befragten u. a. Freizeitangebote wünschen, die bereits existent sind. Die Nachfrage kann als Verhandlungsstärke gegenüber potenziellen Sponsoren genutzt werden.
Ist die Menge der potenziellen Käufer des Produktes ausreichend?	Nein, bei 30.000 Haushalten müsste jeder vierte Haushalt das Produkt käuflich erwerben, was unwahrscheinlich ist. Folglich müssen Anzeigenkunden und Sponsoren die Herstellungskosten finanzieren. Insgesamt ist ein außergewöhnliches Produktmarketing erforderlich.
Stimmt das Preis-/Leistungsverhältnis des Produktes „Landkreisführer"?	Ja, der Verkaufspreis sollte allerdings maximal € 10,00 betragen.

7.3.2 Produktionsvorgaben und Haushaltsplan eines Verlages

Das Redaktionskonzept: Alle Kreativen verdienen Respekt, wenn sie aus den gewonnenen Informationen (u. a. Marktanalyse) ein widerstandsfähiges Redaktionskonzept unmittelbar ableiten können. Keinesfalls dürfen Kapriolen geschlagen werden, denn die Qualität der Arbeit ist zunächst der einzige Maßstab, bevor sich das Produkt am Markt verkaufen muss. Aus welchen Bestandteilen sollte die Publikation bestehen, damit sie auf breites Interesse stößt?

Wie alle ambitionierten Kreativen, wollte jeder am Projekt Beteiligte seine Interessen innerhalb der Publikation vertreten wissen. Logisch, dass so auch irrelevante Themen zur Diskussion kamen. Ein Kollege, der sich mit touristischen Verlagsobjekten auskennt, hatte geraten, sich an den Rubriken erfolgreicher Städteführer zu orientieren („erfolgreich" definiert im Sinne der Verkaufszahlen).

Dieser Rat war zwar nicht neu, funktionierte aber, und das Vorgehen erinnert an den Ausspruch eines der großen Werbepäpste: „Immer noch besser gut geklaut als schlecht erfunden."[174] Schließlich entstand ein ordentliches Resümee:

- *Wie jedes Buch beginnt auch der Landkreisführer mit einer so genannten „Titelei". Dieser Pflichtbestandteil kann traditionell mehr als fünf Seiten umfassen, wobei eine Papierverschwendung abzulehnen ist. Meines Erachtens sind leere Seiten weder ökonomisch noch ökologisch vertretbar (allein im deutschsprachigen Raum bei 750 Mio. Buchexemplaren jährlich entspricht dies Milliarden von Papierseiten, die sinnlos verbraucht werden). Zumeist reichen folgende Seiten zum Buchanfang völlig aus:*
  (a) Haupttitel (Seite 1) mit Titel, Autorenname, Verlag
  (b) Impressum (Seite 2) mit Copyright- und Verlagsangaben (das Impressum wird häufig auch am Ende des Buches untergebracht)
  (c) ein klar geordnetes Inhaltsverzeichnis (Seite 3), um den Aufbau des Werkes deutlich zu machen

  Der Buchtitel, der vor allem Neugier beim Leser erwecken soll, wurde mehrfach auf seine Aussagekraft hin überprüft und lautet: „Bayerischer Landkreisführer Ebersberg". Die ersten beiden Begriffe bieten eine sinnvolle Möglichkeit, mit der Zeit eine touristische Buchreihe aufzulegen.
- *Nach dieser „Titelei" folgt der eigentliche Inhalt des Buches, der mit dem Textbeginn immer auf der rechten Seite startet. Der Buchumfang wurde zunächst auf 64 Seiten festgelegt. Demnach stehen ohne Titelei 61 Seiten für Text in Kombination mit Bildern zur Verfügung.*

- *Im Interesse des Lesers wurden Anzeigenfriedhöfe unterbunden. Mehr als 10 % des Buches sollten nicht mit Anzeigen gefüllt werden.*
- *An Themenblöcken wurden ausgewählt: Historie/Museen, Kunst/Kultur, Wald/Forst, Freizeit/Sport, Wanderungen/Radtouren, Kirchen/ Schlösser, Städte/Gemeinden, Gastronomie, Gewerbe.*

Herstellungsdaten: *Es passiert immer wieder, dass voreilige Kreative wie Rennpferde am Start losgaloppieren oder hinterherhinken, ohne die wesentlichen Vorgaben der Produktion zu sondieren – vor allem hinsichtlich der Herstellungsdaten und -zeiten, die ein für alle Seiten verbindliches und abgestimmtes Vorgehen erfordern:*

- *Der **Herstellungszeitraum** erstreckt sich über sechs Monate, wobei das timetable wie folgt aussieht:*
  Anzeigenstart/Sponsoring: April 2003
  Redaktionsstart (Bild und Wort): 1. Mai 2003
  Anzeigenschluss: Mitte Juli 2003
  Redaktionsschluss: Mitte Juli 2003
  Layout: ab Mitte Juli 2003
  Druck: August 2003
  Auslieferung: September 2003
- *Die Publikation wird im handlichen Taschenbuchformat hergestellt: beschnittenes Format 11,0 × 19,0 cm mit hochwertigem **Papier** (100 g pro qm, doppelt mattgestrichener Bilderdruck; Broschürenumschlag: 250 g/qm, doppelt mattgestrichener Bilderdruck mit UV-Lack; alles 4/4 farbig). Es wird eine Klebebindung ausgewählt und der Umschlag 4 × gerillt eingehangen, 3-seitig beschnitten.*
- *Die **Startauflage** beläuft sich auf mindestens 5.000 Exemplare. Eine geringere Auflage rechnet sich nicht hinsichtlich der in der Druckerei anfallenden Lohn-, Material- und Papierkosten. Die Druckerei liefert die Publikation an die Empfängeradresse frei Haus, lose auf Europaletten.*
- *Beim **Umfang** wird von 64 Seiten Innenteil zuzüglich 4 Seiten Umschlag mit zahlreichen Farbfotos ausgegangen. Die Druckerei, die den Auftrag erhält, kann maschinenspezifisch gesehen Papierbögen einlegen, auf denen bei dem vorgesehenen Format mindestens jeweils 32 Seiten auf der Vorder- und Rückseite bedruckt werden (das Druckverfahren ist abhängig von den geplanten Formaten und Druckmaschinen).*

Herstellungskosten/Haushaltsplan: Zum Einprägen: Selbstverständlich kommt kein Unternehmen ohne einen Haushaltsplan aus – eine Aufstellung der internen wie externen Fixkosten, die zu veranschlagen sind. Dazu werden u. a. Angebote von verschiedenen Druckereien eingeholt, die bereits ähnliche Publikationen gedruckt haben. Realistisch gesehen zieht sich ein derartiges Projekt über mindestens ein halbes Jahr hin und bindet personelle Kräfte zumindest in Teilzeitarbeit. Es ist Blindheit, wenn man diese Kapazitätsbelastungen nicht ernsthaft zur Kenntnis nimmt. Hier werden gelegentlich Mitarbeiter für andere Jobs fehlen und damit Engpässe verursacht.

*Zu den **internen Fixkosten** (s. nachfolgende Übersicht): Die reinen Verlagskosten fallen gewiss unterschiedlich aus, weil fest angestelltes Personal für diese Tätigkeiten eingesetzt und unterschiedlich bezahlt wird. Die Arbeitszeiten wurden nicht an einem Stück genommen, sondern nach Bedarf aufgeteilt (z. B. war beim Fotografen der Einsatz außerordentlich witterungsabhängig).*

*Dort, wo Pauschalvereinbarungen angemessen sind, wurden diese kalkulatorisch berücksichtigt. Im Allgemeinen fallen die Honorare für externe **Autoren** bei Reisebüchern eher bescheiden aus (z. B. 5 % von dem um die Umsatzsteuer verminderten Ladenpreis des Werkes). Bei einer Verlagsvereinbarung könnte das Honorar wie folgt aussehen: Ein externer Autor hätte bei einer Auflage von angenommen 5.000 Exemplaren bei einem Nettopreis von € 7,– ein Honorar in Höhe von € 1.750,– erzielt (5.000 Exemplare × € 0,35 = € 1.750,–).*

*Zum **Fotografenhonorar**. Benötigt werden mindestens 100 Fotografien, davon ca. 50 bei perfekter Witterung, um das Auge zu entzücken; mind. 12 Tage on location (Tagesdurchschnitt: 8 Fotos) und drei Tage digitale Nachbearbeitung am Computer.*

Bei journalistischen Fotoproduktionen werden, einschließlich Standardausrüstung, pro Arbeitstag ab € 520,– für Magazinaufträge (wie Bildbände; Tageszeitungen ab € 360,–) berechnet; hinzu kommen Nachbearbeitungskosten bei digitalen Produktionen von € 100,– pro Stunde. (Honorarangaben laut Deutschem Journalistenverband). Unser Preis entspricht einer vereinbarten Pauschale mit ca. 25-prozentigem Preisnachlass.

Interne Fixkosten (Verlagskosten)

(1) Redaktion/Autor (Arbeitszeit ca. 2 Wochen)	€ 2.000,00
(2) Lektorat (Arbeitszeit 3 Tage/24 Std. à € 25,–)	€ 600,00
(3) Fotograf (pauschal)	€ 6.500,00
(4) Grafik/Druckvorstufe (40 Stunden à € 60,–)	€ 2.400,00
(5) Buchhaltung pauschal	€ 500,00
Gesamtkosten intern (ohne MwSt)	€ 12.000,00

*Zu den **externen Fixkosten** (s. Übersicht unten): Drei **Druckereien** wurden um ein Angebot gebeten; den Zuschlag erhielt die Druckerei mit dem besten Preis-/Leistungsverhältnis (unsere Anforderungen s. oben „Herstellungsdaten"). Unter „Allgemeine Kosten" fallen Werbemittel wie Preisliste, Visitenkarten etc. und Verbrauch: Benzin, Telefon, Bewirtungskosten bei Terminen. Das Landesvermessungsamt berechnete das Verwertungsentgelt für die **Karten** nach wiedergegebener Kartenfläche, Auflagenhöhe und verwendeten Kartenelementen.*

Externe Fixkosten

(1) Druckkosten (Auflage von 5.000 Stück)	€ 4.500,00
(2) Anzeigenverkauf (Basishonorar + Provision 20 %)	
Basishonorar für 3 Monate (freie Zeiteinteilung)	€ 3.000,00
(3) Allgemeine Kosten	€ 900,00
(4) Titelschutz-Anzeige (www.titelschutzanzeiger.de)	€ 150,00
(5) Einkauf Fremdkommentare (2 ×)	€ 1.000,00
(6) Einkauf Karten/Ortspläne (5 × € 400,–)	€ 2.000,00
(7) ISBN-Nummer	€ 67,79
(8) Distribution (als Beilage eines Anzeigenblattes)	
(Pro 1.000 Stck. = € 67,–; bei 5.000 Stck. Auflage)	€ 335,00
Gesamtkosten extern (ohne MwSt)	€ 11.952,79

Gewinn-/Verlust-Rechnung

Gesamtkosten extern	€ 11.952,79
+ Gesamtkosten intern	€ 12.000,00
Herstellungskosten (ohne MwSt)	€ 23.952,79

Für die Statistik: Die Gesamtkosten intern beziffern sich auf € 12.000,–, wurden jedoch auf Null gesetzt, weil die Summe zunächst in dieses wichtige Renommierprojekt investiert wurde. Zur Abdeckung der externen Kosten mussten jedoch exakt € 11.952,79 erwirtschaftet werden (unabhängig von einer Abdeckung der internen Kosten und einem möglichen Verlagsgewinn).

Drei betriebswirtschaftliche Modellrechnungen wurden nach dem Wahrscheinlichkeitsprinzip aufgestellt, um das unternehmerische Risiko abzuschätzen und einzuschränken:

- *Modell (1) „**Sponsoring**": Voraussetzungen: (1) Sponsoren mit Marken, die thematisch zu den Inhalten der Publikation passen, wie „regionale Biermarke", „Kulturverein" oder „Fahrradhersteller". (2) Ein entsprechender Beitrag kann aus redaktioneller Sicht vertreten werden, wobei dem Sponsor durch den Herausgeber namentlich für sein Engagement gedankt wird. Damit ist der Sponsor gegenüber dem Leser* geoutet; dieser betrachtet den Beitrag somit unter anderen, inhaltlich zuzuordnenden Gesichtspunkten. Auffällig: Bei Marco Polo-Reiseführern sponsert etwa eine Autovermietung die Kartenteile und die Zigarettenmarke „HB" oder der Mineralölkonzern „Shell" müssen gewiss für ihre Namensnennung in den gleichnamigen Atlanten einen kräftigen Obolus entrichten.

Der Grundpreis pro Seite: € 2.000,– zzgl. MwSt
Umschlagseite: ab € 3.000,– zzgl. MwSt

- Modell (2) „**Redaktionelles Marketing/Anzeigen**": Eine Mischfinanzierung aus redaktioneller Werbung/Beiträgen und Anzeigen. Beide Werbeformen können nur innerhalb der Rubriken „Service/Gastronomie/Gewerbegebiete" geschaltet werden, dagegen ein Sponsoring auf jeder Seite der Publikation. Im Übrigen tauchen in Reisführern wie „Varta" etwa Anzeigen für italienisches Mineralwasser auf oder können dort aufgeführte Restaurants ihre Präsentation mit bezahlten Fotos anreichern.

Die Preise:
1/1 Seite: € 1.000,– zzgl. MwSt
1/2 Seite: € 500,– zzgl. MwSt
(Übernahme digitaler Anzeigen ohne Zusatzkosten.)

- Modell (3) „**Verkauf über den Buchhandel, Gemeinden, Städte, Landratsamt etc.**": Falls theoretisch 5.000 Exemplare für € 5,– (ohne MwSt) pro Exemplar abgesetzt werden, kann ein Gewinn von € 6.797,21 (ohne MwSt) abzüglich Kosten für die Anlieferung der Bestellexemplare zum Buchhandel bzw. zu anderen Händlern erzielt werden. Eine entsprechende Hochrechnung (netto):

Verkauf über Buchhandel (5.000 Exemplare)	€ 25.000,00
./. Gesamtkosten extern	€ 11.952,79
./. Provision Buchhandel (25 % vom offiziellen Ladenpreis = 5.000 Exemplare × € 1,25)	€ 6.250,00
Gewinn	€ 6.797,21

Zur Provision des Buchhandels: Der Buchhandel erhält i. A. Rabatte zwischen 20 bis 50 % abhängig vom Verkaufspreis des einzelnen Buches. Faustregel: je höher der Endpreis des Buches, desto höher die Prozente; durchschnittlich werden dem Buchhandel 33 % eingeräumt; bei dem Landkreisführer sind 25 % ausgewiesen. Eine **Preisbindung** gegenüber dem Endverbraucher ist gesetzlich vorgeschrieben (ein Endverbraucher ist ein Letztkäufer, der das Buch nicht weiterverkauft). Bei der Abnahme von Großmengen können weiterhin gestaffelte Rabatte gewährt werden (sie sollten max. 25 % betragen!).

Auswertung der Herstellungskosten: *Welche betriebswirtschaftlichen Konsequenzen können aus den situationsspezifischen Sachverhalten und aus den Modellrechnungen gezogen werden?*

(1) Reiseführer sind von Natur aus keine Bestseller. Deshalb war der geringste Absatz über den Verteiler Buchhandel zu erwarten. Mehr als 500 Exemplare würden nicht innerhalb eines Zeitraumes von einem Jahr über den Ladentisch verkauft werden.

(2) In Zeiten wachsender Konsumzurückhaltung kann nicht mit einem gewohnheitsmäßigen Engagement seitens der Sponsoren und Anzeigenkunden gerechnet werden. Gleichwohl müssten sich bis zu zehn Seiten verkaufen lassen.

(3) Der Verkauf an die Gemeinden könnte sich als durchaus lukrativ erweisen. Bei 13 Gemeinden und einem Abverkauf von jeweils 100 Exemplaren wären dies immerhin an Einnahmen € 6.500,– (13 Gemeinden × 100 Exemplare × € 5,–/rabattierter Preis).

(4) Realistisch gesehen musste mit einer gemischten Vorgehensweise gearbeitet werden, indem die drei beschriebenen Modelle miteinander kombinierten wurden. Schließlich sollten zumindest die externen Kosten in einem gesunden Maßstab refinanziert werden.

(5) Letztlich wurde aber noch ein weiteres Ansinnen verfolgt: Der relativ junge Buchverlag sollte im Landkreis stärker ins Gespräch gebracht werden. Dadurch bestand die Hoffnung, zu einem späteren Zeitpunkt Anschlussaufträge zu erhalten. Im Zuge der Herstellung des Landkreisführers würden Kontakte mit Dutzenden von mittelständischen Unternehmen und Großbetrieben geknüpft werden. Eigennützig konnte Name-dropping betrieben und dabei ein Imagegewinn erzielt werden. Denn: Die internen Kosten wurden in das Gemeinwohl des Landkreises investiert; der Verlag war folglich offiziell ebenso zu den Sponsoren zu zählen.

7.3.3 Aufgabenverteilung innerhalb eines Produktionsunternehmens/Vertragsgestaltung

An dem Herstellungsprozess der Publikation waren nachstehende Funktionsträger beteiligt (ohne externe Dienstleister wie Druckerei):

(1) Redaktion/Autor: erstellt Texte sowie redaktionelles Konzept, recherchiert die Bildmotive und legt diese gemeinsam mit dem Fotografen fest.

(2) Lektorat: Textoptimierung, Korrekturen nach DIN 16511 lt. Duden Rechtschreibung.

(3) Fotograf: Motivsuche, Aufnahmen, digitale Nachbearbeitung der Bilder.

(4) Grafik/Druckvorstufe: Layout und Umbruch; Texte sowie Bilder werden aus Datenbanken der Redaktion und des Fotografen ins Layout integriert.

(5) Buchhaltung: Rechnungswesen für Anzeigen/Sponsoring, Mitarbeiter, Druckerei usw.

(6) Anzeigenverkauf: Verkauf von Werbeseiten nach Preisliste in Eigeninitiative; Telefonmarketing zu potenziellen Kunden lt. Adressenmaterial; Versand von Mailings auf Kundenwunsch; Nachfass-Telefonate bei potenziellen Anzeigenkunden, bei denen Reaktionen auf Mailings ausbleiben; Verkaufsgespräche am Sitz der Kunden mit dem Ziel eines Abschlusses vor Ort inklusive schriftlicher Auftragsbestätigung.

Bei **Vertragsgestaltungen** mit Urhebern und ausübenden Künstlern wie Autoren (Verfasser geistiger Werke), Fotografen oder Designern findet das **Urhebervertragsrecht**, das als Gesetz am 1.7.2002 in Kraft getreten ist, Anwendung. Das zentrale Anliegen des Gesetzes ist die Stärkung der häufig schwachen Position eines Urhebers gegenüber den Verwertern (z. B. Verlage) im Zuge der Übertragung von Rechten. In 2006 soll das Urheberrecht den Herausforderungen der Digitalisierung angepasst und somit novelliert werden.

Ein weiterer bedeutender Punkt des Gesetzes ist die Frage nach der **Vergütungsregelung**, wobei das Gesetz absichert, dass sich Urheber und Verwerter auf gemeinsame Vergütungsregeln und „eine angemessenen Vergütung für die Nutzung des Werkes" einigen. Verhandelt wird nach wie vor über Mindestvergütungen für den Normalfall (Norm- oder Standardvertrag), damit der Urheber nicht völlig dem Wohlverhalten eines Verwerters ausgesetzt ist. Welche Vergütung angemessen ist, werden zukünftig die Berufsverbände der Urheber und ausübenden Künstler mit den Verwertern oder deren Vereinigungen festsetzen.

Beim **Rechtehandel** zwischen Verwerter und Urheber werden im Rahmen des Vertragsabschlusses beispielsweise die Vergabe von Nebenrechten (Ausland, Hörbuch/Audiobook oder Film- und Fernsehrechte), aber auch das Vermarktungs- und Verlagskonzept verhandelt. So engagieren aus diesem Grund zahlreiche

Autoren inzwischen **Literaturagenturen**, die gegen ein Umsatzbeteiligungshonorar/eine Provision von etwa 15 % Werke der Autoren an einen geeigneten Verwerter vermitteln. Die Agenturprovision wird aus den Honorarerlösen des Autors entrichtet. Es kann sich für einen Autor durchaus als positiv erweisen, wenn er eine Agentur zwischenschaltet, die seine wirtschaftlichen und rechtlichen Interessen vertritt. In der Regel erzielt die Agentur einen besseren Vertragsabschluss als der „verhandlungsunerfahrene" Autor, der sich auf seine eigentliche Arbeit des Schreibens konzentrieren kann. Nach inoffiziellen Zahlen machen Agenturen inzwischen rund 60 % aller Abschlüsse zwischen Verlagen und Autoren.

Zu den Vermittlungsaufgaben der gegenwärtig rund 200 deutschen Agenturen zählen hauptsächlich folgende:

• Bewertung eines Exposés mit Vorlektorat. Der Autor erhält somit eine Chance, ein unfertiges Manuskript noch „in Form zu bringen", bevor es einem Verlag vorgelegt wird. Verlage verlangen üblicherweise eine Inhaltsangabe und die ersten 30 Seiten eines Werks für eine erste Beurteilung.

• Kontaktaufnahmen mit Verlagen und Bewerbung des Manuskriptes.

• Abwicklung eines Verlagsvertrages (inklusive rechtlicher und finanzieller Belange, Auflagenhöhe sowie Marketingstrategien).

• Planung und Verkauf weiterer Rechte (z. B. ins Ausland, Filmrechte).

Seriöse Verlage fordern keine Zuschüsse des Autors auf die Herstellungskosten eines Werkes. Stattdessen bieten sie ein Autorenhonorar zwischen 5 und 13 % von dem um die Umsatzsteuer verminderten Ladenpreis pro verkauftem Exemplar an. Am höchsten fällt das Honorar bei Romanen, am niedrigsten bei wissenschaftlichen Werken und Kinderbüchern aus. Außerdem sehen Verlage weitere geldwerte Leistungen vor: z. B. Freiexemplare des eigenen Werkes, Preisnachlässe auf Titel des Verlagsprogramms oder für die Nutzung der verlagseigenen Datenbank.

7.3.4 Anzeigen- und Vertriebsmarketing

„**Marketing**" ist der Oberbegriff für Werbung, Sponsoring, Public Relations, Product Placement und andere Maßnahmen zur Verkaufsförderung eines Produktes. **Anzeigen** sollen beim Betrachter ein möglichst starkes Interesse an einer Botschaft, Marke oder an einem Produkt auslösen und in der Regel zu einem Kaufverhalten animieren. Eine Anzeige setzt sich aus drei Komponenten zusammen, die vom Betrachter direkt oder indirekt wahrgenommen werden:

(1) Dem **textlichen** Inhalt (Werbebotschaft) = direkte Werbung
(2) Der **optischen** Form (grafische Elemente/Layout) = direkte Werbung
(3) Dem **Gesamteindruck** (Wirkung) = indirekte Beeinflussung

Die Finanzierung des Landkreisführers erforderte ein aktives Anzeigen- und Vertriebsmarketing, da der Markt noch nicht über das neue Produkt informiert war. Im Alltag kommen die Kunden automatisch zu einer eingeführten, bekannten Printmarke (z. B. Zeitung), um ein Inserat bei der Anzeigenannahme des Verlages aufzugeben. Zunächst wurden die wesentlichen Finanzierungsformen der Publikation – abgesehen von dem Verkaufsgeschäft über den Buchhandel – voneinander abgegrenzt, damit es bei der Marketingkommunikation (Ansprache gegenüber potenziellen Kunden) nicht zu Überschneidungen kommen konnte. Es ließen sich grundsätzlich drei Finanzierungsquellen unterscheiden:

(1) Hauptsponsor(en)
(2) Redaktionelles Marketing
(3) Anzeigen

*Zu (1): Der **Hauptsponsor** erhält eine besonders werbliche Position, beispielsweise mit einem Vorwort sowie einer aufwändigen grafischen Gestaltung der Rückseite der Publikation (ganzseitige Anzeige). Statt eines Vorwortes kann der Hauptsponsor die Zielgruppen auch mit einem speziellen Thema in einem eigenen Kapitel der Publikation ansprechen. Das Thema sollte zu der Publikation passen, z. B. „Tipps rund um's Fahrrad" oder „Wie werden die Hölzer aus den heimischen Waldbeständen weiterverarbeitet?". Darüber hinaus besteht ein zusätzlicher Nutzen für den Sponsor. So legt er durch sein finanzielles Engagement maßgeblich fest, in welcher Auflage die Publikation erscheint und erhält Teile der Auflage kostenlos zur eigenen Nutzung. Gemeinsam mit dem Verlag wird der Hauptsponsor auch die Verteilungskriterien der Auflage in-*

nerhalb des Landkreises beschließen. Sponsoring ist kostenpflichtig (s. Mediadaten „Bayerischer Landkreisführer Ebersberg").

Zu (2): **Redaktionelles Marketing** *ist durchaus als ein Bestandteil von „Public Relations" (Öffentlichkeitsarbeit) zu interpretieren und bietet ein weites Feld von Einsatzmöglichkeiten. Im Beispiel einer Publikation wie dem „Landkreisführer" fallen darunter von einem Auftrageber bezahlte, redaktionell gestaltete Beiträge mit weiter gehenden Informationen als bei einem Standardeintrag, der sich auf wenige Angaben beschränkt. Der Standardeintrag mit Name, Anschrift, Öffnungszeiten, Telefonnummer und ggf. Eintrittspreisen innerhalb des Landkreisführers ist dagegen kostenlos. Redaktionelles Marketing hebt sich von Standardeinträgen dadurch ab, dass beispielsweise Texte in hervorgehobener Schrift erscheinen, Angaben zu den Produkten/Spezialitäten des Unternehmens veröffentlicht sowie Fotos, die besonders wirkungsvoll die Produkte/das Ambiente (z. B. eines Restaurants) darstellen, abgedruckt werden. Redaktionelles Marketing ist kostenpflichtig (s. Mediadaten „Bayerischer Landkreisführer Ebersberg").*

Zu (3): **Anzeigenschaltung.** *Der Anzeigenmarkt unterscheidet von den Insertionsanforderungen her zwischen „Fließtextanzeigen" und „Formatanzeigen". Beim Landkreisführer wurden lediglich Formatanzeigen angenommen, und zwar in zwei Formatgrößen (1/1 Seite bzw. 1/2 Seite quer) und vierfarbig gestaltet. „Fließtextanzeigen" kommen gewöhnlich von Privatkunden und sollen als Kleinanzeigen bzw. unter Rubriken erscheinen. Der Kunde liefert hierzu einen Text, vereinzelt Bilder (z. B. für die Rubrik „Bekanntschaften" oder „Kfz-Markt"), in ganz seltenen Fällen einen Layoutvorschlag. „Formatanzeigen" hingegen sind gestaltete Anzeigen, die von einer Agentur oder von einem Kunden (zumeist von der unternehmenseigenen Marketingabteilung) entworfen wurden. Unter Profis – beispielsweise zwischen Anzeigenverkauf und einem Verlag – werden im Vorfeld der Schaltung von Formatanzeigen feste Maße, Farbeigenschaften und häufig die Platzierung innerhalb der Zeitung/Zeitschrift abgestimmt. Anzeigen sind selbstverständlich kostenpflichtig (s. Mediadaten „Bayerischer Landkreisführer Ebersberg").*

Für die Akquisition wurde eine Übersicht mit den Mediadaten des Landkreisführers sowie Schaltkosten benötigt, damit sich die Kunden einen schnellen Überblick über die Eckdaten des Publikation verschaffen können.

Mediadaten „Bayerischer Landkreisführer Ebersberg"

(1) Kurzcharakteristik: Der „Landkreisführer" ist die einzige Publikation im Landkreis, die das gesammelte Angebot der Freizeit-, Kultur- und

Sportstätten einschließlich Fahrrad- und Wanderwege präsentiert. Außerdem liefert er wichtige Informationen über Kultur, Bildung und öffentlichen Service.

(2) Auflage: Mindestens 5.000 Exemplare (größtenteils kostenlose Verbreitung im Landkreis durch Sponsoren). Weitere Exemplare über Verteiler wie Buchhandel, Gewerbe, Gemeinden etc. (verkaufte Auflage).

(3) Erscheinungsweise: Erstmalig Herbst 2003.

(4) Gesamtumfang: 64 Seiten Inhalt und 4 Seiten Umschlag, zahlreiche Fotos, Illustrationen, Karten. Format: 11,0 cm (breit) × 19,0 cm (hoch).

(5) Herausgeber/Anzeigen: Verlagsadresse N.N.

(6) Telefon/Telefax: Verlagsanschlüsse N.N.

(7) Verkaufspreis: € 7,50 (inkl. MwSt)

(8) Anzeigen und Preise:
- Sponsoring ab € 2.000 zzgl. MwSt (Mitwirkung lt. Vereinbarung)
- Redaktionelles Marketing/Anzeigen innerhalb der Rubriken Service/Gastronomie/Gewerbe"
  1/1 Seite € 1.000 zzgl. MwSt
  1/2 Seite € 500 zzgl. MwSt
  Digitale Anzeigen werden ohne Zusatzkosten für Reproduktion übernommen.

(9) Zahlungsbedingungen: Vorauszahlung per Bankeinzug innerhalb von zehn Tagen nach Rechnungsdatum. Die Zahlung muss vor Anzeigenschluss erfolgen, damit der Anzeigenauftrag termingerecht abgewickelt werden kann. Die „Allgemeinen Geschäftsbedingungen für Anzeigen und Fremdbeilagen in Zeitungen und Zeitschriften" können über den Herausgeber angefordert werden.

Fachkundige registrieren, dass die Werbeform **Sponsoring** am besten geeignet erscheint, die Finanzierung zu sichern (nur wenige Sponsoren werden benötigt). Überdies wird bei jeder Anzeigenschaltung der gleiche personelle und technische Aufwand betrieben wie bei einem Sponsoring, angefangen mit der Akquisition und endend mit der ordentlichen Verbuchung der eingehenden Gelder. Doch mit welchen Argumenten konnten Sponsoren von einer Mitwirkung überzeugt werden?

Argumente für Sponsoren-Beteiligung am Projekt „Landkreisführer"

*(1) Der Landkreisführer ist ein starkes Markenprodukt und **erreicht primär alle Haushalte** mit überdurchschnittlichem Einkommen innerhalb des Landkreises (kostenlose Verteilung an Einfamilienhäuser*

und Doppelhaushälften; die kaufkräftigen Eigentümer/Mieter sind für die Sponsoren und Anzeigenbesteller als potenzielle Kunden besonders attraktiv).

(2) Der Bekanntheitsgrad und Sympathiewert der Sponsoren erhöht sich, wenn einem Haushalt im Namen des Sponsors ein Landkreisführer kostenlos zugestellt wird. Die Sponsoren bleiben **positiv in Erinnerung,** weil sie nicht aufdringlich werben und etwas verkaufen wollen, sondern das Gemeinwohl als **Förderer des Landkreises** unterstützen (sie unterscheiden sich damit von ihren Mitbewerbern!). Wer will nicht bei der nächsten Anschaffung zuerst mit dem sympathischen Unternehmen (Sponsor) reden, das mir etwas Sinnvolles geschenkt, aber dafür nichts verlangt hat?

(3) Im Gegensatz zu anderen Werbegeschenken wird der Landkreisführer **langzeitig genutzt** (nicht wie eine Flasche Wein, die man schnell austrinkt oder deren Sorte man nicht mag, oder ein Feuerzeug, das man als Nichtraucher erhält). Der Landkreisführer wird auch nicht weggeworfen, weil er einen **dauerhaften Nutzen** hat (ein wertvolles und praktisches Nachschlagewerk für die ganze Familie).

(4) Im Unterschied zur klassischen Werbung wie Handzettel oder Werbebriefe, die man nach einem Überfliegen meistens sofort entsorgt, **wird man den redaktionellen Beitrag im Landkreisführer lesen,** weil man wissen will, warum der Sponsor sein Geld zum Nutzen der Mitbürger ausgibt. **Vertrauensvoll positioniert er seine Marke!**

(5) Der Geschäftsname des Sponsors erscheint in der **Lokalpresse** bei der Präsentation des Landkreisführers und findet eine löbliche Erwähnung.

(6) Der Landkreisführer wird auch über einen **öffentlichen Verteiler „Gewerbetreibende"** an interessierte Betriebe ausgegeben, die sich und ihre Mitarbeiter im Landkreis ansiedeln wollen. Der frühzeitig eingeführte Geschäftsname kann zu einer intensiven Beziehung mit einem Kunden führen, der bei einer Neuansiedlung oder einem Ortswechsel zunächst auf Empfehlungen angewiesen ist.

(7) Eine Sponsorenbeteiligung ist **effektiver und kostengünstiger** als mehrere Anzeigenschaltungen oder Werbeaktionen. Bei jedem Blättern im Landkreisführer taucht der Geschäftsname an prominenter Stelle auf. Er verschwindet nicht wie im Anzeigenteil einer Zeitung unter zahlreichen Annoncen der Mitbewerber. Im Übrigen gibt es unzählige Zeitungsleser, die Anzeigenteile überblättern. Damit nicht genug: der Markt überschwemmt die Zielgruppen mit Informationsangeboten. So sind Stadtbewohner täglich rund 3.000 Werbebotschaften ausgesetzt.

*(8) Nach Höhe des Sponsorbeitrages erhält der Sponsor **Freiexemplare**, die er wiederum nach eigenem Ermessen im Zuge einer Kommunikationsstrategie potenziellen Interessenten oder seinen Kunden überreichen kann.*

Vertriebsmarketing/Multiplikatoren für den Vertrieb

Märkte bewegt man, indem man sich selbst und andere antreibt. Die originäre Vorstellung: Verbündete in Form des Landrates und der Bürgermeister der Gemeinden in das Projekt „Landkreisführer" einzubinden. Im Gleichklang mit diesen politischen Multiplikatoren dürfte eine Finanzierung der Publikation reibungslos ablaufen. Diese müssten doch ein natürliches Interesse daran besitzen, dass der Landkreisführer erscheint und auflagenstark vertrieben wird. Umso überraschender war das Ergebnis intensiver Kontakte mit den Amtsträgern. Die statistische Auswertung der Vertriebsidee sah bei 13 Gemeinden prozentual wie folgt aus:

*   *61,6 % der Bürgermeister gaben nach einem Erstkontakt keine Antwort. Kein Feedback trotz persönlichem Anschreiben, persönlicher Anrufe und zum größten Teil persönlicher Vorgespräche am Sitz der jeweiligen Gemeinde.*

Nach diversen Nachfassaktionen ergab sich folgendes Bild:

*   *54 % der Bürgermeister (7 Gemeinden) erteilten eine Absage und bedienten nur ihre eigenen Lokalinteressen. Sie antworteten überwiegend, dass sie die Gemeindehaushalte nur mit eigenen Broschüren versorgen wollten.*
*   *46 % der Bürgermeister (6 Gemeinden) und der Landrat gaben eine Zusage. Sie verstanden das übergreifende Anliegen, das einen gemeinsamen regionalen Marketingeffekt, aber zugleich einen Nutzen für jede Gemeinde hat. Sie wollten ebenfalls Exemplare der Publikation käuflich erwerben.*

Wie motiviert man sich nach einem derartigen Misserfolg? Indem man eine Zwischenbilanz zieht und das o. a. negative Ergebnis als Einzelereignis abhakt. Positiv bleibt festzuhalten, dass wichtige Verbündete mit an Bord waren: der Landrat und nahezu alle großen Gemeinden. Als positiv war ebenfalls einzustufen, dass man sich nun nicht mit zwölf Bürgermeistern abstimmen musste, die bestimmt Einfluss auf die publizistische Darstellung ihrer Gemeinden hätten nehmen wollen, sondern nur mit sechs beteiligten Bürgermeistern und dem Landrat. So ist das mit guten Ideen: Reflektieren Sie gründlich den Misserfolg – und dann mit frischem Selbstbewusstsein auf zu neuen Ufern!

7.3.5 Redaktionelles Marketing

Der Anspruch, redaktionelles Marketing innerhalb des Landkreisführers grundsätzlich zuzulassen, belegt, dass diese Finanzierungsquelle für das Projekt von großer Bedeutung ist (vgl. „Redaktionelles Marketing/Anzeigen", S. 208). Unabhängig von dieser Entscheidung muss zunächst zwischen zwei Arten von redaktionellem Marketing unterschieden werden: (1) **internes** Engagement, (2) **externe** Einflüsse.

(1) Redaktionelles Marketing – internes Engagement: Jeder, der ein Unternehmen wie z. B. einen Verlag oder eine Agentur leitet, steht regelmäßig unter dem Druck, die Eigenleistungen, Produkte und Erfolge immer wieder Außenstehenden anbieten zu müssen, denn Kunden kaufen nicht automatisch Waren und Dienstleistungen ein. Indessen muss im eigenen Interesse zu Selbstvermarktungsinstrumenten gegriffen werden, damit Außenstehende von den Leistungen und Angeboten überzeugt werden. So geben z. B. auch Medienunternehmen Pressemitteilungen in eigener Sache für die Fachpresse heraus, diskutieren bei Fachkongressen über die Zukunft der Branche mit, verschicken Infobroschüren an potenzielle Kunden (wie Abonnenten) und nutzen ferner zahlreiche Möglichkeiten des Direktmarketings. Der Slogan: „Tue Gutes und sprich darüber!" findet rege Anwendung. Vor diesem Hintergrund ist es interessant zu beobachten, mit welchen Argumenten die Medien für sich selbst werben. Es ist etwa durchaus üblich, dass Printmedien zusätzliche Abonnenten über Hörfunkspots gewinnen oder eine stärkere Leser-Blatt-Bindung erzielen wollen. Aber: Geht es dabei um die Kompetenz einer Verlagsredaktion oder „einzig" um den Verkaufsumsatz einer Zeitung?

(2) Redaktionelles Marketing – externe Einflüsse:

„An und für sich erscheint es mir angebracht, dass unsere Zeitung einen gut gemeinten Artikel über das Kaufhaus A & C bringt! Der Besitzer hat mich erst gestern erinnert, dass er immer wieder gern bei uns Anzeigen schaltet. Ein Artikel ist eigentlich schon lange überfällig, zumal man jetzt das neue Ambiente nach der sinnvollen Renovierung attraktiv ins Bild rücken könnte."

So oder ähnlich könnte ein Gespräch zwischen einem Verleger und dem Chefredakteur seiner Zeitung verlaufen. Laut gültigen Presse- und Medienrichtlinien dürfte dieses Ansinnen des Verlegers überhaupt nicht zur Tagesordnung gehören. Hier soll offensichtlich der Chefredakteur das Kaufhaus A & C positiv ins Blatt rücken, vielleicht weil A & C häufig Anzeigen schaltet. Am Anfang ist es eventuell nur eine Bitte des Verlegers, doch am Ende …? Herrscht Ahnungslosigkeit oder Zweckoptimismus bei der werbetreibenden Wirtschaft und ihren Vermarktern, denen doch die strikte Trennung von Text und Werbung bekannt ist?

> „Die Verantwortung der Presse gegenüber der Öffentlichkeit gebietet, dass redaktionelle Veröffentlichungen nicht durch private oder geschäftliche Interessen Dritter oder durch persönliche wirtschaftliche Interessen der Journalistinnen und Journalisten beeinflusst werden. Verleger und Redakteure wehren derartige Versuche ab und achten auf eine klare Trennung zwischen redaktionellem Text und Veröffentlichungen zu werblichen Zwecken."[175]

„Redaktionelles Marketing" ist für Journalisten ein rotes Tuch. Die beschrittene Grenze verläuft exakt durch die Mitte der Worte „Redaktion" und „Marketing". Was soll aus der Sicht der Presse seriös daran sein, beide Berufsbilder miteinander zu kombinieren? Wohlgemerkt, hier prallen konträre Vorstellungen aufeinander: einerseits Journalisten als „Sittenwächter", die eine Vermischung von Redaktion und Marketing anprangern, anderseits Marketingstrategen, die Kunden auf möglichst unverbrauchten und zielgerichteten Wegen (wie innerhalb eines Zeitungsartikels) ansprechen wollen.

Für die Propheten einer modernen Markenführung gilt, dass allein mit den Mitteln der klassischen Kommunikation keine zusätzlichen Kunden gebunden werden können. Immer mehr Werbemarken setzen deshalb auf eine Vernetzung unterschiedlicher Programmressourcen (Produktionsfaktoren, die noch nicht ausgeschöpft sind). Dabei geht es immer um ein Ziel: eine Marke oder ein Produkt prominent in ein Medium (Print, Hörfunk,

Fernsehen) einzustellen, und zwar neben dem Einsatz klassischer Werbespots. Strittig wird es immer dort, wo die Grenzen zwischen den Professionen verwischen: „Den Punkt, an dem PR endet und Werbung beginnt, gibt es nicht", weiß Ulrich Krenn, ehemaliger Chefredakteur der renommierten Werbefachzeitschrift „w&v, werben und verkaufen".[176]

Eine der gravierenden Folgen: Öffentlichkeitsarbeiter betreiben redaktionelles Marketing und verfassen z. B. produktfreundliche Artikel, die vielleicht unredigiert von der Presse abgedruckt werden. Im Zuge dessen sehen manche Redakteure PR-Leute (Public Relations) zunehmend als Partner. Damit ist die Rollenverteilung nicht mehr gewahrt, die Wächterfunktion der Presse, kritisch zu berichten, entfällt. Auch knappe Ressourcen in den Redaktionen oder geringe Recherchemöglichkeiten sind keine Entschuldigung für einen geistigen Schulterschluss. Es sind große wie kleine Blätter, die gegen den Pressekodex und damit gegen die Freiwillige Selbstkontrolle der gedruckten Medien verstoßen und vom Deutschen Presserat öffentlich gerügt werden. Wie tagtäglich Versuche unternommen werden, publizistische Grundsätze zu unterlaufen, zeigen unterschiedliche Formen fremdbestimmter Inhalte:

- Häufig werden innerhalb von Illustrierten werbliche Themenseiten eingebunden, die nur unzureichend als Beilage oder Sonderseiten gekennzeichnet sind. Falls die Leser Glück haben, finden sie in einer Seitenecke ganz klein geschrieben den Hinweis „Anzeige" oder „Sponsoring".
- Oder ist es nicht verwunderlich, dass Autotests oder Beurteilungen von Mode-, Lifestyle- und Kosmetikartikeln fast durchweg positiv ausfallen?
- Kopplungsgeschäfte, wobei Anzeigenschaltungen mit einem wohlgesonnenen redaktionellen Beitrag verknüpft werden.
- Bezahlte Werbung – verpackt in redaktioneller Aufmachung.
- Übernahme von unredigierten oder redaktionell geringfügig überarbeiteten PR-Veröffentlichungen (sog. „Trojaner").

Vor allem in der Werbebaisse tauchen urplötzlich Formate auf, deren rechtliche Grenzen – gerade im Fernsehen – bewusst ausgetestet werden. Heute ist insbesondere **Sponsoring** als eine Form des redaktionellen Marketings anzusiedeln. Dem Sponsor wird ein exponierter, unverwechselbarer Auftritt in einem direkten Programmumfeld ermöglicht (vor, in oder nach dem Format). Die Marke oder das Produkt verbinden sich glaubwürdig mit dem Programm und bewirken einen hohen Imagetransfer. Es liegt nahe, dass Abstimmungsprozesse zwischen einem Sponsor und der Redaktion stattfinden, um das Placement bzw. den Markenauftritt abzusprechen. Dabei wird dem Sponsor beispielsweise das inhaltliche Konzept der Sendung erläutert. Inwieweit dabei der Sponsor Einfluss auf redaktionelle Belange ausübt, müsste im Einzelfall bewiesen werden, wobei es bei Verstößen zu ahnden ist. Hier einige von vielen Sponsor-Beispielen:

- „Nintendo", „Bebe Young Care" und „Graceland" sponserten das RTL II-Musikevent „The Dome".
- „travel 24.com" als Split-Screen bei der SAT.1-Serie „Viktor der Schutzengel".
- RTL hat das Sponsorship von „Deutschland sucht den Superstar" an Vodafone D2 verkauft.
- Im ZDF sponsert die Dresdner Bank das Wetter im Umfeld des „Heute-Journals".
- Die „Barilla Comedy Show" bei PRO 7.

Dagegen sind verdeckte Produktionskostenzuschüsse Dritter oder gar **Schleichwerbung** gänzlich verboten (u. a. seit 1989 durch die EU-Fernsehrichtlinie), wobei der Fernsehzuschauer durch den Fernsehveranstalter bewusst getäuscht und absichtlich eine Werbewirkung angestrebt wird. Um so schlimmer, wenn ausgerechnet der ARD-Tochtergesellschaft Bavaria bei den ARD-Vorabendserien „Marienhof" und „In aller Freundschaft" massive Schleichwerbung im Sommer 2005 nachgewiesen wird (inzwischen sind auch Verstöße bei diversen „Tatort"-Folgen festgestellt worden).

Zum Einsatz kamen bei „Marienhof" über Jahre hinweg (angeblich seit 1994) Themenplacement (thematische Empfehlungen werden ausgesprochen, aber konkret kein Aufzeigen eines Markennamens), Ausstattungsplacement (dekorative Plazierung von Produkten und Herausstellen des Markennamens) und Product Placement (Anwendung von Produkten und Herausstellen oder Erwähnen des Markennamens z. B. in einem Original-Ton). An diesen Kooperationsaktivitäten waren renommierte deutsche Marken beteiligt und die Reihe der gezeigten Unternehmen reichte vom Deutschen Sparkassen- und Giroverband über L'tur bis hin zum Zentralverband Sanitär-Heizung-Klima (vgl. „journalist" 6/2005). Dass Schleichwerbung betrieben wird, ist längst ein offenes Geheimnis, und auch erfolgreiche Sendungen wie z. B. „Wetten dass ..?" (ZDF) oder Formate privater Sender („Frühstücksfernsehen" bzw. „17.30 Uhr live" von SAT.1 und „Nutella-Geburtstagsshow" von RTL 2) stehen unter Kritik wegen werbeähnlicher Präsentation von Produkten, Firmen oder Interessenverbänden.[177]

Beim Thema **Product Placement** tun sich die Ordnungshüter schwer, weil es sich erstens in einer rechtlichen Grauzone bewegt (die meisten EU-Länder sehen keine gesetzliche Regelung vor) und zweitens z. B. in den USA Filme durch Product Placement finanziert werden dürfen (die europäischen Filmproduktionen wären bei einem Verbot dieser Werbeform international erheblich benachteiligt). Die bekanntesten Beispiele für Product Placement sind gewiss die James Bond-Kinofilme, wobei BMW seine Fahrzeuge intensiv einsetzte, und die prominente Placierung des Lotus Esprit im Film „Pretty Woman". Es kann perspektivisch davon ausgegangen werden, dass Product Placement europaweit zugelassen wird, allerdings unter der Bedingung, dass der Zuschauer einen angemessenen Hinweis auf dessen Einsatz erhält.

Die **Werbesonderformen** im Hörfunk und Fernsehen (es gibt diese auch bei den Printmedien), zu denen u. a. Sponsoring zählt, werden bei den öffentlich-rechtlichen Anstalten von den Rundfunkkontrollgremien und bei den privaten Veranstaltern von den Landesmedienanstalten kontrolliert. Die Landesmedienanstalten sind zuständig für die Veranstaltung privater Rundfunkangebote und damit auch verantwortlich dafür, dass die gesetzlichen Bestimmungen einschließlich der Regelungen des Rundfunkstaatsvertrages eingehalten werden. Zur Trennung von Programm und Werbung steht u. a. geschrieben:

„Privater Rundfunk finanziert sich überwiegend aus Werbeeinnahmen. Das bedeutet aber nicht, dass die privaten Anbieter in ihren Programmen Werbung bringen können, wann und wie es ihnen gefällt. Zeitlicher Umfang und Platzierung von Werbung, die notwendige Trennung von Werbung und Programm sowie Sponsoring werden durch Richtlinien geregelt ..."[178]

Bei einem schwerwiegenden Verstoß gegen die Richtlinien können Geldstrafen bis zu einer Höhe von € 500.000 verhängt werden.

(3) Redaktionelles Marketing am Beispiel des Landkreisführers:

Was bedeutet redaktionelles Marketing im Zusammenhang mit der Herstellung des „Landkreisführers"? An einem Beispiel lässt sich die Fragestellung verdichten. Das Marketing hatte einen Kunden gewonnen, der keine klassische Anzeige schalten wollte, sondern einen redaktionellen Beitrag. Wie unschwer festgestellt werden kann, ist der Autor kein Anhänger von Kompensationsgeschäften. Gleichwohl konnte das Erscheinen des Landkreisführers von dem Kostenbeitrag des Kunden abhängig sein. Als Herausgeber des Landkreisführers hat der Autor seine Unabhängigkeit insoweit gewahrt, als der Beitrag vor der Veröffentlichung zur kritischen Begutachtung der Redaktion vorgelegt wurde. Bei den Passagen, wo Werbung zu offensichtlich wurde und Leser getäuscht werden konnten, halfen Korrekturen, die letztlich vom Kunden akzeptiert wurden. Anderenfalls wäre der Beitrag gekippt worden, da ja nicht das Wohl des Verlages auf dem Spiel stand, sondern „nur" die Finanzierung eines Projektes.

Ganz gleich, welche Seite des Berufslebens Sie später vertreten (Arbeitgeber oder Arbeitnehmer), es muss differenziert werden, ob die Redaktion aus Eigeninitiative Marketing betreibt, um etwa Interessenten oder Käufer für ihr Zeitungsprodukt anzulocken, oder ob von außen der Versuch unternommen wird, einer Redaktion Wünsche des Marktes nahezubringen.

7.3.6 Produktionsabläufe/Publizistische Umsetzung

Warum soll sich die Medienökonomie mit Gestaltungskonzepten und redaktionellen Überlegungen beschäftigen? Zwei Gründe sind besonders zu nennen:

(1) Jede Publikation ist ein Werbemittel und bedarf somit einer professionellen textlichen/visuellen Gestaltung, um bei einer Zielgruppe auf Interesse zu stoßen. Ziel des Verlages sollte es deshalb sein, einen größtmöglichen „Lesekomfort" zu erzielen, damit die Veröffentlichung gerade unter verbraucherfreundlichen Gesichtspunkten auf den Markt kommt. Was helfen z. B. klug formulierte Abhandlungen, wenn das menschliche Auge von der Schriftart des Druckwerkes und Schriftgröße sowie Farbauswahl abgestoßen wird? Höchstwahrscheinlich bleibt dann die Publikation auf der Strecke und erzielt nur eine geringe Auflage, was dem Anliegen der Medienwirtschaft, einen möglichst hohen Verkaufsumsatz zu erzielen, zuwider läuft.

(2) Fakt ist, dass je nach Schriftgröße und Format der Illustrationen (wie Fotografien) ein mehr oder weniger hoher Produktions-, Layout- sowie Druckkostenaufwand betrieben werden muss. So könnte z. B. ein Verlag vor der Entscheidung stehen, ob weitere Texte geschrieben oder zusätzliche Fotografien bestellt werden, um den anvisierten Umfang des Druckwerkes einhalten zu können. Vor diesem Kenntnisstand sollte die Medienökonomie den personellen und technischen Aufwand einschätzen können, der bis zur Auslieferung der Publikation betrieben werden muss.

Wer zufriedene Leser als Kunden haben will, sollte die Highlights deutschen Buchdesigns und redaktionelle Trends in aktuellen Reisepublikationen auswerten. Freilich stets unter dem Gesichtspunkt, dass ein geplantes Objekt eine breite Zielgruppe (z. B. beim Landkreisführer von Jugendlichen bis zu Senioren) ansprechen sollte. Bei einer Auswertung von fremden Reiseführern ergaben sich Ansatzpunkte folgender Art:

• Es fällt auf, dass Texte, Bilder und Grafiken immer mehr zu einer Einheit verschmelzen. Die Publikationen bestehen nicht mehr wie früher aus reinen Textseiten mit dezenten Fotografien.

• Die Druckwerke weisen eine klare Struktur auf, damit der Leser optimal durch den Papierberg geführt wird.

- Erfolg verspricht der Einsatz sowohl gestalterischer wie journalistischer Innovationen (Stichworte: Bildschnitt, Bildgröße und Formatvariation passend zum jeweiligen Textbeitrag).
- Kreativität beim Design ist erwünscht, wobei dieses weder zu gleichförmig noch zu variantenreich sein darf. Gefragt ist eine optische Gestaltung, die modern geprägt und dennoch schnell zu bewältigen ist.
- Eigenständige journalistische Einfälle, die vom Leser nicht erwartet werden, erfordern eine auch gestalterisch ungewöhnliche Umsetzung.

Um an das zuvor Beschriebene anzuschließen und auf den „Landkreisführer" umzumünzen:

- *Das Design des Landkreisführers entspricht einem modernen Bildband mit hochwertigen, teilweise halbseitigen Fotos; unaufdringlich ordnen sich die Textstrecken in das Gesamtlayout ein. Allein schon beim Betrachten der Fotos und farbigen Illustrationen soll starkes Interesse, wenn nicht gar Freude (z. B. auf Ausflüge) aufkommen.*
- *Bisher unveröffentlichte Fotos mit Privatbezug, die etwa „das Kulturleben im Landkreis" widerspiegeln, werden publiziert. So werden Überraschungsmomente für den Leser geschaffen.*
- *Jedes Kapitel des Landkreisführers ist ein Schaufenster für die folgenden Seiten. Ein jeweiliger Aufmacher in Bild und Wort reisst die Themen an.*
- *Im allgemeinen Interesse einer breit angelegten Zielgruppe wird nicht mit verschiedenen Schrifttypen experimentiert, sondern einheitlich eine unaufdringliche Schrift „Verdana" und eine Schriftgröße von 10 Punkt eingesetzt, damit das Auge die Zeilen gut halten kann. Schließlich wird darauf geachtet, dass die Proportionen zwischen bedrucktem und unbedrucktem Papier ausgewogen und Stichwörter fett markiert sind.*

Herstellungstechnik

Fotografie: Die Bilder wurden mit einer „Nikon D 100" im unkomprimierten TIFF-Format geschossen (6,1 Megapixel effektiv, Auflösung 300 dpi) und auf Speicherchips „SanDisk ultra" festgehalten.

Grafik/Druckvorstufe: Für die Nachbearbeitung der Bilder wurde das Programm Adobe Photoshop® genutzt. Als Layoutprogramm kam QuarkXPress® zum Einsatz. Von den Bildern wurden druckverbindliche Digital-Proofs DIN A3, 4-farbig erstellt.

Druck: Das Papier der klebegebundenen Broschüre war Luxo Samtoffset 250 g/qm (Umschlag) bzw. 100 g/qm (Innenteil), jeweils doppelt matt gestrichen. Die Broschüre wurde im Offset-Druckverfahren (in einer 60er-Rasterweite) produziert. Verarbeitung: schneiden, falzen, Broschüren-Klebebindung mit PUR, Umschlag 4 × gerillt, Vorder- und Rückseite verkürzt (wg. Ausklappseiten).

7.3.7 Positionierung am Markt

Auf großflächigen Werbeplakaten begeistern von Zeit zu Zeit die Models des Modekonzerns Hennes & Mauritz (abgekürzt H&M) die Männerherzen. Anna Nicole Smith, Kylie Minogue oder Pamela Anderson erzeugten knapp bekleidet eine mediale Euphorie, zuweilen allerdings auch Entrüstung bei Frauenverbänden und älteren Personen. Werblich betrachtet wurde mit diesen Auftritten die Marke H&M als Billiganbieter der Bekleidungsindustrie brillant positioniert; es wurde ihr eine überdimensionale Aufmerksamkeit und Bekanntheit eingeräumt. Umso erstaunlicher ist diese Positionierung zu werten, als die erwähnten Models wohl kaum preisgünstige Bikinis einkaufen dürften, zumal sie alle Luxusverdiener sind. Ungeachtet dessen hat diese Marketingstrategie funktioniert und die Kernzielgruppe überzeugt. Ähnliche Beispiele sind etwa in der Musikbranche anzutreffen, wo Superstars zu Trendsettern eines Produktes werden, das originär nicht zu ihrem Luxusleben passt (etwa ein Star fährt einen Kleinwagen oder wirbt trotz durchtrainiertem Körper für eine Fast-Food-Marke). In einem solchen Fall haben die Marke oder die Produkte strategisch einen wichtigen Platz im Markt erobert, sei es indem eine Nische gefunden wurde oder in perfekter Wettbewerbsrelation zu vorhandenen Konkurrenzprodukten (s. Kap. 8.3, Abb. 28, S. 258).

Positionierungsentscheidungen werden von Tomczak/Roosdorf als „Kernentscheidungen des Marketings" bezeichnet. Nach ihren Worten lassen sich Ertrags- und Wachstumsziele nur realisieren, wenn bestimmte Positionierungsziele bzw. Wettbewerbsvorteile erreicht werden.

Es muss gelingen:
• Relevante Bedürfnisse bzw. Probleme

- von wirtschaftlich interessanten Kundengruppen
- mit maßgeschneiderten Angeboten
- in der subjektiven Wahrnehmung der Kunden
- dauerhaft besser als irgendjemand anderer
- zufriedenzustellen bzw. zu lösen.[179]

Im Klartext bedeuten diese Aussagen verkürzt: Wer einem kaufkräftigen Konsumenten dessen Wünsche von den Lippen abliest und diese kontinuierlich befriedigt, kann mit einem verlässlichen Kunden rechnen.

Im Kommunikationszeitalter lassen sich Forschungen selbstverständlich auch anstellen hinsichtlich der erfolgreichen Positionierung von Personen, Marken oder Produkten. Als Privatperson hat sich jedermann schon mindestens einmal unbewusst mit diesem Thema beschäftigt, etwa auf der Suche nach einem Presseartikel über die eigene Person, z. B. im Rückblick auf eine Sportveranstaltung oder ein Kulturfest. Relativ einfach ist auszuwerten, ob eine bestimmte Meldung überhaupt in einer Zeitung positioniert wurde. Zusätzlich ist hier von Bedeutung, auf welcher Seite diese Meldung erschienen ist (etwa auf der prominenten Seite 1 oder nur im hinteren Teil des Blattes unter „Vermischtes") und ob mit oder ohne Foto.

Professionelle Analysten gehen wesentlich weiter bei einer Untersuchung und bewerten nach vorgegebenen Kriterien z. B. Inhalte und Tendenz der Berichterstattung sowie die Häufigkeit der namentlichen Nennungen von Akteuren (z. B. im Rahmen von politischen Wahlkämpfen, wo die Kandidaten häufig meinen, schlecht von den Medien behandelt zu werden – im Gegensatz zu den Mitbewerbern um ein Amt).

Wie man Fernsehsender in einem bereits existierenden Markt (dominiert bis Ende der 80er Jahre durch ARD und ZDF) erfolgreich positionieren kann, lässt sich am Beispiel von RTL und ProSieben darlegen, die mit unterschiedlichen Strategien ihre Ziele erreichten. Bei ProSieben fand die Strategie „Programmressourcen und Finanzmittel" Anwendung, während bei RTL die Strategie „Programminnovation" zum Zuge kam:

- **Strategie „Programmressourcen und Finanzmittel".** ProSieben ließ sich zum Programmstart 1989 für hohe Millionenbeträge von führenden deutschen Werbeagenturen einen neuen Auftritt entwickeln einschließlich Corporate Identity und Design. Parallel stellten Archivare von KirchMedia A- und B-Movies des eigenen Filmlagers zu günstigen Konditionen zusammen, die dann bei ProSieben ausgestrahlt wurden. Das Filmarchiv von KirchMedia umfasste mehr als 60.000 Stunden Fernsehunterhaltung und mehr als 16.000 Filme. Aufgrund eines ausgeklügelten Dokumentationssystems bei KirchMedia konnten die Archivare Einschaltquoten von Erst- und weiteren Ausstrahlungen der A- und B-Movies benennen, so dass ProSieben weitgehend verlässliche Einschaltquoten garantiert werden konnten. Unternehmerische Risiken bei den Ausstrahlungen ging ProSieben somit nicht ein und erhielt innerhalb kürzester Zeit den Namen „Deutschlands führender Filmsender". Im krassen Gegensatz zu dem KirchMedia-Filmstock standen die Spielfilm-Eigenproduktionen von ProSieben in den ersten Unternehmensjahren, die durchweg bei den Zuschauern floppten.

- **Strategie „Programminnovation".** RTL standen im Gegensatz zu ProSieben nur bescheidene Finanzmittel zur Verfügung. Die ersten programmlichen Gehversuche starteten 1984 von einer Art Garage in Luxemburg aus. RTL hatte zweifelsohne – und mangels Finanzmasse – Mut zu neuen Formaten, die damals u. a. aus den Niederlanden und Italien stammten. Von der Sexshow „Tutti Frutti" über Rededuelle („Der heiße Stuhl"), massenattraktiven Sportübertragungen wie „Wimbledon" (Tennis) bis hin zur seichten Unterhaltung „Playbackshow" reichte die Palette der Innovationen. Ergänzt wurde das Angebot mit Serien aus den USA. Die in den 90er Jahren entwickelten eigenen Formate wie Serien und TV-Movies wiesen eine beachtliche Qualität auf und wurden von den Zuschauern angenommen. Seit 1992 ist RTL bei den Bundesbürgern der beliebteste Fernsehsender, gefolgt von ARD und ZDF.

Zurück zu dem Produkt „Landkreisführer", das letztlich erfolgreich positioniert wurde. Mit Hilfe der Positionierungs-Pyramide lässt sich die Vier-Stufen-Strategie veranschaulichen (s. Kap. 8.3, Abb. 28, S. 258):
(1) Produktpolitik: Es wurde ein Produkt hergestellt, das den Erwar-

tungen der Zielgruppe entsprach. Zugute kamen dabei die vorangestellte Marktanalyse, das außerordentliche Engagement der am Herstellungsprozess beteiligten Mitarbeiter und die publizistischen Erfahrungswerte (Redaktion und Layout).

(2) Preispolitik: *Die Publikation erhielt einen Verkaufspreis von 7,95 € und lag damit im Preissegment vergleichbarer Reiseführer.*

(3) Distributionspolitik: *Die Lieferwege waren kurz und schnell. Als Vertriebsweg wurde „Verlag direkt" gewählt und die Publikation über die Beilage einer Zeitung sowie Sponsoren, Gemeinden, Museen, Tankstellen und den Buchhandel vertrieben. Gerade bei kleineren Auflagen empfiehlt sich der Vertriebsweg „Verlag direkt", da dadurch keine Vertreterprovisionen oder Zwischenlagerungskosten anfallen. Nach dem bedeutendsten Vertriebsweg für Bücher, dem „Sortimentshandel" mit 55,8 %, ist der Direktvertrieb der Verlage an die Kunden „Verlag direkt" der zweiterfolgreichste mit 17,7 % (in 2004 lt. Börsenverein des Deutschen Buchhandels).*

(4) Kommunikationspolitik: *Die Publikation „Landkreisführer" wurde zunächst auf einer regionalen Pressekonferenz mit einem bekannten Redner (dem Landrat) der Öffentlichkeit präsentiert. Im Weiteren wurden dem Buchhandel kleinflächige Plakate (DIN A4) für die Schaufensterdekoration zur Verfügung gestellt. Hinzu kam, dass sowohl öffentliche Büchereien und die einheimische Gastronomie als auch die Sponsoren und Museen kostenlose Werbung für das Produkt machten.*

7.3.8 Ergebniskontrolle

Einen großen Stellenwert nahm die Ergebniskontrolle bei diesem Fallbeispiel ein, da der Verlag auf eigenes unternehmerisches Risiko die Publikation „Bayerischer Landkreisführer Ebersberg" herausgebracht hat. Summa summarum hat der Verlag sein erstes Ziel, die Refinanzierung der Herstellungskosten, erreicht, ohne allerdings dabei einen nennenswerten Gewinn zu erzielen. Die weiteren Resultate im einzelnen:

(1) Als positiv ist das intensive Engagement der an dem Herstellungsprozess beteiligten Mitarbeiter zu würdigen, wobei insbesondere der Fotograf wesentlich mehr Bilder zu dem vereinbarten Pauschalpreis geliefert hat als ursprünglich bestellt. Alles in allem wurde weit mehr Manpower eingesetzt als vorgesehen, die Arbeitseinheiten in den Bereichen Fotografie und Druckvorstufe lagen weit oberhalb der gesetzten Vorgaben (angefallene Mehrstunden wurden durch Freizeitgewährung zu einem späteren Zeitpunkt abgebaut).

(2) Der Verlag erwirtschaftete einen Umsatz von rund 25.000 Euro, der gering über den internen und externen Fixkosten mit circa 24.000 Euro lag. Ausschlaggebend für den – wenn auch schmalen – Gewinn waren drei Faktoren:

(a) Das Anzeigenvolumen konnte durch das kurzfristige Einbeziehen eines weiteren Anzeigenverkäufers gesteigert werden.

(b) Der Hauptsponsor sicherte durch sein finanzielles Mitwirken rund 40 % der Herstellungskosten ab.

(c) Ein Plus konnte bei den Verkaufszahlen erreicht werden. Statt der anfangs fixierten Auflage von 5.000 Exemplaren wurden letztlich 7.000 an Sponsoren und Verbraucher abgesetzt; die Konsumbereitschaft fiel höher als gedacht aus.

(3) Aus betriebswirtschaftlicher Betrachtungsweise sollte ein derartiges Projekt nur realisiert werden, wenn im Vorfeld der Herstellungsentscheidung hinreichende Anzeigen gebucht sind und/oder genügend Sponsoren ihre finanzielle Unterstützung zugesagt haben. Der Verlag ist bis zur endgültigen Verkaufsphase über weite Strecken ein hohes finanzielles Risiko eingegangen.

(4) Die erhofften Anschlussaufträge für weitere Printprojekte blieben im Folgejahr aus. Gleichwohl kann der Verlag auf dem Herstellungsniveau der Publikation aufbauen und gezielt akquirieren.

Anmerkungen

167 Unter die Titelerfassung fallen nicht nur Bücher aus den klassischen Buchverlagen, sondern alle Veröffentlichungen, die eine ISBN-Nummer tragen (z. B. von Institutionen).

168 Bundesverband Deutscher Anzeigenblätter (BVDA), Stand: 1.1.2005

169 Hebbel, Friedrich; 421

170 Hugo, Victor; 420

171 In: Buch und Buchhandel in Zahlen 2005, 65; Börsenverein des Deutschen Buchhandels (Hrsg.), Frankfurt am Main

172 Das Buchpreisbindungsgesetz ist am 1.10.2002 in Kraft getreten.

173 Börsenverein des Deutschen Buchhandels. Unter: www.boersenverein. de, Zugriff: 3.8.2005

174 Lürzer, Walter. In: Über Werber und Werbung (Hrsg. Baginski, Rainer) 2000, 5

175 Publizistische Grundsätze (Pressekodex) 2001, Ziffer 7; Deutscher Presserat

176 In: journalist 11/2002, 16

177 Vgl. journalist 2/2006, 6

178 Aus: www.blm.de/blm/aufgaben; Stand: Oktober 2002, 3

179 Tomczak, Torsten/Roosdorf, Alexander 1996, 26

8. Leistungsspektrum Medienökonomie – Grundlagen und Gemeinsamkeiten

8.1 Medienökonomie als Fundament eines Produktionsnetzwerkes: „Leitfaden Medienökonomie"

Einführung und grundlegende Definition

Medieninhalte sind in der Regel kurzlebige Produkte und ihre Aussagen schnell überholt. Umso wichtiger ist es, dass der **Herstellungszeitraum** zwischen dem Verfassen des Inhalts (seinem Neuwert) und seiner Publizierung so kurz wie produktionstechnisch möglich ist. Um die Fallbeispiele aufzugreifen: Sämtliche Medienproduktionen bedürfen in überschaubaren Zeitabständen einer Aktualisierung, wobei z. B. die Inhalte eines Onlineauftrittes möglicherweise sogar täglich erneuert werden müssen. Alte, inzwischen bekannte oder von einer Entwicklung bereits überholte Inhalte lassen sich üblicherweise nicht verkaufen und belasten eine Refinanzierung der angefallenen, noch nicht getilgten Herstellungskosten und damit den Kreislauf regelmäßig wiederkehrender Ereignisse, sprich: der Produktzyklen.

Ein Beispiel: Vor Jahren hat ein Museum einen Film in der Hoffnung produzieren lassen, dass sich die Herstellungskosten über den Verkauf von DVDs mittelfristig amortisieren. Im letzten Jahr hat das Museum einen Teil seiner Ausstellungsräume umgestellt, ohne dass diese Änderungen auch innerhalb des Films – durch eine Aktualisierung – vorgenommen wurden. In der Folge ließen die Umsatzzahlen des DVD-Verkaufs stark nach, weil die potenziellen Käufer einen aktuellen Film verlangten. Falls das Museum zügig diese Anpassung vornimmt, besteht eine reelle Chance, dass die Absatzzahlen wieder steigen und sämtliche Herstellungskosten eingespielt werden.

Bei einem periodisch ablaufenden Geschehen lassen sich laut Kiefer drei relevante **Produktionsebenen** unterscheiden:
(1) Die Produktions- oder Inputebene, also die Beschaffung und Herstellung immaterieller Werke.

(2) Die publizistische Ebene als Produktionsebene zweiter Stufe, die vor allem den Zusammenbau der First Copy zum Kuppelprodukt umfasst (Anmerkung des Autors: Zutreffender wäre, von einem „Original" bzw. Originalen und einem „Master" zu sprechen, da die Begriffe „First Copy" und „Kuppelprodukt" in der Medienpraxis nicht verwendet werden).

(3) Die Distributionsebene als der Absatz bzw. die Ausstrahlung von Medienprodukten.[180]

Der Autor unterscheidet ebenfalls zwischen drei Produktionsebenen, wobei er diese medienökonomisch und praxisrelevant strukturiert:

- **Prä-Produktion** (Input: Vorbereitung);
- **Produktion** (Realisation: Herstellung eines oder mehrerer Originale) und
- **Post-Produktion** (Output: Herstellung eines Masters und von Kopien des Masters, endgültige Positionierung/Distribution/ Nachbereitung/Ergebniskontrolle).

Doch zunächst müssen die zentralen, für eine Medienpraxis definitorischen Fragen beantwortet werden:

(1) Was wird unter einem Master verstanden?
(2) Wann entsteht ein Master und was unterscheidet es von einem Original?

Zu (1): Was wird unter einem Master verstanden? Für die Mediengattungen sind unterschiedliche **Master**-Bezeichnungen relevant:

- **Film:** Speichermedium (wie z. B. Digital Betacam). Zuvor wird der belichtete Aufnahmefilm (etwa 16mm- oder 35mm-Negativ) abgetastet und farbkorrigiert sowie eine Postproduktion (Schnitt und Tonmischung) durchgeführt
- **Fernsehen:** Master-Band (Endprodukt der Postproduktion); MAZ bei Mitschnitten von Sendungen, die 1:1 ausgestrahlt werden
- **Print:** PDF-Datei (enthält alle zum Druck erforderlichen Komponenten)
- **Internet:** fertig erstellte Webs oder Websites offline (vor Publizierung durch einen Webserver im Internet oder innerhalb

eines Intranets), die auf einem Datenträger wie einer lokalen Festplatte gespeichert sind

- **Tonstudio/Hörfunk:** Speichermedium (z. B. DAT-Master)
- **DVD:** Glas-Master (zum Pressen großer Stückzahlen)
- **CD-ROM:** Pre-Master (nach Programmierung und Einbindung der genutzten Medien wie Grafik, Animation, Video)

Das Endprodukt (Master) kann mit einem materiellen Werkstück verglichen werden, das in der Post-Produktionsphase hergestellt wird. Falsch dagegen ist sein Vergleich mit einer Kopie, denn das materielle Werkstück ist – wie vorstehend erläutert – ein Master (s. Abb. 25, S. 236).

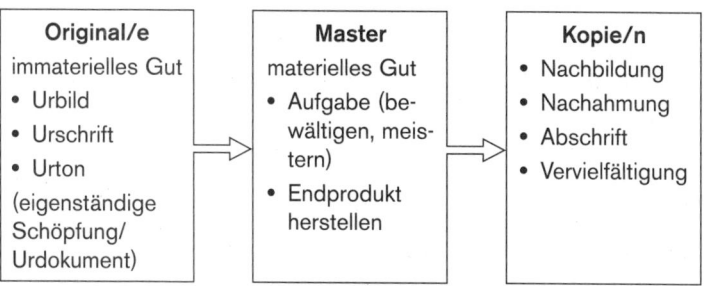

Abb. 24: Produktbezeichnungen im Zuge eines Wertschöpfungsprozesses

Bei einem Medienherstellungsprozess wird unterschieden zwischen einem **immateriellen Gut** (dem Original, das durch geistige und/oder kreativ-schöpferische Arbeit zustande kommt) und dem **materiellen Gut** (dem Endprodukt/Master). Um den Unterschied deutlich zu machen: Ein Schriftsteller schreibt ein immaterielles Gut (Original); die zum Druck freigegebene PDF-Datei eines Buches ist ein materielles Werkstück (Master) und die gedruckten Buch-Exemplare sind Kopien.

Drehbuchautoren, Regisseure und Schauspieler erbringen geistige, künstlerische Leistungen – immaterielle Güter (Originale) –, während der fertige Film – das so genannte Master-Band – das materielle Werkstück verkörpert, von dem Kopien gezogen werden.

Zu (2): Wann entsteht ein Master und was unterscheidet es von einem Original?

Das Credo aller Medienherstellungsprozesse lautet: Jedes Original wird grundsätzlich nachbearbeitet, sprich: postproduziert. So werden z. B. Filme aus Originalbändern zusammengeschnitten, farbkorrigiert, Titel gesetzt, Töne abgemischt usw.; Original-Audioaufnahmen werden im Tonstudio gemischt und etwa die unterschiedlichen Lautstärkepegel angeglichen; Original-Texte und Original-Fotos werden korrigiert, retuschiert, layoutet. Erst in der Post-Produktionsphase entsteht ein Master, das aus einem oder mehreren Originalen zusammengefasst wird. Von diesem Master werden anschließend Kopien gezogen.

Theorie der Medienproduktion. In der Literatur moniert u. a. Heinrich in einer Besprechung des Buches „Medienwirtschaft und Gesellschaft I" (Karmasin/Knoche/Winter, 2001), dass „neue Erkenntnisse über die Besonderheiten der Medienproduktion nicht entwickelt werden",[181] und in einem Beitrag zur „Medienökonomie in der Kommunikationswissenschaft", dass „Inhalte einer Medienökonomie nicht sehr intensiv behandelt worden sind, auch nicht von der Ökonomie".[182] Das liegt m. E. vor allem daran, dass sich dieser Herausforderung bisher nur wenige Medienmanager gestellt haben, obwohl sie sich mit der Angewandten Medienwirtschaft in der Praxis schwerpunktmäßig beschäftigen.

Maier hat den Versuch unternommen, eine Theorie der Medienproduktion zu entwickeln.[183] So bezeichnet er als Produktion die Kombination von Produktionsfaktoren mit dem Ziel einer betrieblichen Leistungserstellung, einschließlich solcher Funktionen wie z. B. Beschaffung, Transport, Lagerhaltung, Fertigung und Kontrolle. Weiterhin stellt er Zusammenhänge her zwischen dem **Verzehr von Produktionsfaktormengen (Input)** und **den diesen Verzehr verursachenden Größen (Output)**. Der Verzehr von Produktionsfaktoren bei der Herstellung von Zeitungen und Zeitschriften konkretisiert sich beispielsweise im Einsatz von Arbeitszeit für die Beschaffung und Erstellung von Texten, Bildern und Grafiken, im Verbrauch von Papier, Farben und dergleichen sowie in der Abnutzung von Maschinen und Gebäuden. Den Output bilden die fertigen Zeitungen und Zeitschriften.

Das Ziel: Leitfaden Medienökonomie/Produktionsphasen

Aus wissenschaftlicher Sicht wird die Entwicklung einer Theorie der Medienproduktion unter praxisnaher Berücksichtigung der Angewandten Medienwirtschaft als eine der maßgeblichen Aufgaben bezeichnet. Welche Vorgehensweise bietet sich an? Bei einem Vergleich zwischen den Mediengattungen fällt auf, dass disziplinübergreifend produktionsorientierte Gemeinsamkeiten vorhanden sind. Durch die Vorgabe von Verfahrensrichtlinien, die den Lösungsweg für Produktionsaufgaben aufzeigen, werden Handlungsempfehlungen ausgesprochen. Sie legen einen Grundstock für eine betriebswirtschaftlich-organisatorisch ausgerichtete Vorgehensweise zur Theorie der Medienproduktion. Die Resultate wurden in Form von Fragestellungen anhand einer Checkliste – „Leitfaden Medienökonomie" genannt – zusammengefasst. Innerhalb der Checkliste wird zwischen drei Stationen – so genannten Produktionsphasen – unterschieden (s. Abb. 25, S. 236):

- **Prä-Produktion** (Input: Vorbereitung);
- **Produktion** (Realisation: Herstellung eines oder mehrerer Originale) und
- **Post-Produktion** (Output: Herstellung eines Masters und Kopien des Masters, endgültige Positionierung/Distribution/Nachbereitung/Ergebniskontrolle).[184]

Den Zusammenhalt zwischen den drei Produktionsebenen muss der Unternehmer/Produzent als Akteur herstellen, der von der Entwicklung einer Produktidee bis einschließlich zur Positionierung und zum Verkauf des Produktes verantwortlich zeichnet. Der Akteur bestimmt entscheidend die Dynamik des Gesamtprozesses, wie es „Das Kreis-Konvergenz-Modell des Medienmanagements" aufzeigt (vgl. Kap. 8.2).

Prä-Produktionsphase

Eigendarstellung des Produktionsunternehmens
- Wie **präsentiert** sich das eigene Unternehmen (unternehmerische Vision/Geschäftskonzept, personelle Struktur des Teams, finanzielle Ausstattung, Unternehmenskultur)?

1. Phase Prä-Produktion *(Input/Vorbereitung):*

Die Beschaffung und Urdokumentation eines immateriellen Werkes (wird durch geistig und/oder kreativ-schöpferische Arbeit geschaffen; dabei entstehen Urheberrechte) sowie Produktionsvorbereitungen zur Herstellung des Werkes einschließlich Recherchen und Selektion von Informationen.

2. Phase Produktion
(Realisation/Herstellung eines oder mehrerer Originale):

Die produktionstechnische Herstellung eines immateriellen Werkes/ eines oder mehrerer Originale (hier werden die in der Prä-Produktion ausgewählten Informationen dargestellt).

3. Phase Post-Produktion
(Output: Nachbearbeitung/Positionierung/Distribution/Vertrieb):

Herstellung eines Masters – das so genannte materielle Werk (auch „Endprodukt" genannt) – und Erreichen eines Outputs, durch den Absatz/Verkauf von Kopien des Masters (z.B. sollen Haushalte käuflich ein Medienprodukt erwerben). Hierbei kommen die Marketinginstrumente und die Kommunikationspolitik konzentriert zum Einsatz.

Ziel der Produktionsstationen:

Das herzustellende Endprodukt zu verkaufen/zu vertreiben (z.B. durch TV-/Hörfunk-Ausstrahlung, über den Buch-/Zeitungshandel, über das Internet oder bei Multimedia durch Fachmärkte).

Abb. 25: Phasen der Herstellung von Medienprodukten

- Einsatz von **Werbemitteln** (z. B. Showreel/Broschüren/Anzeigen/Website)

Kundengewinnung durch Beratungsleistungen
- Wie wird die **Qualität des Auftrittes** vorbereitet? (u. a. psychologische Strategie des Verhandelns, Argumente des Überzeugens; Präsentation von Unterlagen; Ausarbeitung einer Frageliste zu Projekt, Zielgruppe, Budget, Zeitfenster usw.)

- Erkenntnisse der **Marktforschung** bei Erstpräsentation nutzen
- **Unternehmensinformationen** über Kunden einholen (Größe: Umsatz, Zahl der Mitarbeiter; Geschichte des Unternehmens, Corporate Identity/Design; Marktposition, Mitbewerber, geplante Innovationen)
- Welche Vorleistungen sind zusätzlich bei einem **Erstkontakt** erforderlich? (Namen und Verantwortungsbereich des Ansprechpartners klären, Antworten/Nutzen für die Anbahnung einer möglichen Geschäftsbeziehung vorbereiten)
- Unterlagen und Muster bestehender **Kommunikationsmaßnahmen** besorgen

Teamwork innerhalb des eigenen Unternehmens
- Ist das Unternehmen von dem **herzustellenden Produkt/Auftrag** begeistert? Wenn nicht, Überzeugungsarbeit leisten, denn ohne Emotionen ist ein Misserfolg vorprogrammiert!
- Auf welche Weise soll im Auftrag oder auf eigenes Risiko **eine Marke/ein Produkt kommuniziert** werden? (Beispielsweise nach eigenem Kriterien-Katalog; „AIDA"-Marketing-Formel; „Internet-Flussdiagramm"; „Positionierungs-Pyramide" usw.)
- Wie sehen die **künstlerischen Vorstellungen** der Kreativen hinsichtlich des herzustellenden Produktes aus? (Wurde z. B. ein Exposé oder Konzept erstellt?)
- Welche **Wertschöpfungsketten** (kommerzielle Vermarktungsstrategien wie Sponsoring, Produkt-Placement, Licensing, Merchandising) können im Zuge eines Programmvertriebes genutzt werden?
- Wurde der **Markt analysiert**, weil auf eigenes unternehmerisches Risiko gehandelt wird (z. B. nach demographischen, geographischen und verhaltensbezogenen quantitativen und qualitativen Kriterien)? Besteht ein Wettbewerbsvorteil? Wie werden Streuverluste vermieden?
- Steht die **Vorkalkulation**?
- Wie wird die **Refinanzierung des Produktes** gesichert? (z. B. nach Teilzahlungen des Kunden, Vertriebswege)

- Welche **ökonomischen Anliegen** hat das Unternehmen, wenn das Produkt hergestellt wird? (Stimmt der Preis bezüglich Kostendruck und Wettbewerb im Zuge der Angebotserstellung?)
- Wie sieht der **Produktionszeitplan** aus (timetable)?
- Welcher **Umfang von Leistungen** wird dem Kunden angeboten? (z. B. ein Full Service)
- Kann die **interne Kernmannschaft** die Aufgabe lösen und steht sie zeitlich zur Verfügung?
- Sind **externe Mitarbeiter** einzustellen? (Qualifikation hinsichtlich beruflicher Kriterien und fachlicher Kompetenz, Gagen, Verträge)
- Werden **externe Technik** und **Leistungen von Dienstleistungsunternehmen** angemietet? (Geschäftsgrundlagen und Lieferbedingungen, Verträge)
- Müssen **externe Kapazitäten** angemietet werden? (z. B. Büroräume, Motive, Studios)
- Wie werden **zusätzliche Informationen** beschafft? (Etwa aus dem Internet, aus der Literatur, über Umfragen?)
- Müssen zusätzliche **Versicherungen** abgeschlossen werden (beispielsweise Bild-, Ton- und Datenträger; Haftpflicht- und Feuerhaftung, Equipment/Geräte)?
- **Reise- und Transportlogistik:** Müssen Reisen (Routenplan, Flüge, Transportfahrzeuge, Hotels etc.) geplant und gebucht werden?
- Liegen die **Verträge** mit externen Dienstleistern und freien Mitarbeitern vor?
- Wurden vor dem Produktionsstart alle **Planungen abgeschlossen** (Analyse) und die Aufgaben innerhalb des Unternehmens eindeutig verteilt (Disposition)?

Kundenbeziehung
- Fand ein ausführliches **Briefing** mit dem Kunden hinsichtlich der zu erbringenden Leistungen statt (z. B. Thema und Inhalt; Zielgruppendefinition; vom Kunden gewünschte „Kernbotschaft"/Zielsetzung wie neues Corporate Design/Verkaufsunterstützung; Format; Umfang der Produktion wie Länge oder Seitenangaben; Produktionsweise; Bebilderung; Umfang der

Leistungen wie Konzept, Neuentwicklung, Überarbeitung, Full-Service; bestehende und angestrebte Marktanteile; Höhe des Budgets; Abgabetermin/Terminvorgaben des Kunden; Reise- und Recherchekosten)?
- Auftragnehmer hält zur eigenen **Absicherung** die Inhalte des Briefings fest und übermittelt diese dem Kunden (per eMail/Fax/Brief mit Empfangsbestätigung) oder lässt sich vom Kunden dessen schriftliches Briefing aushändigen.
- Wurde mit dem Kunden mindestens ein **Beratungsvertrag** (gegen Honorar) abgeschlossen?
- Wie sieht der **Geschäftsplan** (Vorkalkulation und endgültiger Business-Plan) für das Projekt aus?
- Liegen alle **Rechte** vor, um das Produkt herzustellen?
- Wurde eine erste **Teilrechnung** an den Kunden gestellt?

Produktionsphase

- Sind die **Arbeitsbereiche „on job"** (Kontrolle der Managementaufgaben)?
- Wurden alle **organisatorischen Planungen** abgeschlossen?
- Wird der **Zeitplan** überwacht und eingehalten?
- Stimmt die **Qualität** mit der Produktionszusage überein (Prinzip „Klasse statt Masse")?
- Liegen die internen und externen **Fixkosten** im Rahmen?
- Hält sich der Kunde an die **Finanzierungsvereinbarungen** (Ratenzahlungen), und funktioniert der „cash flow" beim eigenen Unternehmen?
- Muss **akquiriert** werden (z. B. Anzeigen- und Vertriebsmarketing), weil auf eigenes Risiko produziert wird?
- Wird ein **kontinuierlicher Kontakt zu dem Kunden** gehalten? (Fühlt er sich gut betreut?)
- Ist eine **Zwischenabnahme des Produktes** durch den Kunden sinnvoll?

Post-Produktionsphase

- Laufen die **Nachbearbeitungsmaßnahmen** wie geplant (Text, Bild, Sprache, Sound)?
- Wurde das **Produkt vom Kunden abgenommen** und damit z. B. für eine Vervielfältigung (Kopien) freigegeben?

- Wurde eine **Schlussrechnung** an den Kunden gestellt?
- Wurden die **Daten archiviert** (Daten-Backup auf Speichermedium)?
- **Kundenzufriedenheit:** Abschlussgespräch mit dem Kunden führen und Bilanz ziehen (kritisches Gespräch mit konkreten Angaben; Fehler offenlegen). Wurde Zielsetzung erreicht (z. B. Steigerung des Bekanntheitsgrades, Response von Multiplikatoren, Absatzzahlen)?
- **Servicedenken** gestalten: Wie wird der Kontakt für Folgeaufträge zum Kunden gehalten?
- Wer trifft beim Kunden die weiteren **Entscheidungen für zukünftige Dienstleistungen**?
- **Projekt-Controlling** hinsichtlich Produktionsvorgaben, Budget/Refinanzierung, Mitarbeiterleistungen, Vertragsmuster. Wurden die Zeitabläufe eingehalten und die Produktionsvorgaben erfüllt? Wenn nein, warum nicht? Müssen Vertragsmuster aktualisiert werden? Welche finanziellen Positionen wurden unter- oder überschritten, und warum? Ist der Kunde seinen finanziellen Ratenverpflichtungen pünktlich nachgekommen? Benötigte das Unternehmen Zwischenkredite über seine Hausbank? Wurden regelmäßig Ist-/Soll-Vergleiche einschließlich Abweichungsanalysen vorgenommen? Haben sich Mitarbeiter für anspruchsvollere Aufgaben empfohlen (durch Kompetenz und Fleiß)? Sind Mitarbeiter ihren Aufgaben nicht nachgekommen?
- Können management-orientierte interne **Arbeitsabläufe** zukünftig optimiert werden (prozessual, personell, strukturell), um z. B. Informations- und Herstellungskosten zu reduzieren?
- Wurde die **Verwertungskette** (Film-, Video-, Musik-, Print- und Unterhaltungsformate) im Sinne des Produzenten/Rechteinhabers ausgeschöpft?
- **Marketing** in eigenem Interesse: Kann das Projekt potenziellen Kunden präsentiert werden (auch gegenüber Agenturen/Sendern/Verlagen)? Sollte darüber ein Artikel z. B. in einer Fachzeitschrift untergebracht werden oder wird eine Pressemitteilung herausgegeben?

- Besitzt das eigene Unternehmen ein attraktives **Wertsteige-rungspotenzial** (Monopolstellung, eine gute Marktposition, zu-kunftsorientierte Technologien)?
- **Erfolgsstrategien:** Wie sehen die Grundlagen künftiger Erfolge aus? (Kann das eigene Unternehmen auch in Zeiten der Rezession wachsen? Worin liegt seine Stärke? Können Kosten z. B. durch Leasing gesenkt werden?)
- Wie sieht die **finanzielle Erwartungsrechnung** (Forecast) nach Abschluss des aktuellen Projektes zum Jahresende aus? Müssen alternative Szenarien aufgestellt werden? Existiert eine Planung für den weiteren Verlauf des Geschäftsjahres mit Teilplänen z. B. für Umsatz und Kapitalreserven einschließlich einer Liquiditätsplanung mit Frühwarnsystemen (Einführung von Kennziffern)?

8.2 Konvergenzen bei Medienproduktionen (inkl. „Kreis-Konvergenz-Modell des Medien-managements")

Im Rahmen dieses Buches wurden diverse Modelle zur Unter-mauerung der Konvergenztheorie[185] vorgestellt, die eine Bünde-lung oder Integration von Mehrwerten zulassen, die wiederum Wachstumseffekte auslösen können. Das Vorhersagen von Kon-vergenzen bei Medienproduktionen – z. B. entlang einer Wert-schöpfungskette (etwa durch Standardisierung von Abläufen) – konnte bei jeden Fallbeispiel bestätigt werden. Vergleicht man z. B. den Herstellungsprozess für Online-Informationsangebote (Internet) mit demjenigen für konventionelle Filmprodukte (etwa Auftragsproduktion), so sind die Parallelen anhand der Eintei-lung nach Stufen unübersehbar (Beispiele):

(1) In der Stufe A „Prä-Produktion" finden Beratungsleistungen statt (z. B. ein Briefing durch den Kunden); es wird ein Ver-trag mit dem Kunden oder Finanzpartnern abgeschlossen; eine Kalkulation wird für das Produkt erstellt; Personalan-forderungsprofile werden festgelegt (ggf. muss zusätzliches Personal eingestellt werden); Verträge mit Dienstleistungs-

unternehmern müssen aufgesetzt und abgeschlossen werden; Informationen, die in das Werk einfließen sollen, müssen entsprechend der Bedürfnisse der Nutzer beschafft und textlich aufbereitet werden; ein Layoutvorschlag muss erarbeitet werden.

(2) Die Stufe B „Produktion" umfasst den eigentlichen Prozess des Werkes als Original/e (z. B. Dreharbeiten bei einem Film).

(3) In der Stufe C wird „postproduziert" (etwa filmische Originale zu einem Gesamtwerk/Master zusammengefügt), letzte technische Feinheiten vorgenommen (z. B. Datensicherung, Navigations- und Verschlüsselungsverfahren, Einstellung des Masters ins Netz) und die Themen Vertrieb, endgültige Positionierung und Distribution abschließend behandelt.

Der Begriff „Konvergenz" wird vielschichtig interpretiert, wobei die Publizistik- und Kommunikationswissenschaft darunter „die Angleichung von Programmen von öffentlich-rechtlichen und kommerziellen Sendern versteht".[186] Laut Latzer verschwimmen bei einer Konvergenz die Grenzen zwischen Technologie, Dienstkategorien, Industriesparten, Sektoren, Wirtschaftsräumen und Politikfeldern.[187] Eine weitere Auslegung des Begriffes Konvergenz stammt von der Europäischen Kommission aus dem Jahre 1997:

• die Fähigkeit verschiedener Netzplattformen, ähnliche Arten von Diensten zu übermitteln oder

• die Verschmelzung von Endgeräten wie Telefon, Fernseher und PC.[188]

Aus dem Blickwinkel technischer Innovationen bedeutet Konvergenz die Verschmelzung von mehreren, bislang getrennten Bereichen des Informationssektors: der Telekommunikation, der Computerindustrie, der Unterhaltungselektronik und den Inhalteanbietern, hier insbesondere den Medien.[189] Dabei werden üblicherweise Unterteilungen in die Bereiche Individual- und Massenkommunikation, Schmalband- und Breitbandkommunikation, Festnetz- und Mobilkommunikation, Informationstechnik und Telekommunikation vorgenommen. Durch die digitalen Technologien werden die Inhalte „anpassbar"; die digitale Kodierung bildet die Grundlage technologischer Konvergenz (ein wichtiger Baustein sind die MPEG-Normen für die digitale Kodierung bewegter Bilder).

Ordnungspolitisch betrachtet hat Heinrich die technischen Folgen der Konvergenz in fünf Bereiche unterteilt: die Konvergenz der Vertriebswege, die Konvergenz der Medieninhalte, die Konvergenz der Medien selbst, die Konvergenz der Empfangsgeräte und die Konvergenz der Branchen.[190] Hier haben wir es mit einem komplexen System von sich gegenseitig überschneidenden Einflüssen zu tun. Es hat rückblickend auf lange Sicht gesehen immer wieder eine Annäherung oder ein Zusammenwachsen von verschiedenartigen Branchen/Produktgruppen gegeben, ohne dass eine klare Grenze zwischen den einzelnen Märkten gezogen wurde: z. B. zwischen Automarkt und Fahrzeugzubehör, Altersvorsorge und Finanzanlagen, Bier und alkoholfreien Getränken.

Die Kommission der Europäischen Gemeinschaften hat 1999 die Konvergenz der Branchen Telekommunikation, Medien und Informationstechnologie und ihre ordnungspolitischen Auswirkungen untersucht (KOM [97] 623 „Ergebnisse der öffentlichen Konsultation zum Grünbuch") und kam u. a. zu der Schlussfolgerung:

> „Die Bedeutung des Phänomens der Konvergenz geht über rein ökonomische Aspekte hinaus. Neue Technologien, insbesondere die breite Nutzung digitaler Netze, bieten Zugang zu neuen Diensten und Anwendungen ... Forschung und Entwicklung werden eine zentrale Rolle dabei spielen müssen, sicherzustellen, dass die potenziellen Nutzeffekte den Bürgern Europas und den in den betreffenden Branchen tätigen Betreibern in vollem Umfang zugute kommen".[191]

Der Einschätzung der Europäischen Kommission gilt es besondere Beachtung zu schenken, denn der Annäherungsprozess und das Streben nach gemeinsamen Zielen verunsichert die beteiligten Branchen; der entstehende „Multimedia-Markt" wird noch über einen längeren Zeitraum hinweg definiert und seine Schnittstellen fixiert werden. Im Zuge dieses Evolutionsprozesses wissen viele Unternehmen grundsätzlich nicht, wer als natürlicher Verbündeter und wer als ernstzunehmender Mitbewerber im **Wettbewerb** um die Beherrschung zukünftiger Märkte zu betrachten ist, wenngleich ein Konkurrenzkampf allen Branchen zugute kommt: „Wettbewerb ist national wie international keine Methode zur wechselseitigen Schädigung der Firmen untereinander, sondern das einzig erfolgversprechende Mittel zur Leistungssteigerung bei allen Beteiligten".[192]

Für eine Unternehmung kann ein Konvergenzprozess als Chance begriffen werden, die eigene Marktposition zu stabilisieren oder weiter auszubauen. Andererseits kann aber eine Unternehmung den Konvergenzprozess auch primär mit seinen negativen, substituierenden Auswirkungen sehen (z. B. Produkte werden durch andere ersetzt, Mitwerber schließen sich zusammen und übernehmen die Marktführerschaft). In einer solchen Situation ist es eine mögliche Strategie, zu versuchen, die Entwicklung des Konvergenzprozesses methodisch zu kontrollieren, indem man ihn gezielt beeinflusst, bremst oder sogar verhindert. Bei einer derartigen Strategie versucht eine Unternehmung aktiv, die Verbreitung von Standards zu unterbinden, um dadurch das Wachstum eines Marktes zu bremsen.

Wie Untersuchungen verschiedener Autoren zeigen, sehen viele, insbesondere etablierte Unternehmen Wandel primär als Krisensituation, wobei sich „zusammenfassend zwei Hypothesen aufstellen lassen:

• Etablierte Anbieter sind bei diskontinuierlichen Konvergenzprozessen benachteiligt, da sie Wandel zunächst immer als Bedrohung empfinden und deswegen dazu neigen, Veränderungsprozesse zu verhindern oder wenigstens zu verzögern.

• Je stärker ein Unternehmen von Konvergenz betroffen ist, desto stärker wird es versuchen, Kooperationen zu kontrollieren. Gleichzeitig wird jedoch auch die Anzahl und Intensität von Multimedia-Kooperationen zunehmen".[193]

Ausgangspunkt für einen Konvergenzprozess ist, dass bisher getrennte Märkte (insbesondere Informationstechnologie, Medien, Telekommunikation) zukünftig dieselben Konsumentenbedürfnisse befriedigen wollen. In diesem Kontext ist vieles ungeklärt, beispielsweise ob sich als Hardware ein intelligentes

Fernsehgerät (z. B. mit Internet-Rückkanal für direkte Bestellvorgänge) oder ein PC mit multimedialen Internet-Videoeigen-
schaften bei den Konsumenten durchsetzen wird. Die Verbraucher werden sich bei ihren Entscheidungen auch zukünftig traditionell von dem Grundsatz leiten lassen, das Produkt oder die
Dienstleistung erwerben zu wollen, bei dem/der sie den größten
Nutzen haben.

Hinzu kommt, dass der wichtigste Player des technikbasier-
ten Übertragungsprozesses der Mediensektor ist, denn ohne Inhalte haben die Wertschöpfungsmodelle keinen Nutzen für den
Endverbraucher und damit keine Abnehmer für zu zahlende
Dienstleistungen. Schließlich ist eindeutig zu erkennen, dass
höchst unterschiedliche Interessen in den Bereichen der Informationstechnologie und der Massen- und Individualkommuni-
kation betroffen sind.

**Wie könnte eine Konvergenztheorie für Medienproduktionen
aussehen?**

Aus dem Blickwinkel der **Angewandten Medienwirtschaft** soll-
te zwischen fünf Bereichen unterschieden werden:[194]
• Konvergenz der Kommunikation und des Marketings
• Konvergenz der Medienökonomie und Organisation
• Konvergenz der Finanzen und des Vertriebs
• Konvergenz des Rechts
• Konvergenz der Technik

Die ersten drei Konvergenzbereiche wurden deshalb nicht unterteilt, weil sie jeweils eng miteinander verbunden sind und als
Einheiten betrachtet werden können.

Konvergenzen im Sinne der Angleichung von Ablaufprozessen
bei der Herstellung von Medienproduktionen können zu einer
Konsolidierung des Marktes bzw. eines Unternehmens führen. Es
wird bei der Konvergenztheorie des Autors aufgezeigt, wie die
Geschäftsprozesse medienwirtschaftlich übersichtlicher zu organisieren sind, wie Wichtiges von Unwichtigem zu unterscheiden
ist und zentrale Fragen von Randthemen, sowie eine theoretische
Basis angeboten, um die Informations- und Handlungsstränge
miteinander verknüpfen zu können. Das erworbene Wissen lässt

sich im Zuge eines Herstellungsprozesses nutzen, egal welcher Art die Medienproduktionen sein mögen.

Allerdings wäre die Annahme falsch, dass allein durch die Umsetzung der erarbeiteten Erkenntnisse Unternehmenserfolge garantiert werden können. Erfolge sind von einer Reihe zusätzlicher Faktoren abhängig, wobei zu den wichtigen die Kompetenz des einzelnen Managers zählt, Leitlinien, Ziele und Strategien für das Medienunternehmen zu entwickeln und Mitarbeiter durch operative Handlungsanweisungen führen zu können. Ferner kommt es darauf an, überhaupt die Potenziale und Ressourcen des eigenen Unternehmens erkennen und einschätzen zu können. Hier besteht ein gravierender Nachholbedarf, denn in vielen Betriebsstätten drehen sich die Manager immer noch um die eigene Achse und handeln rein gattungsbezogen anstatt in zukünftige multimediale Leistungsfelder zu investieren. Gerade die Durchschaubarkeit und Vereinfachung von unternehmensinternen Abläufen, der Einsatz von multimedialen Operationspools als betriebsinterne Schnittstellen und der digitale Handel mit Medienprodukten stärken zunehmend die Wirtschafts- und Wettbewerbsfähigkeiten der Medienunternehmen. Die Existenz von Konvergenzen im Sinne medienwirtschaftlicher Gemeinsamkeiten wird wie folgt festgemacht:

(1) Bei Herstellungsprozessen im Medienmarkt kommt es, wie in Kap. 8.1 beschrieben, zu einer Einteilung der Fertigungsarbeiten in drei **Konvergenzphasen**: Prä-Produktion, Produktion und Post-Produktion.

(2) Wie die **Konvergenz-Formel bei Medienproduktionen** zeigt (s. Abb. 26), haben bei einer Auftragsproduktion sowohl der Kunde (Auftraggeber) als auch der Produkthersteller (Auftragnehmer) eine übereinstimmende Zielsetzung, dieselben Konsumentenbedürfnisse befriedigen zu wollen, um Gewinn (worunter auch ein Akzeptanznutzen zu verstehen ist) zu erzielen. Zur Erläuterung: Wird den Konsumentenbedürfnissen nicht genügt, wird der Kunde dem Produkthersteller mangelhafte Arbeit unterstellen. Dass der Kunde mit einem Produkt finanzielles Wachstum anstrebt, erklärt sich aus dem ökonomischen Überlebenswillen eines Unternehmens von selbst.

Die Bedürfnisse des/der Kunden und des Produktherstellers werden entlang der gestrichelten Linie optimal befriedigt, da beide Vertragsseiten Kompromisse auf dem Weg zu einem beiderseitigen Geschäftserfolg eingehen.

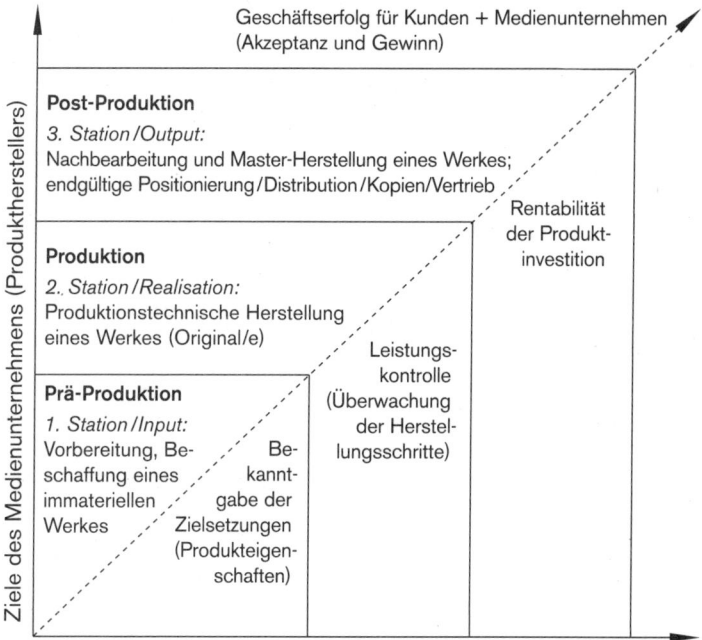

Geschäftserfolg für Kunden + Medienunternehmen (Akzeptanz und Gewinn)

Post-Produktion

3. Station/Output:
Nachbearbeitung und Master-Herstellung eines Werkes; endgültige Positionierung/Distribution/Kopien/Vertrieb

Rentabilität der Produktinvestition

Produktion

2. Station/Realisation:
Produktionstechnische Herstellung eines Werkes (Original/e)

Leistungskontrolle (Überwachung der Herstellungsschritte)

Prä-Produktion

1. Station/Input:
Vorbereitung, Beschaffung eines immateriellen Werkes

Bekanntgabe der Zielsetzungen (Produkteigenschaften)

Ziele des Medienunternehmens (Produktherstellers)

Kundenvorgaben (Produkterwartungen) an das Medienunternehmen

Abb. 26: Konvergenz-Formel bei Medienproduktionen

(3) Im Zentrum eines Herstellungsprozesses bei Medienproduktionen steht das „**Kreis-Konvergenz-Modell des Medienmanagements**" (s. Abb. 27). Die Konvergenzbereiche wurden in fünf Wirkungskreise eingeteilt – entsprechend der beschriebenen Zuordnung. Ein Kreis ist nach geometrischer Definition eine ebene, geschlossene Kurve, deren Punkte von einem Mittelpunkt aus eine gleiche Entfernung haben. Aus verwaltungsrechtlicher Sicht besitzt ein Kreis ein Recht auf Selbstverwaltung (Art. 28 Abs. 2 Satz 2 Grundgesetz). Das

Kreis-Konvergenz-Modell des Medienmanagements weist mehrere Eigenschaften auf: Zum einen erledigt jeder Kreis seine Aufgaben in Eigenverantwortung als Struktureinheit und wird in der Regel jeweils von einer hierfür beauftragten Person geleitet (z. B. „Konvergenz des Rechts" übernimmt ein Jurist, „Konvergenz der Medienökonomie und Organisation" ein Herstellungsleiter, „Konvergenz der Kommunikation und des Marketings" ein Marketing- oder Öffentlichkeitsarbeiter, „Konvergenz der Technik" ein Sendeleiter, „Konvergenz der Finanzen und des Vertriebes" ein Medienwirt).

Abb. 27: Das Kreis-Konvergenz-Modell des Medienmanagements

Zum anderen wirkt auf die fünf Kreise ständig eine Kraft ein (ausgehend von einem Unternehmer/Produzenten, „Akteur" genannt), die die Kreise in Bewegung setzt (physikalisch

Kreisbewegung genannt) und zu Konvergenzbestrebungen miteinander animiert. Zentraler Konstrukteur des Modells ist der Akteur, der entscheidend die Dynamik des Gesamtprozesses bestimmt.

Jeder Wirkungskreis des „Kreis-Konvergenz-Modells des Medienmanagements" lässt sich auf andere Herstellungsprozesse bei Medienproduktionen übertragen, wobei dadurch evident die vorgetragene Konvergenz-Theorie begründet wird:

Konvergenz der Kommunikation und des Marketings

Medienproduktionen besitzen eine **elitäre Öffentlichkeitswirkung;** sie werden in der Regel wichtiger genommen als andere Produktionen, zumal sie u. a. als „informativ und ausgewogen" gelten und eine breite Zielgruppe ansprechen.

Die Anforderung, **Informationen** zu selektieren, zu bewerten, zu verarbeiten und zu verbreiten, stellt sich als eine zentrale Aufgabenstellung für alle Medienproduktionen dar.

Der **Konsum** von Medienprodukten erfolgt freiwillig sowohl in der Freizeit wie auch während der Arbeitszeit; generell rund um die Uhr und von Montag bis Sonntag.

Die Entwicklung zu **Multimedia-Anwendungen** – eine Verzahnung mehrerer Kommunikationsformen – betrifft alle Medienproduktionen und bedeutet für sie enorme Herausforderungen wie auch Wachstumschancen. Damit werden die bisher bestehenden Grenzen zwischen den Mediengattungen immer fließender (z. B. „Internet-TV", „Video-on-Demand", „online abrufbare Printprodukte").

Je nach Anforderungsprofil einer Mediengattung (Film, Hörfunk, Print usw.) werden **Inhalte** miteinander kombiniert, wobei es dann zu einer Integration zwischen Audio, Video, Bild und Text kommt.

Geographische Einteilungen nach Staaten und Sprachräumen werden innerhalb der Multimedia-Kommunikation zunehmend abgebaut und perspektivisch nur noch eine nachgeordnete Rolle spielen.

Medienproduktionen können **nach Formeln positioniert** werden (z. B. nach der „AIDA Formel" oder dem „Internet-Flussdiagramm"; ein weiter gehender, moderner Ansatz wäre hierbei die „Positionierungs-Pyramide des Medienmanagements", vgl. Kap. 8.3).

Positionierungsentscheidungen werden als „Kernentscheidungen des Marketings" bezeichnet. Ertrags- und Wachstumsziele lassen sich nur realisieren, wenn bestimmte Positionierungsziele bzw. Wettbewerbsvorteile erreicht werden. Es muss gelingen, relevante Bedürfnisse bzw. Probleme von wirtschaftlich interessanten Kundengruppen mit maßgeschneiderten Angeboten in der subjektiven Wahrnehmung der Kunden dauerhaft besser als irgend jemand anderer zufriedenzustellen bzw. zu lösen.[195]

Konvergenz der Medienökonomie und Organisation

Medienprodukte werden im Allgemeinen **arbeitsteilig in einer Verbundproduktion hergestellt**, wobei die organisatorischen Haupttätigkeitsfelder unter Geschäftsführung/Verwaltung, Redaktion/Kreation und Produktion (einschließlich Technik und Grafik) angesiedelt sind.

Bei einer Medienproduktion sind die **Arbeitnehmer-Arbeitgeber-Beziehungen weniger formalisiert und standardisiert** als in anderen Industriebereichen.[196] Nach Kiefer hängt das damit zusammen, dass „Qualitätsstandards vor allem für die unterhaltende Medienproduktion nur vage vorgegeben werden können".[197] Publikumsattraktivität lasse sich nicht operationalisieren und in Produktionsanweisungen umsetzen. Kiefer irrt hier partiell, denn ein Produzent kann bezogen auf ein Einzelprojekt sehr detaillierte Anweisungen in Form von Standards vorgeben (z. B. Format, Länge, bekannte personelle Besetzungen, Zuschauereinbindung, Bühnenbau, musikalische, optische oder andere Wiedererkennungseffekte) und deren Einhaltung überwachen. Als Beispiele für die Vorgabe gezielter Produktionsanweisungen aus dem Unterhaltungssektor mögen die Nachahmungsproduktionen von „Marienhof", „Deutschland sucht den Superstar", „Wer wird Millionär?" oder „Arabella" dienen, die erfolgreich über diverse Sender laufen. Der Zusammenhang, warum Arbeitnehmer-Arbeitgeber-Beziehungen weniger formalisiert und standardisiert sind, ist primär darin begründet, dass den Kreativen so viel Freiraum wie möglich eingeräumt werden soll, um beste und innovative Ergebnisse zu erzielen. Ergänzend hierzu sei angemerkt, dass ein Produzent bei einer Nichteinhaltung seiner Vorgaben die Möglichkeit hat, Korrekturen in Form von Nachbesserungen vornehmen zu lassen bzw. bei groben Verstößen die verantwortlichen Mitarbeiter zur Rechenschaft zu ziehen (ggf. auch durch eine Auflösung des Arbeitsvertrages).

Zukünftig wird es in zahlreichen Medien- und Postproduktionsunternehmen keine an Maschinen gebundenen Spezialisten (z. B. AVID-Cutter, Kameramänner, Setzer, Tonmeister) mehr geben, sondern **multimediale Operatoren**. Dieser Content Production-Werdegang ist etwa bereits im Druckbereich zu beobachten, wo zahlreiche ursprünglich bei Setzern und Grafikern angesiedelte Arbeitsgänge in der digitalen Vorstufe abgearbeitet werden (z. B. Umbrüche, Farbbestimmungen der Bilder; Stichwort: „Desk Top Publishing"), bei Zeitungen werden z. T. Redakteure zugleich als Fotografen eingesetzt und im filmischen Postproduktionsbereich müssen die Cutter mit grafischen Programmen (z. B. Adobe-Photoshop) umgehen. Darunter fällt auch der neugeschaffene Ausbildungsweg zum „Videojournalisten" (diese Ausbildung läuft z. B. beim Hessischen Rundfunk und ist beim MDR bereits im Einsatz), der in einer Person einen sendefertigen Beitrag abliefern muss, angefangen von der Recherche über Aufnahme bis hin zu Schnitt und Tonmischung.

Jedes Medienprodukt kann einer der **Programmkategorien** „**Fiction**" (z. B. Spielfilm), „**Non-Fiction**" (Information/Bildung), „**Unterhaltung**" oder „**Werbung**" zugeordnet werden.

Alle Medienproduktionen werden in drei, im Einzelnen übereinstimmenden Phasen realisiert: **Prä-Produktion, Produktion, Post-Produktion** (s. Kap. 8.1)

Das **Controlling** ist fester Bestandteil jeder Medienproduktion. Wie bereits bei den Fallbeispielen innerhalb der Publikation angesprochen, sollte möglichst nicht nur die letzte Phase jeder Medienproduktion die Kontrolle sein (Zwischenkontrollen werden dringend empfohlen), bei der ein Soll-Ist-Vergleich aufgestellt wird zwischen ursprünglicher Planung und dem Ergebnis. Was bei immer mehr Unternehmen im Endeffekt wirklich zählt, ist, das Verhältnis „Umsatz zu Mitarbeiter- und Herstellungskosten (wie Technik)" unter Kontrolle zu halten.

Konvergenz der Finanzen und des Vertriebes

Diejenigen Medienprodukte, die nicht auf dem Weg der klassischen Auftragsproduktion oder aus öffentlich-rechtlichen Gebühreneinnahmen hergestellt werden, finanzieren sich aus Markterlösen wie **Verkaufs- und Werbeeinnahmen** und aus unterschiedlichen **Marketing-, Vertriebs- und Werbesonderformen** (z. B. Sponsoring, Bartering).

Jedes Medienprodukt versucht von seiner Grundausrichtung her, möglichst viele Nutzer wie Zuschauer, Hörer oder Leser an sich zu binden, um damit eine hohe **Auflage/Reichweite** o. ä. und eine entsprechende Refinanzierungsgrundlage zu erzielen.

Medienprodukte haben überwiegend einen hohen Anteil von **Vorlaufkosten** in Form von Fix- und Gemeinkosten etwa für Personal und Technik.

Die **Distributionswege** werden vielseitig und medienübergreifend genutzt, der klassische Handel verliert an Bedeutung. Online abrufbare Printmedien, Video-on-Demand, das Einkaufen per Fernbedienung („T-Commerce") sind Beispiele für diese deutliche, im starken Aufwärtstrend anhaltende Entwicklung.

Das **Lebenszykluskonzept** spielt bei allen Medien insoweit eine tragende Rolle, als hier nicht nur übereinstimmend zwischen dem immateriellen und materiellen Gut unterschieden wird, sondern auch zwischen Entwicklungsphasen wie Einführung, Wachstum, Reife/Sättigung und Degeneration.

Neue **Wertschöpfungsketten** führen zu innovativen Konzepten bei den Anbietern, um z. B. in kurzer Zeit eine ausreichende Masse an Konsumenten zu gewinnen. So wird in einem ersten Schritt etwa allgemein nutzbare Software als Download kostenlos zur Verfügung gestellt oder Zusatzleistungen wie Bildschirmschoner oder Spiele gratis angeboten. In einem zweiten Schritt sollen die Nutzer nach einer Einführungsphase für die zeitweiligen Gratisangebote Entgelte entrichten.

Innerhalb großer Medienunternehmen werden bisher unterschiedliche Bereiche über eine **Schnittstelle „Multimedialer Ope-**

rationspool" (s. Abb. 29, S. 272) koordiniert und entsprechend zusammengeführt. Auch werden durch die Vernetzungsaktivitäten die Funktionen einzelner Medien oder Mediengruppen verändert oder möglicherweise von ganz anderen und bisher branchenfremden Anbietern übernommen.[198]

Die allgemeine Tendenz zu **Fusionen, Joint Ventures** und **Partnerschaften** ist unverkennbar. Wer in Zeiten der Globalisierung mithalten will, benötigt eine überdurchschnittliche Unternehmensgröße bzw. Netzwerk-Kooperationen.

Konvergenz des Rechts

Medien üben Macht aus und beeinflussen wesentlich die **öffentliche Kommunikation** (vgl. entsprechende Urteile des Bundesverfassungsgerichtes, z. B. BVerfGE 20, 175).[199] Sie sind allgegenwärtig und können Menschen steuern. Innerhalb des Verfassungsrechts hat der Gesetzgeber den Medien eine herausragende und durch Gesetz geschützte Rolle zugewiesen, indem er im Art. 5, Abs. 1 des Grundgesetzes (GG) festlegt, dass „die Pressefreiheit und die Freiheit der Berichterstattung durch Rundfunk und Film gewährleistet (werden). Eine Zensur findet nicht statt."[200] In diesem Zusammenhang findet auch der Begriff „vierte Gewalt" im Sinne einer Gewaltenteilung Anwendung, d. h. die Medien werden neben den Instanzen „Legislative", „Judikative" und „Exekutive" als „Machtorgan" angesehen. Eingeschränkt werden diese o. a. Freiheiten lediglich durch die „Vorschriften der allgemeinen Gesetze, den gesetzlichen Bestimmungen zum Schutze der Jugend und in dem Recht der persönlichen Ehre" (s. Art. 5, Abs. 2 GG).

Einen zusätzlichen Verfassungsschutz erhält der Filmbereich durch Art. 5, Abs. 3 GG, in dem die Kunst als frei eingestuft wird. Bezogen auf das Internet haben zwar Bund und Länder Regelungswerke (z. B. „Staatsvertrag über Mediendienste", „Gesetz zur Regelung der Rahmenbedingungen für Informations- und Kommunikationsdienste") und die Europäische Union insbesondere Richtlinien zum elektronischen Geschäftsverkehr verabschiedet, doch beaufsichtigen lässt sich das globale Netz nicht.

Medienproduktionen sind **Wirtschaftsgut und Kulturgut zu-**

gleich und entsprechend rechtlich eingestuft worden (Europäische Kommission, Bund, Länder).

Da Medien, ihre Angebote und Produktionen elementare Fundamente jeder **Kultur** sind, werden sie von staatlicher Seite gefördert und subventioniert (z. B. durch günstigeren Mehrwertsteuersatz, reduzierte Postgebühren beim Buchversand, Zurverfügungstellung von Bundes- und Länderhaushaltsmitteln oder durch Förderprogramme bei der Herstellung von Filmen). Nachdem die Verfassung dem Bund keine Zuständigkeitsbefugnisse für den Kulturbereich zugewiesen hat (der Europäischen Union werden nach dem „Maastrichter Vertrag" ebenfalls keine zugestanden), liegt dieser Rechtsbereich „Kulturhoheit" bei den einzelnen Bundesländern, die Landespressegesetze, Landesrundfunkgesetze und Landesmediengesetze erlassen haben. Der Bund kann „nur" eine Rahmengesetzgebung für die Massenmedien Presse und Film aussprechen und beim grenzüberschreitenden Rundfunk Gesetze erlassen.

Die Einstufung der Medien als **Wirtschaftsgut** lässt sich insoweit erklären, dass auch Medienprodukte auf Märkten nach Wettbewerbsprinzipien hergestellt werden, um Gewinne zu erwirtschaften. Voraussetzung dafür ist u. a., dass Kapital bereitgestellt wird, Investitionen getätigt werden und Geldflüsse zwischen Produzenten und Konsumenten stattfinden. Auch werden im Zuge der Herstellung von Produkten Arbeitsplätze erhalten/ abgebaut und/oder geschaffen und damit ebenfalls wirtschaftliche Auswirkungen erzielt. Als Wirtschaftsgut betrachtet fallen die Medien unter die Regeln des europäischen Binnenmarktes und damit unter die von der Europäischen Kommission betriebene „Audiovisuelle Politik".

Medienproduktionen unterliegen dem **Urheberrecht**, das persönliche geistige Werke der Kunst, Literatur und Wissenschaft vor Missbrauch schützt.

Kapital bewegt jede Medienproduktion und muss in Bewegung bleiben – sprich: „arbeiten", wobei die **Gesetzgebung** dem Kapital einen großen gestalterischen Spielraum einräumt: „Wesentliche rechtlich verankerte Grundlagen des bestehenden kapitalistischen Wirtschafts- und Gesellschaftssystems, dessen Prämissen, Normen und Gesetzmäßigkeiten auch das im Medienbereich agierende Kapital unterworfen ist, sind insbesondere die grundgesetzlich garantierten wirtschaftlichen Freiheiten wie Privateigentum an Produktionsmitteln, Freiheit der Eigentumsnutzung, Gewerbefreiheit, Vertragsfreiheit, Wettbewerbsfreiheit."[201]

Konvergenz der Technik

Alle zukunftsorientierten Medien sind bestrebt, ihre Produkte (Bild, Film, Grafik, Musik, Sprache, Text) auf **digitalen Formaten** herzustellen, damit diese innerhalb der Wertschöpfungsketten problemlos genutzt und ausgewertet werden können. Es kommt zu einer technologischen Konvergenz von Medien, Informations- und Datenverarbeitung sowie Telekommunikation.

Die **Datenarchivierung** erfolgt ebenfalls digital auf sog. Langzeitspeichern (z. B. beim Hörfunk bevorzugt als MPEG-Layer in nicht datenreduzierter Grundversion), wobei zukünftige, wechselnde Formate und Systeme importier- und exportierbar sein sollen.

Die **Datenübertragung** vollzieht sich bei den Medienproduktionen innerhalb eines umfassenden Vertriebswegenetzes. Dabei können die digitalisierten Informationen nach Wahl und Ausstattung des Produktherstellers per Kabel, Satellit und Terrestrik übertragen werden. In einigen Filmtheatern wird bereits digitale Technologie zur Projektion von Filmwerken eingesetzt, die herkömmlichen Tonfilmprojektoren sind in Zukunft höchstwahrscheinlich nicht mehr gefragt.

Die **Empfangsgeräte** der Konsumenten werden noch in dieser Jahresdekade mit digitaler Technik ausgestattet sein. So sollen z. B. nach der „Initiative Digitaler Rundfunk" und dem „Forum Digitale Medien" (Bund und Länder engagieren sich hierbei) bis 2010 Fernsehübertragungen von analoger auf digitale Technik umgestellt werden.[202] Bis zu diesem Zeitpunkt sollen 95 % aller Endgeräte in der Lage sein, digitale Programme über Kabel und Satellit zu empfangen. Längst wurden interaktive multimediale Anwendungen entwickelt (z. B. fernsehtaugliche PCs und Hörfunk-Streaming-Angebote via Internet; bei „Radio@AOL" können z. B. DSL-Kunden ein umfangreiches Radio-Streaming-Angebot in Digital-Qualität empfangen: 120 Stationen in 16 Musik-Kategorien wie Klassik, Heavy Metal oder HipHop), wobei ein „All-inclusive-Receiver" von der Geräteindustrie nach Branchenauskünften vorerst nicht in Planung ist. Unabhängig davon werden Endgeräte wie PC, Telefon und Fernseher miteinander verschmolzen.

Getrennte **Infrastrukturen** werden auf Netzebene über Knotenpunkte zusammengeführt, und in der Folge werden verschiedene Netzplattformen ähnliche Dienste anbieten können.

8.3 Die „Positionierungs-Pyramide des Medienmanagements" (inkl. Kommunikationsinstrumente)

Die richtigen Strategien zur Angleichung von Programmen sind ein bedeutender Erfolgsfaktor bei einer Konvergenz-Theorie. **Positionierungsentscheidungen** erfüllen ein solches Kriterium und bedeuten für das Marketing sinnbildlich verkürzt: Der Marke und den Produkten muss strategisch ein Platz im Markt zugewiesen werden in perfekter Wettbewerbsrelation zu vorhandenen Konkurrenzprodukten. Anders ausgedrückt: Erfolgreiche Positionierung bedeutet, für eine Marke oder Produkte eine ausreichende Alleinstellung und eine große Verbraucherschaft zu erzielen. Ein denkbares Beispiel: Sollten die Betriebsgebäude von Disneyland oder Mac Donald's bei einem Erdbeben zerstört werden, würden die Banken den Unternehmen jedweden Kredit zum Wiederaufbau einräumen, und zwar deshalb, weil diese Marken in der Vergangenheit mehr als erfolgreich positioniert wurden! Wir müssen allerdings weiterhin fragen: Was zeichnet eine erfolgreiche Positionierung aus? Ist es der Bekanntheitsgrad einer Marke als solcher (z. B. erzeugt durch eine extravagante Werbung mit einer bekannten und sympathischen Leitfigur?) oder der Abverkauf von Produkten einer Marke an der Ladenkasse (eine ausgesprochen hohe Nachfrage)? Realistisch gesehen spielen beide Umstände eine bedeutende Rolle, wobei allerdings erst ein optimal abgestimmter Herstellungs-, Preis- und Marketingmix Erfolge verspricht. Der Gedankengang wird an einer Grafik ver-

deutlicht, die als „Positionierungs-Pyramide" bezeichnet wird (s.
Abb. 28, S. 258), wobei der Schnittpunkt aller Seitenflächen die
Spitze der Pyramide ist.[203] Vier Komponenten, die stufenweise
ineinandergreifen, dominieren die „Positionierungs-Pyramide",
die eine in sich konsistente Orientierung ermöglichen: die **Produktpolitik, Preispolitik, Distributionspolitik** und **Kommunikationspolitik.** Die Ausgangslage ist es, berechnend und zielgerecht
auf dem Weg zum Geschäftserfolg vorzugehen:

- **Produktpolitik:** Der erste Schritt ist es, ein Produkt herzustellen, das den Käufer langfristig qualitativ zufriedenstellt. Vor der
Entwicklungsphase muss sich das Unternehmen darüber im
Klaren sein, welche Ziele verfolgt werden (z. B. Kompetenz?
Umsatz? Wachstum? Zielgruppen?) Die Kunst der Produktpolitik ist es, Trends zu schaffen oder diese rechtzeitig zu erkennen und zu kopieren.

- **Preispolitik:** Ein Hersteller legt einen Preis für sein Produkt
fest, der attraktiv für seine Kernzielgruppe ist und möglichst
günstiger als der Preis der Mitbewerber (z. B. in Verbindung mit
einem Benefit nach dem Motto: „N. N. bietet ein überragendes
Ergebnis und spart zugleich Geld"). Eine aggressive Preisgestaltung setzt voraus, dass die Herstellungskosten entsprechend
niedrig sind. Marken, die mit einem guten Preis-Leistungsverhältnis erfolgreich positioniert wurden, animieren den Wettbewerb zu Preisreaktionen.

- **Distributionspolitik:** Absatzmärkte verändern sich schnell, weil
die Käufer immer globaler denken und handeln (z. B. fördert
das Internet ein solches flexibles Bestellwesen). Deshalb muss
ein Hersteller zügiger produzieren als die Mitbewerber und
kurze Verteilerwege beschreiten, bevor ein Engpass entstehen
kann. Gerade in Märkten, wo ein heftiger Verdrängungswettbe-
werb herrscht, können Lieferfristen für die Zukunft eines Unternehmens folgenschwer sein. Das gewichtigste Ziel ist, mit einem Produkt eine höchstmögliche Reichweite in der Zielgruppe zu erreichen bei optimaler Kontakthäufigkeit.

- **Kommunikationspolitik:** Ein Unternehmen muss Kommunikationsziele stecken, wie es sich heute im Markt positioniert und
welche Ziele morgen erreicht werden sollen. Solche könnten

sein: Imageaufbau, Markenbekanntheit, Personalrekrutierung, Produkt-PR, Wachstum, Vertriebsunterstützung, Zentrale Botschaften, neue Käufer/Konsumenten. Zur Erreichung der Kommunikationsziele darf nichts mehr dem Zufall überlassen bleiben, das Risiko muss kontrollierbar sein und das strategische Marketing aktiv geprägt. Und für die Positionierung heißt dies: Das ganze, breit gefächerte Spektrum der Werbung einschließlich der Spezialagenturen (für Sponsoring, PR, Direktmarketing) ist gefragt, um am Markt erfolgreich zu sein.

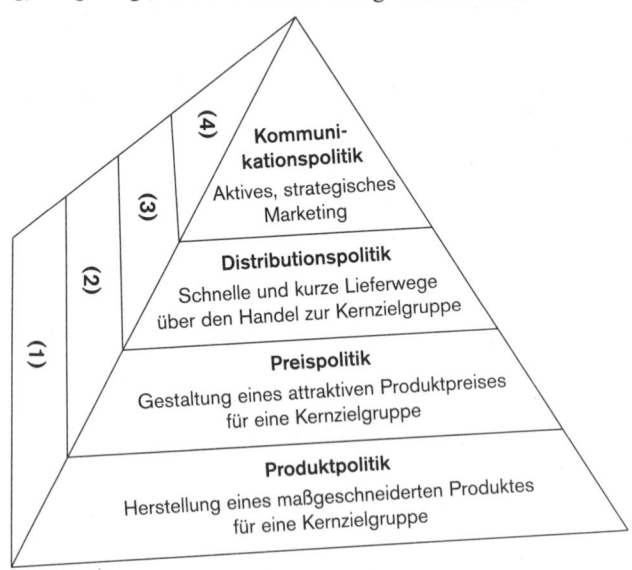

Abb. 28: Positionierungs-Pyramide des Medienmanagements

Was ansonsten noch im Zuge **marketingstrategischer Positionierungsentscheidungen** Beachtung finden sollte:

- Kein Produkt und keine Marke kann erfolgreich positioniert werden, wenn das angestrebte Ziel zuvor nicht klar definiert und die **Konkurrenzsituation** eingehend analysiert wurde.
- Es wird immer schwieriger, Produkte von denen der Konkurrenz zu unterscheiden. Beispiele sind einfache und Mittelklasse-Hotelketten, deren Angebote zum Verwechseln ähnlich sind

und die sich auf die gleiche Klientel stützen. Oder Autos, die ähnliche Standards anbieten, oder Waschmittel wie Tabs, die optisch kaum zu unterscheiden sind, aber allesamt saubere Wäsche versprechen. Mittlerweile ist es immer mehr Aufgabe der Werbung, die notwendigen **Differenzierungen** vorzunehmen, die für ein Produkt „angeblich" typisch sein sollen.

• Eine überragende Positionierung „ist Ausdruck von führendem Denken" innerhalb eines Unternehmens und Zeichen einer **kommunikationsorientierten Firmenpolitik:**

> „Es ist eine herausragende Positionierung, die einen Unterschied macht, welche die Menschen für sich gewinnt; zuerst die eigenen Mitarbeiter, dann aber auch die Kunden, die Lieferanten, die Konsumenten, ja selbst die Konkurrenten, die anfangen, sich daran zu messen. ... Diese Menschen haben eine Eigenschaft gemeinsam. Sie haben verstanden, dass sie im Grunde genommen Kommunikationsunternehmen sind und nicht Hersteller von Getränken, Turnschuhen, Uhren oder von Parfums."[204]

Bei der Entwicklung einer Positionierungsstrategie gegenüber einem Geschäftskunden kommt ein wichtiger übergeordneter Aspekt hinzu: Jedes Geschäft ist ein **Neugeschäft** und bedarf deshalb eines engagierten Auftrittes. Denn jeder Kunde, der einmal gewonnen wurde, geht eines Tages wieder verloren. Sei es dadurch, dass ein Ansprechpartner aus dem Unternehmen ausscheidet, die Chemie zwischen Auftraggeber und Auftragnehmer nicht mehr stimmt oder in den Augen des Kunden die Leistungen nicht mehr zufriedenstellend sind oder marktwirtschaftlich überteuert. Merke: auch die Verweildauer eines Etats bei einer Agentur liegt im europäischen Durchschnitt bei nur vier Jahren! In Deutschland wechseln nach spätestens fünf Jahren über 60 % der Kunden die Werbeagentur. Aber: Ein Neugeschäft lässt sich nicht beliebig anschalten wie ein Lichtschalter und es findet im Wettbewerb statt, weil Mitbewerber ebenfalls ante portas stehen. Die Qualität eines Auftrittes beim Kunden entscheidet darüber, ob ein Auftrag vergeben wird, denn im Zuge von Präsentationen hat der Kunde vieles schon unzählige Male gehört und gedacht.

Was beim Auftraggeber und Auftragnehmer im Zuge einer Positionierung am Markt am meisten zählt, ist die messbare **Effek-**

tivität der Werbung in der Planungs-, Entscheidungs- und Kontrollphase. Es ist unbestritten, dass die Werbung treibende Industrie auf Informationen zu Reichweiten und Akzeptanz von Medien und ihren Programmen angewiesen ist. Bereits ein Prozent mehr oder weniger Marktanteil kann für das Überleben eines Produktes entscheidend sein.

Medien mit empirischen Methoden zu untersuchen, also die systematische Erfassung und Aufbereitung der Mediadaten, trägt wesentlich dazu bei, die Akzeptanz von Produkten oder Kommunikationsmaßnahmen innerhalb eines Konsum- und Werbeprozesses rechtzeitig zu prüfen. **Marktforschungen** können sowohl vor einer Produkteinführung (Pre-Test) als auch während (Copy-Test in der Phase der Umsetzung der Werbebotschaft) und nach dieser (Post-Test) durchgeführt werden. In der Öffentlichkeit sind die Stichproben des Fernsehkonsums bei ausgewählten Haushalten (derzeit: 5.460, davon 440 Haushalte von EU-Ausländern, die in Deutschland leben) anhand von Panel-Verfahren bekannt, wobei ein längerer Zeitraum erfasst und danach auf die Gesamtheit der Fernsehzuschauer hochgerechnet wird. Die Zielsetzungen der Unternehmen, die sich der Marktforschungsinstrumente bedienen, lassen sich generell wie folgt festmachen:

(1) **Eine maximale Abdeckung des Marktes** (die Zielgruppe wird mit der Botschaft erreicht, wobei auch Personen dazu zählen, die nicht zur Zielgruppe gehören)

(2) **Eine Minimierung von Streuverlusten** (die Botschaft wird möglichst nur in denjenigen Medien geschaltet, die von der Zielgruppe genutzt werden)

Weltweit führende Marktforschungsinstitute wie die GfK Medienforschung in Nürnberg untersuchen neben **quantitativen Kennziffern** (also einer zahlenmäßigen Erfassung, wie Einschaltquoten, Reichweiten/Marktanteile, Verkaufszahlen, Verbreitung, Visits und Clicks im Internet) zunehmend **qualitative Kriterien**, die den Erfolg eines Mediums/eines Produktes letztendlich ausmachen.

Zu den qualitativen Kriterien zählen die Einstellungen und Verhaltensweisen von Verbrauchern, also der Hörer, Leser und

Zuschauer. Die Verbraucher werden insbesondere nach psychologischen und soziologischen Erkenntnissen erforscht, beispielsweise via Telefon-Interview bis hin zur Gruppendiskussion:[205]

- Die **Fernsehprogramme** durch Programm-Pretesting und Programm-Image-Tracking (z. B. durch die Einspielung von Filmsequenzen vor einer Ausstrahlung/Pre-Tests).

- Die **Hörfunkprogramme** im Bereich der Musikforschung sowie der programmqualifizierenden Forschungsmaßnahmen (akustische Einspielungen wie Moderationsbeispiele oder Jingles unterstützen die Erhebungen).

- Die **Presseerzeugnisse** durch Leserstrukturanalysen, Copy-Tests (Überprüfung der Umsetzung der Werbebotschaften) sowie Gruppendiskussionen mit Lesern von Publikationen.

- Das **Internet** über Daten zum Umfang und zur Struktur der Internetnutzergruppen.

Wichtig außerdem: Nicht nur die Reichweiten, sondern gleichfalls die Beliebtheit eines Mediums oder seiner Programme kann für den Erfolg oder Misserfolg von Kundenmarken/Produkten entscheidend sein.

Werbewirkungsforschung. Erinnern Sie sich nur oberflächlich an bestimmte Werbespots, an Produkt- oder Markennamen? Wenn ja, dann geht es Ihnen so wie der Mehrzahl der Verbraucher. Doch Werbung macht nur dann einen Sinn, wenn die anvisierten Zielgruppen sie wahrnehmen und positiv in Erinnerung behalten. Kunden stellen immer wieder die zentrale Frage: „Erzielt meine Werbung die gewünschte Wirkung?"

Vernünftigerweise werden Werbewirkungsforschungen in der Planungs-, Entscheidungs- und Kontrollphase durchgeführt (also vor, während und nach der Werbekampagne). Zuverlässige Messungen erfordern standardisierte Fragenprogramme (absolut identische Tests) und abgesicherte Konzepte. Sie werden auf die spezielle Marken- bzw. Werbestrategie eines Unternehmens zugeschnitten. Unterstützt werden die Marktforschungen häufig durch den Einsatz von Datenbanken, die Erkenntnisse aus früheren, vergleichbaren Werbekampagnen liefern. Damit bereits vor den kostenintensiven Kampagnenschaltungen eine gewisse Planungssicherheit gewährleistet ist, lassen immer mehr werbetreibende Unternehmen Pre-Tests durchführen. Dazu werden z. B. Testpersonen in ein Studio eingeladen und in Einzelinterviews befragt, häufig unter Einsatz von Computertechnik (z. B. Touch Screen- oder Voice Recording-Verfahren). Für eine Standardstichprobe sind laut Meinungsforschungsinstituten wie der GfK üblicherweise 125 Personen erforderlich.

Mitunter führen die erforschten Frühindikatoren zu dem Ergebnis, dass eine Marke umgebaut oder anders positioniert werden muss. Nachdem sich die Produkte in gewissen Kategorien (z. B. Autos, Hotels) immer ähnlicher werden, beschäftigt sich die Werbewirkungsforschung zunehmend mit der Frage nach der Durchsetzungsfähigkeit einzelner Produkte beispielsweise innerhalb eines Werbeblocks. Sich von den Produkten der Mitbewerber positiv abzugrenzen, ist für die Zukunft der Marken mehr als entscheidend. Dabei geht es den Auftraggebern der Forschungsinstitute entweder um die Neugewinnung von Käufern oder um die Steigerung des Abverkaufs bei den bestehenden Zielgruppen. In der Praxis werden die Erinnerungen an Werbepräsentationen traditionell durch Recall- (=spontane Erinnerungs-) und Recognition- (=Wiedererkennungs-)Tests bewertet.

> „Bei Recall-Tests wird ermittelt, an welche Spots, Produkt- oder Markennamen die Befragten sich spontan erinnern können, ... Recognition-Tests messen die Wiedererkennung unter Einbeziehung des Werbemittels oder unter Vorgabe von Produkt- bzw. Markennamen."[206]

Auf folgende, typische Fragestellungen wird dabei der Fokus gelegt:
- Haben Sie das Produkt mit seiner Kernbotschaft wahrgenommen?
- Hat Ihnen die Art Werbung gefallen?
- Können Sie die Story nacherzählen?
- Sind Ihnen Besonderheiten des Produktes aufgefallen?
- Welche Art der Präsentation bevorzugten Sie innerhalb des Werbeblocks?
- Welche Darstellertypen gefielen Ihnen innerhalb des Werbeblocks am besten?

Insbesondere nach dem Start einer Kampagne werden Verbraucherbefragungen durchgeführt, um die Werbewirkung zu hinterfragen. „Ein durch Werbung erreichter Markenerfolg drückt sich aber nicht nur in den Extremen ‚Kauf' oder ‚Nicht-Kauf' aus."[207] Die Befragungsskala der GfK etwa umfasst dabei eine Bandbreite von Einstellungen, um die Antworten einzugrenzen: Ablehnung, Nichtbeachtung, Wahrnehmung, Akzeptanz, Prominenz, Präferenz. Da die Werbung mehr intuitiv und nebenbei mit reduzierter Aufmerksamkeit registriert wird, laufen die Forschungsstudien unter der Formel „Weg vom Verstand (Ratio) hin zu den Gefühlen (Emotionen)". Schlüssige Storys und starke Bilder erzielen eine hohe Werbewirkung bei den Verbrauchern und vertiefen die Beziehung zwischen Marke und Verbraucher.

8.4 Produktlebenszyklus

Das Konzept **Produktlebenszyklus** ist ein phasenorientiertes Marktreaktionsmodell und stellt die Erlös- und Gewinnsituation eines Produktes über einen längeren Zeitablauf dar. Auch liefert der Lebenszyklus Angaben zu den Marktanteilen eines Produktes, seinen Stärken und Schwächen. Seine Zielsetzung ist es, Orientierungshilfe zu leisten, damit die Marketinginstrumente phasengerecht eingesetzt werden können. Durch dieses „Frühwarnsystem" kann beispielsweise ein Unternehmer durch geplante Innovationen oder durch eine aktuelle Preisgestaltung – etwa Senkung des Verkaufspreises – in das Marktgeschehen eingreifen und somit dem Produkt eine längere Überlebenschance geben.

Aus der Perspektive eines Unternehmens ergeben sich unterschiedliche Phasen der Marktentwicklung, wobei Erlei fünf Produktlebenszyklen unterscheidet, die innerhalb eines Marktlebenszyklus durchlebt werden: die Experimentierungs-, die Expansions-, die Ausreifungs-, die Stagnations- und die Rückbildungsphase.[208] Auch in der übrigen Literatur wird überwiegend von fünf Phasen gesprochen, die jedoch häufig anders benannt werden (z. B. Einführung, Wachstum, Reife, Sättigung, Degeneration).[209] Porter nennt diese Phasen Einführung, Wachstum, Reife/Sättigung und Stagnation/Rückgang.[210]

In der „**Einführungsphase**" werden kleine Stückzahlen angeboten, aber hohe Werbekosten budgetiert, damit das Produkt bekannt wird und die Anlaufverluste im überschaubaren Rahmen bleiben. Die Phase des „**Wachstums**" ist von einer steigenden Bekanntheit des Produktes, ersten Gewinnen und dem ersten Aufeinandertreffen von Konkurrenzprodukten gekennzeichnet. In der „**Reifephase**" steht der Kampf um Marktanteile im Vordergrund, einhergehend mit einem langsameren Wachstum des Produktes, einer möglichen Preissenkung und damit einem Gewinnrückgang. Es folgt die Phase der „**Sättigung**" und ein härterer Kampf um Marktanteile, verbunden mit einem fortschreitenden Gewinnrückgang. Der Begriff „**Degeneration**" steht für die letzte Phase des Produktlebenszyklus, wobei hier die Umsätze zurückgehen (zumeist drastisch) und das Produkt ausläuft oder aktualisiert wird (z. B. neues Outfit, modernes Logo).

Um einen Produktlebenszyklus überhaupt aufstellen zu können, ist die Kenntnis der **Umsatzentwicklung** eines jeden Produktes über die Zeit eine zwingende Voraussetzung. Nur auf diesem Wege lassen sich, rein theoretisch gesehen, Planungslücken eines Produktes rechtzeitig schließen. In der Praxis allerdings zeigt dieses Konzept Schwächen, da niemand exakt festlegen kann, in welcher Phase der Umsatzentwicklung sich das Produkt befindet und wie lange es noch vermarktbar ist. Zwei Vorteile sieht allerdings Staehle bei einem Lebenszykluskonzept: [211]

(1) Der Manager wird angeleitet, in unterschiedlichen Entwicklungsphasen eines Produkts bzw. Marktes einen unterschiedlichen Mix an Marketinginstrumenten einzusetzen (Produkt-, Distributions-, Kommunikations- und Konditionspolitik).

(2) Dem Management wird anschaulich klar, dass bei unverändertem Produktionsprogramm der Gesamtumsatz der Unternehmung langfristig gegen Null tendiert und folglich neue Produkt-/Markt-Felder entwickelt bzw. erschlossen werden müssen, sofern die Unternehmung ihr Umsatzniveau halten oder ausbauen möchte.

Zu (1): Beim Einsatz der Marketinginstrumente kann der Manager ableiten, inwieweit seine Maßnahmen gegriffen haben. Im schlimmsten Fall erhält er eine Bestätigung dafür, dass das Produkt unverkäuflich ist und damit zu einem Ladenhüter wird. Dann ist der Manager gut beraten, das Produkt schnell vom Markt zu nehmen, bevor die Dachmarke beschädigt werden kann.

Zu (2): Jedes noch so erfolgreiche Produktionsprogramm muss in steter Zeitfolge relauncht werden, will es am Markt auf Dauer bestehen. Zwar können Logos (z. B. von Automarken) unabhängig vom Zeitgeist sein, doch das eigentliche Produkt – etwa Kraftfahrzeug – benötigt kontinuierlich eine Erneuerung.

8.5 Internationale Medienökonomie

8.5.1 Historie

Die seit dem 17. Jahrhundert entstandenen **Zeitungs- und Zeitschriftenverlage** sowie der **Handel mit Büchern** sind privatwirtschaftlich organisiert. Auch die im 19. Jahrhundert gegründeten international engagierten **Nachrichtenagenturen** wie Wolff (Deutschland), Havas (Frankreich) und Reuters (Großbritannien) betrieben ihre Geschäfte rein kommerziell (die Deutsche Presseagentur „dpa" startete 1949). Im Gegensatz hierzu finanzierte sich der **Hörfunk** (die erste Funkübertragung von Sprache und Musik gelang 1906) über einen langen Zeitraum rein öffentlich-rechtlich, bis in einzelnen Ländern das duale Rundfunksystem eingeführt wurde (Deutschland startete erst 1984 das duale Rundfunksystem). Einzig in den USA konnten CBS und NBS Werbeeinnahmen bereits ab 1934 verbuchen und waren damit kommerziell tätig. Prinzipiell gilt: In Ländern mit nicht-parlamentarischer Grundordnung ist der Rundfunk (Fernsehen und Hörfunk) überwiegend als staatliche Einrichtung organisiert, in demokratischen Ländern hat sich ein Nebeneinander von öffentlich-rechtlichem und privatem Rundfunk herausgebildet.

Nach Ende des Zweiten Weltkrieges setzte sich das **Fernsehen** als neues Massenmedium durch (die ARD-Anstalten verbreiten seit 1952 das „Erste Deutsche Fernsehen"); über Jahrzehnte hinweg existierte ein rein öffentlich-rechtliches Monopol in den europäischen Ländern. Weltweit gesehen spricht man von drei globalen Medienmärkten, die seit dem Zweiten Weltkrieg bestehen und weitgehend von US-Unternehmen dominiert werden (abgesehen von wenigen Ausnahmen wie dem deutschen Medienkonzern „Bertelsmann" oder dem Unternehmen „News Corporation" des Australiers Rupert Murdoch): die **Filmindustrie**, der **Buchmarkt** sowie die **Musik- und Entertainmentbranche**.

8.5.2 Internationalisierung/Europäische Union

Die Europäische Union (EU) verkörpert seit Anfang der 90er Jahre den größten Markt der Welt, gemessen an Bevölkerungszahl, Bruttoinlandsprodukt und Bruttoanlageinvestitionen. Seit dem 1.5.2004 setzt sich die Europäische Union aus 25 Mitgliedstaaten zusammen, darunter auch die Bundesrepublik Deutschland (weitere Beitrittskandidaten bitten um Aufnahme in die Gemeinschaft). Die Gesamtbevölkerung der EU belief sich am 1.1.2004 auf ca. 456 Millionen Einwohner.[212] Eine der bedeutenden Wachstumsbranchen der EU ist nach wie vor der Mediensektor, gerade wenn man an den bevorstehenden Beitritt der Länder aus Ost- und Südosteuropa denkt. Hier bieten sich für die strategischen Unternehmensplaner der Medienunternehmen ungeahnte Möglichkeiten der Expansion, auch wenn kein einheitlicher Kommunikationsraum (z. B. mit einer gemeinsamen Sprache und allgemein gebräuchlichen Informations- und Unterhaltungsstandards) besteht. Nachdem die **EU-Verträge** keinen konkreten Gestaltungsauftrag für den Mediensektor vorschreiben, hat die Kommission vor allem darauf zu achten, dass die nationale Politik der Mitgliedsländer mit dem übergeordneten Ziel, die Freizügigkeit des Binnenmarktes zu gewährleisten, übereinstimmt. Darunter fallen die Freizügigkeit von Waren (z. B. Zeitschriften und Zeitungen) und Dienstleistungen (etwa Fernseh- und Radiosendungen), wobei die EU bei der Erfüllung ihres Auftrages nationale Kulturpolitik zu respektieren hat.

Print. In den 25 EU-Mitgliedstaaten sind im Verlagswesen insgesamt 64.000 Unternehmen mit fast 750.000 Arbeitsplätzen angesiedelt; die Europäische Kommission will die Printmedien durch wettbewerbsfreundliche Rahmenbedingungen weiter stärken.[213] Frühzeitig haben die westlichen Medienunternehmen Mittel- und Osteuropa als lukrative Märkte erkannt, wobei in den Printmärkten die Westeuropäer die Hauptrolle spielen, während der Rundfunkmarkt von US-Konzernen dominiert wird (z. B. Viacom, Walt Disney, AOL Time Warner, Liberty Media). Nach einer Studie der „Europäischen Journalisten Föderation" (EJF) kommen die Hauptinvestoren in den europäischen Pressemärkten aus Deutschland, Skandinavien und der Schweiz. Erleichtert wurden diese Unternehmenswechsel durch zwei Faktoren:

• Für nationale Wettbewerbsregelungen gab es in den früheren kommunistischen Ländern keinen Bedarf; vielerorts sind staatliche Monopole durch kommerzielle ersetzt worden.

• Bereits mit geringen Investitionen konnten westliche Unternehmen die Presse-Marktführerschaft in kleineren Beitrittsländern wie Estland, Lettland oder Rumänien übernehmen. Eine Ausnahme bildet lediglich das bevölkerungsstärkste Beitrittsland, Polen. Hier herrscht ein hartnäckiger Wettbewerb unter den Investoren, denn schließlich geht es allein im Printmarkt um die Kaufkraft von ca. 40 Millionen Verbrauchern.

Fernsehen ohne Grenzen. Im Bereich der audiovisuellen Medien sind in der Europäischen Union über eine Million Menschen beschäftigt. Das Fernsehen wird als der wichtigste Informations- und Unterhaltungsträger Europas eingestuft, wobei der Durchschnittseuropäer täglich mehr als 200 Minuten fernsieht.[214] Mit den Satelliten- und Kabelübertragungen wurden grenzüberschreitende Auswirkungen erzielt, die einen ordnungspolitischen Rahmen für die europäische audiovisuelle Medienlandschaft zwingend erforderlich machten. Im Jahre 2005 dürften rund 1.000 Programme mit nationalem Sendebereich ausstrahlen, wobei immer mehr Programme auch über Landesgrenzen hinweg per Satellit verbreitet werden (mehr als die Hälfte der EU-Haushalte verfügen über digitalen Satellitenempfang). Die Einnahmen der Fernsehunternehmen in der Europäischen Union lagen 2004 bei über 64 Milliarden Euro.[215] In Deutschland werden seit dem Jahr 2000 die meisten Fernsehfiktion-Produktionen hergestellt (gefolgt von Großbritannien, Spanien, Italien und Frankreich).[216]

Rückblickend hat die von der Europäischen Kommission am 3.10.1989 verabschiedete Richtlinie „Fernsehen ohne Grenzen" (Novellierung vom 30.6.1997 eingeschlossen), die die Voraussetzungen für den freien Verkehr von Fernsehsendungen innerhalb der Gemeinschaft schafft, den Fortschritt eingeleitet und gefördert. Die Richtlinie sieht Standards für die Gewährleistung von Sende-, Empfangs- und Weiterverbreitungsfreiheit von Fernsehdienstleistungen im Binnenmarkt vor. Darunter fallen u. a. Maßnahmen zur Förderung der Produktion und Verbreitung europäischer Fernsehprogramme, des Verbraucherschutzes, zum Schutz der Fernsehwerbung speziell bei Sponsoring und Teleshopping sowie Schutz von Minderjährigen und zur Wahrung des Rechts auf Gegendarstellung.

Speziell die Förderung der kulturellen Vielfalt und die Wettbewerbsfähigkeit der europäischen Programmindustrie darf nicht mehr länger isoliert von ihrem bevölkerungsstärksten Mitgliedstaat Deutschland betrachtet werden (z. B. wegen der Absatzmärkte/Sprachräume; über 120 Millionen Europäer sprechen oder verstehen Deutsch).

Im Jahr 2003 hat die für Bildung und Kultur zuständige Kommissarin Reding ein aktuelles Arbeitsprogramm vorgestellt, das die EU-Richtlinie überprüfen und dabei die gegenwärtigen wirtschaftlichen und technologischen Entwicklungen berücksichtigen soll: „Die gemeinschaftliche Politik im audiovisuellen Bereich verfolgt eine doppelte Zielsetzung: zum einen die des Binnenmarktes und des audiovisuellen Marktes, denn es geht darum, die freie Verbreitung der Programme in der Gemeinschaft zu gewährleisten und die europäische audiovisuelle Branche zu stärken; zum anderen eine kulturelle und soziale Zielsetzung, denn es geht auch darum, bestimmte allgemeine Interessen zu schützen – im Sinne der Bürger oder verschiedener sozialer Gruppen."[217] Das laufende Überprüfungs- und Konsultationsverfahren zur Richtlinie „Fernsehen ohne Grenzen" ist zwischenzeitlich abgeschlossen; die neue, modernisierte Richtlinie soll nach

Lesungen im Europäischen Parlament und Rat ca. Mitte 2007 von der Kommission verabschiedet werden.

Ernüchternd in diesem Kontext sind jedoch die von der EU-Kommission herausgegebenen Finanzdaten, die nicht von einer starken audiovisuellen europäischen Branche im **internationalen Rechtehandel** ausgehen. Das EU-Handelsdefizit allein mit den Vereinigten Staaten auf dem Markt der Senderechte betrug im Jahr 2002 für den gesamten audiovisuellen Sektor 8,2 Mrd. Dollar. Immer wieder werden Stimmen laut, die eine stärkere Quotenpolitik für die Ausstrahlung europäische Werke bei Fernsehanstalten einfordern, um die einheimische Filmproduktionsindustrie anzukurbeln. So verlangen gerade Produzenten, Drehbuchautoren und Gewerkschaften eine höhere Mindestquote europäischer Werke. Demgegenüber betrachten insbesondere private Fernsehveranstalter Quoten als einen Eingriff in ihre Programmpolitik und werden dabei von einigen Mitgliedstaaten unterstützt. Höchstwahrscheinlich wäre es noch wesentlich schlimmer um den europäischen Film bestellt, gäbe es nicht ein subventioniertes Vorgehen zur Wettbewerbsfähigkeit einschlägiger Industriezweige. So fördert die Europäische Kommission finanziell den europäischen Film z. B. durch eine Entwicklungsförderung für Spiel-, Dokumentar- und Animationsfilme sowie den Vertrieb von Filmen und das Filmerbe. Auch in diversen Ländern werden Förderhilfen bereitgestellt (z. B. Frankreich, Großbritannien, Italien, Spanien, Deutschland).

Die Wettbewerbsfähigkeit der europäischen Filmindustrie wird z. B. über das **„MEDIA Plus-Programm"** gestärkt; der Europäischen Kommission stehen für die Jahre 2001–2006 insgesamt 513 Mio. Euro Risikokapital für die Projektentwicklung, den Vertrieb und die Verbreitung audiovisueller Werke zur Verfügung (das Programm wird fortgesetzt, die Finanzentscheidung über MEDIA 2007–2013 wurde allerdings noch nicht getroffen).

Im Weiteren wurde ein Programm „**i2i-Audiovisuell**" zur Verbesserung der Wettbewerbsfähigkeit der europäischen Wirtschaft durch eine verstärkte Anwendung der Informationstechnologie der Medienindustrie aufgelegt (mehr als 500 Mio. Euro können als Darlehen bzw. Risikokapital beantragt werden, um z. B. Infrastrukturen wie Studios oder Sendestationen aufzubauen, neue audiovisuelle Produkte oder Technologien zu entwickeln oder für eine Digitalisierung von Katalogen für den Vertrieb).

Betrachten wir die Lage der Printmedien und des Fernsehens in Europa nach nationalen Aspekten, dann wird eine fortschreitende **Konzentrationsmacht** innerhalb einzelner Mitgliedsländer festgestellt. Ein Beispiel hierfür sind die durch die romanischen Sprachen miteinander verbundenen Märkte Frankreich, Spanien und Italien. In Frankreich expandierte der Zeitungsverlag „Le Monde" zu einem gigantischen Medienunternehmen, sodass die Mitbewerber um ihre Zukunft fürchten. Demgegenüber haben sich in spanische Unternehmen insbesondere italienische Verlage eingekauft, die die Kontrolle der Gesellschaften anstreben oder bereits innehaben (z. B. der Mailänder Verlag „Rizzoli Corriere della Sera" bei dem Verlag „Unedisa", der die zweitgrößte spanische Zeitung „El Mundo" herausgibt.) Der Berlusconi-Sender „Telecinco" liegt in Spanien bereits auf dem dritten Platz im Ranking. Besonders deutlich fällt die Machtkonzentration in Italien aus: Gegenwärtig sind drei Fernsehkanäle (z. B. „Mediaset") und mehrere Tageszeitungen (die u. a. über den Großverlag „Mondadori" herausgegeben werden) im Besitz der Berlusconi-Familie.

Zusammenfassend gilt, dass Medienprodukte eine intensive nationale, teilweise regionale Nachfrage erfahren und nicht wie gängige Industrieprodukte europaweit gehandelt werden können. Eine Sonderstellung nehmen lediglich Spielfilme, Musiksendungen und Wirtschaftszeitungen ein, die grenzüberschreitend Bedürfnisse bei ihren Zielgruppen wecken. Weltweit liegt im Ranking der Mediengiganten „Time Warner" vor „Walt Disney" und „Viacom"; aus deutscher Sicht belegt „Bertelsmann" den fünften Platz und die „ARD" Platz 15.[218]

8.6 Zukunftsmodell der Medienbranche: „Schnittstelle Multimedialer Operationspool"

Jede ökonomisch ausgerichtete Medienproduktion steht und fällt mit dem anvisierten Reinerlös aus der Verwertung einer zweckdienlichen Wertschöpfungskette. Expansive Medienunternehmen bilden allein schon aus Kosteneinsparungsgründen **Multimediale Operationspools**, um Herstellungskosten zu reduzieren und die Wertschöpfungsprozesse der unterschiedlichen Mediengattungen (Print, Film, Internet, Hörfunk, Multimedia) effizienter zu steuern (s. Abb. 29, S. 272).

In solch einem Umfeld wird ein Operationspool drei zentrale Aufgaben übernehmen:

(1) **Programmanforderungen** der Mediengattungen prüfen und entsprechende Aufträge auslösen (Auftrag zur Produktionsbestellung bzw. Einkauf von Fremdmaterial via Beschaffungsnetzwerk) sowie für den Auftrag erforderliche **Formatwandlungen** durchführen.

(2) **Archiviertes Material** den am Produktionsprozess beteiligten und nicht beteiligten Mediengattungen anbieten oder über das Beschaffungsnetzwerk verkaufen (z. B. ein auf Film produziertes Statement dem Hörfunk als Originalton zur Ausstrahlung anbieten oder einen vom Print verfassten Artikel ins Internet stellen).

(3) Die **zentrale Mitarbeiterorganisation** (Aus- und Fortbildung), **das Marketing, Finanzen und Beschaffungswesen** und **die Programmverbreitung/Rechteverwaltung**.

Aufgrund der den Mediengattungen entsprechend ihrer Poolnutzung zugeordneten Kennziffern (1) bis (5) wird deutlich, wie sinnvoll ein derartiger Operationspool aus der Betrachtungsweise eines Medienunternehmens sein kann. Abgestimmte Koordinierungsprozesse schließen eine gemeinsame Nutzung der Produktionstechnik (Hardware wie Software) automatisch ein, die durch den Pool den Produzenten zugeteilt werden kann.

Gewährleistet muss bei allen Vernetzungen die Kompatibilität der Medien sein (Stichwort: digitales Format), die über Speichersysteme (z. B. Client-Server) jederzeit abrufbar sind. Die Umwandlung von Daten-, Text-, Ton- und Bildinformationen in maschinenlesbarer Form für die Speicherung und Verarbeitung im Computer wird als **Digitalisierung** definiert.

Das Modell veranschaulicht, weshalb sich die Medienkonzerne intensiv bemühen, Eigentumsrechte und Zugangsmöglichkeiten

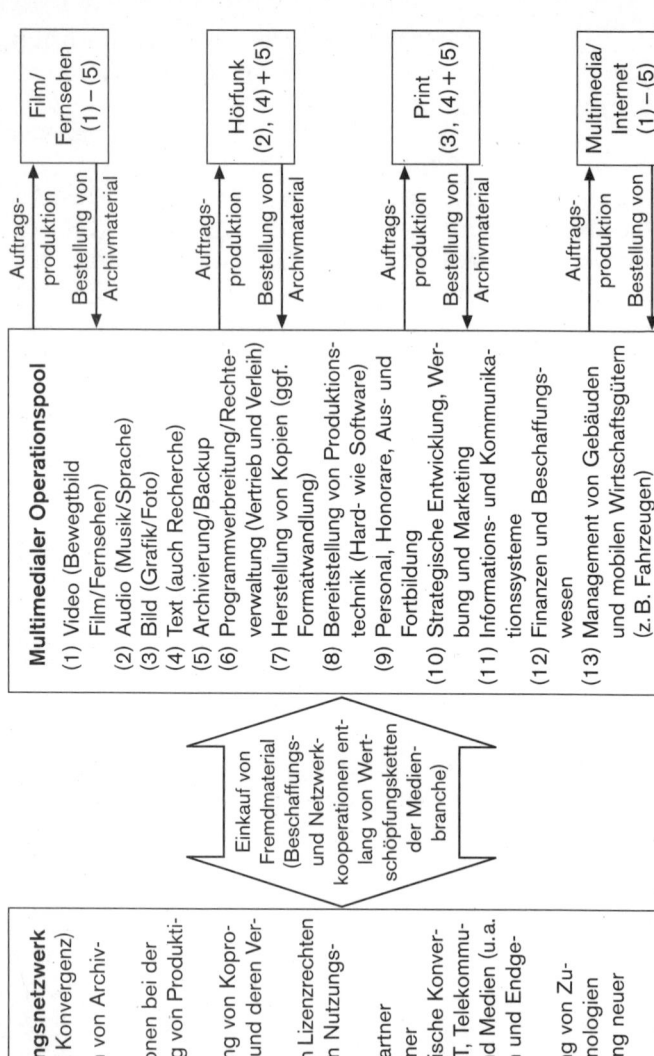

Abb. 29: Zukunftsmodell der Medienbranche: „Schnittstelle Multimedialer Operationspool"

für externe Medienprodukte und Netze zu erwerben. Ihr gegenwartsnahes Augenmerk richtet sich dabei hauptsächlich auf Online-Dienste und digitales Fernsehen sowie derzeitig nicht kommerziell genutzte Netze. Im Zuge der voranschreitenden Digitalisierung der Medienprodukte können diese marktsättigend vervielfältigt und über nahezu uneingeschränkte Vertriebswege verkauft werden. Durch die Digitalisierung wird eine bisher nicht erzielte, neue Qualität der Einbeziehung diverser Medieninhalte (Bild, Film, Text, Ton) erreicht, wobei die technischen Übertragungskapazitäten wesentlich ökonomischer genutzt werden. Beispielsweise können bei einer digitalisierten Übertragung von Fernsehsignalen Hunderte von Fernsehprogrammen über ein Glasfasernetz transportiert werden, da hierfür weniger Übertragungskapazität erforderlich wird.

Hinzu kommen beim digitalen Fernsehen neue Angebote wie Teleshopping mit interaktiven Werbespots, aber auch die unmittelbare Teilnahme an Shows und Informationsendungen (z. B. stimmen Zuschauer ab oder stellen Fragen). Sogar Internetdienste wie eMail und Datenbanken können über den Fernsehapparat angewählt und aktiv genutzt werden. Zukünftig wird allerdings im Mittelpunkt der Unterhaltungselektronik ein multimedial einsetzbares interaktives Gerät stehen, das bereits bekannte Anwendungen aus dem Fernsehen und Internet, aber auch visionäre Zapping- und Klickprogramme ermöglicht.

Mit der Digitalisierung stehen die Medienunternehmen vor fundamentalen Veränderungen: Klassische Medienbetriebe müssen sich umstellen und neu strukturiert ausrichten, junge Unternehmen – etwa aus der Telekommunikations- und Softwareindustrie – kommen als Mitbewerber hinzu und die traditionellen Wertschöpfungsketten fallen auseinander und/oder setzen sich neu zusammen. Es ergibt sich aus der Digitalisierung ein Wertschöpfungspotenzial, das sich insgesamt umfangreicher und differenzierter darstellen wird (z. B. in Form von Zielgruppen- und Spezialformaten). Absolut können in einem digitalisierten Markt nicht nur Handelsspannen reduziert werden, sondern es entfallen insbesondere Logistikkosten (z. B. für Lagerung, Verpackung und Transport diverser Formate) und ein beachtlicher Teil der

Produktionskosten infolge des einheitlichen Standards. Außerdem spricht für eine Digitalisierung, dass alle Medienprodukte digitalisiert werden können und damit ihr „Haltbarkeitsdatum" gegenüber z. B. analogen Formaten oder Printprodukten deutlich verlängert wird.

Die Erkenntnis, dass über betriebsinterne Schnittstellen Einsparungspotenziale geschaffen werden können, ist nicht neu. Doch Art und Ausmaß einer multimedialen Schnittstelle innerhalb eines Medienunternehmens kann dieses zu einem gewinnträchtigen Profitcenter werden lassen. Übergreifende Nutzungsmöglichkeiten von betriebsinterner Soft- und Hardware im Zuge eines Herstellungsprozesses zeigen sich vielgestaltig:

Hardware
- Digitalkamera (Foto, Multimedia, Print, Internet)
- Audiovisueller Schnittplatz (Film, Hörfunk, Internet-Streamings)
- Künstliches oder Tageslicht (Film und Foto)
- Multimedia-Rechner (Film, Internet, Print, Foto)
- Büroausstattung wie Drucker, Scanner, Telefonanlage, Kopierer, Fax etc. (Film, Hörfunk, Print, Internet, Foto)
- Tonstudio inkl. Sprecherkabine (Hörfunk, Film)
- Elektronisches Equipment wie z. B. Sichtmonitor, Hifi-Anlage (Film, Hörfunk, Print, Internet, Foto)
- Druckmaschine zur Herstellung von Werbematerialien (Film, Hörfunk, Print, Internet, Foto)
- Produktionsfahrzeug (Film, Hörfunk, Print, Internet, Foto)

Software
- Grafiklösungen und Bildbearbeitungsprogramme wie Photoshop® und CorelDraw® (Film, Internet, Print, Foto)
- Layoutprogramme wie InDesign®, Pagemaker® oder QuarkXPress® (Multimedia, Print, Foto)
- Multimediale interaktive Programme für die Erstellung von Websites, digitale Angebote und mobile Inhalte wie Macromedia Flash® (Film, Multimedia)
- Tools zum Erstellen und Verwalten von Websites (Film, Hörfunk, Print, Internet)

- Programm zur Durchsicht, Kommentierung und Freigabe oder Druck bzw. Veröffentlichung von Dateien wie Acrobat Reader® (Film, Hörfunk, Print, Internet, Foto)
- Office-Programme wie z. B. Word®, Outlook®, PowerPoint®, Excel® (Film, Hörfunk, Print, Internet, Foto)
- Internet- bzw. Fax-Dienste der Nachrichtenagenturen (Film, Hörfunk, Print, Internet, Foto)
- Brennprogramme/Recording-Software
- Datensicherungsprogramme

8.7 Ausblick

Medienunternehmen stehen im 21. Jahrhundert weltweit in einem globalen Spannungsfeld zwischen ihren Kunden (insbesondere aus der werbetreibenden Wirtschaft), Zielgruppen (Konsumenten) und den Wettbewerbern. Traditionelle Grenzen einschließlich Sprachbarrieren brechen immer mehr weg, es entstehen andersartige Marktstrukturen und es kommt zu weiteren Konzentrationen, weshalb sich die Medienbranche um- und neuorientieren muss. Hinzu kommt, dass in der gegenwärtigen wirtschaftlichen Situation gerade deutsche Unternehmen von den fortschreitenden Globalisierungsprozessen abhängig sind, denn die Bundesrepublik Deutschland lebt als „Exportweltmeister" gerade auch von dem Absatz ihrer Produkte in andere Länder.

Die Europäische Kommission sieht in der Erweiterung der Union für die europäische Medienindustrie eine Jahrhundertchance sowohl in wirtschaftlicher als auch kultureller Hinsicht. Eine grenzüberschreitende Öffnungsoffensive oder gar Expansionspolitik birgt jedoch Chancen wie auch Risiken für Medienunternehmen, die nur durch strategische Planungen gemeistert werden können. Immerhin stehen Hochpreisländer wie Deutschland unumgänglich vor Anlaufschwierigkeiten, wenn sie mit den Niedrigpreisländern Handel betreiben wollen (einmal abgesehen von klassischen Investitionen im Ausland).

Umso dringlicher benötigen Medienmanager konkrete Handlungsempfehlungen aus der Alltagspraxis (gängige Standards), wobei die theoretischen Erkenntnisse der Grundlagenforschung hierbei nicht vernachlässigt werden dürfen. Aus dem Blickwinkel der Angewandten Medienwirtschaft ergeben sich fortlaufend Konvergenzen bei Medienproduktionen, die für eine praxisbezogene Tätigkeit von hohem Nutzen sind. Kein Medienunternehmen wird es sich auf Dauer leisten können, auf Konvergenzeffekte zu verzichten, wenn es konkurrenzfähig bleiben möchte. Die vorliegende Publikation soll den Anfang einer weiteren systematischen Auseinandersetzung mit dem Thema „Konvergenzen bei Medienproduktionen" bilden, damit Handlungsabläufe und Herstellungsprogramme noch komplexer, aber zugleich detaillierter ausgearbeitet werden.

Welche Schlüsse sind aus den medienökonomischen Fehleinschätzungen der Vergangenheit zu ziehen?

(1) Zukünftig kommt es generell darauf an, mehr Sachkompetenz und Ordnungsdenken als Risikobereitschaft walten zu lassen. Die herzustellenden Produkte müssen wieder stärker nach festen Regeln und Prozessen gesteuert werden.

(2) Ferner müssen sich die Unternehmen auf ihre Kernkompetenzen zurückbesinnen, auf ihre klassischen Standards, die sie stark gemacht haben. Sie sollten sich dabei ernsthaft und präventiv der Frage stellen, inwieweit ihre Produkte und Informationen den Erwartungen der Zielgruppe/n entsprechen, denn die Konsumenten werden immer kritischer.

(3) Weiterhin wird eine neue Generation von Unternehmensmanagern benötigt, die sowohl über publizistisch-kreative wie ökonomische Kenntnisse verfügen, damit die Programmherstellung nicht mehr isoliert von den Programmerlösen betrachtet wird. Medienmanager müssen die beiden Komplexe miteinander verbinden.

(4) Schließlich sollte im Interesse der zunehmenden Bedeutung der Medienökonomie als innovativem Berufsbild das Fach interdisziplinär – etwa in Kooperation mit Fachbereichen wie Informations- und Kommunikationstechnik oder Publizistik – gelehrt, aber auch von anderen Studiengängen (wie Betriebs- und Volkswirtschaft, Wirtschaftsinformatik) im Rahmen der Forschungen gebührend gewürdigt werden.

Anmerkungen

180 Vgl. Kiefer 2001, 190
181 Heinrich 2003, 108–109
182 Heinrich 2002, 47
183 Vgl. Maier 2001, 21 ff.
184 Hermanni: Unveröffentlichtes Manuskript, 2002/2003 Vorlesungen „Medienwirtschaft", Fachhochschule Mittweida
185 Konvergenz ist das Schlagwort medienpolitischer Diskussionen seit dem Jahr 1999. Lt. Duden: Die Annäherung, Übereinstimmung von Meinungen, Zielen u. ä. Ursprünglich stammt der Begriff Konvergenz aus den Bereichen der Mathematik und Medizin.
186 Meier 1999, 31
187 Vgl. Latzer 1997, 16 f.
188 Kommission der Europäischen Gemeinschaften 1997, 1
189 Vgl. Kiefer 2001, 26
190 Vgl. Heinrich 2001, 204 f.
191 Vgl. Kommission der Europäischen Gemeinschaften 1999, 9
192 Altendorfer 1999, 48
193 Markus 1999, 64–66
194 Hermanni 2004: Angewandte Medienwirtschaft: Konvergenzen bei Medienproduktionen, dargestellt an den Beispielen Film und Internet, Kap. 5.2
195 Tomczak/Roosdorf 1996, 26
196 Vgl. Ettema/Whitney/Wackman 1987, 747 ff.
197 Kiefer 2001, 199
198 Vgl. Tonnemacher 2003, 233
199 Vgl. Hermanni 1988, 11 ff.
200 Grundgesetz-Kommentar 1992, 370–399
201 Knoche 1999, 152
202 Initiative Digitaler Rundfunk 1998, 490
203 Hermanni 2003, 73–74
204 Schmid 1996, 218
205 GfK AG Medienforschung: Märkte in Bewegung, 5, Nürnberg 2002
206 Woelke, Jens: Wie valide sind Werbewirkungstests? In: Medienpsychologie 12, 3/2000, 176–195
207 GfK Marktforschung GmbH: ATS – Das Tracking-System für den Markterfolg Ihrer Werbung, 4, Nürnberg 2002
218 Vgl. Erlei 1998, 19 ff.
209 Vgl. 4managers, 2002: http://www.4mangers.de/01-Themen/%5C10-Inhalte%5Casp%5 Cproduktlebenszyklus.asp?hm=1&um=P. Zugriff: 13.2.2006
210 Porter 1992

211 Vgl. Staehle 1987, 378
212 Europäische Union 2005, www.eds-destatis.de, Zugriff: 17.3.2006
213 Reding, Viviane: Europa, die Medien und die europäische Medienpolitik. Vortrag auf dem Zeitungskongress des Bundesverbandes Deutscher Zeitungsverleger, 26.9.2005, Berlin
214 Vgl. Politik im audiovisuellen Bereich, http://www.europa.eu.int; Zugriff: 5.4.2006
215 Quelle: Europäische Audiovisuelle Informationsstelle, www.obs.coe.int; Zugriff: 12.9.2005
216 Quelle: Eurofiction. In: Pressemitteilung Europäische Audiovisuelle Informationsstelle, 11.10.2005
217 Reding, Viviane: Entwicklung und Perspektiven der europäischen Medienindustrie – welche Chancen eröffnet die EU?, Vortrag 13.1.2003, Hans-Bredow-Institut, Hamburg
218 Quelle: HMR Medienforschung. In: journalist 2/2006, 36

Glossar

ACNielsen: Die Beratungsschwerpunkte des weltweit führenden internationalen Marktforschungsinstituts sind Marketing-, Vertriebs- und Wettbewerbsfragen. Die deutsche Tochtergesellschaft erhebt u. a. monatlich die Brutto-Werbeaufwendungen der wichtigsten Mediengattungen und Werbeträger, eingeteilt nach Produkten/Marken, Firmen und Wirtschaftsbereichen. Um die Marketingaktivitäten regional differenzieren zu können, hat Nielsen Deutschland in acht Gebiete und zehn Ballungsräume unterteilt.

Affinität: Indexwert über die Zielgruppennähe z. B. eines Programms oder Mediums. Beispiel: Ein Computerhersteller schaltet in einer Computer-Zeitung, die 50.000 Stammleser hat, von denen 25.000 Personen einen Computer besitzen, eine Anzeige. Die Affinität errechnet sich wie folgt:
50.000 Stammleser = 100 %
25.000 Leser mit Computer = 50 % (die Affinität liegt bei 50 %).

AGF: Die Arbeitsgemeinschaft Fernsehforschung ist der Zusammenschluss der Sender und Senderfamilien ARD, ProSieben-Sat.1 Media AG, RTL und ZDF zur gemeinsamen Durchführung und Weiterentwicklung der kontinuierlichen quantitativen Fernsehzuschauerforschung in Deutschland. Das AGF/GfK Fernsehpanel umfasst 5.640 Haushalte, in denen knapp 13.000 Personen leben.

ag.ma: Die ag.ma – ein Zusammenschluss von Unternehmen der Werbevermarktung und Werbewirtschaft zur Erforschung der Massenkommunikation – führt die Media-Analyse (MA) durch. Dabei werden Daten zur Leistung von Werbeträgern, zum Umfang und zur Struktur ihrer Nutzerschaft sowie zum Mediennutzungsverhalten erhoben (in der Regel für ein Jahr). Veröffentlicht werden zumeist im halbjährigen Rhythmus die aktuellen Nutzungsdaten (Nutzer ab 14 Jahren) für die Mediengattungen Fernsehen, Radio, Zeitungen/Zeitschriften, Kino, Lesezirkel und ab 2005 Plakat und Online.

Authoring: Zusammenstellung, Programmierung, Speicherung multimedialer Daten, die für einen Produktionsprozess, z. B. für die Herstellung einer Multimedia-DVD, erforderlich sind.

AWA: Einmal pro Jahr erstellt das Institut für Demoskopie Allensbach die Allensbacher Werbeträger-Analyse (AWA). In der AWA werden die Mediennutzung (z. B. Reichweite) sowie das Konsumverhalten und die Einstellungen (z. B. Verbrauchsdaten und Verhaltensformen) Jugendlicher und Erwachsener ab 14 Jahre erhoben.

Bartering: steht für ein Geschäft auf Kompensationsbasis, wobei Waren oder Dienstleistungen ausgetauscht werden, ohne dass hierbei Geldmittel fließen. So stellt z. B. ein Unternehmen kostenlos Produkte/Requisiten für eine Fernsehsendung zur Verfügung und erhält dafür im Gegenzug einen Sendeplatz.

Benefit (engl = profitieren, begünstigt sein): Die Empfänger von Werbebotschaften – die Zielgruppen (Verbraucher) – erhalten neben der käuflich erworbenen Ware einen zusätzlichen Nutzen etwa in Form von Gewinnspielen, Rabatten oder Gutscheinen, um einer Marke bzw. einem Produkt eine höhere Aufmerksamkeit einzuräumen.

Blue Box: ist ein in der Film- und Fernsehbranche angewandtes elektronisches Trickfilmverfahren, bei dem eine Hintergrundfarbe (in der Regel ein gleichmäßig ausgeleuchtetes „Blau") in der Postproduktion durch ein anderes Bild ersetzt wird. Das Verfahren wird z. B. bei Nachrichtensendungen eingesetzt, wo im Hintergrund fortlaufend neue Bilder eingestanzt (ersetzt) werden.

Briefing (amerikan. = Lage-, Einsatzbesprechung): Für ein Projekt/Vorhaben erhält ein Auftragnehmer (z. B. eine Agentur) von einem Auftraggeber eine detaillierte Aufgabenstellung, die als Planungsgrundlage für die Zusammenarbeit dient.

Business-to-Business: Geschäftskunden

Business-to-Consumer: Endverbraucher

Buy-out (engl. = Ausverkauf): Bei einem Buy-out erwirbt der Käufer von dem Rechteinhaber sämtliche Rechte für alle Verwertungsmöglichkeiten (zur unbegrenzten Auswertung) eines

Werkes oder der kreativ-künstlerischen Leistungen von Personen. Gerade bei Filmproduktionen treten Autoren, Schauspieler und Regisseure häufig sämtliche Nutzungsrechte an ihren Leistungen an den Produzenten ab und erhalten dafür eine höhere Vergütung als bei einer einmaligen Ausstrahlung.

Casting: Im Zuge eines Auswahlprozesses werden Darsteller/Künstler und Produktionsmitarbeiter, die z. B. vor und hinter der Kamera sowie in einem Tonstudio arbeiten, getestet und schließlich ausgesucht.

Claim (engl. = Behauptung, Anspruch, Forderung): Innerhalb einer Werbeaussage (meistens in der Headline/Kopfzeile oder in einem Slogan) wird der Verbrauchernutzen (Consumer Benefit) formuliert. Dieser Nutzen wird als Claim bezeichnet.

Content: steht mediensprachlich für Inhalte und Formate, die zusammenhängend genutzt werden sollen, um eine breite Wirkung zu erzielen.

Corporate Design (CD): umfasst sämtliche gestalterischen Maßnahmen, die zu einem einheitlichen Erscheinungs- oder Gestaltungsbild eines Unternehmens beitragen. Dazu zählen z. B. einheitliche Vorgaben für Schriften, Farbeinstellungen oder Firmenzeichen/Logos, die bei allen Werbeauftritten verwendet werden sollen.

Corporate Identity (CI): steht für das Auftreten und Verhalten eines Unternehmens nach innen (gegenüber den Mitarbeitern) und nach außen (gegenüber dem Markt). Dabei handelt es sich um ein einheitliches Leitbild, das insbesondere von konkreten Zielsetzungen und einem fachkompetenten Image geprägt ist. Eine CI setzt sich aus den Bestandteilen Corporate Design, Corporate Behavior (Verhalten der Mitarbeiter, das z. B. in einem Kodex oder in Richtlinien fixiert ist) und Corporate Communications (kommunikativer Auftritt eines Unternehmens, z. B. Werbeauftritte, Internet, Marketing) zusammen.

Demographische Merkmale: Eigenschaften einer/von Zielgruppe/n (z. B. soziale und wirtschaftliche Kriterien) für die Planung von Werbekampagnen.

Digitalisierung: Bei der Digitalisierung werden Informationen in den Code von „Eingeschaltet" und „Ausgeschaltet" transformiert. Deshalb wird er auch binärer Code genannt. Meistens werden digitalisierte Codes mit 1 und 0 dargestellt – den so genannten Null-Eins-Zahlenreihen; es können aber beliebige Zeichen und Ziffern verwendet werden. Die Transformation wird in der Informatik als Analog-Digital-Wandlung bezeichnet.

Disposition: Detaillierte Übersicht über den Ablauf einer Produktion einschließlich Aufgabenstellungen, Zeitangaben, Organisationsmaßnahmen, Einsatz von Personen und Technik.

Drehbuch: Ein Drehbuch erzählt die fertige Geschichte zur Filmherstellung in Bildern einschließlich sämtlicher Dialoge und Motivbeschreibungen, enthält Angaben über räumlich-zeitliche Abläufe, Tageszeiten und Lichtstimmungen, Requisiten, Musik und Geräusche.

eCard (Electronic Card): Elektronische Postkarte, die im WorldWideWeb versendet wird.

eCommerce: bezeichnet den Handel/Geschäftsverkehr, der über Datennetze (u. a. Internet) abgewickelt wird.

eGovernment: Zielsetzung ist, Verwaltungsaufgaben des Staates/ einer Behörde über das Internet abzuwickeln.

Elektronisches Publizieren (EP): Veröffentlichung und Verbreitung von Informationen durch Computer und Netzwerke. So werden z. B. Texte ins Internet gestellt mit dem Hauptnutzen, theoretisch eine zahlenmäßig unbegrenzte Leserschaft ansprechen zu können (Nebennutzen: Ersparnis der Druckkosten).

Exposé: Entwurf eines geplanten Werkes (meistens auf 1–2 Seiten skizziert). Ein Autor stellt z. B. einem potenziellen Kunden (z. B. einem Fernsehsender) das Projekt in Form einer geschriebenen Filmidee vor, die erste prägnante Antworten auf eine Aufgabenstellung mit Lösungsvorschlägen liefert.

Fernsehforschung: Die GfK erhebt im Auftrag der AGF Daten zur Fernsehnutzung in Deutschland mit Hilfe des elektronischen Messgerätes „Panel". Täglich werden personenbezogene

Daten (wie Reichweiten, Marktanteile und Sehdauer) in gegenwärtig 5.640 repräsentativen Haushalten sekundengenau gemessen. Diese Daten werden nachts automatisch per Modem an die GfK übertragen und können am Folgetag von den GfK-Abonnenten abgerufen werden.

Format: Der Begriff bezeichnet in der Medienbranche sowohl programmliche wie technische Inhalte; es handelt sich um keinen Rechtsbegriff. Anhand eines typischen, wiederkehrenden Konzepts etwa von Unterhaltungssendungen (z. B. „Wetten, das ..?"), Soaps (z. B. „Gute Zeiten, schlechte Zeiten") oder Krimiserien (z. B. „Monk") kann ein Format charakterisiert werden. Bestimmte Merkmale sind z. B. Dekoration, Genre, Motive, gleiche Hauptdarsteller/Moderatoren, Musik, Sendelänge, Oberthema. Formate können geschützt werden, wenn sie als Werke klassifiziert sind, und genießen dann Rechtschutz nach dem Urhebergesetz. Technische Formate sind z. B. Film, Digital Betacam, DVD, CD-ROM, MPEG, VHS usw.

Gatekeeper (engl. = Torwächter, Pförtner): Journalisten werden als Gatekeeper bezeichnet, weil sie aufgrund eigenen Kriterien entscheiden, welche Informationen aus dem Nachrichtenangebot selektiert und publiziert werden.

Genre: Programmgattung (z. B. Fernsehspiel, Unterhaltung, Sport, Nachrichten).

GfK: Die Gesellschaft für Konsum-, Markt- und Absatzforschung führt u. a. regelmäßig ein Haushaltspanel durch und liefert damit Daten über das Einkaufsverhalten der Verbraucher.

GWA: Gesamtverband Kommunikationsagenturen Deutschlands. Wurde 1952 wieder gegründet und spricht für ca. 80 % der relevanten Kommunikations- und Media-Agenturen mit rund 500 Büros und über 16.000 Mitarbeitern.

Homepage: Haupt-/Startseite einer Website, die beim Anklicken erscheint und zu weiteren Seiten führt.

Imagefilm: Ein Imagefilm stellt ein Unternehmen, eine Marke oder ein Produkt dar, ist aber kein Werbefilm, der direkt zum

Kauf animieren soll. Stattdessen setzt er die Corporate Identity in Bild und Ton mit der emotionalen Zielsetzung um, beim Betrachter (z. B. potenziellen Kunden) einen positiven Gesamteindruck zu hinterlassen (z. B. Vertrauen in eine Zusammenarbeit).

Intro Intro (Kurzform von engl. = introduction): Der Anfang eines Werkes, zumeist eines Musikstückes oder Films, wobei Kompositionen, Inhalte oder Bilder in das Werk einführen und den Konsumenten neugierig auf das weitere Geschehen/den Ablauf machen sollen. Ein sogenannter Vorspann erscheint auch häufig im WWW, der beim Abruf einer Homepage vorgeschaltet ist (z. B. Logo, Animation), oder bei Fernsehserien als dauerhafte Einleitung.

IP: Internet Protocol

ISBN: Eine International Standard Book Number kennzeichnet in aller Welt mit einem EAN-Strichcode Publikationen und wird somit zu einem maschinenlesbaren Identifikationsmerkmal. Sie erleichtert eine professionelle Suche für den Verkauf des Buches über den Buchhandel und wird über den Börsenverein des Deutschen Buchhandels beantragt.

IVW („Informationsgemeinschaft zur Feststellung der Verbreitung von Werbeträgern"): Eine Interessenvertretung von Verlagen, Werbung durchführenden Unternehmen (u. a. Plakat, Großflächen, Verkehrsmittel), Betreibern von Online-Medien, Berufs- und Wirtschaftsverbänden; sie untersucht die körperliche Verbreitung von Werbeträgern (insbesondere printrelevante Medien) und gibt vierteljährig die IVW-Auflagenliste heraus. Hier stehen exakte, von den Verlagen gemeldete Auflagenzahlen für Printmedien (von Tageszeitungen bis Branchen-Telefonbüchern) sowie Erhebungszahlen zur Verkehrsmittelwerbung, zum Plakatanschlag, zu Besucherfrequenzen in Filmtheatern usw.

Jingle: Vorproduziertes, audiogestaltetes „Musikstück", das im Hörfunk beispielsweise den Sender oder ein bestimmtes Programm kennzeichnet und zur Wiedererkennung beitragen soll.

Kommunikationsmedien: Dem Kommunikationsprozess dienen als Hauptinstrumente Film, Funk, Fernsehen, Internet, Multimedia und Print. Jedes technisches Mittel, das zu einer Verständigung zwischen mindestens einem Absender und einem Empfänger eingesetzt wird, bezeichnet man als Kommunikationsinstrument.

Kontakt: Unterschieden wird zwischen dem grundsätzlichen (auch unvollständigen) Kontakt einer Person mit einem Werbeträger, z. B. einer Zeitung („Werbeträgerkontakt"), und jedem direkten Kontakt zwischen einer Person und z. B. einer Anzeige innerhalb einer Zeitung („Werbemittelkontakt").

Licensing: bedeutet eine weitgehende Vermarktung von Produkten und damit einhergehend eine Gewährung von Nutzungsrechten gegen ein Entgelt. Dabei wird z. B. der Bekanntheitsgrad und das Image einer Film- oder Zeichentrickfigur von einem Lizenznehmer genutzt, um seine Marke besser zu positionieren und damit zu verkaufen (z. B. vertreibt MacDonald's Disney-Figuren).

Marke: Eingeführte Marken dienen als Orientierungshilfen, stehen für einen gleichbleibenden Standard eines Unternehmens und dessen Qualitätsansprüche und sind durch ihre optische Aufmachung (z. B. Logos mit bestimmten Farb- und Buchstabenkombinationen wie BMW, IBM oder das „T" der Telekom) unterscheidbar von anderen Unternehmen. Damit helfen sie dem Konsumenten bei seinen Entscheidungen, Produkte einer Marke auszuwählen oder abzulehnen. Es können auch Einzelmarken oder Marken für ausgewählte Segmente einer Herstellermarke oder für Dienstleistungen (z. B. Parteien; CDU als bürgerliche Partei mit christlichen Werten) vergeben werden.

Marktanteil: Das Ergebnis ergibt sich z. B. im Fernsehen aus dem prozentualen Anteil der Sehdauer (bezogen auf einen TV-Sender) an der Gesamtsehdauer (aller TV-Sender). Ein Marktanteil sagt aus, wie stark der Anteil eines Unternehmens am jeweiligen Markt ist im Vergleich zu den Mitbewerbern.

Markt- und Medienforschung: Die Markt- und Medienforschung spielt in Deutschland eine große Rolle etwa bei der Mediaplanung im Zuge der Belegung von Werbeträgern mit Anzeigen, aber auch im Umfeld von politischen Wahlkämpfen: „Die Medien-, Auflagen- und Marktforschung in Deutschland wird von zwei Verbänden und einer Reihe von grundlegenden Media-Studien bestimmt, in die nahezu die gesamte Medienwirtschaft und die werbungtreibende Wirtschaft eingebunden ist. Sie setzen einheitliche Standards und sorgen für die Vergleichbarkeit der in allen Mediengattungen gewonnenen Ergebnisse."[219] Bei den Verbänden handelt es sich um die „Arbeitsgemeinschaft Media-Analyse" (ag.ma) und die „Informationsgemeinschaft zur Feststellung der Verbreitung von Werbeträgern" (IVW).[220] Speziell hinsichtlich der Erfassung soziodemographischer Strukturen von Fernsehzuschauern hat es in den letzten Jahren eine enorme Entwicklung gegeben. Die Institute sind heutzutage in der Lage, exakte Angaben zu machen etwa zur Gliederung der Zuschauer innerhalb einzelner TV-Sendungen. So können sie erfahren, wie hoch z. B. der Marktanteil (in %) der Konsumzielgruppen ausfällt, die Tiefkühlprodukte kaufen, sportlich aktiv sind oder regelmäßig ins Kino gehen.

Media-Daten: Alle Angaben (Informationen über einzelne Werbeträger), die für einen Werbetreibenden erforderlich sind, um einen Mediaplan zu erstellen und diesen abzuwickeln. Dies sind z. B. Angaben, die bei einem Zeitungs- oder Zeitschriftenverlag abgerufen werden: Auflage, Erscheinungsweise, Erscheinungstermine, Verbreitungsgebiet, erwünschte Druckunterlagen, Schaltmöglichkeiten, Anzeigenplazierung und Schaltkosten von Anzeigen.

Media-Mix: Kombination mehrerer und unterschiedlicher Medien (z. B. Hörfunk, Print und TV) bei einer Werbeaktion, um der Zielsetzung des Kunden gerecht zu werden, die angepeilte Zielgruppe optimal abzudecken und die Wirkung der Werbung zu optimieren.

Merchandising: Zusätzliche Vermarktung von bekannten Personen, Figuren oder Produkten, die etwa bei Filmen oder Serien zum Einsatz kommen, und wozu spezielle Marketingangebote entwickelt wurden (wie etwa Comicfiguren, Spiele oder Bücher).

Name-dropping: Erwähnen eines Namens, der ins Gespräch gebracht wird, um die Kompetenz des Namensinhabers (z. B. eines Sprechers) herauszustellen.

OFF (engl. = aus, weg): ist ein Synonym für „außerhalb des Bildes". Z. B. ist in einem Film der Darsteller nicht zu sehen, aber dennoch zu hören. Oder die Stimme eines Kommentators ist zu hören, aber der Darsteller „im Bild" spricht nicht.

ON (engl. = an, da): ist ein Synonym für „im Bild sein" (z. B. in einem Film zu sehen sein).

On demand (engl. = bei Bedarf): bedeutet, dass Werke – wie z. B. Filme – individuell gegen eine Gebühr z. B. von Pay-TV-Sendern auf Anforderung abgerufen werden können (Stichwort „Video-on-Demand").

Outro: Das Ende/der Schluss eines Werkes, zumeist eines Musikstückes oder Films, wobei häufig Kompositionen, Inhalte oder Bilder noch einmal kurz zusammengefasst und zu einem Abschluss/Finale gebracht werden.

Pilot: ist eine Probeproduktion/ein Vorläufer z. B. einer Fernsehserie als Beispiel für die weiteren, geplanten Folgen. Pilotfilme werden teilweise als sogenannte Teaser ausgestrahlt, um das Zuschauerinteresse an dem Werk zu testen.

Product Placement: Form der erkauften, indirekten Plazierung von Markenartikeln in Filmen und Fernsehsendungen (darf aber nicht zu einer gesetzlich verboten Schleichwerbung führen, wo der Zuschauer bewusst getäuscht wird). Die Produkte werden zumeist in die Spielhandlung eingebaut.

Provider: ist ein Anbieter für Internet-Zugänge, der Teile seines Computer-Netzwerkes an Unternehmen und Privatpersonen vermietet.

Reichweite: Unterschieden wird die Reichweite vorrangig in Prozent (Anteil einer ausgewählten Zielgruppe in Relation zu der Gesamtzielgruppe) sowie nach quantitativen und qualitativen

Kriterien (z. B. Affinität). Ein Beispiel für die Prozent-Reichweite von Radiospots:

5 Millionen Bürger leben insgesamt in Medialand = 100 %
1 Million Bürger erreichen wir in Medialand durch Radiospots = 20 %.

Differenziert wird ebenfalls zwischen einer **Netto-Reichweite** und einer **Brutto-Reichweite**. Der Hauptunterschied liegt darin, dass bei der numerischen Erfassung der Brutto-Reichweite Doppel-Mediennutzer unberücksichtigt bleiben, während sie bei der Netto-Reichweite subtrahiert werden.

Beispiel:

Leser der Zeitungen A + B	= 500.000 Personen
Doppelleser der Zeitungen A + B	= 100.000 Personen
Nettoreichweite	= 400.000 Personen

Relaunch (engl. = Neustart): ist die Erneuerung eines Mediums, dessen Erscheinungsbild/Layout und Inhalte überarbeitet werden, bevor es wieder auf dem Markt eingeführt wird.

Rezipient: Mit dem Wort wird in der Medienbranche ein Empfänger – Hörer, Leser, Betrachter – von Informationen bezeichnet, die in der Presse, im Hörfunk oder Fernsehen verbreitet werden.

Rohschnitt: ist eine vorläufige, nicht endgültige Schnittfassung eines Films, wobei die Originalszenen ungekürzt und chronologisch laut Drehbuch aneinandergereiht werden.

Sehbeteiligung: Anzahl von Fernsehzuschauern in Millionen oder Prozent innerhalb eines Zeitabschnittes (oder durchschnittlich innerhalb eines Programms).

Special Ads: Werbeformen, die sich von klassischen TV-Spots durch Art, Inhalt, Länge und Präsentation differenzieren (z. B. Sponsoring).

Sponsoring: ist ein Instrument der Kommunikation/Werbung, um durch die Bereitstellung von Sach- oder Geldmitteln bzw. Dienstleistungen eine Unternehmens- und Markenbekanntheit zu steigern. Im Zuge des Imagetransfers, der hauptsächlich auf kulturellen, sozialen oder sportlichen Gebieten erfolgt, können aber auch weitergehende Zielsetzungen – wie das Aufzeigen gesellschaftlicher Verantwortung – verfolgt werden.

Storyboard: ist ein gezeichnetes Drehbuch, eine geplante Abfolge der Bilder mit Regieanweisungen u. a. zu Zeit-/Tonangaben und zum Sprechertext.

Streaming (engl. = Strom): Für Übertragungen im Internet, die fortlaufend und ohne Verzögerung erfolgen sollen, wird die Streaming-Technologie genutzt. Diese ermöglicht einen ununterbrochenen Datenfluss (Streams) in Realtime (Echtzeit) oder auf Abruf (Anmerkung: Man spricht hierbei von Daten im Gegensatz zu Dateien) von audiovisuellen oder auditiven Multimedia-Inhalten von einem Server zu einem Nutzer. Diverse Streaming-Verfahren unterstützen nach dem schnellen Aufbau eines Datenpuffers den Echtzeitempfang von Multimediadaten in komprimierter Form, bevor diese vollständig übertragen werden (so können zum Beispiel auch laufende Programme von Radiostationen empfangen werden). Die technischen Verfahren (beispielsweise Java-basierte Streaming-Technologie), Bewegtbilder ohne umständliche und zeitintensive Downloads über Breitbandanwendungen ins Netz zu stellen, werden immer besser und versprechen dabei eine deutlich bessere Bildqualität. Allerdings werden die Online-Dienste die Rundfunknetze in den nächsten Jahren qualitativ nicht ersetzen können.

Streuverluste: Jedes Medium spricht auch Personen an, die nicht zu einer anvisierten Zielgruppe zählen. Diese Personen werden unter dem Begriff „Streuverluste" erfasst.

Tausender-Preis: Um Werbeträger miteinander von der Preissituation her vergleichen zu können, wird ein sogenannter Tausender-Preis errechnet (z. B. pro Auflage, Leser oder Kontakt). Dieser Preis sagt aus, wie hoch die Kosten sind, um 1.000 Zielpersonen zu erreichen.

Beispiel für einen Tausender-Kontakt-Preis (TKP):

$$\frac{10.000 \text{ (Schaltkosten; z. B. einer Anzeige)} \times 1.000}{50.000 \text{ (Summe der Kontakte; z. B. Leser)}} = \text{€ 200 (TKP)}$$

TCP: Transmission Controll Protocol
timetable: Zeitplan
Titelschutz: Darunter versteht man den Schutz von Namen und Bezeichnungen von Druckwerken; es können aber auch Film-, Ton- und Bühnenwerke sowie andere Werke wie Softwareprogramme geschützt werden. Ein Titel muss Unterscheidungskraft besitzen. Eine Titelschutzanzeige sichert sechs Monate lang den gewählten Titel bis zu dessen Veröffentlichung. Eine Anzeige kann z. B. in Fachorganen wie „Börsenblatt" oder „journalist" geschaltet werden.
Treatment: Ein Treatment liefert detaillierte Auskünfte über Umfang und Aufwand der Produktion und einen Auszug aus einer Szenenfolge. Dabei ist ein Film-Treatment üblicherweise 10–20 Seiten lang, also umfangreicher als ein Exposé, aber deutlich kürzer als ein Drehbuch.

Unterdeckung: Es werden durch ein oder mehrere Medien nicht alle Personen erreicht, die der Zielgruppe angehören.
User: ist ein allgemeiner Nutzer (Nichtfachmann) eines elektronischen Online- oder Offline-Mediums wie Internet. Sobald der Nutzer professionelle Anwendungen an einem Medium ausführt (wie die Postproduktion eines Films) wird er zum Operator (Maschinenvermittler) oder Artist (Künstler).

Werbebaisse: Baisse ist ein an der Börse verwendeter Begriff, der das starke Fallen der Kurse oder Preise bezeichnet.

Zielgruppe: Die Medienforschung steht und fällt mit der Festlegung einer angepeilten Hauptzielgruppe oder mehrerer Zielgruppen, die schließlich zu einem Produkt oder über eine Marke befragt werden sollen. Eine nach qualitativen, soziodemographischen und ökonomischen Kriterien festgelegte homogene Gruppe von Verbrauchern, die durch Werbe- bzw. Kommunikationsmittel angesprochen werden soll. In der Praxis wird die Menge der potenziellen Abnehmer eines Produktes als Zielgruppe ausgemacht.[221] Um eine Zielgruppe näher definieren zu können, sollten die Untersuchungen über einen längeren Zeitraum (mindestens ein halbes Jahr) erhoben werden; auch gilt es zu berücksichtigen, dass in jüngster Zeit durch die Neuen Medien qualitative Veränderungen der Mediennutzung fortlaufend anstehen. Die Festlegung der Zielgruppen kann nach verschiedenen Kriterien bzw. deren Kombinationen erfolgen:[222]

(1) soziodemographische Faktoren, wie z. B. Geschlecht, Alter, Einkommen.

(2) Konsum- und Besitzfaktoren (z. B. Weintrinker, Raucher, Haus, Auto); hierbei werden das Konsumverhalten und das Vorhandensein von verschiedenen Produkten innerhalb der Zielgruppe betrachtet, wobei bereits einiges sekundärstatistische Material der Media-Analyse und AWA zugänglich ist.

(3) psychologische Faktoren (z. B. Einstellungen, Wünsche, Verhaltensmerkmale)

(4) geographische Faktoren (z. B. Europa, Bundesland Bayern, Kleinstadt)

(5) mediabezogene Faktoren (beispielsweise Special-Interest-Publikationen, die anvisierte Zielgruppen komplett erreichen).

Durch die Fülle der Optionen im Medienangebot

• werden die Nutzer mobiler (abnehmende Titel- bzw. Programmtreue),

• wird die Nutzung selektiver und

• von erkennbarer Ungeduld geprägt (Zapping, flüchtige Nutzung, mehr unter- und abgebrochene Rezeptionsvorgänge, Präferenz für komprimierte Darstellung),

• wächst das Bedürfnis nach Orientierung, Überblicksinformation und klarer Themenführung,

• nimmt die Simultannutzung verschiedener Medien zu.

Mit der Ausbreitung des Internet wird die Aufgabenteilung zwischen den Medien neu definiert (Anmerkung des Autors: Stichwort „Konvergenz"), entsprechend der jeweiligen „Medienbegabung".[223]

Anmerkungen

219 Altendorfer 2001, S. 230
220 Vgl. Altendorfer 2001, S. 230–232 und Schneider 2000, S. 315–319
221 Vgl. Wöhe 2000, S. 583
222 Vgl. Poth u. a. 1988, S. 208 ff.
223 Vgl. Institut für Demoskopie Allensbach, AWA 2003

Literaturverzeichnis

ACNielsen (2005): Lösungen, Beratungsschwerpunkte, Marke und Gesamtbilanz der Bruttoaufwendungen 2004, http://www.acniel sen.de, Zugriff: 18.1.2006

Adams, Heinz W. (1996): Qualitätsmanagement der Wertschöpfung: Sicherheit, Effizienz, Motivation, Frankfurter Allgemeine Zeitung, Verlags-Bereich Wirtschaftsbücher, Frankfurt am Main

ag.ma, Pressemitteilung ma 2005 Radio II, 12.7.2005

Altendorfer, Otto (1999): Werbung und Sponsoring in der Bundesrepublik Deutschland, Bestandsaufnahme und Perspektive. In: *Mayer, Hermann/Altendorfer, Otto* (Hrsg.), Aktuelle Probleme der Werbezeitvermarktung in Deutschland, Verlag für Medien & Kommunikation, Leipzig

Altendorfer, Otto (2001): Das Mediensystem der Bundesrepublik Deutschland, Bd. 1, Westdeutscher Verlag, Wiesbaden

Altmeppen, Klaus Dieter (2000): Strukturen und Strategien: Grundlagen des Redaktions- und Produktionsmanagements. In: *Karmasin, Matthias und Winter, Carsten* (Hrsg.), Grundlagen des Medienmanagements, UTB 8203 für Wissenschaft, Verlag W. Fink, München

Apfelthaler, Gerhard (2000): Internationales Management. In: *Karmasin, Matthias und Winter, Carsten* (Hrsg.), 2000, Grundlagen des Medienmanagements, UTB 8203 für Wissenschaft, Verlag W. Fink, München

Arbeitsgemeinschaft der öffentlich-rechtlichen Rundfunkanstalten der Bundesrepublik Deutschland (ARD; 2005): ARD Jahrbuch 04/05, 36. Jahrgang, Frankfurt am Main

Baginski, Rainer (2000): Über Werber und Werbung, Carl Hanser Verlag, München

Beck, Hanno (2002): Medienökonomie-Print, Fernsehen und Multimedia, Springer-Verlag, Berlin

Börsenverein des Deutschen Buchhandels (2004): Branchenbarometer Elektronisches Publizieren 2004, 10/2004, Frankfurt am Main

Börsenverein des Deutschen Buchhandels (2005): Buchmarkt 2004, http://www.boersenverein.de, Zugriff: 9.3.2006

Bolls, Paul D./Lang, Annie/Potter, Robert F. (2001): The effects of message valence and listener arousal on attention, memory, and facial muscular responses to radio advertisements, in: Communication Research 28, 5/2001, S. 627–651

Borstnar, Nils/Pabst, Eckhard/Wulff, Hans Jürgen (2002): Einführung in die Film- und Fernsehwissenschaft, UVK-Verlagsgesellschaft, Konstanz

Brenner, Walter/Zarnekow, Rüdiger (1999): Innovative Ansätze zur digitalen Bereitstellung multimedialer Inhalte. In: Schumann, Matthias/Hess, Thomas (Hrsg.), Medienunternehmen im digitalen Zeitalter – neue Technologie – neue Märkte – neue Geschäftsansätze, Gabler Verlag, Wiesbaden

Breyer-Mayländer, Thomas (2003): Handbuch der Medienbetriebslehre, Oldenbourg Verlag, München

Bundesverband Deutscher Anzeigenblätter (2005): Nettowerbeumsätze 2004, http://www.bvda.de, Berlin, Zugriff: 2.11.2005

Ching Biu Tse, Alan/Ruby P.W.Lee (2001): Zapping behavior during commercial breaks, in: Journal of Advertising Research 41, 3/2001, S. 25–30

Christ, Manfred/Ulbrich, Elisabeth (2000): Die Internet Clinic – ein qualitativer Website Test. In: Global Media, Fusionen, Visionen, Illusionen. Dokumentation der Medientage München 2000, DVB Multimedia Bayern, Vistas Verlag Berlin

Cyveillance (2003): Internet-Statistik, Press Resource Center, http://www.cyveillance.com/web/newsroom/stats.htm, Zugriff: 2.2.2004

Deutscher Presserat (1973): Publizistische Grundsätze (Pressekodex) vom Deutschen Presserat in Zusammenarbeit mit den Presseverbänden beschlossen, 12.12.1973 (in der Fassung vom 20.6.2001), Bonn

Dorn, Margit (2000): Film-Begriff und Theorie. In: Faulstich, Werner (Hrsg.), Grundwissen Medien (4. Auflage), W. Fink Verlag, München

Direktorenkonferenz der Landesmedienanstalten (DLM; 2002): Film- und Fernsehwirtschaft in Deutschland 2000/2001, Deutsches Institut für Wirtschaftsforschung (DIW), Berlin, Juli 2002

Eimeren, Birgit van/Gerhard, Heinz/Frees, Beate (2003): ARD/ZDF-Online-Studie 2003 in: Media-Perspektiven 8/2003, Internetverbreitung in Deutschland: Unerwartet hoher Zuwachs, Frankfurt am Main

Erlei, Mathias (1998): Institutionen, Märkte und Marktphasen. Allgemeine Transaktionskostentheorie unter spezieller Berücksichtigung der Entwicklungsphasen von Märkten, Schäffer-Poeschel Verlag, Stuttgart

Ettema, James/Whitney, Charles/Wackman, Daniel (1987): Professionell Mass Communicators, in: *Berger, Charles/Chaffee, Steven* (Hrsg.), Handbook of Communication Science, Newbury Park

Faulstich, Werner (2002): Einführung in die Medienwissenschaft, Wilhelm Fink Verlag, München

Faulstich, Werner (Hrsg. 2000): Grundwissen Medien (4. Auflage), Wilhelm Fink Verlag, München

Field, Syd (2000): Das Handbuch zum Drehbuch (Original: The Screenwriters Workbook, erschienen bei Dell Publishing, New York 1984), 12. Auflage, Zweitausendeins Verlag, Frankfurt am Main

Filmförderungsrichtlinien der BKM (2005): Die Beauftragte der Bundesregierung für Kultur und Medien, 13.7.2005, Bonn

Filmförderungsanstalt (German Federal Film Board) (2005): FFA info international, 9.2.2005, Nr.1/05, Berlin

FORMATT-Institut (2004): Fernseh- und Filmproduktion 2001 und 2002, Dortmund

Fraunhofer-Institut (2003): Presseinformation 30. Juni 2003, http://www.fraunhofer.de/german/press/pi/pi2003/06/pi42_ifa.html, Zugriff: 31.12.2003

Friedrichsen, Mike (2001): Management von Multimedia-Unternehmen – die Herausforderungen der digitalen Wirtschaft. In: *Karmasin, Matthias/Knoche, Manfred/Winter, Carsten* (Hrsg.), Medienwirtschaft und Gesellschaft I. Medienunternehmen und die Kommerzialisierung von Öffentlichkeit, Lit-Verlag, Münster

Frühschütz, Jürgen (2000): Lexikon der Medienökonomie: Beschaffung – Produktion – Absatz, Deutscher Fachverlag, Frankfurt am Main

GfK Web*Scope-Studie (2005), GfK-Online-Monitor, GfK-Individualpanal (ab 2003), Nürnberg

Gläser, Martin (1990): Controlling im öffentlich-rechtlichen Rundfunk – ein Wolf im Schafspelz? In: *Weber, J./Tylkowski, O.* (Hrsg.), Controlling in öffentlichen Institutionen: Konzepte – Instrumente – Entwicklungen, Stuttgart

Gordon, Robert J. (1989): Makroökonomik, 4. Auflage, Oldenbourg Verlag, München

Grundgesetz-Kommentar (1992; *Kunig, Philip* Hrsg.): Bd. 1, 4. Auflage, Verlag C. H. Beck, München

Gumpp, G.B./Wallisch, F. (1995): ISO 9000 entschlüsselt. Verlag Moderne Industrie, Landsberg

Habann, Frank (2001): Resource-based-view der Unternehmung. In: *Karmasin, Matthias/Knoche, Manfred/Winter, Carsten* (Hrsg.), 2001, Medienwirtschaft und Gesellschaft I., Lit-Verlag, Münster

Hacker, Tobias (1999): Vernetzung und Modularisierung – (Re-) Organisation von Medienunternehmen. In: *Hess, Thomas/Schumann, Matthias* (Hrsg.), 1999, Medienunternehmen im digitalen Zeitalter, Gabler Verlag, Wiesbaden

Hartlieb, Holger v./Schwarz, Mathias (2004): Handbuch des Film-, Fernseh- und Videorechts (4. Auflage), Verlag C. H. Beck, München

Hauben, Michael: History of ARPANET, http://www.dei.isep.ipp. pt/docs/arpa-Introduc.html, Zugriff: 27.1.2004

Heinrich, Jürgen (1999): Medienökonomie, Bd. 2 Hörfunk und Fernsehen, Westdeutscher Verlag, Opladen

Heinrich, Jürgen (2001): Medienökonomie Bd. 1 (2., überarbeitete und aktualisierte Auflage): Mediensystem, Zeitung und Zeitschrift, Anzeigenblatt, Westdeutscher Verlag, Opladen/Wiesbaden

Heinrich, Jürgen (2002): Medienökonomie. In: *Siegert, Gabriele* (Hrsg.), Medienökonomie in der Kommunikationswissenschaft, 2002, Lit-Verlag, Münster

Heinrich, Jürgen (2003): Buchbesprechung Medienwirtschaft und Gesellschaft I. Medienunternehmen und die Kommerzialisierung von Öffentlichkeit, *Karmasin, Matthias/Knoche, Manfred/Winter, Carsten* (Hrsg.), Lit-Verlag, Münster. In: Publizistik – Vierteljahreshefte für Kommunikationsforschung, Heft 1/2003, Westdeutscher Verlag, März 2003, 48. Jahrgang

Hermanni, Alfred-Joachim (1988): Das Diktat der Medien, Hänssler-Verlag, Neuhausen-Stuttgart

Hermanni, Alfred-Joachim (1989): Fernsehnachrichten für Deutschland – eine amerikanische Ausgabe?, Gesellschaft zur Förderung der Freizeitwissenschaften, Bonn (Hrsg.), Mittelstands-Verlagsgesellschaft, Bonn

*Hermanni, Alfred-Joachim (*2003): Existenzgründung und Führung eines selbständigen Unternehmens, MEA MediaEventAgentur, Baldham

Hermanni, Alfred-Joachim (2004): Bayerischer Landkreisführer Ebersberg, MEA MediaEventAgentur, Baldham

Hermanni, Alfred-Joachim (2003): Angewandte Medienwirtschaft. Konvergenzen bei Medienproduktionen, dargestellt an den Beispielen Film und Internet, Baldham

Hess, Thomas/Schumann, Matthias (Hrsg.) (1999): Geschäftsansätze für Online-Angebote. In: Medienunternehmen im digitalen Zeitalter, Gabler Verlag, Wiesbaden

Hilmer, Ludwig (1999): Klassische Medien im neuen Gewand. Publizieren und Rezipieren im Multimedium am Beispiel von Zeitung und Hörfunk. In: Politische Studien, Sonderheft 3/99, 50. Jahrgang, November 1999, Hanns Seidel Stiftung e.V. München, Atwerb-Verlag

Hoeren, Thomas (1998): Rechtsfragen des Internet: Ein Leitfaden für die Praxis, RWS-Verlagskommunikationsforum, Köln

Hofer, Michael (2000): Medienökonomie des Internet, Lit-Verlag Münster

Hoffmann-Riem, Wolfgang/Schulz, Wolfgang/Held, Thorsten (2000): Konvergenz und Regulierung-Optionen für rechtliche Regelungen und Aufsichtsstrukturen im Bereich Information, Kommunikation und Medien, Nomos Verlagsgesellschaft, Baden-Baden

Holtkamp, Heiko (2001): Eine kurze Geschichte des Internet, http://www.rvs.uni-bielefeld.de/~heiko/tcpip/kap_1_2.html, 27.1.2004

Horváth, Péter (1996): Controlling (6. Auflage; vgl. auch 10. Auflage 2003), Verlag Vahlen, München

Hoskins, Colin/MacFadyen, Stuart/Finn, Adam (1997): Global Television and Film – An Introduction to the Economics of the Business, Clarendon Press, Oxford

Hundorf, Günther (2004) zit. in: http://medialine.focus.de/PM1D/PM1DB/PM1DBF/pm1dbf_d.htm?snr=2602, aus: Focus-Lexikon Werbeplanung Mediaplanung Marktforschung Kommunikationsforschung Mediaforschung, *Wolfgang J. Koschnik*, Zugriff: 2.2.2004

Initiative Digitaler Rundfunk (1998): Mediennutzung der Zukunft. In: MEDIA PERSPEKTIVEN 10/98, Ergebnisse einer Expertenbefragung zur Medienentwicklung bis zum Jahr 2005/2015, S. 490, Frankfurt am Main

Institut für Demoskopie Allensbach (2004), http://www.ifd-allensbach.de: ACTA News Nr.2/2004, E-Commerce, Zugriff: 12.9.2005

Jarothe, Sabine (1998): Die Filmpolitik der Europäischen Union im Spannungsfeld zwischen nationaler staatlicher Förderung und US-amerikanischer Mediendominanz, Lang/Europäischer Verlag der Wissenschaften, Frankfurt am Main

Kandorfer, Pierre (1978): Lehrbuch der Filmgestaltung, Deutscher Ärzte-Verlag, Köln

Karmasin, Matthias/Knoche, Manfred/Winter, Carsten (Hrsg; 2003):

Medienwirtschaft und Gesellschaft I. Medienunternehmen und die Kommerzialisierung von Öffentlichkeit, Lit-Verlag, Münster. In: Publizistik-Vierteljahreshefte für Kommunikationsforschung, Heft 1/2003, Westdeutscher Verlag, März 2003, 48. Jahrgang

Kiefer, Marie Luise (2001): Medienökonomik: Einführung in eine ökonomische Theorie der Medien, Oldenbourg Wissenschaftsverlag, München

Kirk, J./Miller, M. L. (1986): Reliability and validity in qualitative research, Sage University Paper series on Qualitative Research Methods (Bd. 2), Sage Beverly Hills (USA)

Knoche, Manfred/Siegert, Gabriele (Hrsg., 1999): Strukturwandel der Medienwirtschaft im Zeitalter digitaler Kommunikation, Reinhard Fischer Verlag, München

Köcher, Annette (2000): Medienmanagement als Kostenmanagement und Controlling. In: *Karmasin, Matthias und Winter, Carsten* (Hrsg.), Grundlagen des Medienmanagements, UTB 8203 für Wissenschaft, Verlag W. Fink, München

Kommission der Europäischen Gemeinschaften (1997): Grünbuch zur Konvergenz der Branchen Telekommunikation, Medien und Informationstechnologie und ihren ordnungspolitischen Auswirkungen (KOM-[97] 623), Brüssel

Kommission der Europäischen Gemeinschaften (1999): Die Konvergenz der Branchen Telekommunikation, Medien und Informationstechnologie und ihre ordnungspolitischen Auswirkungen, Ergebnisse der öffentlichen Konsultation zum Grünbuch (KOM [97] 623), 9.3.1999, Brüssel

Kommission der Europäischen Gemeinschaften (2003): Jahrbuch 2003, Bd. 1, Europäische Audiovisuelle Informationsstelle, Brüssel 2003 und Mitteilung zur Zukunft der Regulierungspolitik im Audiovisuellen Bereich an EU-Rat und Parlament, Brüssel

Kromrey, Helmut (2001): Empirische Sozialforschung – Modelle und Methoden der Datenerhebung, S. 254, FernUniversität – Gesamthochschule in Hagen, 2001

Latzer, Michael (1997): Mediamatik: die Konvergenz von Telekommunikation, Computer und Rundfunk, S. 16 f., Westdeutscher Verlag, Opladen

Liedl, Reinhard (1999): Die Entwicklung des Multimedia-Marktes. In: *Schumann, Matthias/Hess, Thomas* (Hrsg.), Medienunternehmen im digitalen Zeitalter, 1999, Gabler Verlag, Wiesbaden

Linde, Robert (1988): Einführung in die Mikroökonomie (2. erw. Aufl.; vgl. auch 3. Aufl. 1997), Kohlhammer-Verlag, Stuttgart

ma 2003 media-analyse, Fax: Media-Micro-Census (ritter@agma-mmc.de), 3.2.2004

Macharzina, Klaus (1982): Theorie der internationalen Unternehmenstätigkeit – Kritik und Ansätze einer integrativen Modellbildung. In: *Lück, Wolfgang/Trommsdorf, W.*: Internationalisierung der Unternehmung als Problem der Betriebswirtschaftslehre, Berlin

Maier, Matthias (2000): Wertschöpfungsstufen und Wertschöpfungsketten und Strategisches Management. In: *Karmasin, Matthias/Winter, Carsten* (Hrsg.), Grundlagen des Medienmanagements, UTB 8203 für Wissenschaft, Verlag Wilhelm Fink, München 2000

Maier, Matthias (2001): Bausteine zu einer Theorie der Medienproduktion. In: *Karmarsin, Matthias/Knoche, Manfred/Winter, Carsten* (Hrsg.), Medienwirtschaft und Gesellschaft I., Medienunternehmen und die Kommerzialisierung von Öffentlichkeit, Lit-Verlag, Münster

Maletzke, Gerhard (1998): Kommunikationswissenschaft im Überblick. Grundlagen, Probleme, Perspektiven., Westdeutscher Verlag, Opladen

Markus, Dirk (1999): Strategische Kooperationen in der Multimediaindustrie: Entstehung, Evolution und Management, Peter Lang Europäischer Verlag der Wissenschaften, Frankfurt am Main

McQuail, Denis (1986): Kommerz und Kommunikationstheorie. In: Media Perspektiven, 1986, Nr. 10, S. 633–643, Frankfurt am Main

MediaAnalyzer Software & Research (2002): Webseitenstudie, Hamburg, September 2002; s. auch www.mediaanalyzer.com

Meier, Werner A. (1999): Was macht die Publizistik- und Kommunikationswissenschaft mit der Konvergenz? In: *Latzer, Michael/Maier-Rabler, Ursula/Siegert, Gabriele* u. a. (Hrsg.), Die Zukunft der Kommunikation: Phänomene und Trends in der Informationsgesellschaft, S. 29–42, Studien-Verlag Innsbruck/Wien

Meissner, Hans G. (1993): Internationales Marketing. In: *Wittmann, Waldemar* (Hrsg.), Handwörterbuch der Betriebswirtschaft, Bd. 2/5. Auflage, Schäffer-Poeschel, Stuttgart

Münchner Kreis (2003), Pressemitteilung „Breitband wird die Zukunft unserer Kommunikation prägen", 4.11.2003, München; s. auch: www.muenchner-kreis.de und tel. Anfrage vom 13.9.2005

Nausner, Peter (2000): Entwicklung von Medienprodukten- und Dienstleistungen in Projektform. In: *Karmasin, Matthias/Winter,*

Carsten (Hrsg.), 2000, Grundlagen des Medienmanagements, UTB 8203 für Wissenschaft, Verlag W. Fink, München

Ortmann, G./Sydow, J./Windeler, A. (1997): Organisation als reflexive Strukturation in: *Ortmann, G./Sydow, J./Türk, K.* (Hrsg.), Theorien der Organisation, Westdeutscher Verlag, Opladen, S. 315–354

Paulsen, Andreas (1966): Allgemeine Volkswirtschaftslehre, Bd. 1: Grundlegung Wirtschaftskreislauf, de Gruyter Verlag, Berlin

Picot, Arnold/Freudenberg, Heino/Gaßner, Winfried (1999): Management von Reorganisationen, Maßschneidern als Konzept für den Wandel, Gabler, Wiesbaden

Poth, L. G. u. a. (1988): Praktisches Lehrbuch der Werbung, 4. Auflage, Landsberg am Lech

Porter, Michael E. (1985): Competitive Advantage – Creating and Sustaining Superior Performance, New York (Übersetzung: „Wettbewerbsvorteile", Campus Verlag, Frankfurt am Main, 1999)

Porter, Michael E. (1992): Wettbewerbsvorteile: Spitzenleistungen erreichen und behaupten, Campus-Verlag, Frankfurt am Main

Produktlebenszklus (2006) unter: http://www.4mangers.de/Themen/produktlebenszklus, Zugriff: 11.12.2006

Prosi, Gerhard (1971): Ökonomische Theorie des Buchs, Volkswirtschaftliche Aspekte des Urheber- und Verlagsschutzes, Bertelsmann Universitätsverlag, Düsseldorf

Pürer, Heinz (1993): Einführung in die Publizistikwissenschaft. Systematik, Fragestellungen, Theorieansätze, Forschungstechniken, 5. überarbeitete Auflage, UVK-Verlag, Konstanz

Reding, Viviane (2003): Entwicklung und Perspektiven der europäischen Medienindustrie – welche Chancen eröffnet die EU?, Vortrag am Hans-Bredow-Institut für Medienforschung, 13.1.2003, Hamburg

Reding, Viviane (2005): Seminar Fernsehrichtlinie – Welche Medienregulierung im Zeitalter der Konvergenz: Mit weniger mehr erreichen?, 30.5.2005, Luxemburg

Reichmann, Thomas (1995): Controlling mit Kennzahlen und Managementberichten (4. Auflage; vgl. auch 6. Auflage 2001), Verlag Vahlen, München

Samuelson, Paul A./Nordhaus, William D. (1998): Volkswirtschaftslehre, Übersetzung der 15. Auflage, Wirtschaftsverlag Ueberreuther, Wien/Frankfurt (Originalausgabe: Economics, New York 1995)

Saxer, Ulrich (1996): Medientransformation – Bilanz nach einem

Jahrzehnt dualen Rundfunks in Deutschland. In: *Hömberg, Walter/Pürer, Heinz* (Hrsg.): Medien-Transformation. Zehn Jahre dualer Rundfunk in Deutschland, Konstanz

Schächter, Markus (2003): Normalität – Branchenbeben oder Medienkrise? In: epd medien, Nr. 42, 31.5.2003, Frankfurt am Main

Schmid, Kurt (1996): zit. in: *Tomczak, Torsten/Roosdorf, Alexander.* In: Positionierung – Kernentscheidung des Marketing, 1996, Verlag Thexis, St. Gallen

Schneider, Karl (Hrsg., 2000): Werbung in Theorie und Praxis (5. Auflage), M + S-Verlag, Waiblingen

Schumann, Matthias/Hess, Thomas (Hrsg.; 1999): Medienunternehmen im digitalen Zeitalter, Gabler Verlag, Wiesbaden

Schumann, Matthias/Hess, Thomas (2002): Grundfragen der Medienwirtschaft – eine betriebswirtschaftliche Einführung, Springer-Verlag, Berlin

Seger, Linda (1999): Das Geheimnis guter Drehbücher (Original: Making a Good Script Great, erschienen bei Samuel French, 1994, Hollywood/USA), 3. Auflage, Alexander Verlag Berlin

Serfling, Klaus (1983): Controlling (vgl. auch 2. Auflage 1992), Kohlhammer-Verlag, Stuttgart

Seufert, Wolfgang (1997): Medienübergreifende Unternehmenskonzentration – Mittel zur Kostensenkung oder zur Erhöhung von Marktmacht? In: *Schatz, Heribert* (Hrsg.), Machtkonzentration in der Multimediagesellschaft?, Opladen/Wiesbaden

Spitzenorganisation der Filmwirtschaft e.V. (SPIO; 2005): Filmstatistisches Jahrbuch 2005, Wiesbaden

Staehle, Wolfgang H. (1987): Management 3. Auflage, Verlag Vahlen, München

Statistisches Bundesamt (2004): Nutzung von Informationstechnologien in Unternehmen und Ausstattung privater Haushalte mit Informations- und Kommunikationstechnik, http://www.destatis.de Wiesbaden, Zugriff: 14.12.2005

Steinmetz, Ralf (1999): Multimedia-Technologie. Grundlagen, Komponenten und Systeme. Springer-Verlag, Berlin

Studienführer 2004/2005, Hochschule Mittweida (FH) – University of Applied Sciences, Mittweida 2005 (s. auch: http://www.htwm.de)

Tarifvertrag für Film- und Fernsehschaffende (2005), http://www.connexx-av.de/tarifvertraege, Zugriff: 17.11.2005

Tarifvertrag für das Online-Volontariat (2003): Deutscher Journa-

listenverband, Bonn; http://djv.de/downloads/tarifvertrag_on line
_volont.pdf., Zugriff: 18.12.2005

Tomczak, Torsten/Roosdorf, Alexander (1996): Positionierung –
Kernentscheidung des Marketing, Verlag Thexis, St. Gallen

Tonnemacher, Jan (2003): Kommunikationspolitik in Deutschland,
UVK Verlagsgesellschaft, Konstanz

Tsiotsou, Rodoula (2002): „The effect of emotions on the memory
of TV commercials", www.cjsm.com/vol1/tsoitsou.htm, Dezember 2002

Waller, Angela (1996): Mediadaten im Internet, Fraunhofer IRB Verlag, 1. Auflage, Stuttgart

Weis, Hans C. (1999): Marketing, 11. Auflage, Kiehl Verlag Lud-
wigshafen

Werner, Andreas (2003): Marketing-Instrument Internet. Strategie
– Werkzeuge – Umsetzung (3., völlig neu bearbeitete und erweiterte Auflage), dpunkt.verlag, Heidelberg

Wiedemann, Dieter (2005): Lehre und Forschung an einem Medien-
standort, Vortragsmanuskript, Potsdam

Wiedemann, Dieter (2005): Digitales Kino – Risiken für die Ausbildung aber Mehrwerte für die Zuschauer?, Vortragsmanuskript,
Potsdam

Winter, Carsten (2000): Internet/Online-Medien. Begriff, Typologie
und Theorie. In: *Faulstich, Werner* (Hrsg.) „Grundwissen Medi-
en" (4. Auflage), W. Fink Verlag, München

Wöhe, Günter (2000): Einführung in die allgemeine Betriebswirtschaftslehre, 20. Auflage, Vahlen, München

Yin, Robert K. (1984): Case study research, Serie „Applied social research methods", Bd. 5, Sage, Newbury Park/USA u. a.

Zerdick, Axel/Picot, Arnold/Schrape, Klaus (2001): Die Internet-
Ökonomie-Strategien für die digitale Wirtschaft (3., erweiterte
und überarbeitete Auflage). In: European Communication Coun-
cil (Hrsg.), Springer-Verlag, Berlin

Sachverzeichnis

AIDA (Marketingformel) 127
Anzeigenblätter 189
Anzeigen- und Vertriebsmarketing 212
Anzeigenschaltung 213
Arbeitsvertrag (unbefristet) 72, 74
Aufgabenverteilung 59, 100, 151, 180, 209
Ausschreibung 143
Autor (Honorar) 210 f.

Befragung (offene) 197 f.
Befragung (geschlossene) 201 f.
Briefing 49
Buchpreisbindung 195
Beratungsauftrag 40, 179
Beratungsleistungen 39, 137, 175
Bild-, Ton- und Datenträgerversicherung 180
Budgetkalkulation 43, 52, 101, 140, 144, 176, 205
Budgetkontrolle 87
Buy-out 26

Cash flow 88
Casting 102
CD-ROM 172, 233
Content 15
Controlling 87, 251
Crossmedia 135

Dienstleistung (Entwicklung) 55, 144, 178
Digitalisierung 271

Disposition 85
Distributionspolitik 228, 257
Domain 163
Drehbuch 56
Drehplan 83
DVD 171, 175, 233

eCommerce 130
eGovernment 147
Eigendarstellung 235
Einsatzmöglichkeiten (Internet) 132
Elektronisches Publizieren (EP) 160, 187
Ergebniskontrolle 116, 163, 183, 228
Erlöse 141
Eurimages 28
Europäische Union 28, 266
Exposé 55

Fernsehmarkt 24
Fernsehwirtschaft 24
Film 23
Film- und Fernsehindustrie 23
Film- und Fernsehformate (Auswertung) 36
Filmförderung 27
Filmforschung 29
Filmgattungen 33
Filmherstellungsprozess (Produktionsabläufe) 63
Filmproduktion (Einsatzmöglichkeiten) 33
Filmproduktion (Struktur) 60
Filmstandort Deutschland 26

Film- und Fernsehschaffende 68
Filmwirtschaft 31
Finanzierungsmodelle für Film-
vorhaben 47
Flussdiagramm (Internet) 145
Format 35 f.
Fotograf (Honorar) 206
Fragenkatalog (Umfrage) 199 f.
Funkkampagne 100

Gagen 50
Geringfügig Beschäftigte 74
Geschäftskonzept 20

Handlungskosten 53 f.
Herstellungsdaten (Buch) 205
Herstellungstechnik 86, 156,
181, 224
Herstellungszeitraum 231
High-Definition 37
Home-Entertainment 31
Hörfunk 95
Hörfunkbranche 95
Hörfunkproduktionen (Wer-
bung) 98
Hörfunk-Spot 100, 106

I2i-Audiovisuell 269
Immaterielles Gut 233
Immaterielle Vermögenswerte
12
Impressumspflicht 160
Informationsabrufe (Internet)
139
Internet 123
Internet-Dienstleistungen 132
Internet-Economy 123
Internet-Fernsehen 136
Internet-Strukturbaum 154
Internationalisierung (Medien)
266

Kampagnenziele 119
Kapitelauswahl (Multimedia)
182
Kino 33
Kommunikationspolitik 228,
257
Konvergenzen bei Medienpro-
duktionen 241
Konvergenz der Finanzen und
des Vertriebes 252
Konvergenz der Kommunikati-
on und des Marketing 249
Konvergenz der Medienökono-
mie und Organisation 250
Konvergenz des Rechts 253
Konvergenz der Technik 255
Konvergenz-Formel 247
Konvergenztheorie für Medien-
produktionen 245
Konzept/Layout 144
Kopie 233
Kostenführerschaft 38
Kostenkalkulation (s. Budget-
Kalkulation)
Kreis-Konvergenz-Modell des
Medienmanagements 247
Kriterienkatalog (Internet) 148
Kundenbeziehung 238
Kundengewinnung 236
Kundenzufriedenheit 183

Lebenszyklus 252
Leitfaden Medienökonomie
235
Literaturagent 211

Management 1
Marketing 190, 212
Marktanalyse 194
Marktforschung 41, 109, 260
Master 232

Materielles Gut 233
Mediadaten 109, 213
Mediale Nutzungsrechte 12
Mediaplanung 108
MEDIA Plus-Programm 28, 269
Mediastrategie 110
Medienmanagement 1
Medienökonomie 1, 235, 265
Medienunternehmen 5, 10
Medienwirtschaft (s. Medien-ökonomie)
Medium 2
Meinungsforschung 197
Mischfinanzierung 49 f.
Mobile Content 135
Mobiles Marketing 134
Motivsuche 64 f.
Multimedia 171
Multimedia-Anwendungen 173
Multimedia-Dienstleistungen 174
Multimedia-Plattform 173
Musik 58

Neugeschäft 48, 259
Newspaper-Content 135
Nonlineare Medien 134
Nutzungsrechte 12, 48

Online-Gesamtkatalog (OPAC) 197
Onlinenutzung 124, 128
Online-Redakteur 157
Original 233

Packaging 153
Patentrecht 158
Pay-for-Content 135
Personaleinsatz 68, 106, 155, 179

Persönlichkeitstest „Unternehmertypus" 16
Pflichtexeplar 197
Positionierung 225, 256
Positionierungs-Pyramide des Medienmanagements 256, 258
Post-Produktion 239
Prä-Produktion 235
Preisbildung 141
Preisbindung 208
Preisfindung 43
Preispolitik 228, 257
Print 187
Product Placement 221
Produktion (Theorie) 234
Produktionsabläufe 63, 79, 107, 162, 180, 203, 222
Produktionsebenen 231
Produktionsphasen 235, 239
Produktlebenszyklus 263
Produktpolitik 227, 257
Programming 79
Prozessabläufe (Internet) 152

Qualität 13
Qualitätsstandards 13

Recherche 56
Rechtehandel 210, 269
Redaktionskonzept 203
Redaktionelles Marketing 213, 217
Ressourcen 12
Reiseführer 193
Rundfunk 96
Rundfunkgebühr 96

Schleichwerbung 220
Schnittstelle Multimedialer Operationspool 270, 272

SMS 134
Sponsoring 207, 214, 220
Startscreen (Multimedia) 182
Strategieumsetzung 9
Sprecherauswahl (Casting) 102
Storyboard 59

Tageszeitungen 189
Teamwork 237
Titelschutz 196
Titelsuche (Online) 198
Treatment 57

Umsatzentwicklung 264
Unternehmensführung 9
Unternehmenskonzept 19
Urheberrrecht 158, 210

Vergütungsregelung 210
Verkaufsargumente 114
Vermögenswerte 12
Vertrag für Filmschaffende 69
Vertrag für Lieferanten 79

Vertrag für Produktionsmitarbeiter 78
Vertragsgestaltung (Fremdleistungen) 77, 106, 179, 210
Vertriebsmarketing 216
Verwertungskette 35

Werbebotschaft 113
Werbedruck 111
Werbeeinnahmen 26 f.
Werbesonderformen 221
Werbespots 24
Werbeträger 225
Werbewirkungsforschung 261
Wertschöpfung 12, 142, 164, 252
Wertschöpfungskette 166 f.
Wirksamkeit (Werbekampagne) 119
Wirtschaftlichkeitsprinzip 140

Zeitungs- und Zeitschriftenbranche 190
Zusatzkosten 38

Buchanzeigen

Das Marketingkonzept
Zielstrebig zum Markterfolg!
Von Jochen Becker
3. Auflage

Becker
Das Marketingkonzept

Zielstrebig zum Markterfolg!
Die notwendigen Schritte
für schlüssige Marketing-
konzepte, systematisch
und mit Fallbeispielen.

3. Aufl. 2005. 292 S. €
€ 10,-. dtv 50806

Marketing im Internet
Konzepte zur erfolgreichen
Online-Präsenz
Von Thomas Hörner

Hörner
Marketing im Internet

Der neue Band bietet eine
Fülle von Tipps und Anre-
gungen und unterstützt
sowohl Unternehmer und
Marketing-Mitarbeiter wie
auch Freiberufler optimal
im Online-Marketing.

1. Aufl. 2006. 308 S. €
€ 10,-. dtv 50895

Wissmeier
Marketing mit kleinem Budget

Der Praxisratgeber für Selbständige, kleine und mittlere
Unternehmen:
Marktinformationen, Markt-
strategien, Marketing-Instru-
mente, Marketing-Mix, Mar-
ketingbudget, Marketing-
plan, Erfolgskontrolle,
Erfolgsfaktoren.

1. Aufl. 2007. Rd. 200 S. €
Ca. € 10,-. dtv 50908
In Vorbereitung für
Frühjahr 2007

Professionelles Direktmarketing
Das Praxisbuch mit Online-Marketing
Von Uwe Neumann und Thomas Nagel
2. Auflage

Neumann/Nagel
Professionelles Direktmarketing

Das Praxisbuch mit Online-
Marketing.

2. Aufl. 2007. Rd. 330 S. €
Ca. € 14,-. dtv 5886
In Vorbereitung für
Dezember 2006

Becker
Lexikon des Personalmanagements

Über 1000 Begriffe zu
Instrumenten, Methoden
und rechtlichen Grundlagen
betrieblicher Personalarbeit.

2. Aufl. 2002. 677 S. €
€ 19,-. dtv 5872

Management-Basiswissen
Konzepte und Methoden
zur Unternehmenssteuerung
Von Rainer Kleine-Doepke,
Dirk Standop und Wolfgang Wirth
3. Auflage

Kleine-Doepke/Standop/ Wirth
Management-Basiswissen

Konzepte und Methoden
zur Unternehmens-
steuerung.

3. Aufl. 2006. 323 S. €
€ 14,-. dtv 5861

Füser
Modernes Management

Business Reengineering,
Benchmarking, Wertorien-
tiertes Management und
viele andere Methoden.

4. Aufl. 2007. Rd. 250 S. €
Ca. € 12,-. dtv 50809
In Vorbereitung für
Frühjahr 2007

Diller
Vahlens Großes Marketinglexikon

2 Bände im Schuber.

2. Aufl. 2003. 1966 S.   €
€ 49,–. dtv 50861

Bruhn
Kundenorientierung

Bausteine für ein exzellentes Customer Relationship Management (CRM). Innovationsmanagement, Qualitätsmanagement, Servicemanagement, Kundenbindungsmanagement, Beschwerdemanagement, Integrierte Kommunikation sowie Internes Marketing.

2. Aufl. 2003. 369 S.   €
€ 14,–. dtv 50808

Schelle
Projekte zum Erfolg führen

Projektmanagement systematisch und kompakt. Systematisches Projektmanagement führt zu hoher Termin- und Kostentreue und zum sicheren Erreichen des geplanten Ergebnisses. Es lohnt sich nicht nur in der Großindustrie und bei großen Vorhaben, sondern kann auch in der mittelständischen Wirtschaft und bei kleinen Projekten gewinnbringend angewandt werden. Der Ratgeber bietet eine übersichtliche und gut verständliche Einführung.

4. Aufl. 2004. 329 S.   €
€ 11,–. dtv 5888

Röthlingshöfer
Werbung mit kleinem Budget

Der Ratgeber für Existenzgründer, kleine und mittlere Unternehmen. Ganz ohne Werbedeutsch zeigt der Ratgeber, was man für erfolgreiche Werbung braucht.

1. Aufl. 2004. 255 S.   €
€ 10,–. dtv 50876

Hoffmann/Schoper/ Fitzsimons
Internationales Projektmanagement

Interkulturelle Zusammenarbeit in der Praxis. Kommunikation und Information, Führung im Projekt, Entscheidungsfindung, Konflikt-, Risiko- und Lieferantenmanagement, Projektorganisation und -steuerung u.v.m.

1. Aufl. 2004. 373 S.   €
€ 14,–. dtv 50883

Hofstede/Hofstede
Lokales Denken,
globales Handeln

Interkulturelle Zusammen-
arbeit und globales Mana-
gement.
Wer international tätig ist,
Verhandlungen führt oder
Niederlassungen aufbaut,
muss wissen, wie er mit
kulturellen Unterschieden
umgeht. Wertvolle Hinweise
in diesem Standardwerk
helfen, andere besser zu
verstehen und selbst besser
verstanden zu werden.

3. Aufl. 2006. 571 S.   €
€ 19,50. dtv 50807

Pepels
Lexikon
der Marktforschung

Über 1000 Begriffe zur
Informationsgewinnung im
Marketing.

1. Aufl. 1997. 358 S.   €
€ 12,73. dtv 50803

Kastin
Marktforschung
mit einfachen Mitteln

Daten und Informationen
beschaffen, auswerten und
interpretieren.

2. Aufl. 1999. 409 S.   €
€ 15,29. dtv 5846

Aberle/Baumert
Öffentlichkeitsarbeit

Ein Ratgeber für Klein-
und Mittelunternehmen.
Praktische Hilfe, wie gerade
kleinere Unternehmen
einen erfolgreichen Auftritt
in der Öffentlichkeit und
Presse schaffen.
Mit vielen Checklisten.

1. Aufl. 2002. 210 S.   €
€ 10,–. dtv 50857

Rota
Public Relations
und Medienarbeit

Effektive Öffentlichkeitsarbeit der Unternehmen im
Informationszeitalter.

3. Aufl. 2002. 360 S.   €
€ 12,50. dtv 5814

Hermanni
Medienmanagement

Grundlagen und Praxis für
Film, Hörfunk, Internet,
Multimedia und Print.

1. Aufl. 2007. 316 S.   €
€ 15,–. dtv 50902
Neu im Dezember 2006

Pauli
Leitfaden für die
Pressearbeit

Anregungen, Beispiele,
Checklisten.
Das Buch beschreibt, mit
welchem Konzept man
erfolgreiche Pressearbeit
betreibt und welche Tipps
und Trends man kennen muss,
um Fehler zu vermeiden.

3. Aufl. 2005. 217 S.   €
€ 9,50. dtv 5868

Klein
Kultur-Marketing

Das Marketingkonzept für
Kulturbetriebe.
Viele praktische Beispiele
stellen den Aufbau eines
Kultur-Marketing-Konzepts
dar und beschreiben seine
Umsetzung.

2. Aufl. 2005. 544 S.   €
€ 15,–. dtv 50848

Heinrichs/Klein
Kulturmanagement
von A–Z

600 Begriffe für Studium
und Praxis.

2. Aufl. 2001. 427 S.   €
€ 12,50. dtv 5877

P45/42-54/1